KB245677

Mac OS X 입문서

Mac OS X Lion

처음부터 시작하기

최원 지음

노하우
도서출판

Mac OS X 입문서

Mac OS X Lion 처음부터 시작하기

The Beginning Series - Mac Guide Books

초판 발행 2011년 11월 16일

지은이 최원

펴낸곳 도서출판 노하우
기획 현음뮤직
진행 노하우
편집 덕디자인

주소 서울시 관악구 행운 1길
전화 02)888-0991
팩스 02)871-0995

등록번호 제320-2008-6호
홈페이지 hyuneum.com

ISBN 978-89-94404-08-0
값 25,000원

레슨

1:1 개인 레슨을 받는 것과 동일한 효과를 느낄 수 있게 그림과 함께 자세히 설명하고 있습니다. 맥을 처음 접하는 사용자도 빠르게 익힐 수 있습니다.

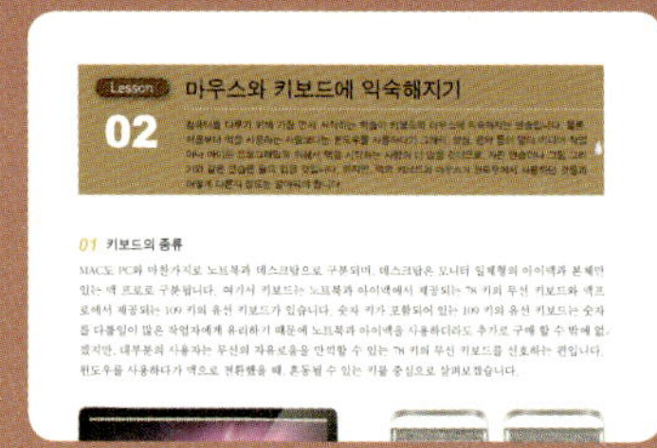

색인 타이틀

조금 긴 레슨이 진행되는 학습은 지루함을 최소화하기 위해 작은 타이틀로 세분화 하였습니다. 학습 후에 필요한 내용을 찾아볼 수 있는 색인으로 이용 가능합니다.

02 파일과 폴더를 관리하는 파인더

박스 팁

알아두면 유용한 정보를 다룹니다. 맥을 사용하는데 필요한 내용이므로, 꼭 읽어보시기 바랍니다.

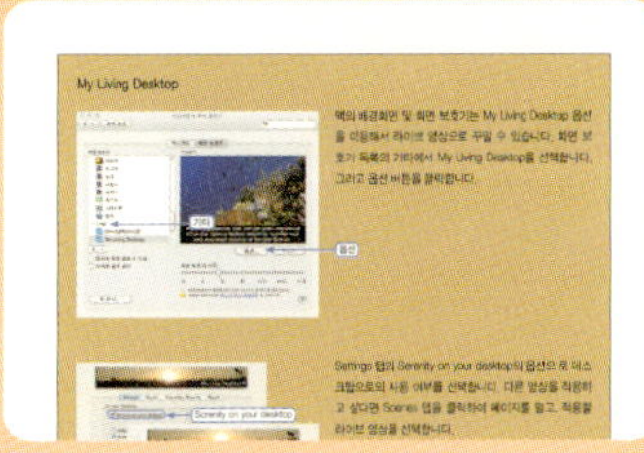

Q&A

공부를 하면서 이해되지 않거나 어려운 부분이 있으면 언제든 hyuneum.com에 질문을 올려주세요. 저자를 비롯한 16명의 전문가들이 신속한 답변을 해드립니다.

03 기본 프로그램 익히기

Round 02 인터넷과 메일

04 웹 브라우저 사파리

06 주소와 스케줄 관리

이 책의 순서

Round 03　멀티 미디어

07　아이튠즈

Final Round   파워 유틸리티

09   시스템 관리하기

10　맥에서 윈도우 사용하기

ROUND 01

맥에 익숙해지기

01 맥 시작하기

맥을 시작하는 사람들의 대부분은 윈도우를 사용하던 사람들입니다. 그래서 처음부터 맥으로 시작하는 사람들보다 빠르게 익숙해질 것 같지만, 오히려 그 반대입니다. 새로운 물을 담기 위해서는 이미 담겨있는 물을 비워야 한다는 옛 말이 있듯이 처음이라는 생각으로 윈도우와의 차이점을 살펴보기 바랍니다.

OS X Lion으로 업그레이드하기

2011년 7월 20일 Mac App Store에서 온라인으로 다운로드를 시작한 OS X Lion은 Intel Core 2 Duo, Core i3, Core i5, Core i7, Xeon 프로세서가 장착되어 있는 맥에서 구동을 할 수 있으며, 최신 버전의 Snow Leopard v10.6.8이 설치되어 있어야 업그레이드가 가능합니다.

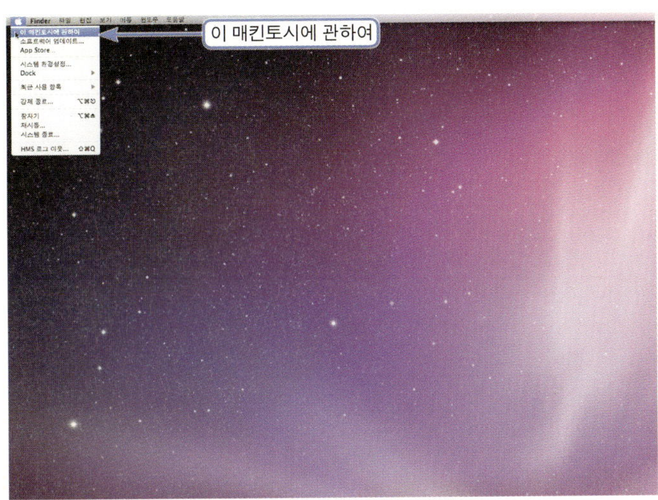

01 Lion으로 업그레이드를 하기 전에 독자가 사용하고 있는 맥에 설치하고, 구동할 수 있는지의 여부를 확인할 필요가 있습니다. 애플 메뉴의 '이 매킨토시에 관하여'를 선택합니다.

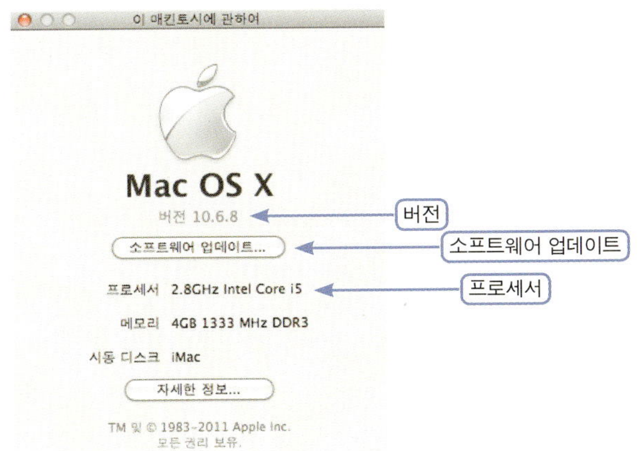

02 프로세서가 Intel Core 2 Duo, Core i3, Core i5, Core i7, xeon 중의 한 가지인지, 버전은 10.6.8인지를 확인합니다. 아니라면, 소프트웨어 업데이트 버튼을 클릭하여 최신 버전으로 업데이트 합니다.

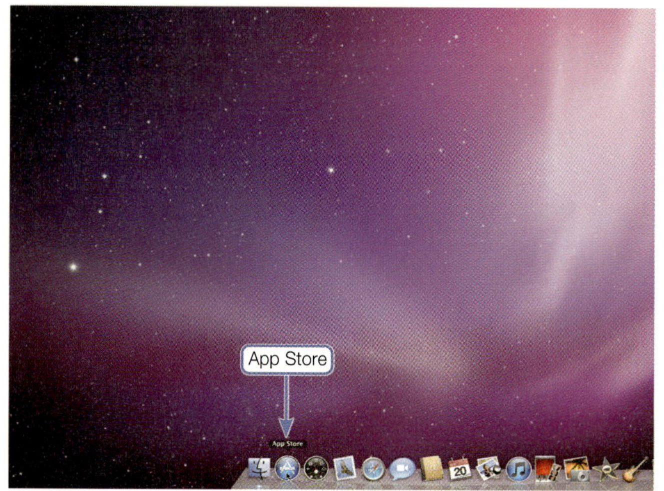

03 프로세스와 버전을 확인하고, 업그레이드가 가능한 시스템이라면, Dock에서 App Store 아이콘을 클릭하여 실행합니다.

04 메인 화면 또는 유료 인기항목에서 OS X Lion 아이콘을 클릭합니다. 아이콘이 보이지 않은 경우에는 검색 창에 OS X Lion을 입력하여 찾습니다.

05 프로그램 소개 페이지의 'App 구입' 버튼을 클릭하여 다운 받습니다. 이때 열리는 로그인 창에서는 iTuens Store 또는 Mobile Me에서 사용하는 Apple ID를 입력합니다.

체크
Apple ID가 없다면, Apple ID 생성 버튼을 클릭하여 가입합니다.

06 다운로드가 완료되면, Mac OS X 10.7 설치 설정 화면이 열립니다. 계속 버튼을 클릭하여 진행합니다.

07 소프트웨어 사용권 계약서가 열립니다. 동의함 버튼을 클릭합니다.

08 Mac OS X를 설치할 디스크를 선택할 수 있는 창이 열립니다. Macintosh HD가 선택되어 있는 상태로 설치 버튼을 클릭합니다.

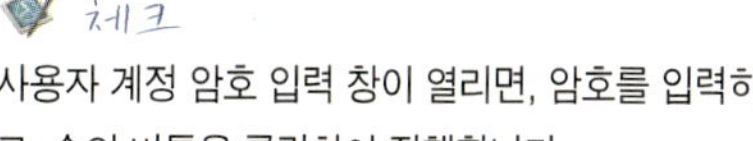

> **체크**
> 사용자 계정 암호 입력 창이 열리면, 암호를 입력하고, 승인 버튼을 클릭하여 진행합니다.

09 추가 구성요소를 다운로드하는 과정이 진행되고, 재시동을 요구하는 화면이 열립니다. 재시동 버튼을 클릭합니다.

10 시스템이 재시동되고, Mac OS X를 설치하는 과정이 진행됩니다. 시스템에 따라 차이가 있지만, 30분 정도의 시간이 소요되므로, 차 한잔 마시며 기다려도 좋습니다.

11 설치가 완료되고 시스템이 다시 하번 재시동 되면, Mac OS X로의 업그레이드가 끝납니다. 화면은 크게 달라진 것이 없어 보이지만, 내부적으로는 250가지의 새로운 기능이 추가되었습니다.

마우스와 키보드에 익숙해지기

컴퓨터를 다루기 위해 가장 먼저 시작하는 학습이 키보드와 마우스에 익숙해지는 연습입니다. 물론, 처음부터 맥을 사용하는 사람보다는 윈도우를 사용하다가 그래픽, 영상, 음악 등의 멀티 미디어 작업이나 아이폰 프로그래밍을 위해서 맥을 시작하는 사람이 더 많을 것이므로, 자판 연습이나 그림 그리기와 같은 연습은 필요 없을 것입니다. 하지만, 맥의 키보드와 마우스가 윈도우에서 사용하던 것들과 어떻게 다른지 정도는 알아둬야 합니다.

01 키보드의 종류

MAC도 PC와 마찬가지로 노트북과 데스크탑으로 구분되며, 데스크탑은 모니터 일체형의 아이맥과 본체만 있는 맥 프로로 구분됩니다. 여기서 키보드는 노트북과 아이맥에서 제공되는 78 키의 무선 키보드와 맥프로에서 제공되는 109 키의 유선 키보드가 있습니다. 숫자 키가 포함되어 있는 109 키의 유선 키보드는 숫자를 다룰일이 많은 작업자에게 유리하기 때문에 노트북과 아이맥을 사용하더라도 추가로 구매 할 수 밖에 없겠지만, 대부분의 사용자는 무선의 자유로움을 만끽할 수 있는 78 키의 무선 키보드를 선호하는 편입니다. 윈도우를 사용하다가 맥으로 전환했을 때, 혼동될 수 있는 키를 중심으로 살펴보겠습니다.

▲ 78 키의 무선 키보드를 제공하는 아이맥

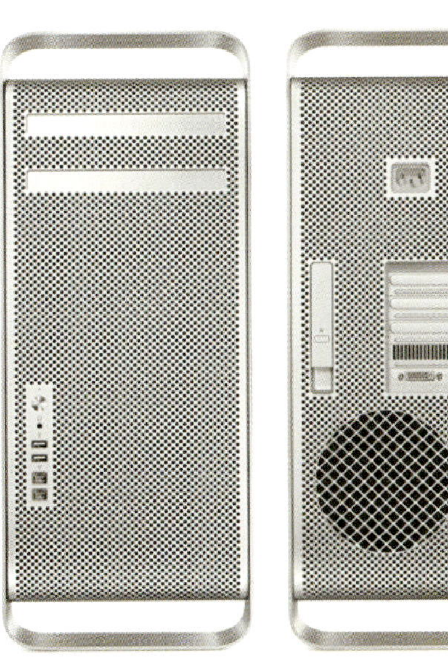

▲ 109 키의 유선 키보드를 제공하는 맥 프로

▲ 78 키가 적용된 노트북

▲ 109 키의 유선 키보드

윈도우 키보드와 비슷한 역할을 하지만, 이름이 다른 키가 있습니다. 맥의 신형 키보드는 Return 키에 Enter, Option 키에 Alt 문자가 표시되어 최소한의 혼동을 피할 수 있도록 하고 있습니다.

● Command

윈도우의 Ctrl 키와 비교합니다. 윈도우에서 선택 대상을 복사할 때, Ctrl+C와 Ctrl+V 키를 이용하듯이 맥에서도 Command+C와 Command+V 키를 이용하여 복사 작업을 합니다. 그 외, 윈도우에서 Ctrl 키 조합으로 사용하는 명령은 맥의 Command 키로 이용합니다.

● Option

윈도우의 Alt 키와 비교합니다. 윈도우에서 포토샵 작업을 할 때, Alt 키를 누른 상태에서 드래그하여 복사 하듯이 맥에서도 Option 키를 누른 상태에서 드래그하여 복사합니다. 그 외, 윈도우에서 Alt 키 조합으로 사용하는 명령은 맥의 Option 키로 이용합니다.

● Delete

윈도우의 백 스페이스 키와 비교합니다. 윈도우에서 커서 왼쪽의 글자를 지울 때는 백 스페이스 키를 누르고, 커서 오른쪽의 글자를 지울 때는 Delete 키를 누르지만, 맥에서는 커서 왼쪽의 글자를 지울 때 Delete 키를 누르고, 커서 오른쪽의 글자를 지울 때는 Fn 키를 누른 상태에서 Delete 키를 누릅니다. 참고로 109 키의 유선 키보드는 커서 오른쪽의 글자를 지우는 Delete 키를 별도로 제공합니다.

● Return

윈도우의 Enter 키와 비교합니다. 문서를 작성하거나 웹 검색을 하는 등, 어떤 프로그램을 이용하고 있을 때에는 윈도우의 Enter 키와 동일하게 사용됩니다. 하지만, 파일 및 폴더를 선택한 상태에서 Return 키를 누르면 이름을 변경할 수 있는 상태가 된다는 중요한 차이가 있습니다. 가장 혼동하는 키 이므로, 꼭 기억하기 바랍니다.

● 한/영 전환

맥 키보드를 처음 접할 때, 가장 당황하는 부분이 한/영 전환키가 없다는 것입니다. 맥에서는 Command 키를 누른 상태에서 스페이스 키를 눌러 한글과 영어 입력 상태를 전환합니다.

● 한자 입력

맥 키보드에는 한/영 키 외에도 한자 키가 없습니다. 맥에서 한자를 입력할 때는 Option+Retune 키를 이용합니다. 윈도우에서도 한자를 입력할 때 한글을 입력하고 한자 키를 눌러서 한자를 선택하듯이 맥에서도 한글을 입력하고 Option+Retune 키를 눌러 한자를 선택하는 것입니다.

03 맥 기능 키

윈도우 키보드는 제조사 마다 특별한 기능들을 제공하는 것들이 있습니다. 맥에서도 데스크탑의 밝기를 조정하거나 사운드 볼륨을 조정하는 등의 특별한 기능을 수행하는 키가 있습니다. 미디어를 제어하거나 프로그램을 전환하는 등의 편리한 기능들을 제공하고 있으므로, 기억해두면 좋습니다.

● 미디어 추출

F12 키 오른쪽에 있는 미디어 추출 키는 맥에 삽입한 CD 및 DVD를 꺼냅니다. 간혹 문제가 있어 미디어가 빠지지 않는 경우에는 컴퓨터를 재시동하고, 로고가 나타날 때 마우스를 클릭한 상태로 기다립니다.

● 대쉬보드 열기

윈도우의 위젯과 비슷한 기능이 맥의 대쉬보드 입니다. 윈도우에서는 위젯을 바탕화면에 열어놓지만, 맥에서는 대쉬보드라는 가상의 데스크탑 위에 구성되며, F4 키를 눌러 열거나 닫습니다.

● 미션 컨트롤

F3 키를 누르면 실행 중인 응용 프로그램, 데쉬보드, 데스크탑을 정렬하여 표시하며, 마우스 클릭으로 전환합니다. 응용 프로그램은 윈도우에서와 같이 Command+Tab 키를 눌러 전환할 수도 있습니다.

● 밝기 조정

화면의 밝기를 조정합니다. F1 키는 점점 어둡게, F2 키는 점점 밝게 입니다.

● 미디어 키

음악 및 동영상을 감상할 때 사용할 수 있는 키 입니다. F8 키는 재생 및 정지 기능이고, F7 키는 뒤로 감기, F9 키는 앞으로 감기 입니다. 해당 키에 그림이 표시되어 있으므로, 쉽게 짐작할 수 있습니다.

● 볼륨 조정

맥의 사운드 음량을 조정합니다. F11 키는 점점 작게, F12 키는 점점 크게이며, F10 키는 음 소거입니다. 좀더 미세한 볼륨 조정이 필요한 경우에는 Shift+Option 키를 누른 상태에서 F11 또는 F12 키를 누릅니다.

● 캡처

맥에서는 별도의 프로그램 없이 화면의 일부분을 캡처할 수 있습니다. Command+Shift+3 키를 누르면 전체 화면이 캡처되고, Command+Shift+4 키를 누르면 사용자가 원하는 부분을 드래그하여 캡처할 수 있습니다. Command+Shift+4 키를 누르고, 스페이스 키를 누르면 사용자가 선택하는 창을 캡처할 수 있다는 것도 기억해두면 좋습니다. 캡처된 화면은 데스크탑에 자동으로 저장됩니다.

04 마우스

윈도우 사용자가 맥을 처음 접할 때, 키보드 만큼이나 당황스러워 하는 부분은 버튼이 하나뿐인 마우스 입니다. 하지만, 맥 마우스도 오른쪽 버튼에 해당하는 보조 클릭과 화면을 이동하는 스크롤 기능을 그대로 이용할 수 있습니다.

● 보조 클릭

윈도우의 마우스 오른쪽 버튼에 해당하는 보조 클릭은 Control 키를 누른 상태에서 클릭하면 됩니다. 오른쪽을 클릭하는 동작으로 사용하고 싶다면 시스템 환경을 변경해야 합니다. 사과 그림의 애플 메뉴에서 시스템 환경설정을 선택합니다.

시스템 환경설정 창의 하드웨어 목록에서 마우스를 클릭합니다. 마우스의 기본 사용법을 익힐 수 있는 동영상이 재생됩니다. 잠깐 시간을 내어 시청한다면 맥 마우스 사용에 익숙해질 수 있습니다.

보조 클릭 옵션을 체크하고 창을 닫습니다. 이제 윈도우에서와 같이 마우스 오른쪽 버튼을 이용할 수 있게됩니다. 본서에서는 용어의 혼동을 피하기 위해 보조 클릭을 마우스 오른쪽 버튼 클릭으로 표기하겠습니다.

얇은 디자인의 맥 마우스 사용이 불편하다면 자신의 손에 적합한 PC 용 마우스를 사용합니다.

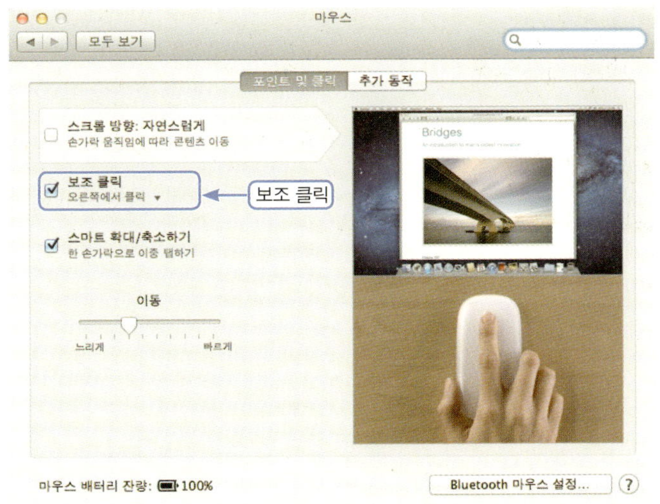

● 스크롤

맥 마우스는 터치 기능을 제공합니다. 그래서 별도의 휠이 없는 것입니다. 그냥 손가락을 위/아래 또는 좌/우로 움직여 스크롤 할 수 있습니다. Control 키를 누른 상태에서는 화면을 확대/축소 할 수 있고, 두 손가락을 사용하여 좌/우로 움직이면 웹 페이지나 사진을 볼 때, 앞/뒤로 이동이 가능합니다.

Lion에서는 스크롤 방향이 자연스럽게로 설정되어 있습니다. 이것은 화면을 스크롤 하는 방향으로 이동되게 하는 것인데, 기존 사용자들 마저 혼동 스러울 수 있는 부분입니다. 만일, 웹 검색을 할 때, 스크롤되는 방향이 어색하다면, 스크롤 방향 옵션을 해제하여 기존과 같은 방식으로 이용합니다.

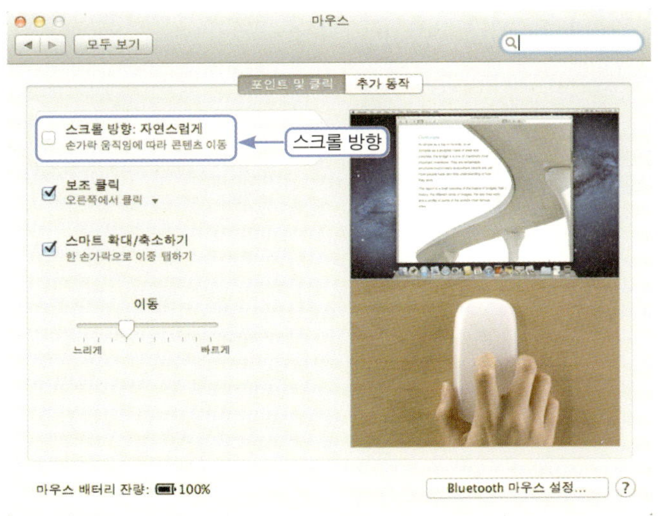

데스크탑의 이해

맥의 데스크탑은 윈도우의 바탕화면과 비교됩니다. 하지만, 윈도우의 바탕화면은 의미 그대로 컴퓨터
의 바탕일 뿐이지만, 맥의 데스크탑은 실행되는 프로그램의 구성 요소로 작용된다는 차이점이 있습니
다. 맥 데스크탑의 정확한 의미를 알아보겠습니다.

01 데스크탑의 구성 요소

맥의 테스크탑은 배경 화면 위쪽에 메뉴 바가 있고, 아래쪽에 Dock이 있습니다. 메뉴 바는 오른쪽에 시간,
스피커, 돋보기 등의 아이콘이 있는 알림 영역, Dock은 경계선 오른쪽에 응용 프로그램, 다운로드, 휴지통
등의 폴더 아이콘이 있는 스택 영역으로 구분합니다.

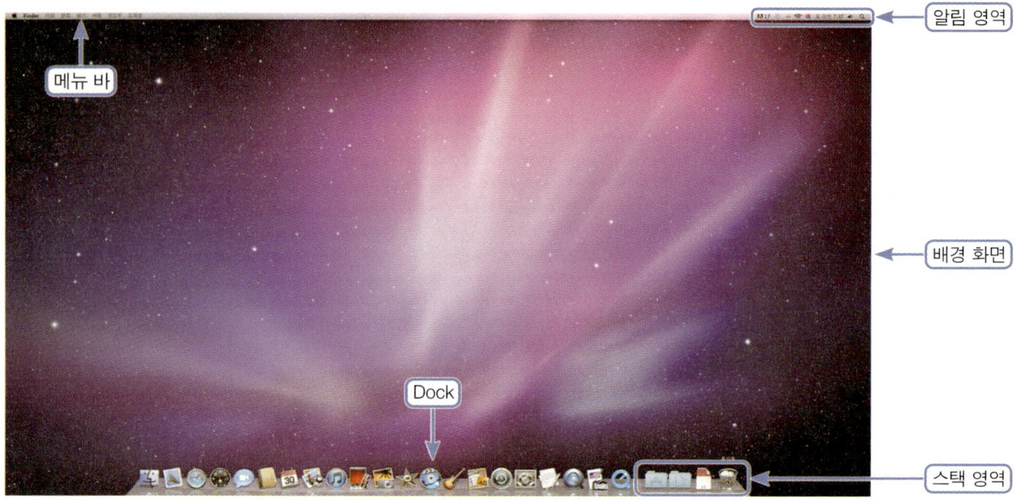

① **배경 화면** : 윈도우 바탕화면과 동일한 의미입니다. 필요하다면 윈도우에서와 같이 프로그램을 실행하
는 아이콘을 만들 수 있습니다.

② **메뉴 바** : 윈도우와 가장 큰 차이점을 보이고 있는 부분입니다. 윈도우는 프로그램 마다 메뉴를 제공하고
있지만, 맥은 실행되는 프로그램에 따라서 메뉴 바의 구성이 바뀝니다. 단, 사과 모양의 애플 메뉴는 언
제나 동일합니다.

③ **알림 영역** : 블루투스, 에어포트, 키보드 입력 소스, 날짜 등의 정보를 알려주는 시스템 아이콘들로 구성
되어 있습니다.

④ **Dock** : 윈도우의 시작 메뉴와 비슷합니다. 맥에서 자주 사용하는 프로그램 아이콘들이 준비되어 있으며,
마우스 클릭으로 실행합니다.

⑤ **스택** : Dock을 자세히 보면 중간에 경계선이 있으며, 그 오른쪽 영역을 의미합니다. 응용 프로그램, 다운
로드, 휴지통 등, 자주 사용하는 폴더들로 구성되어 있습니다. Dock과 스택은 사용자가 원하는 것으로
재구성 할 수 있습니다.

02 맥의 메뉴

윈도우를 사용하던 사람들이 맥을 시작할 때, 닮았지만 다른 구조에 많이 당황해 합니다. 메뉴 역시 그 중 한 가지입니다. 윈도우는 각각의 프로그램 마다 메뉴를 제공하고 있지만, 맥에서는 실행한 프로그램에서 메뉴를 찾아 볼 수 없습니다. 그 이유는 데스크탑의 메뉴 바가 해당 프로그램의 메뉴로 바뀌기 때문입니다.

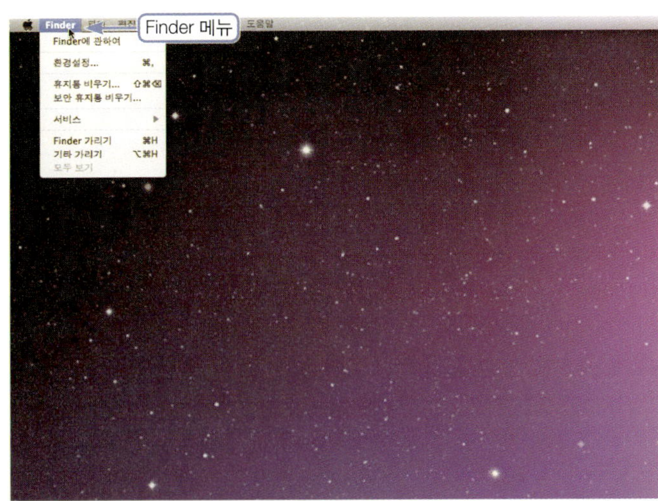

01 맥의 메뉴 바는 사과 모양의 로고로 표시되어 있는 애플 메뉴 오른쪽에 프로그램의 이름과 메뉴가 표시됩니다. 기본적으로 파인더(Finder) 메뉴가 표시되어 있습니다. 즉, 파인더는 늘 실행되고 있는 프로그램입니다.

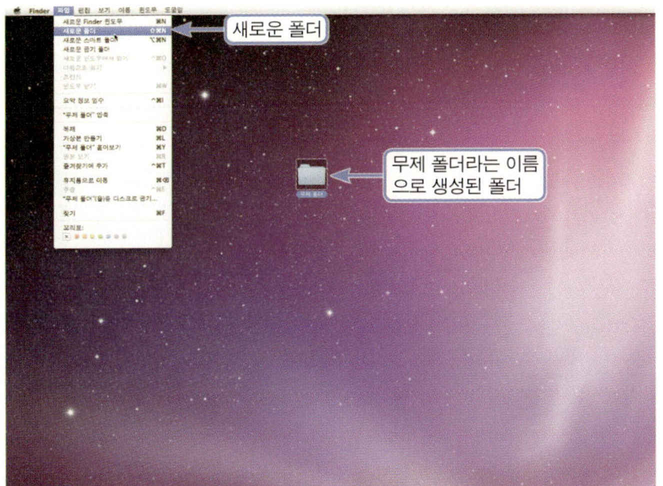

02 파인더는 폴더 및 파일을 관리하는 역할을 하는 것으로 윈도우 탐색기와 비교됩니다. 파일 메뉴에서 새로운 폴더를 선택해보면 데스크탑에 무제 폴더가 만들어지는 것을 확인할 수 있습니다.

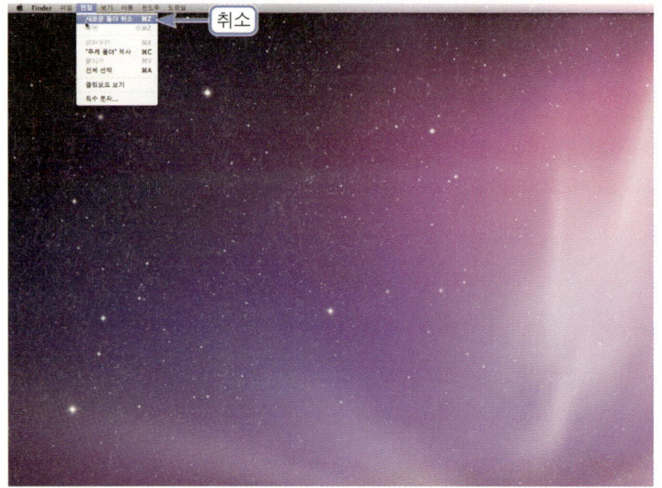

03 그 밖에 편집, 보기, 이동, 윈도우, 도움말도 Finder에서 제공하는 메뉴입니다. 편집 메뉴의 새로운 폴더 취소를 선택하여 앞에서 만들어본 무제 폴더를 삭제합니다.

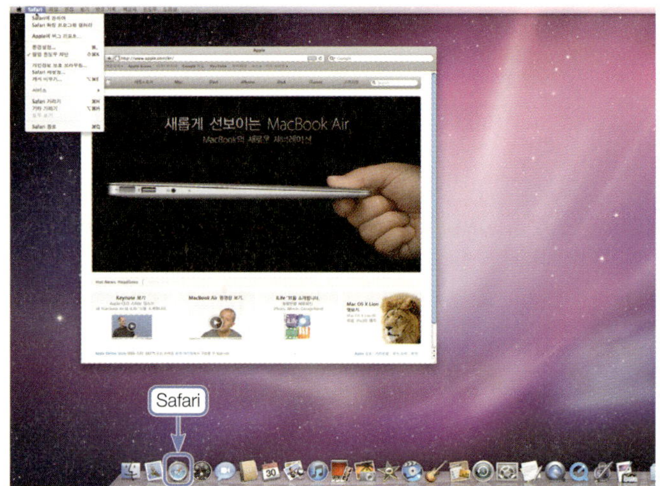

04 Dock에서 사파리(Safari) 아이콘을 클릭하여 실행해 봅니다. 메뉴가 Safari로 바뀐 것을 확인할 수 있습니다. 그 밖의 파일, 편집, 보기, 방문 기록, 책갈피, 윈도우, 도움말의 메뉴도 사파리에서 제공하는 메뉴입니다.

체크
Dock의 아이콘 구성은 사용자마다 차이가 있을 수 있습니다.

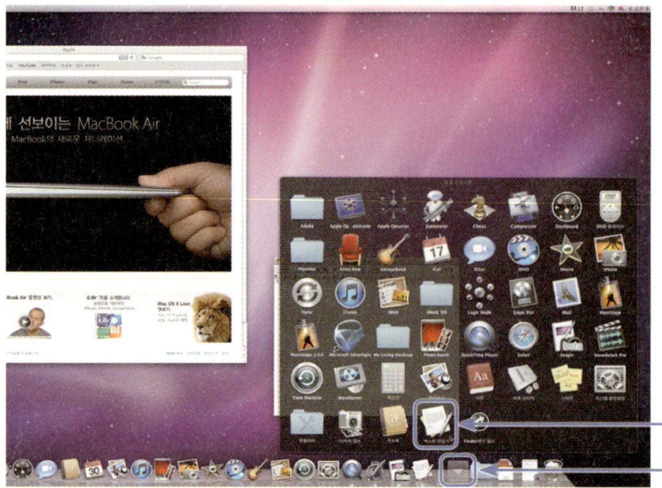

05 스택의 응용 프로그램 폴더를 클릭하여 열고, 텍스트 편집기를 선택하여 실행해 봅니다. 메뉴가 텍스트 편집기로 바뀐 것을 확인할 수 있으며, 파일, 편집, 포맷, 윈도우, 도움말도 텍스트 편집기에서 제공하는 메뉴입니다.

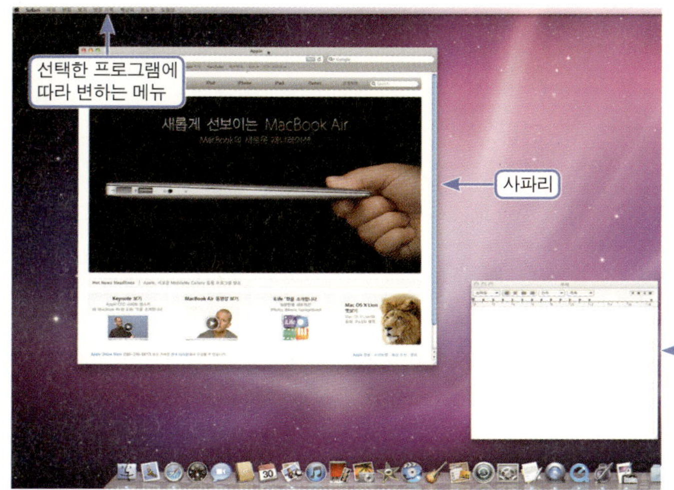

06 현재 사파리와 텍스트 편집기를 실행시켜 놓은 상태입니다. 배경 화면 (Finder)을 클릭하고, 사파리를 클릭하고, 텍스트 편집기를 클릭하면서 프로그램을 선택해봅니다. 선택한 프로그램에 따라 메뉴가 바뀌고 있습니다.

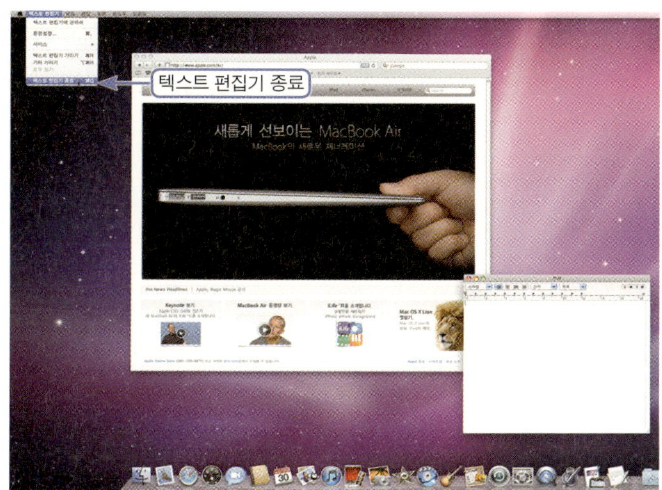

07 윈도우에서와 같이 프로그램마다 메뉴를 제공하는 것이 아니라 실행하고 있는 프로그램에 따라 데스크탑의 메뉴가 바뀐다는 차이점을 기억해두기 바랍니다. 텍스트 편집기를 선택하고 텍스트 편집기 메뉴의 텍스트 편집기 종료를 선택하여 프로그램을 종료합니다.

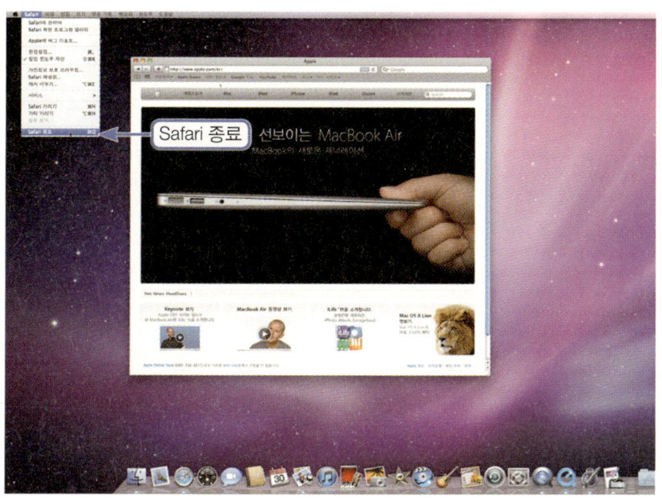

08 사파리도 메뉴에서 Safari 종료를 선택하여 종료합니다. 맥의 모든 프로그램은 Command+Q 키를 눌러서 종료할 수 있으므로, 단축키를 기억해두는 것이 좋습니다. 윈도우에서와 같이 창의 닫기 버튼을 클릭하는 것만으로는 종료되지 않는다는 것도 중요한 차이 입니다.

애플 메뉴의 역할

실행되고 있는 프로그램에 상관없이 언제든 이용할 수 있는 애플 메뉴는 이 매킨토시에 관하여, 소프트웨어 업데이트 등의 메뉴로 구성되어 있으며, 각각의 역할은 다음과 같습니다.

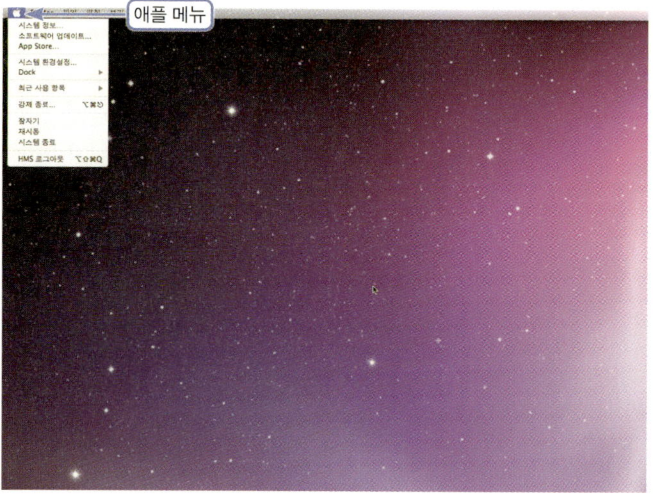

01 이 매킨토시에 관하여

사용하고 있는 Mac OS X의 버전 및 시스템 정보를 확인할 수 있습니다. 버전을 클릭하면 빌드 번호가 보이고, 한 번 더 클릭하면 일련 번호를 확인할 수 있습니다. 일련 번호는 A/S를 받을 때 요구되는 정보입니다. 애플사에 전화를 걸어 문의를 하기 전에 일련 번호를 확인해두면, 보다 신속한 처리가 가능합니다.

02 소프트웨어 업데이트

맥 소프트웨어의 최신 버전을 검색하고 업데이트할 수 있게 합니다.

03 App Store

앱스토어에 접속합니다. Dock의 App Store 아이콘과 동일한 역할입니다.

04 시스템 환경설정

시스템의 환경을 설정할 수 있는 창을 엽
니다. 윈도우의 제어판과 비교됩니다.

05 Dock

Dock의 환경을 설정할 수 있는 서브 메뉴를 가지고 있습니다.

- **가리기 켬** : 데스크탑에서 Dock이 보이지 않게 합니다. 마우스를 Dock이 있던 자리로 가져가면 보입니
  다. 메뉴를 선택하면 가리기 끔으로 바뀝니다.
- **확대 켬** : Dock에 마우스를 가져가면 마우스 위치에 해당하는 아이콘을 확대합니다. 메뉴를 선택하면
  확대 끔으로 바뀝니다.
- **위치** : 하단에 있는 Dock을 데스크탑 왼쪽과 오른쪽으로 위치시킬 수 있습니다.
- **Dock 환경설정** : Dock의 세부 환경을 설정할 수 있는 창을 엽니다.

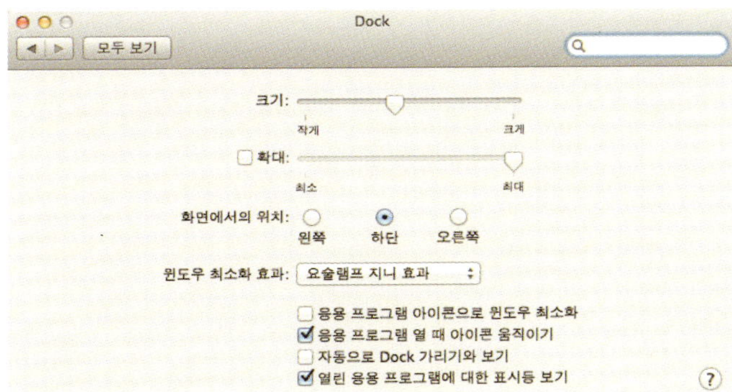

▷ **크기** : Dock의 크기를 조정합니다.

▷ **확대** : 메뉴에서 확대 켬을 선택한 것과 동일합니다. 단, 확대되는 크기를 조정할 수 있습니다.

▷ **화면에서의 위치** : Dock의 위치를 선택하는 메뉴와 동일합니다.

▷ **윈도우 축소 효과** : 맥은 기본적으로 실행 중인 창의 축소 버튼을 클릭하면 스택으로 이동됩니다. 이때 연출되는 효과를 선택합니다. 요술램프 지니 효과와 크기 효과가 있습니다.

▷ **응용 프로그램 아이콘으로 윈도우 축소** : 실행 중인 창의 축소 버튼을 클릭했을 때, 스택이 아닌 Dock의 아이콘으로 축소시킵니다. 이 경우 창을 다시 열 때는 Dock의 아이콘을 마우스 오른쪽 버튼으로 클릭하여 메뉴를 열고 창을 선택합니다.

▷ **응용 프로그램 열 때 아이콘 움직이기** : 프로그램이 실행될 때 Dock의 아이콘이 튀는 듯한 움직임 효과를 만듭니다.

▷ **자동으로 Dock 가리기와 보기** : Dock을 화면에서 가리며, 마우스를 아래쪽으로 가져갔을 때만 보이게 합니다. 데스크탑을 좀 더 넓게 쓸 수 있습니다.

▷ **열린 음용 프로그램에 대한 표시등 보기** : 실행 중인 프로그램은 Dock 아이콘 아래쪽에 흰색 등이 켜지게 합니다. 실행 중인 프로그램을 확인할 수 있는 것입니다.

06 최근 사용 항목

최근에 사용한 응용 프로그램, 문서, 서버 등이 기록되어 있으며, 마우스 선택으로 빠르게 열 수 있습니다.

07 강제 종료

현재 실행중인 응용 프로그램 목록 창이 열리며, 강제로 종료시킬 수 있습니다. 응용 프로그램에 문제가 있을 때 이용합니다. 단축키는 Option+Command+esc 키 입니다.

08 잠자기

맥을 절전 모드로 전환합니다. 마우스나 키보드를 누르면 복구됩니다.

09 재시동

시스템을 종료하지 않고 맥을 재시동 시킵니다.

10 시스템 종료

시스템을 종료합니다. 메뉴가 작동되지 않은 상황에서는 전원 버튼을 눌러 종료합니다.

11 로그 아웃

사용자 로그 아웃입니다. 여러 사람이 2개 이상의 계정을 만들어 사용하고 있을 때, 각 사용자마다 서로 다른 환경으로 이용할 수 있습니다.

프로그램을 실행하는 다양한 방법

맥에서 프로그램을 실행하는 다양한 방법을 살펴봅니다. 맥에서 기본적으로 제공되는 프로그램들 중에서 자주 사용하는 것들은 Dock의 아이콘을 클릭하여 실행합니다. 그 외, Dock에 준비되어 있지 않은 것이나 새로 설치한 프로그램들의 실행 방법을 살펴보겠습니다.

01 Dock에서 실행하기

데스크탑 아래쪽에 보이는 Dock은 맥에서 기본적으로 제공하는 프로그램들 중에서 자주 사용하는 것들로 구성되어 있으며, 마우스 클릭으로 해당 프로그램을 실행할 수 있습니다. 아이콘 위에 마우스를 가져가면 프로그램의 이름을 볼 수 있습니다.

02 응용 프로그램 폴더에서 실행하기

스택의 응용 프로그램 폴더는 맥에 설치되어 있는 모든 프로그램을 열어주며, 해당 프로그램을 클릭하여 실행할 수 있습니다. Dock에 자리잡고 있지 않은 프로그램이나 새로 설치한 프로그램을 실행할 때 이용합니다.

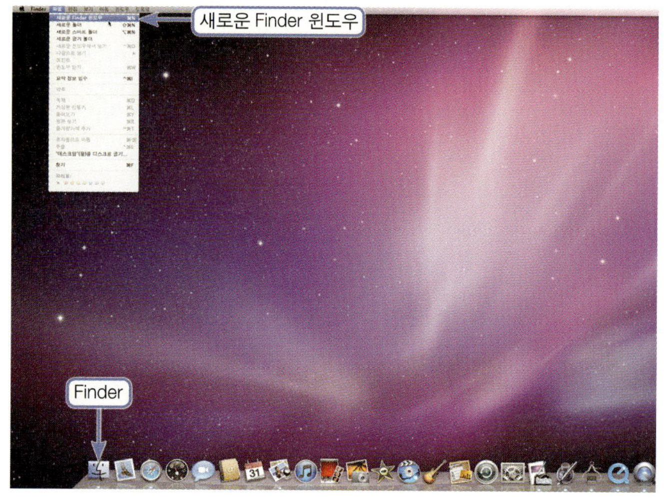

03 파인더에서 실행하기

폴더 및 파일을 관리하는 목적의 파인더에서 프로그램을 실행시킬 수 있습니다. 파인더는 Dock에서 Finder 아이콘을 클릭하거나 파일 메뉴의 새로운 Finder 윈도우를 선택하여 엽니다.

04 파인더 왼쪽의 사이드 바에서 응용 프로그램 폴더를 선택하면, 스택에서 응용 프로그램을 선택한 것과 동일한 내용을 볼 수 있습니다. 여기서 원하는 프로그램을 더블 클릭하여 실행합니다.

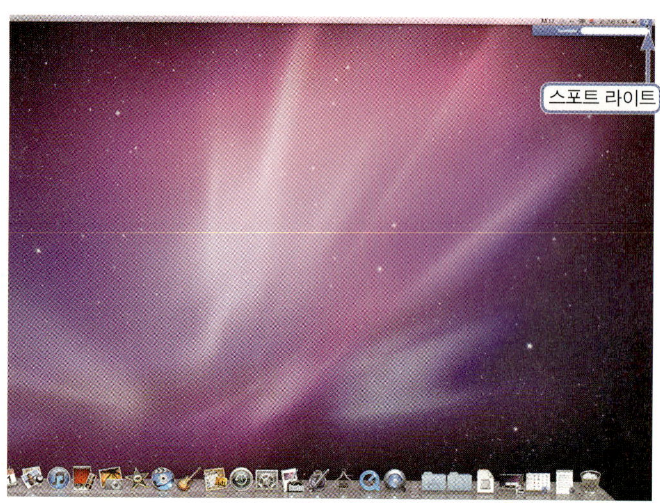

05 스포트라이트에서 실행하기

맥은 사용자가 필요로하는 정보를 빠르게 찾을 수 있는 스포트라이트 기능을 제공합니다. 여기서 프로그램 이름을 검색하여 실행시킬 수 있습니다. 알림 영역의 돋보기 모양을 하고 있는 스포트라이트를 클릭합니다.

06 검색 항목에 계산기라고 입력하고 Return 키를 눌러 봅니다. 계산기에 관련된 내용이 모두 검색됩니다. 여기서 응용 프로그램 항목의 계산기를 선택하면, 프로그램이 실행됩니다.

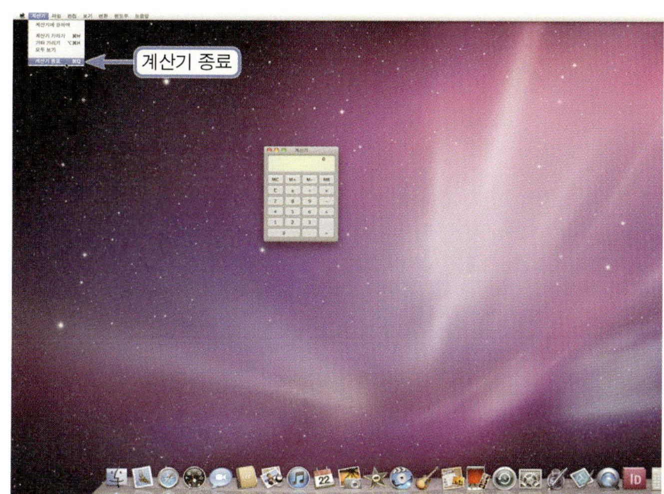

07 실행한 프로그램을 종료할 때는 해당 프로그램 이름 메뉴의 종료를 선택하거나 Command+Q 키를 누릅니다. 계산기를 실행한 상태이므로, 계산기 메뉴에서 계산기 종료를 선택하는 것입니다.

배경 화면에 가상본 만들기

프로그램을 실행하는 다양한 방법을 살펴보았지만, 가장 간편한 것이 Dock이라고 느꼈을 것입니다. 결국, 자주 사용하는 것들은 Dock에 아이콘을 만들어두는 것이 좋습니다. 그리고 많은 프로그램을 꺼내놓을 때 유용한 가상본 만드는 방법도 살펴보겠습니다.

01 Dock에 아이콘 만들기

Dock에 실행 아이콘을 만드는 방법은 파인더 및 스택의 응용 프로그램 폴더에서 원하는 프로그램을 찾아 Dock으로 드래그하여 가져다 놓으면 됩니다.

02 Dock의 아이콘은 좌/우로 드래그하여 위치를 변경할 수 있고, 자주 사용하지 않는 것들은 배경 화면으로 드래그하여 삭제할 수 있습니다.

03 가상본 만들기

윈도우에서와 같이 배경 화면에 실행 아이콘을 만들어 놓을 수 있습니다. 맥에서는 이것을 가상본이라고 하는데, Option+Command 키를 누른 상태에서 배경 화면으로 드래그하면 됩니다.

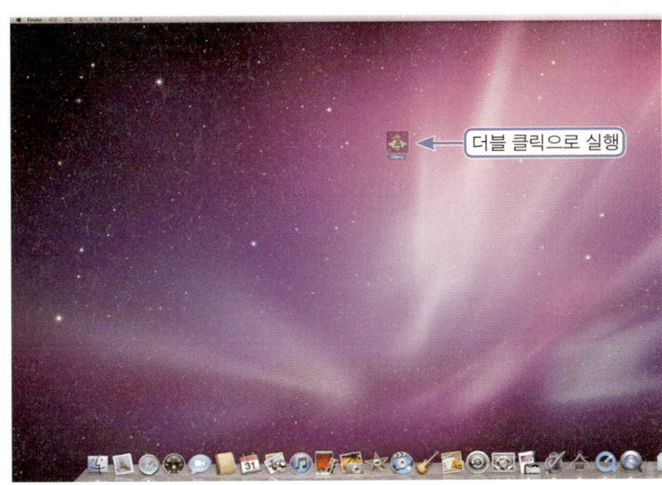

04 배경 화면에 만들어 놓은 가상본은 윈도우에서와 동일하게 마우스 더블 클릭으로 실행시킬 수 있습니다.

> 체크
> 가상본은 왼쪽 하단의 화살표 기호로 구분합니다.

05 실습으로 만들어본 가상본은 스택에 보이는 휴지통으로 드래그하거나 Command+Delete 키를 눌러 삭제합니다.

창 다루기

맥에서 프로그램을 실행하거나 폴더를 열면 모두 창의 형태로 열립니다. 각 창마다 구성된 도구와 모습에는 차이가 있지만, 공통적으로 적용되는 것들이 있습니다. 맥에서 창을 다루는 기본 기능을 살펴보겠습니다.

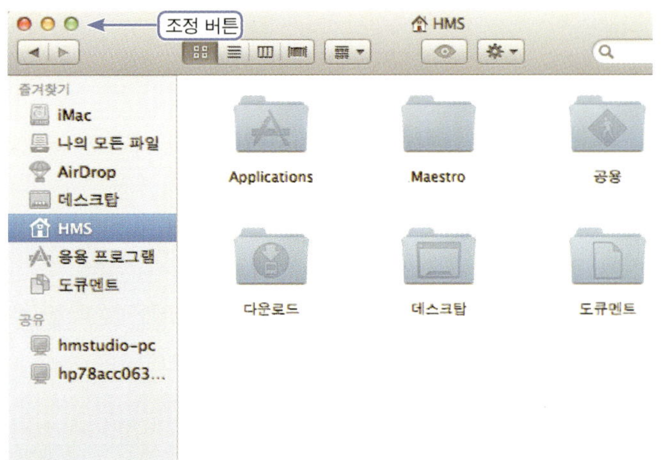

01 맥에서 실행되는 모든 창은 왼쪽 상단에 닫기, 최소화, 최적화의 3가지 조정 버튼이 있습니다. 여기서 윈도우 사용자들이 혼동하는 버튼이 닫기 버튼입니다. 윈도우에서는 닫기 버튼을 클릭하면 해당 프로그램이 종료되지만, 맥은 그렇지 않습니다.

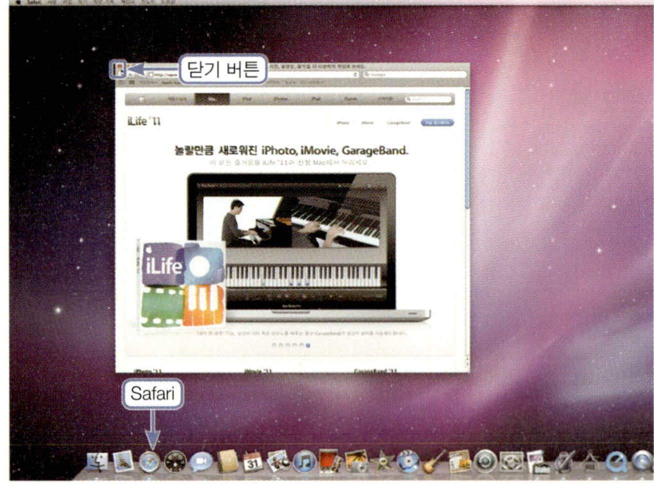

02 Dock에서 Safari 아이콘을 클릭하여 실행시켜 봅니다. 그리고 창 왼쪽 상단에 보이는 닫기 버튼을 클릭하여 창을 닫습니다.

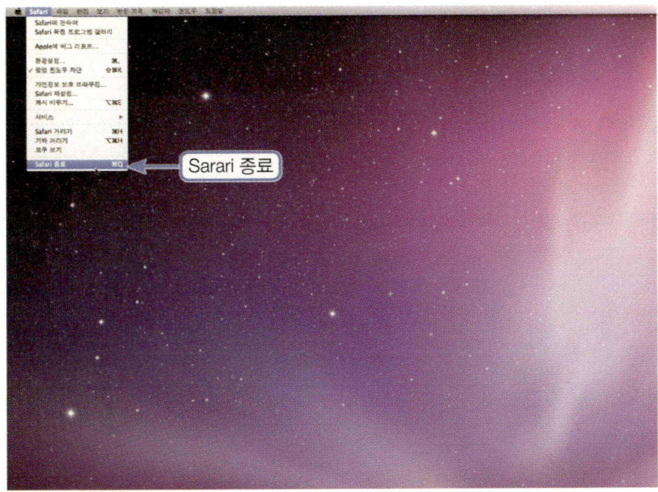

03 창은 닫았지만, 여전히 Safari 메뉴로 구성되어 있습니다. 프로그램을 완전히 종료하기 위해서는 해당 프로그램 메뉴의 종료를 선택하거나 Command+Q 키를 눌러야 합니다.

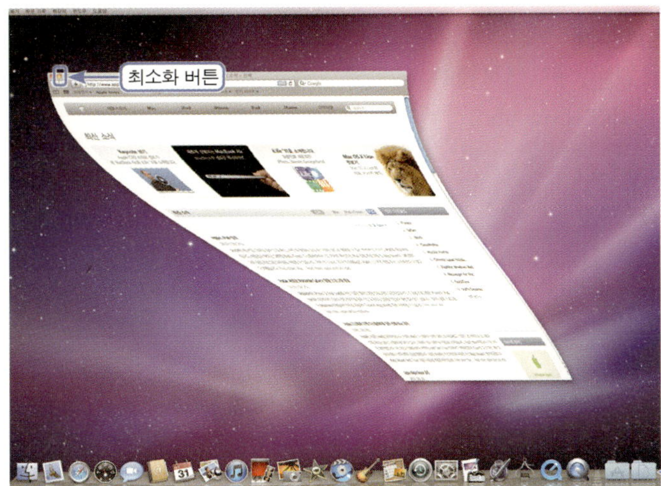

04 최소화 버튼은 스택에 아이콘으로 만들어 놓습니다. Shift 키를 누른 상태에서 최소화 버튼을 클릭하면 느리게 움직이는 램프 요정 효과를 볼 수 있습니다. 아이콘을 클릭하면 다시 원래의 크기로 복구됩니다.

05 최적화 버튼은 가장 보기 좋은 크기로 창을 확대합니다. 프로그램에 따라 세로 크기에 맞추는 것이있고, 전체 크기에 맞추는 것는 것도 있습니다. 창이 확대 되었을 때 최적화 버튼을 클릭하면, 원래의 크기로 복구됩니다.

06 창 오른쪽 하단에 빗금이 있는 부분을 마우스로 드래그하여 창의 크기를 조정할 수 있습니다. 창의 위치는 타이틀 바를 드래그하여 조정할 수 있습니다.

07 맥에서 제공하는 응용 프로그램 창에는 해당 프로그램을 화면 가득 채워 작업할 수 있는 풀스크린 버튼을 가지고 있습니다.

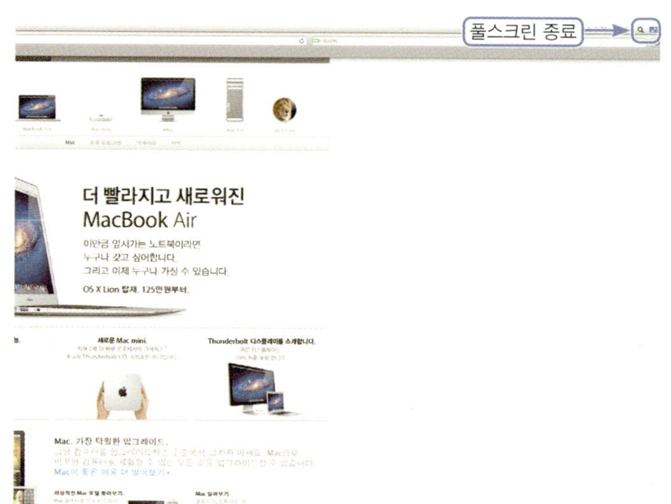

08 풀스크린으로 작업을 할 때는 마우스를 위쪽으로 이동시켜야 메뉴를 볼 수 있으며, 풀스크린 버튼은 원래의 크기로 되돌리는 종료 버튼으로 변경됩니다. 풀스크린 시작과 종료의 단축키는 Control+Command+F 입니다.

데쉬보드의 위젯 구성하기

08

데스크탑 위에 또 하나의 가상 데스크탑을 띄울 수 있는데, 이 가상 데스크탑을 데쉬보드라고 하며, 데쉬보드에서 실행되는 작은 프로그램을 위젯이라고 합니다. 이 기능은 키보드 F4에 설정되어 있을 만큼, 자주 사용됩니다. 사용자가 원하는 위젯으로 데쉬보드를 구성하는 방법을 살펴보겠습니다.

01 키보드의 F4 키를 누르면, 데스크탑 화면이 어두워지면서, 계산기, 세계 시계, Weather, iCal의 4가지 위젯으로 구성된 데쉬보드가 열립니다.

02 화면 왼쪽 하단에 보이는 + 기호의 데쉬보드 편집 버튼을 클릭하면 데쉬보드의 구성을 편집할 수 있는 상태가 되며, 기본적으로 제공하는 위젯의 종류를 확인할 수 있습니다.

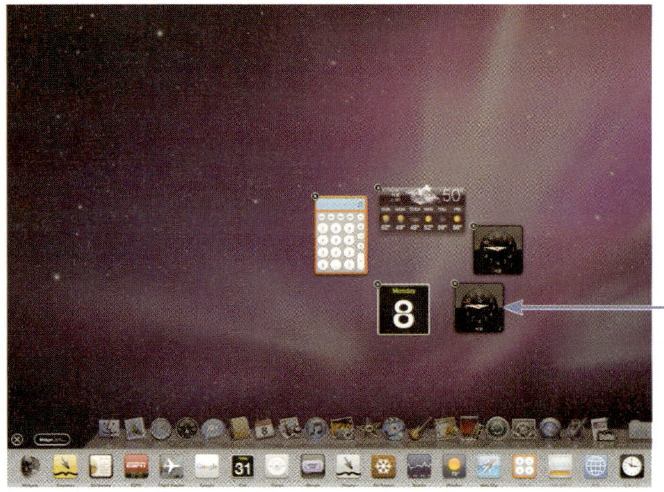

03 데쉬보드에 추가할 위젯을 선택합니다. 화면 중앙에 추가된 위젯을 드래그하여 위치를 조정합니다. 화면 하단에 보이는 위젯을 원하는 위치로 직접 드래그해도 됩니다.

04 그림에서는 위젯을 중복시킬 수 있다는 것을 보여주기 위해서 시계를 하나 더 가져다 놓은 상태입니다. 가져다 놓은 시계 오른쪽 하단에 마우스를 가져가면 정보 설정이 가능한 *i* 문자가 보입니다.

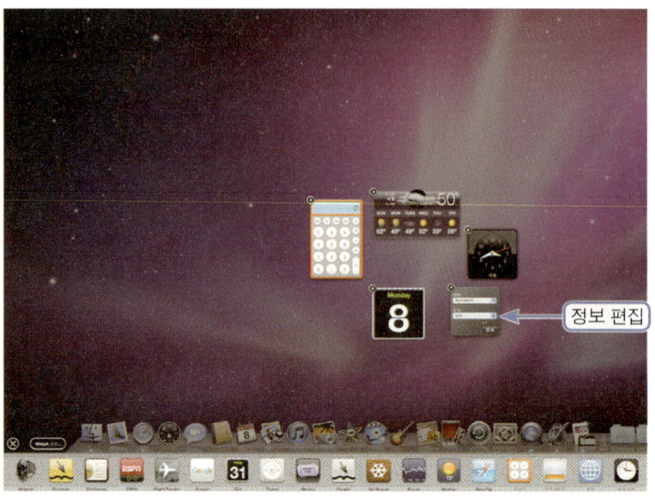

05 *i* 문자를 제공하는 것들은 위젯의 정보를 편집할 수 있다는 것을 의미합니다. *i* 문자를 클릭하여 정보 창을 열고 지역과 도시를 바꿔봅니다. 그리고 완료 버튼을 클릭합니다.

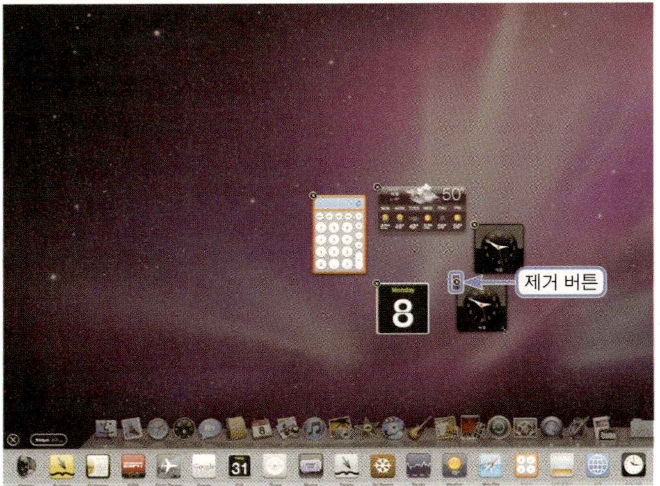

06 날씨 정보를 보는 Weather, 시간을 보는 시계 등은 모두 정보 편집이 가능합니다. 데쉬보드에서 필요없다고 생각되는 것들은 X 표시를 클릭하여 제거할 수 있습니다.

07 모든 구성이 완료되면 화면 왼쪽 하단에 보이는 X 표시를 클릭하여 닫고, 더 많은 위젯을 추가하고 싶다면, Widget 아이콘을 클릭하여 관리창을 엽니다. 관리창에서 추가 Widget 버튼을 클릭합니다.

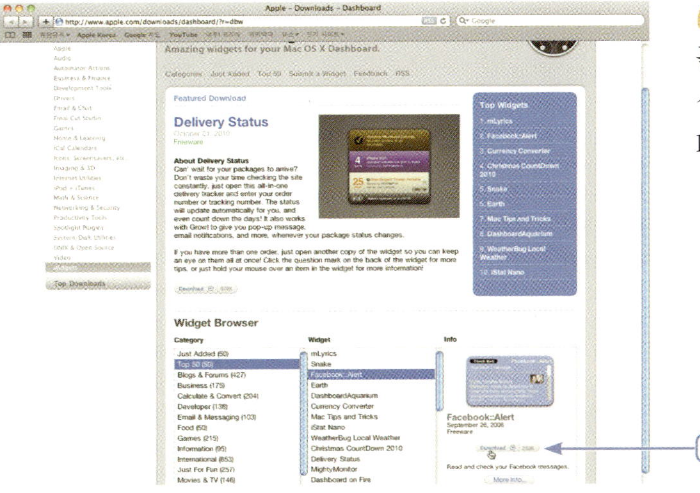

08 다양한 위젯을 다운 받을 수 있는 Apple사 홈페이지에 접속됩니다. 관심이 있는 위젯을 Category에서 찾아 Download 버튼을 클릭합니다.

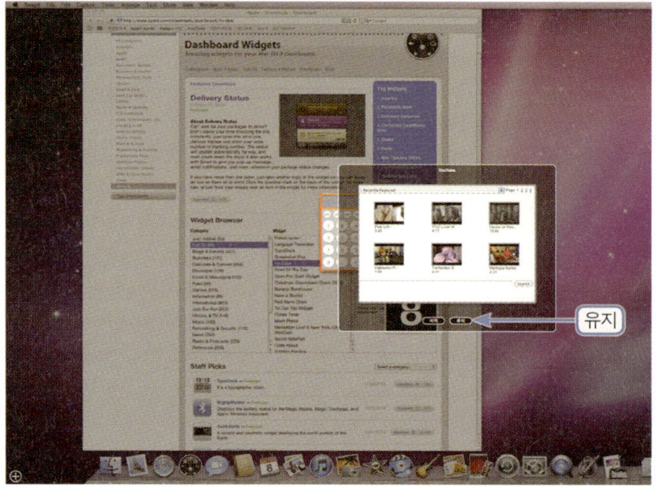

09 다운로드가 완료되면 설치 여부를 묻는 창이 열립니다. 설치 버튼을 클릭하고, 유지 버튼을 클릭하여 데쉬보드에 추가합니다.

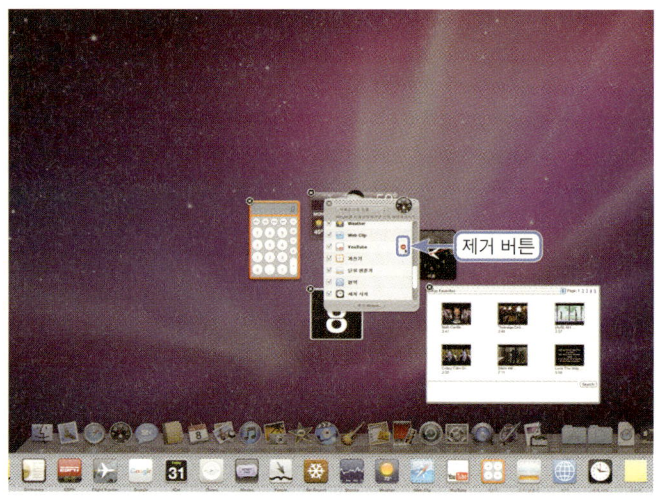

10 위젯을 드래그하여 적당한 위치로 이동시킵니다. 다운받은 위젯은 언제든 제거 버튼을 클릭하여 휴지통으로 이동시킬 수 있습니다.

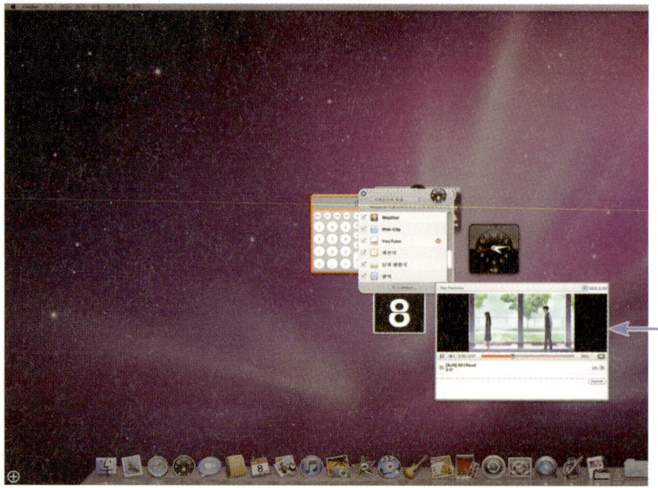

11 실습에서는 YouTube 위젯을 추가하여 언제든 F4 키를 눌러 YouTube를 이용할 수 있게한 모습입니다. 독자가 원하는 것들로 구성을 했다면 위젯 관리창을 닫습니다.

09 배경 화면 변경하기

데스크탑의 배경화면 변경 방법을 살펴봅니다. 맥은 디지털 카메라나 아이폰에서 촬영한 JPG 포맷의 사진은 물론이고, PICT, TIFF, PNG 등의 파일 포맷도 배경 그림으로 사용할 수 있으며, 사용자가 원하는 시간 단위로 변하는 슬라이드 쇼 연출도 가능합니다.

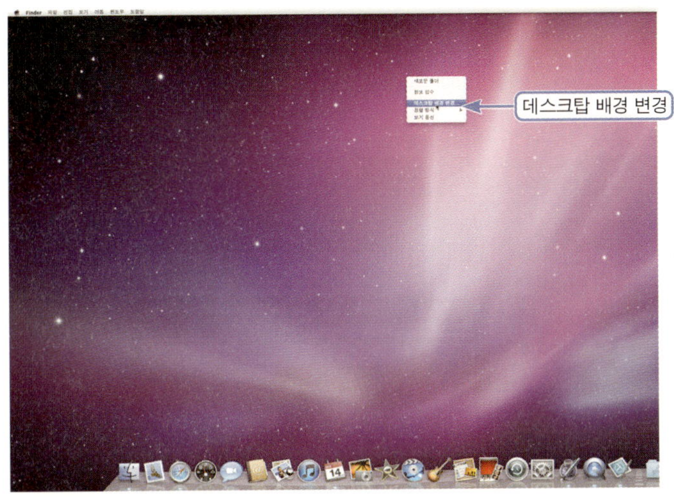

01 배경 화면을 변경하기 위해서 애플 메뉴의 시스템 환경설정을 선택하여 창을 열고, 데스크탑 및 화면 보호기 아이콘을 클릭해도 좋지만, 배경 화면에서 마우스 오른쪽 버튼을 클릭하여 단축 메뉴를 열고, 데스크탑 배경 변경을 선택하는 것이 빠릅니다.

02 데스크탑 및 화면 보호기 창이 열리면, 데스크탑 탭을 클릭합니다. 기본적으로 Apple과 사용자 폴더에 있는 그림 폴더, 그리고 iPhoto의 사진을 이용할 수 있습니다. 각 폴더에서 원하는 그림을 찾아 선택하면 바로 배경그림이 변경됩니다.

03 기본 폴더 외에 폴더를 추가하고 싶은 경우에는 목록 아래쪽에 보이는 + 기호의 버튼을 클릭하여 창을 열고, 폴더를 선택합니다. - 기호의 버튼은 선택한 폴더를 목록에서 제거하는 역할입니다.

04 배경 그림은 사용자가 원하는 시간 단위로 변경되는 슬라이드 쇼로 연출할 수 있습니다. 그림 변경 옵션을 체크하고, 원하는 시간을 선택합니다. 이때 임의의 순서 옵션을 함께 체크하면 그림 순서가 무작위로 바뀝니다.

05 기본적으로 체크되어 있는 반투명 메뉴 막대 옵션은 맥에서 실행되는 모든 창의 타이틀 바를 반 투명으로 처리하여 배경 그림이 살짝 비치게 합니다.

사운드 효과 변경하기

맥을 시동할 때 들리는 사운드는 로고가 나타날 때 F10 키를 눌러 뮤트 시킬 수 있습니다. 맥북을 공공 장소에서 사용할 때 유용한 키 입니다. 하지만, 이것은 일시적인 방법이며 아예 소리가 나지 않게 하려 면 별도의 프로그램을 설치해야 합니다. 그 밖의 사운드의 변경 방법을 살펴보겠습니다.

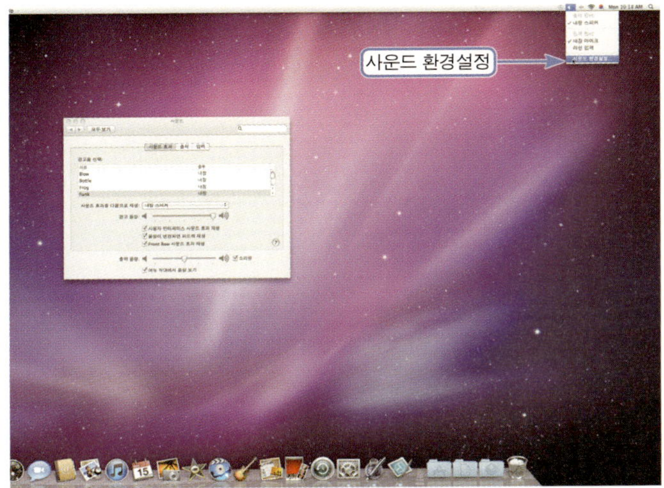

01 기본 효과

기본 사운드의 효과를 변경하기 위해서 애플 메뉴의 시스템 환경설정을 선택하 여 창을 열고, 사운드 아이콘을 클릭해 도 좋지만, 알림 영역의 스피커 아이콘을 Option 키를 누른 상태로 클릭하여 메뉴 를 열고, 사운드 환경설정을 선택하는 것 이 빠릅니다.

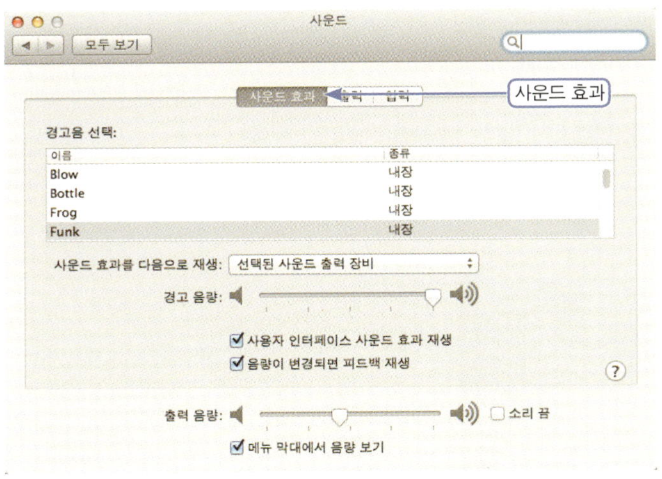

02 사운드 효과 탭에는 경고음을 선택 할 수 있는 목록과 출력 라인을 선택할 수 있는 옵션 등으로 구성되어 있으며 각 옵 션의 역할은 다음과 같습니다.

● 경고음 선택

시스템 오류 및 허용되지 않는 작업을 수행할 때의 경고음을 제공합니다. 사운드의 이름을 선택하면 소리를 들을 수 있습니다.

● 사운드 효과를 다음으로 재생

별도의 오디오 인터페이스를 연결하여 사용하고 있을 때, 사운드 효과를 해당 장치로 출력하게 합니다. 오디오 인터페이스는 사운드 입/출력을 담당하는 장치이며, 사운드 및 음악 관련 작업을 하는 사람들이 좀 더 좋은 품질의 사운드를 얻기 위해 사용합니다.

● 경고 음량

경고음의 볼륨을 조정합니다.

● 사용자 인터페이스 사운드 효과 재생

파일을 휴지통으로 드래그하여 지울 때 들리는 소리와 같이 어떤 작업을 수행할 때의 효과 사운드를 사용하게 합니다.

● 음량이 변경되면 피드백 재생

F10, F11, F12 키의 음량 조절 키를 누를 때의 효과음을 사용합니다.

● 출력 음량

컴퓨터의 메인 볼륨을 조정합니다. 오른쪽의 소리끔 버튼을 클릭하면 부팅할 때의 사운드를 제외한 모든 소리가 뮤트됩니다.

● 메뉴 막대에서 음량 보기

알림 영역에 스피커 모양의 버튼이 보이게 할 것인지의 유무를 선택합니다. 스피커의 볼륨은 F11과 F12 키를 이용해서 조정하지만, 마우스를 사용하고 있을 때에는 알림 영역의 스피커를 클릭하면 열리는 슬라이더를 이용하는 것도 좋습니다.

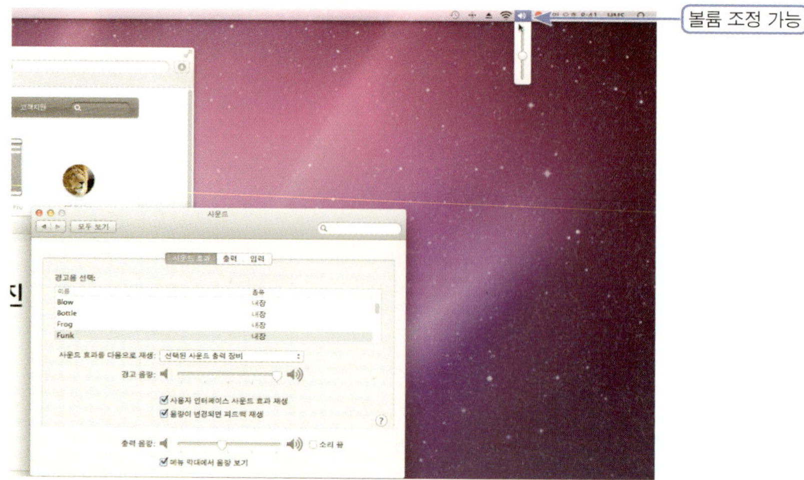

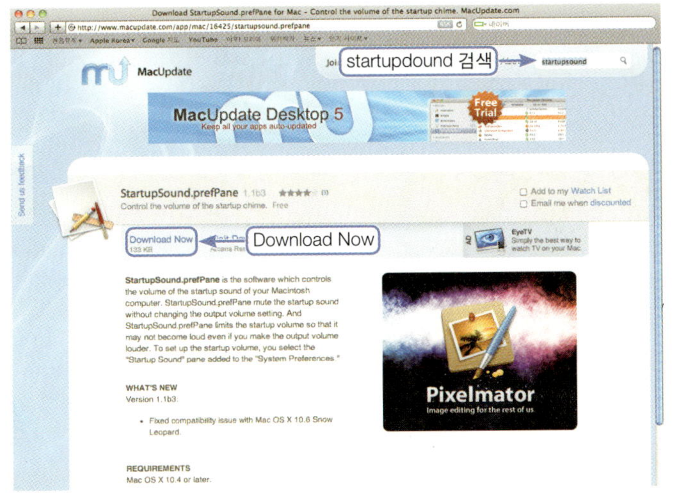

03 시동 사운드 제거하기

맥을 시동할 때 들리는 사운드를 끄기 위해서는 별도의 프로그램을 설치해야 합니다. macupdate.com에 접속하여 startupsound를 검색합니다. 그리고 Download Now 버튼을 클릭하여 다운받습니다.

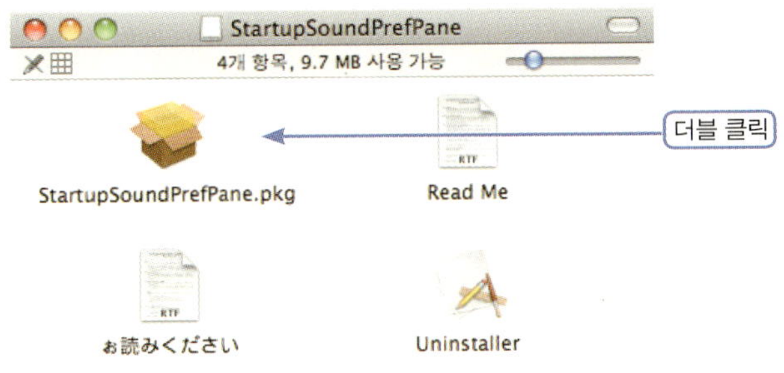

04 다운로드가 완료되고 창이 열리면 StartupSoundPrefPane.pkg 아이콘을 더블 클릭하여 설치합니다.

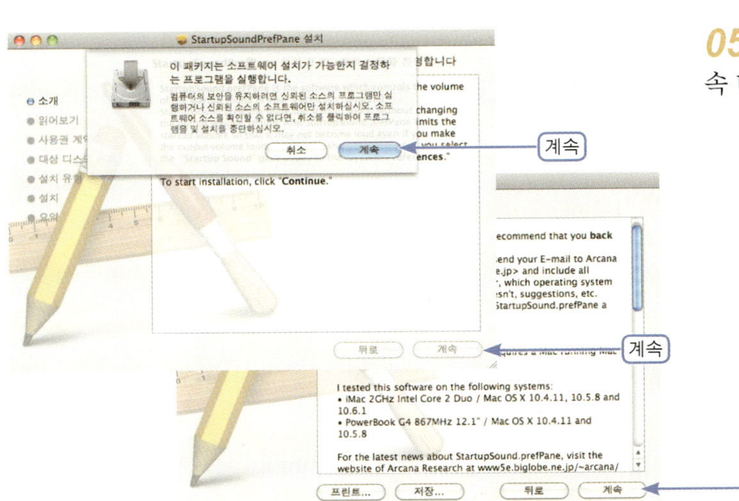

05 설치 확인 창과 중요 정보 창의 계속 버튼을 각각 클릭하여 진행합니다.

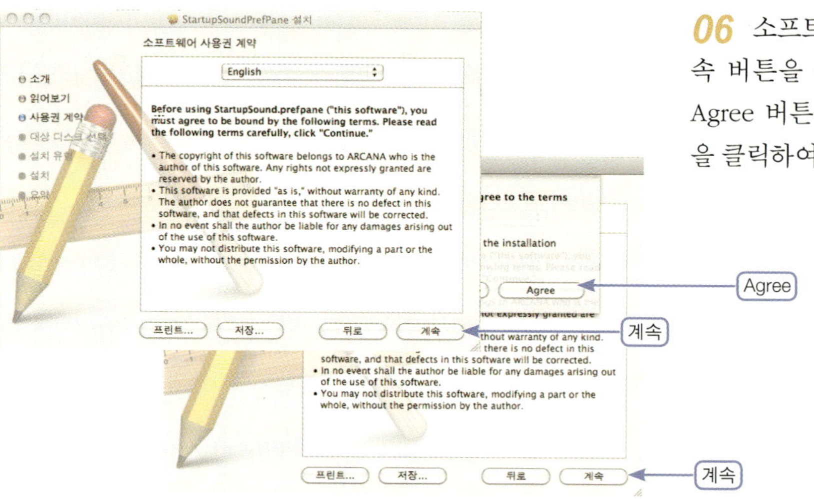

06 소프트웨어 사용권 계약 창에서 계속 버튼을 클릭하면 열리는 동의 창은 Agree 버튼을 클릭하여 닫고, 계속 버튼을 클릭하여 진행합니다.

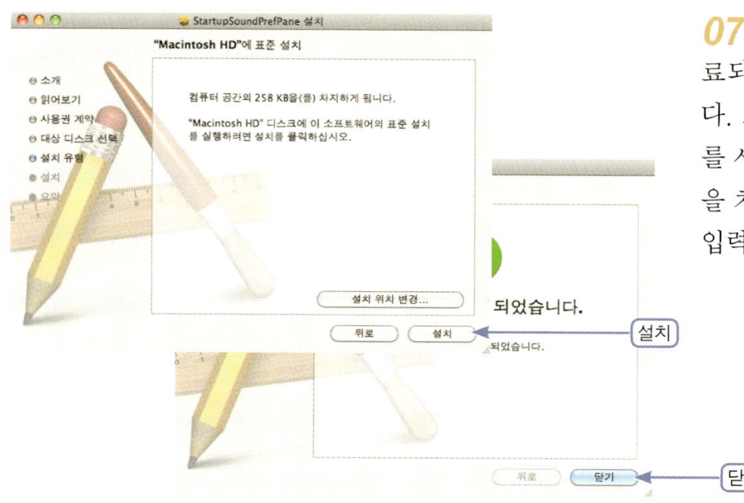

07 설치 버튼을 클릭하여 진행하고 완료되면 닫기 버튼을 클릭하여 종료합니다. 로그인 암호를 설정한 경우에는 설치를 시작할 때 로그인 암호를 묻습니다. 맥을 처음 시동할 때 입력했던 계정 암호를 입력합니다.

08 설치가 완료되었습니다. 다운로드로 생성된 배경화면의 StartupSound PrefPane 디스크는 마우스 오른쪽 버튼을 클릭하여 단축 메뉴를 열고, 추출을 선택하여 제거합니다.

09 애플 메뉴의 시스템 환경설정을 선택하여 창을 열면 기타 항목에 Startup Sound가 추가되어 있습니다. 이것을 클릭하여 창을 엽니다.

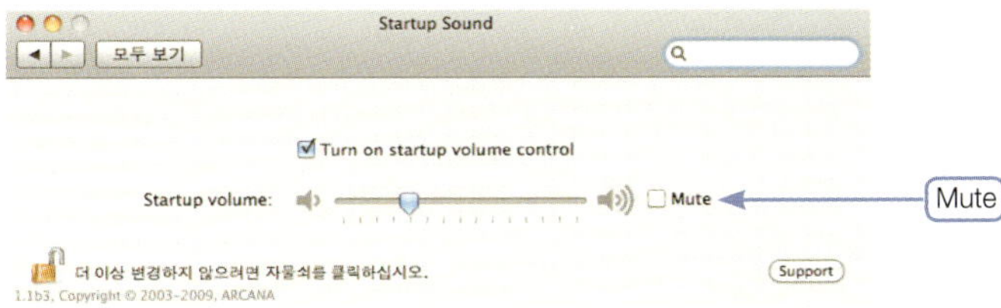

10 시동 사운드의 볼륨을 조정할 수 있는 Startup Volume 슬라이드가 보이며, 아예 소리를 내지 않겠다면 Mute 옵션을 체크합니다.

화면 보호기 설정하기

LCD 및 LED 모니터는 화면을 켜둔다고 해서 빛이 번지거나 화소가 깨지는 현상이 발생하지 않기 때문에 모니터를 보호하는 목적으로 화면 보호기를 사용하지는 않을 것입니다. 하지만, 잠시 자리를 비울 때, 작업 내용의 유출을 막거나 디스플레이 목적으로는 요긴한 기능입니다.

01 화면 보호기를 설정하려면 데스크탑의 배경 화면을 바꿀 때와 마찬가지로 배경 화면에서 마우스 오른쪽 버튼을 클릭하여 단축 메뉴를 열고, 데스크탑 배경 변경을 선택하여 엽니다.

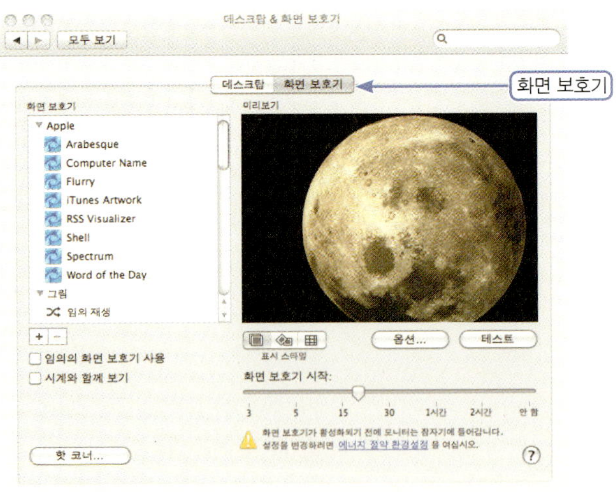

02 화면 보호기 탭을 클릭하여 창을 열고, 화면 보호기 목록에서 원하는 테마를 선택합니다. 그리고 테스트 버튼을 클릭하면 화면 보호기가 시작되었을 때의 풀 화면을 볼 수 있습니다. 마우스를 움직이면 화면 보호기가 정지됩니다.

03 독자가 좋아하는 사진을 화면 보호기로 이용하고 싶은 경우에는 + 기호의 추가 버튼에서 사진이 있는 폴더 추가를 선택하여 독자가 사진을 모아놓은 폴더를 선택하여 추가합니다. - 기호는 선택한 목록을 삭제합니다.

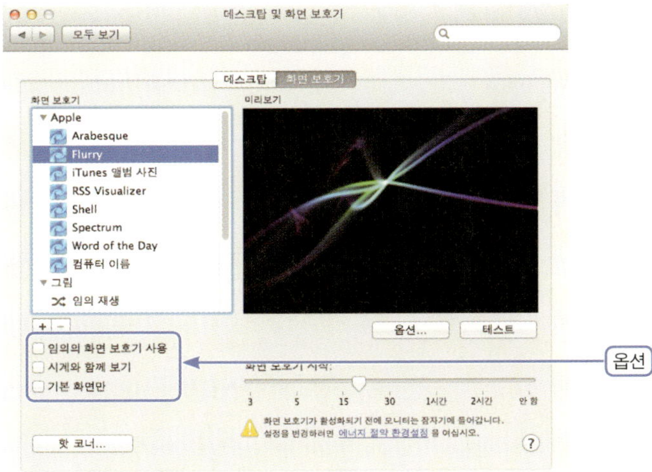

04 화면 보호기 옵션은 화면 보호기가 실행될 때마다 테마가 바뀌게 하는 임의의 화면 보호기 사용, 화면 보호기가 실행될 때, 시간이 함께 표시되는 시계와 함께 보기,기본 화면만 표시하는 것들로 구성되어 있습니다.

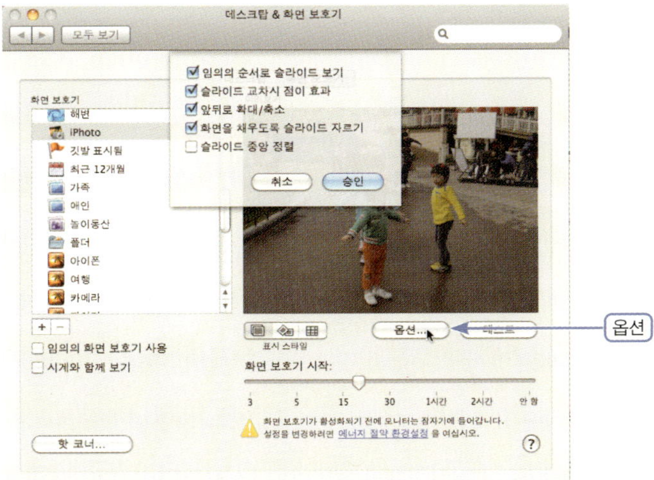

05 옵션 버튼은 화면 보호기의 세부 설정을 할 수 있는 창을 열어주는데, 선택한 테마에 따라 다소 차이가 있습니다. 그림의 경우에는 슬라이스 순서나 크기를 설정할 수 있는 것들을 제공하며, Apple 테마의 경우에는 속도와 각도 등을 설정할 수 있는 것들을 제공합니다.

런치패드 모드

컴퓨터에 설치되어 있는 응용 프로그램들을 한 화면에 표시하고, 전체 화면으로 실행할 수 있는 런치패드 모드는 아이폰 및 아이패드 사용자들에게 이미 익숙한 인터페이스 입니다. 마우스나 터치 패드를 이용해서 아이폰 및 아이패드와 같은 형태로 프로그램을 다룰 수 있는 것입니다.

01 Dock에서 Launchpad 아이콘을 클릭하여 실행하면, 컴퓨터에 설치되어 있는 응용 프로그램들이 아이폰과 같은 형태로 전체 화면에 표시됩니다.

02 마우스를 좌/우로 스크롤 하여 페이지를 이동할 수 있으며, 아이콘을 드래그하여 이동시킬 수 있습니다. 페이지 아이콘을 클릭하여 이동해도 좋습니다.

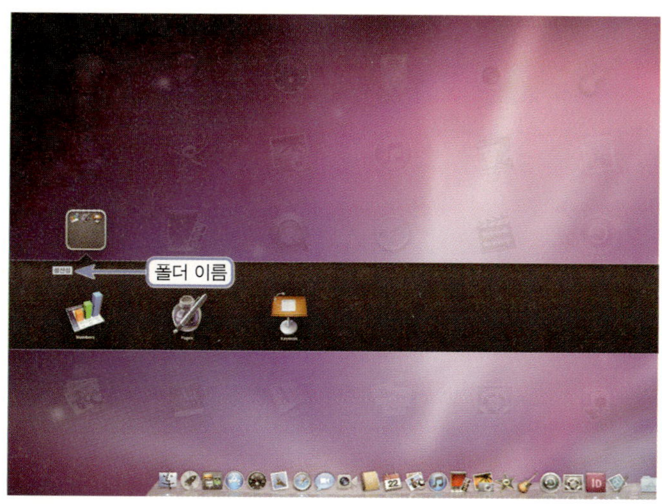

03 아이콘을 다른 아이콘으로 드래그하면 하나의 폴더로 관리됩니다. 폴더의 이름은 마우스 더블 클릭으로 변경할 수 있습니다.

04 폴더에서 제외 시키고 싶은 프로그램은 폴더 밖으로 드래그하여 이동시킵니다. 이때 런치패드 화면으로 전환되며, 사용자가 원하는 위치에 가져다 놓을 수 있습니다.

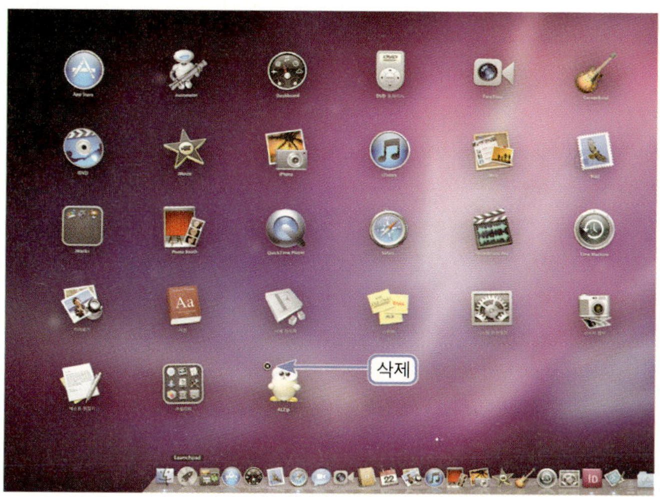

05 하나의 아이콘을 누르고 있으면, 전체 아이콘이 흔들리며, 앱스토어에서 추가한 프로그램은 X 표시를 클릭하여 삭제할 수 있습니다.

> **체크**
> 앱스토어에서 설치한 프로그램은 구매 내역에 기록되어 있으므로, 언제든 재 설치가 가능합니다.

02 파일과 폴더를 관리하는 파인더

맥의 파인더(Finder)는 윈도우의 탐색기와 비교됩니다. 맥을 사용하는 목적은 사용자마다 다르겠지만, 폴더와 파일을 자유롭게 다루지 못하면 문서 파일 하나 조차 원하는 장소로 가져갈 수 없습니다. 폴더와 파일을 다루는 목적으로 사용되는 파인더는 컴퓨터 학습의 시작이면서 필수 지식이기도 합니다.

파인더 시작하기

파인더는 폴더 및 파일을 관리하는 목적으로 사용되며, 윈도우 탐색기와 비교됩니다. 사용자가 작업한 문서, 아이폰으로 촬영한 사진, 인터넷에서 다운 받은 음악 등이 각각의 파일이며, 파일을 모아 놓는 곳이 폴더입니다. 파일을 하드 디스크나 USB 메모리에 바로 담아도 좋지만, 사진은 사진 폴더에, 음악은 음악 폴더에, 문서는 문서 폴더에 구분하여 담아 놓는 것이 효과적입니다.

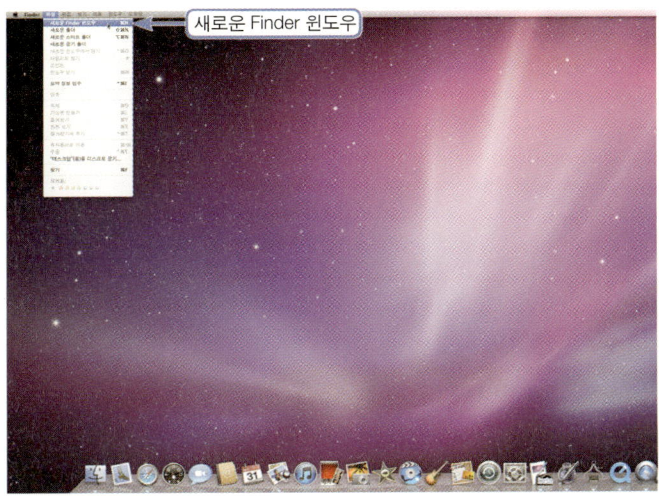

01 파인더 창 열기

파인더는 맥이 시동되었을 때부터 실행되고 있는 프로그램이기 때문에 창을 연다는 표현이 어울립니다. 창은 파일 메뉴의 새로운 Finder 윈도우를 선택하거나 Command+N 키를 눌러 엽니다.

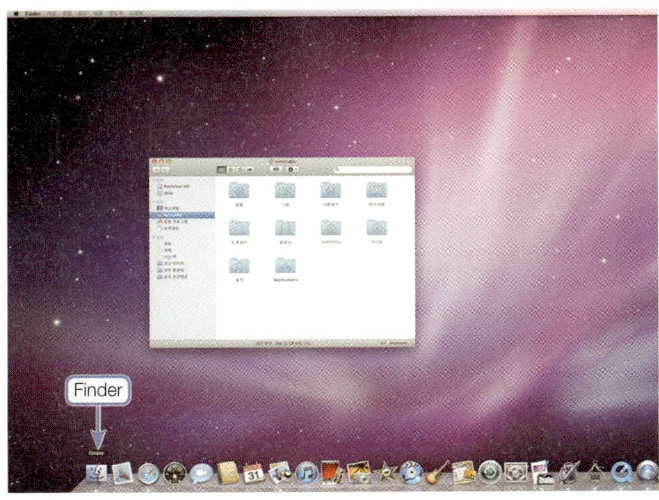

02 메뉴가 Finder인 경우에는 Command +N 키가 편리하겠지만, 다른 프로그램을 사용하고 있는 도중에는 Dock에서 Finder 아이콘을 클릭하여 창을 여는 것이 편리합니다.

03 파인더의 구조

파인더는 타이틀 바를 비롯하여 도구 막대, 사이드 바, 드라이브 및 폴더의 내용을 보여주는 메인 창으로 구성되어 있으며, 필요한 경우, 사용자가 원하는 스타일로 재구성 할 수 있습니다.

● 메뉴 바

데스크 탑의 메뉴 바는 프로그램 이름의 Finder를 포함하여 파일, 편집, 보기, 이동, 윈도우, 도움말의 7가지 메뉴로 구성되어 있습니다. 데스크탑을 선택한 경우에도 동일합니다.

● 타이틀 바

닫기, 축소, 최적화의 3가지 버튼이 있는 타이틀 바는 선택한 드라이브 및 폴더 이름을 표시하며, 이 부분을 드래그하여 위치를 조정할 수 있습니다. 오른쪽에는 사이드 바를 열거나 닫는 버튼이 있습니다.

● 도구 막대

이전/다음 창으로 이동하는 이동 버튼, 화면 보기 형식을 결정하는 4가지의 보기 버튼, 정렬 버튼, 훑어보기 및 메뉴 버튼, 검색 창으로 구성되어 있으며, 사용자가 원하는 것들로 재구성 할 수 있습니다.

● 사이드 바

즐겨 찾기, 공유, 장비 카테고리로 구성되어 있으며, 드라이브 및 폴더를 표시합니다. 하드 디스크, USB 메모리, 아이폰 등을 연결하면 장비 카테고리에 표시되며, 해당 장비의 내용을 볼 수 있습니다.

● 메인 창

파인더의 주요 공간을 의미하며 사이드 바에서 선택한 장비 및 폴더의 내용을 표시합니다. 폴더를 더블 클릭하여 열거나 파일을 더블 클릭하여 실행합니다.

● 경로 및 상태 막대

보기 메뉴의 경로 와 상태 막대 보기를 선택한 경우에 볼 수 있으며, 선택한 장치 및 폴더에 담겨있는 폴더 및 파일의 수, 장치의 남아 있는 공간을 표시합니다. 오른쪽의 줌 바를 이용해서 메인 창에 표시되는 폴더 및 파일의 크기를 조정할 수 있습니다.

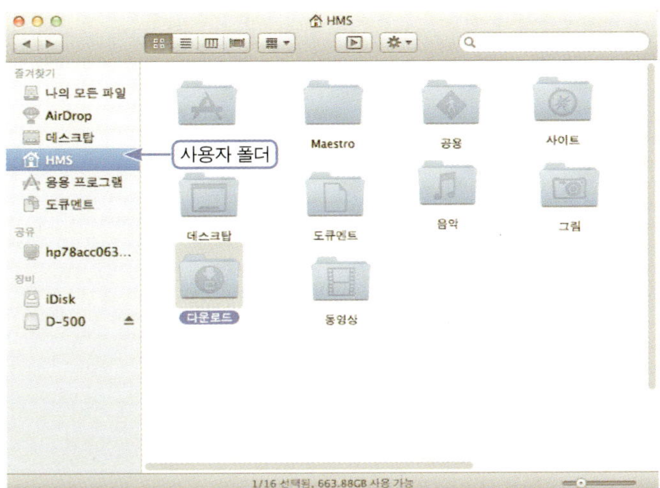

01 이동 버튼

적당한 폴더를 더블 클릭하여 열면, 이전
버튼이 활서화 되며, 이전 버튼을 클릭하
여 이전 폴더로 이동할 수 있습니

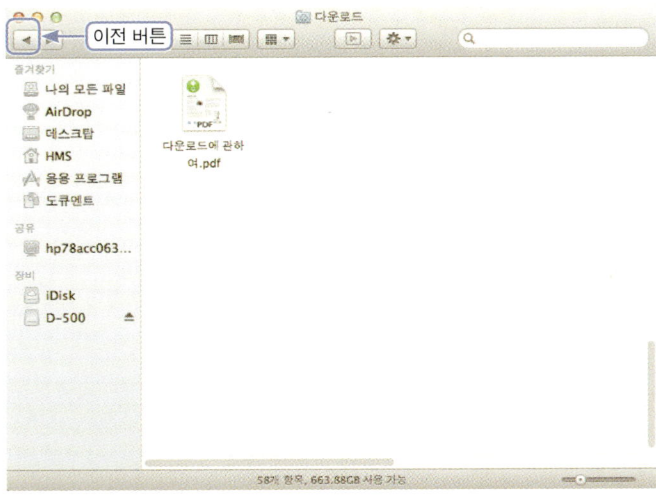

02 다운로드 폴더 안의 내용을 볼 수 있
으며, 도구의 이전 버튼이 활성화 됩니다.
이전 버튼을 클릭해봅니다. 이전에 보았던
사용자 폴더로 이동되며, 다음 버튼이 활성
화됩니다.

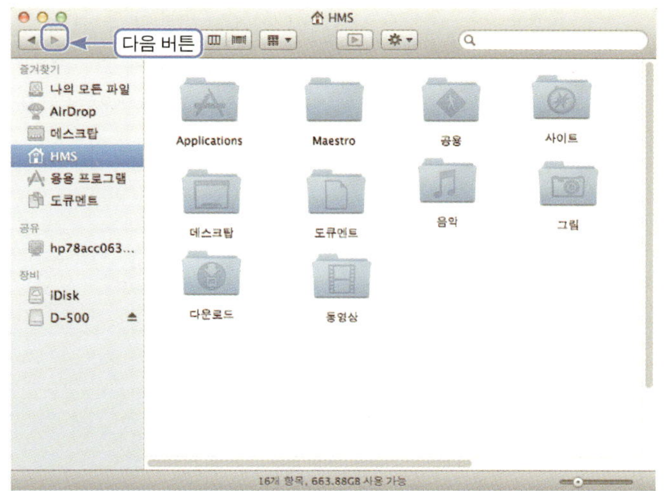

03 다음 버튼을 클릭해봅니다. 지금까지 사용자 폴더-다운로드 폴더-사용자 폴더 순서로 이동하고 있었으므로, 사용자 폴더 다음에 보았던 다운로드 폴더로 이동됩니다.

> **체크**
> 타이틀 바에 표시되는 폴더 이름을 마우스 오른쪽 버튼으로 클릭하면, C 드라이브로 이동할 수 있는 메뉴(Macintosh HD)를 볼 수 있습니다.

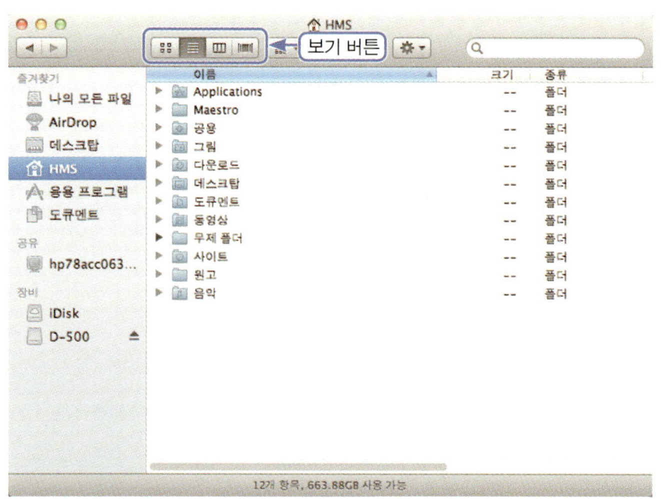

04 보기 버튼

폴더 및 파일의 모습은 아이콘 모양으로 표시되고 있습니다. 이것은 보기 도구의 아이콘 형식이 선택되어 있기 때문입니다. 리스트 보기 버튼을 클릭해봅니다.

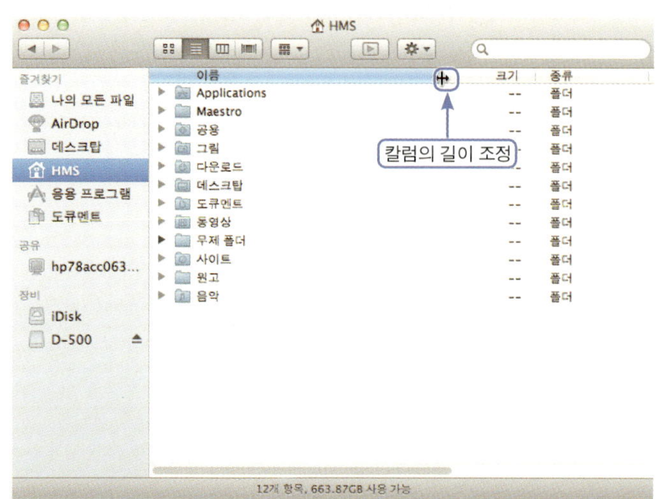

05 폴더 및 파일이 생성된 날짜, 파일의 크기, 종류 등의 정보를 함께 볼 수 있는 리스트 형식으로 표시됩니다. 이름, 수정일, 크기, 종류의 칼럼은 마우스 드래그로 위치를 변경할 수 있고, 각 칼럼 사이를 드래그하여 길이를 조정할 수 있습니다.

06 계층 보기 버튼을 클릭해봅니다. 선택한 폴더의 내용을 오른쪽에 표시하는 계층 구조로 볼 수 있습니다. 많은 파일을 관리할 때 유용한 표시 형식입니다.

07 커버 플로우 보기는 아이폰 사용자들에게 익숙한 형식입니다. 아래쪽에 파일이 리스트 형식으로 표시되고, 선택한 파일의 정보를 위쪽에서 확인할 수 있습니다. 사진, 음악, 영상, PDF 등의 파일을 검색할 때 유용합니다.

08 정렬 버튼

정렬 버튼을 클릭하면, 폴더 및 파일을 이름, 종류 등 사용자가 원하는 형식으로 정렬 시킬 수 있는 메뉴가 열립니다.

09 훑어보기 버튼

사진 PDF 파일을 훑어 볼 수 있으며, 음악과 영상 파일은 재생됩니다. 스페이스 키를 눌러도 되며, 좌/우 방향키를 눌러 폴더 안의 모든 파일을 볼 수 있습니다. 훑어보기 창의 미리보기로 열기 버튼을 클릭하면 미리보기가 실행됩니다.

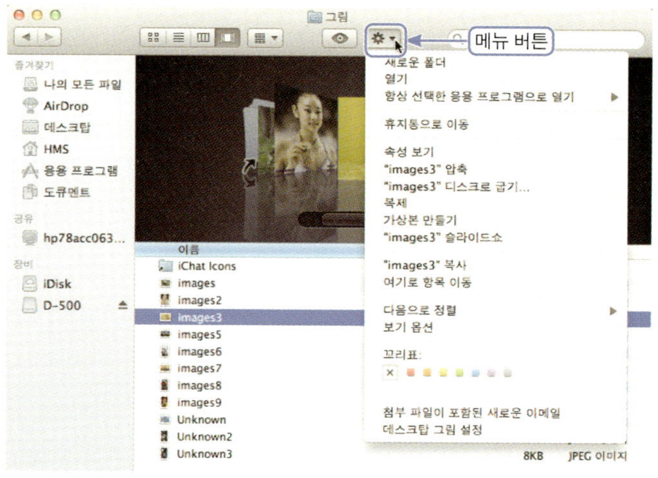

10 메뉴 버튼

파인더에서 자주 사용하는 메뉴를 볼 수 있습니다. 폴더를 선택했을 때와 파일을 선택했을 때 보여지는 메뉴의 종류는 차이가 있습니다.

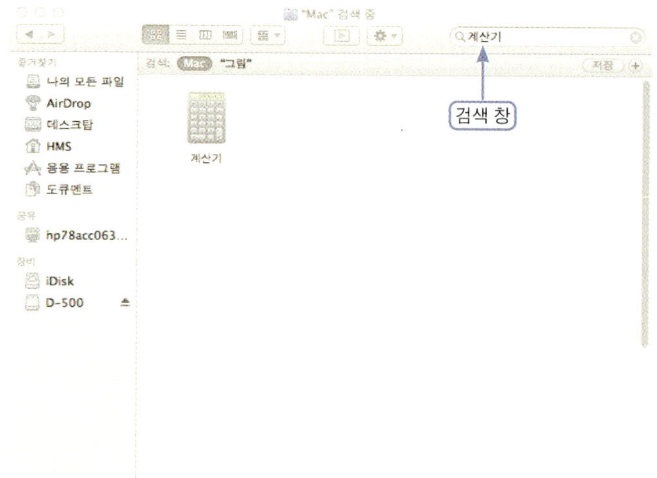

11 검색 창

사용자 컴퓨터에 저장되어 있는 파일 및 문서를 검색합니다. 이름 외에 내용을 입력하여 검색할 수 있기 때문에 정확한 파일 명이 생각나지 않아도 검색이 가능합니다.

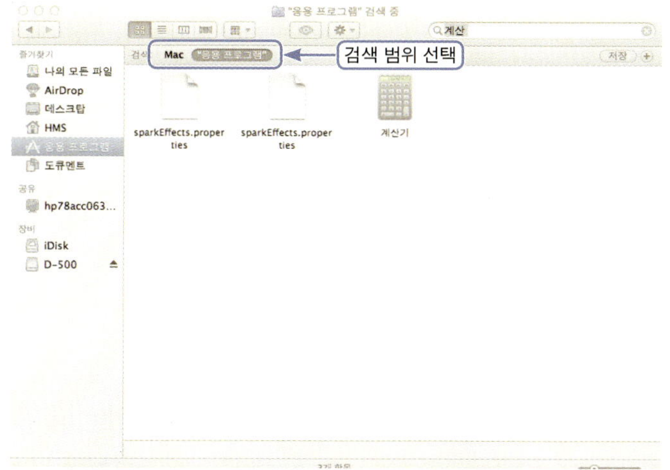

12 검색 범위는 컴퓨터 전체를 의미하는 Mac 또는 선택한 폴더로 제한 시킬 수 있습니다.

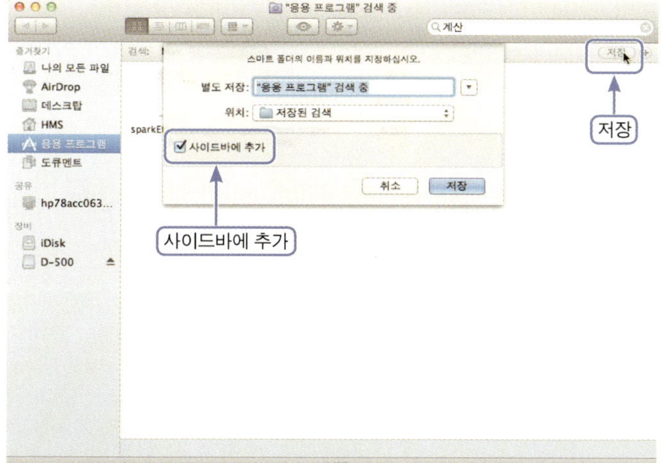

13 검색한 폴더나 파일을 자주 사용하게 될 것이라면, 저장 버튼을 클릭하여 사이드바에 추가할 수 있습니다.

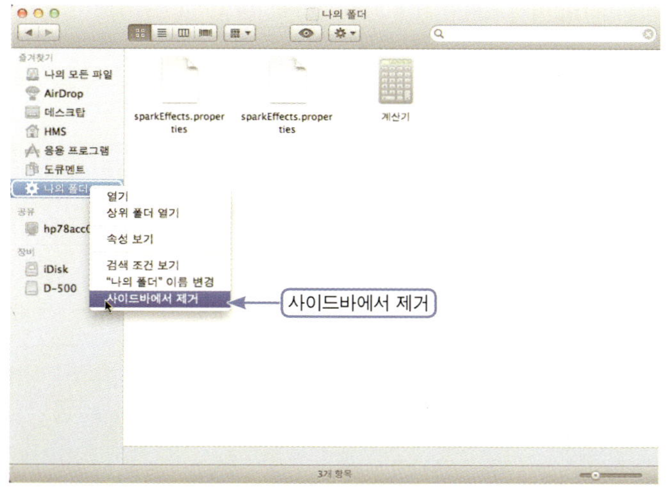

14 사이드 바에 추가한 폴더는 마우스 오른쪽 버튼을 클릭하여 단축 메뉴를 열고, 사이드바에서 제거를 선택하여 제거할 수 있습니다.

도구 바의 재구성

도구는 많이 사용하는 메뉴를 빠르게 실행할 수 있도록 제공되고 있는 것이지만, 모든 사용자가 기본 도구에 만족할 수는 없을 것입니다. 맥은 사용자가 원하는 도구들로 재구성할 수 있는 기능을 제공하고 있는데, 이것은 맥에서 실행되는 모든 창에 공통적으로 적용됩니다.

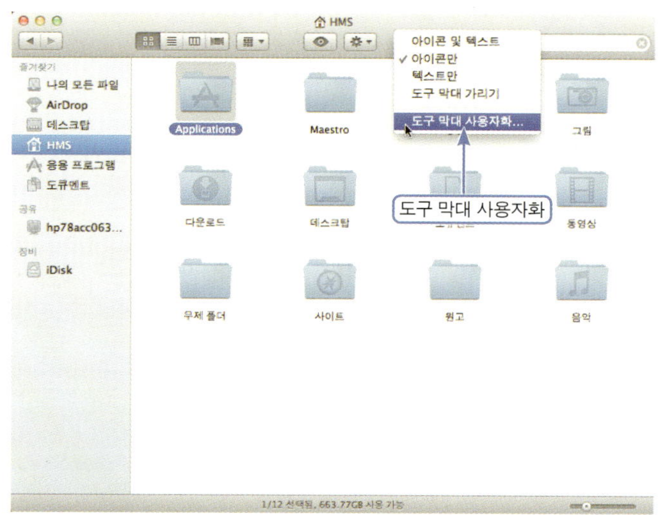

01 도구 바에서 마우스 오른쪽 버튼을 클릭하여 단축 메뉴를 열고, 도구 막대 사용자화를 선택합니다.

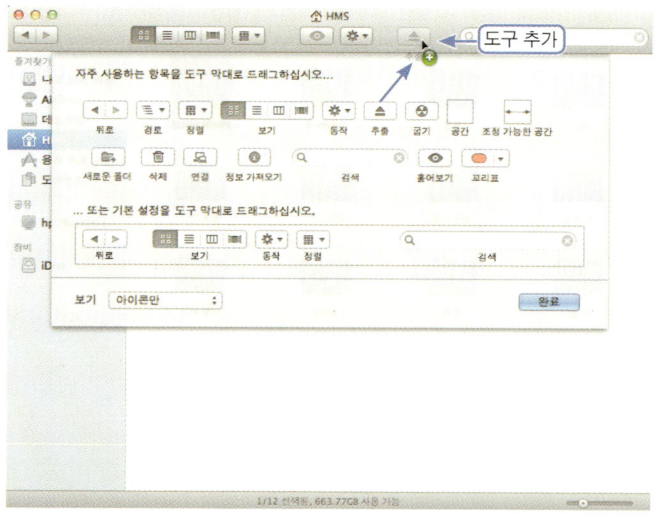

02 도구 바에 추가할 수 있는 버튼 모음이 열립니다. 사용자가 원하는 버튼을 도구 바로 드래그하여 추가할 수 있습니다. 그림은 맥에 삽입한 DVD를 추출하는 기능의 버튼을 추가하고 있는 모습입니다.

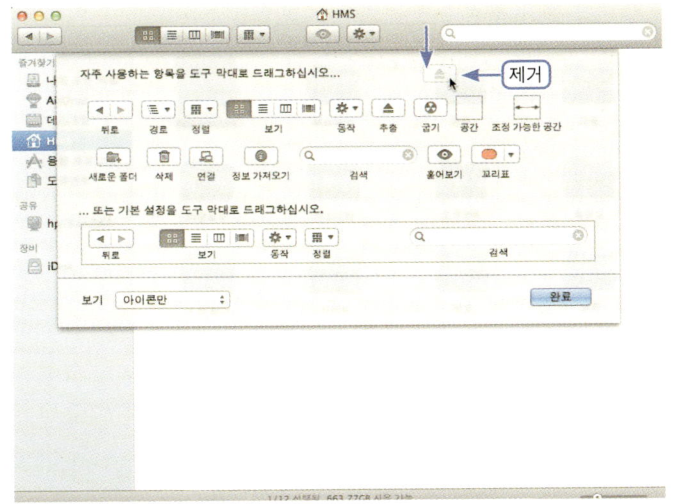

03 필요 없는 도구는 도구 바에서 밖으로 빼내면 됩니다. 같은 과정으로 필요한 도구를 모두 구성했다면 완료 버튼을 클릭하여 닫습니다.

04 파인더의 도구 모음에는 자주 사용하는 폴더나 응용 프로그램을 추가할 수 있습니다. 폴더 및 응용 프로그램을 도구 바로 드래그하여 가져다 놓으면 됩니다.

체크
드래그 도중에 취소하겠다면 esc 키를 누릅니다.

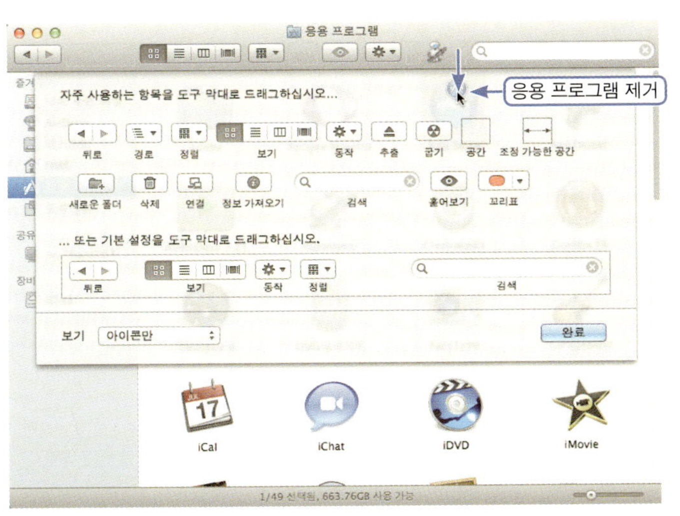

05 도구 바에 추가한 응용 프로그램 및 폴더를 제거할 때는 앞에서와 마찬가지로 도구 막대 사용자화 창을 열고, 밖으로 드래그하면 됩니다.

폴더 다루기

앞으로 맥을 사용하면서 수 많은 파일들을 만들게 될 것입니다. 파일들은 가급적 문서, 음악, 사진 등의 폴더를 만들어 종류별로 관리하는 것이 효과적입니다. 책상의 정리 상태로 학생의 성적을 짐작할 수 있다고 하듯이 폴더 및 파일의 관리 상태로 사용자의 컴퓨터 실력을 짐작할 수 있습니다.

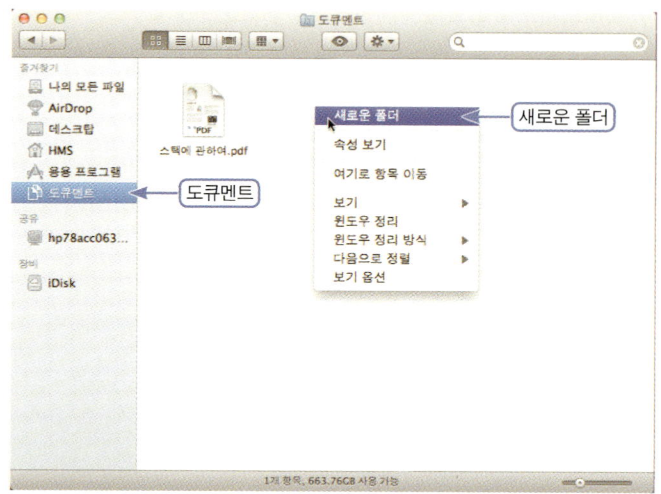

01 새 폴더 만들기

사용자가 만드는 파일을 도큐멘트 폴더에 저장한다고 가정하겠습니다. 사이드 바에서 도큐멘트를 선택하여 열고, 메인 창에서 마우스 오른쪽 버튼을 클릭합니다. 그리고 단축 메뉴의 새로운 폴더를 선택합니다.

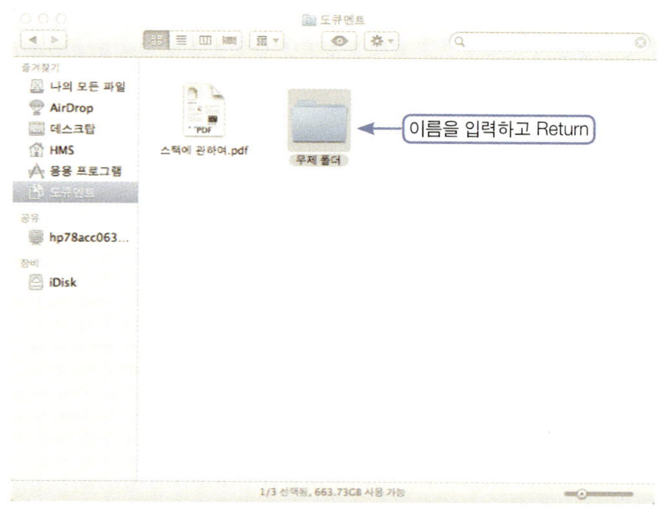

02 이름이 없다는 의미의 무제 폴더가 생성됩니다. 사용자가 원하는 이름을 입력하고 Return 키를 눌러 폴더를 만듭니다. 동일한 방법으로 문서, 사진, 영상 등의 폴더를 만들어보기 바랍니다.

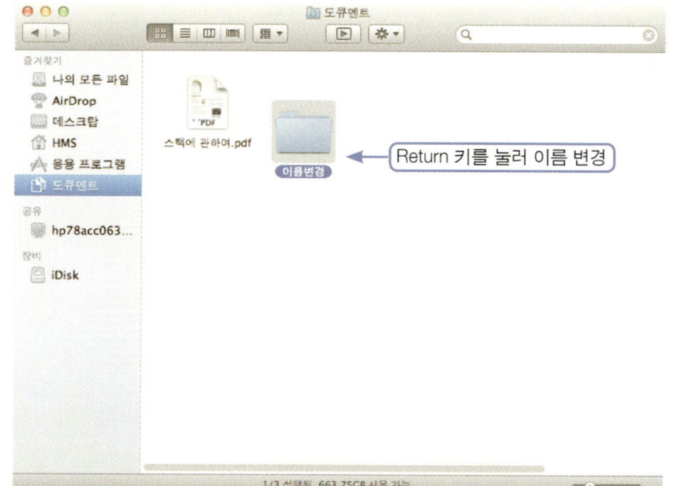

03 폴더 이름 변경하기

폴더의 이름은 Return 키를 눌러 변경합니다. 윈도우를 사용하던 사용자들이 가장 많이 혼동하는 부분이므로, 착오없길 바랍니다.

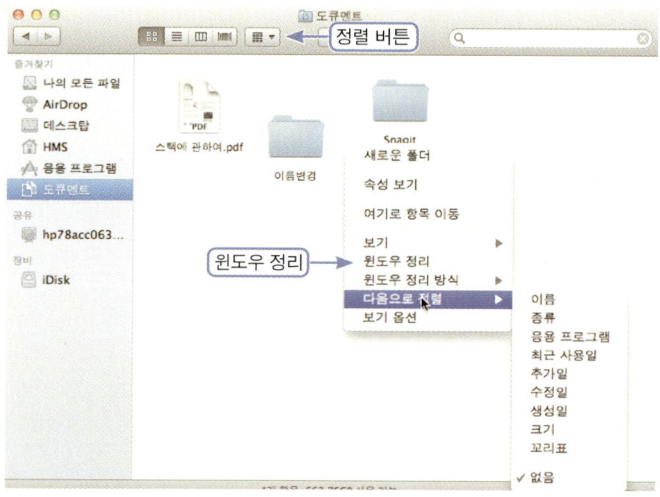

04 폴더 정리하기

새로 만드는 폴더 및 파일의 수가 많아지면 조금 어수선해집니다. 이때 메인 창의 빈 공간에서 마우스 오른쪽 버튼을 클릭하면 윈도우 정리, 정리 방식 메뉴를 볼 수 있습니다. 정렬 기준을 결정하는 다음으로 정렬은 도구 모음의 정렬 버튼과 동일한 역할입니다.

05 폴더 삭제하기

폴더 및 파일은 스택의 휴지통으로 드래그하거나 단축 메뉴의 휴지통 이동을 선택하여 삭제할 수 있습니다. Command+ Delete 키를 눌러도 좋습니다. 단, 폴더는 안에 있는 파일들도 모두 삭제되므로 주의하기 바랍니다.

파일의 이동과 복사

폴더 단위로 구분하여 보관한 파일을 외장 하드 디스크 및 USB 메모리로 이동하거나 복사하는 등의 과정을 살펴봅니다. 영상, 음악 등, 큰 용량을 다루는 작업자라면 맥에 내장되어 있는 하드 디스크 보다 외장 하드 디스크를 추가하여 파일을 보관하는 작업을 많이 하게 될 것입니다.

01 여러 개의 파일을 선택하는 방법

많은 파일을 복사하거나 이동할 필요가 있을 때는 하나씩 진행을 해도 상관없지만, 필요한 파일을 한 번에 처리하는 것이 간편할 것입니다. 여러 개의 파일을 선택하는 다양한 방법을 살펴봅니다.

방법 1 마우스 드래그 및 Shift 키를 이용하는 방법

❶ 여러 개의 파일을 한 번에 선택할 때 가장 많이 사용하는 방법이 마우스 드래그 입니다. 드래그를 할 때의 시작 위치는 메인 창의 빈 공간이어야 한다는 점에 주의하기 바랍니다. 입문자들이 가장 많이 실수하는 부분입니다.

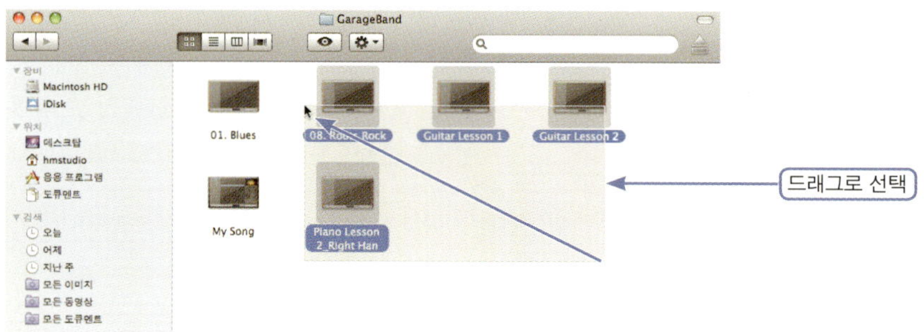

❷ Shift 키는 어떤 형식에서도 이용할 수 있지만, 목록 보기 형식이 편리합니다. 보기 형식을 목록으로 바꾸고, 첫 번째 파일을 선택합니다. 그리고 Shift 키를 누른 상태에서 마지막 파일을 선택합니다. 첫 번째 선택한 파일에서부터 마지막에 선택한 파일 사이의 모든 것들이 선택됩니다.

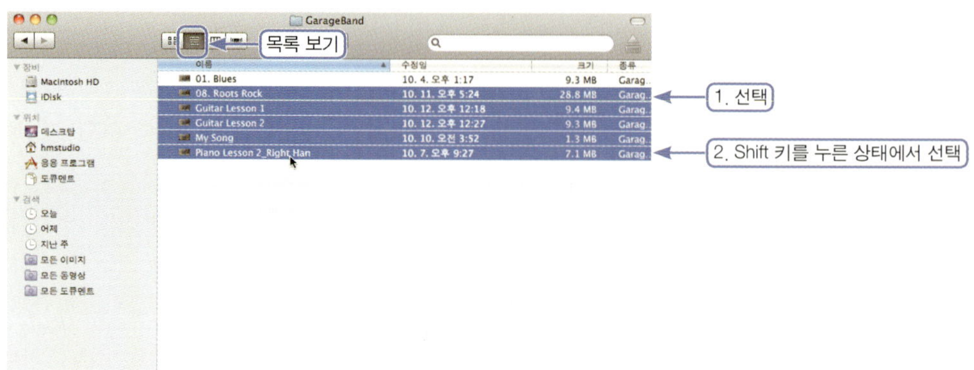

 Command 키를 이용하는 방법

마우스 드래그 및 Shift 키는 근접한 파일을 선택할 때 유용하지만, 떨어져 있는 파일은 선택할 수 없습니다.
이때 이용하는 키가 Command 키입니다. Command 키를 누른 상태에서 파일을 선택합니다.

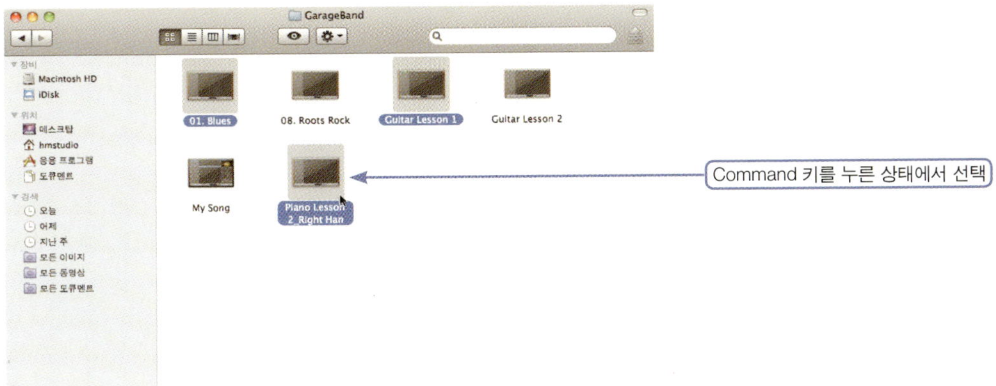

02 파일 복사하기

파일을 외장 하드 디스크나 USB 메모리 또는 다른 위치의 폴더로 복사 방법을 살펴봅니다. 복사는 말 그대
로 원본과 복사본의 두 개의 파일을 생성하게 됩니다. 즉, 파일을 이동하는 목적외에도 원본을 보존한 상태
에서 뭔가 수정이 필요할 때도 유용합니다.

 마우스 드래그를 이용하는 방법

❶ 파일을 복사할 때 가장 간편한 것이 마우스 드래그입니다. 결국, 원본이 있는 폴더와 복사할 폴더
를 동시에 열어둬야 합니다. 폴더를 하나 더 열 때는 파일 메뉴의 새로운 Finder 윈도우를 선택하거나
Command+N 키를 눌러도 좋고, Dock의 Finder 아이콘을 마우스 오른쪽 버튼으로 클릭하여 단축 메뉴를
열고, 새로운 Finder 윈도우를 선택해도 좋습니다.

❷ 파인더의 타이틀 바를 드래그하여 작업 하기 좋게 배열해 놓고, Option 키를 누른 상태에서 드래그하면 됩니다. Option 키를 누르지 않으면 파일이 이동됩니다.

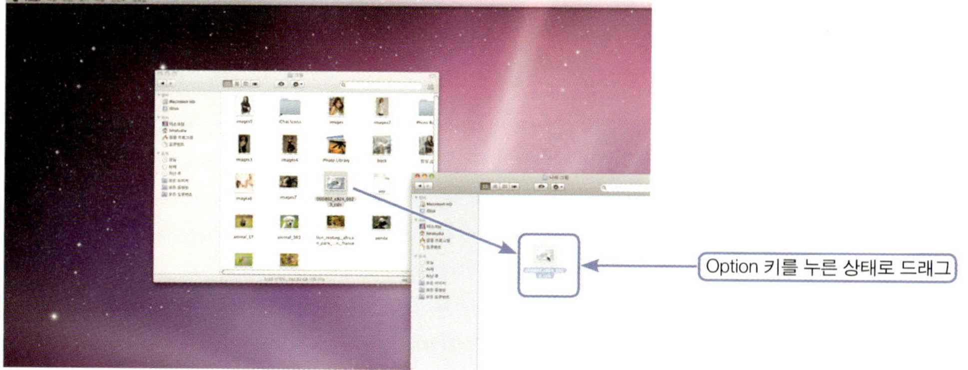

방법 2 단축키 이용하기

❶ 맥에 익숙해지면 단축키를 많이 사용하게 됩니다. 특히, 이동과 복사 등의 작업은 거의 대부분의 사용자가 단축키를 이용합니다. 복사할 파일을 선택하고, Command+C 키를 누릅니다.

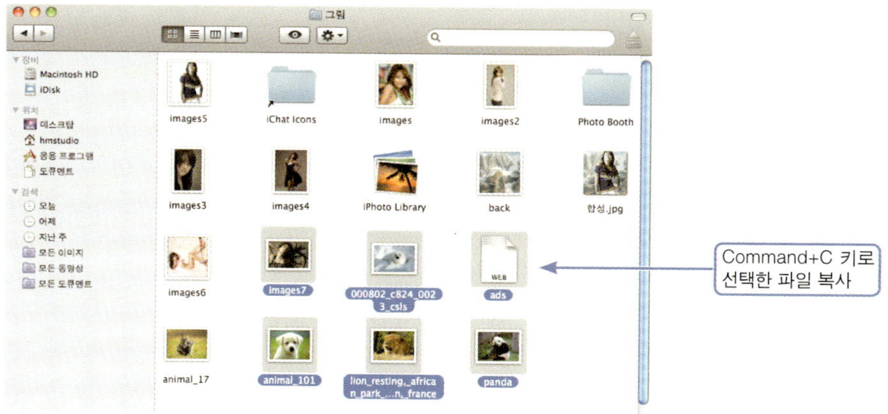

❷ 가져다 놓을 디스크 또는 폴더를 열고, Command+V 키를 누릅니다. 앞에서 Command+C 키로 복사한 파일들이 생성되는 것을 확인할 수 있습니다.

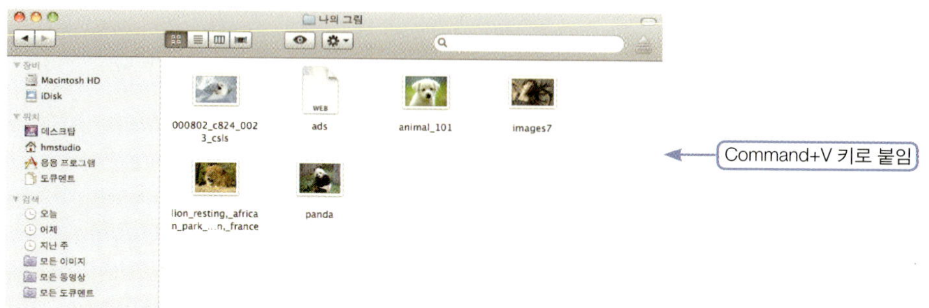

❶ 자주 사용하는 방법은 아니지만, 사용자마다 취향이 다를 것이므로 메뉴를 이용하는 방법도 설명합니다. 복사할 파일을 선택합니다. 그리고 선택한 것들 중에서 아무거나 마우스 오른쪽 버튼으로 클릭하여 단축 메뉴를 열고, 복사를 선택합니다. 하나의 파일을 복사할 때는 처음부터 마우스 오른쪽 버튼으로 선택해도 됩니다.

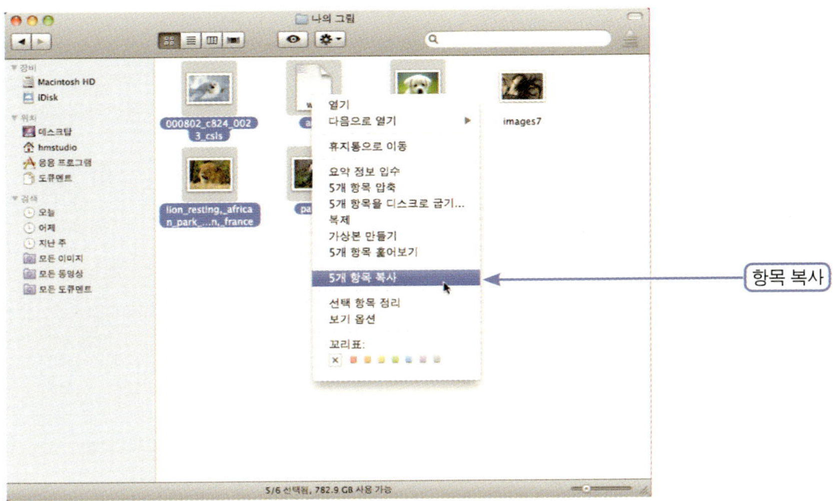

❷ 가져다 놓을 디스크 또는 폴더를 열고, 빈 공간에서 마우스 오른쪽 버튼을 클릭하여 단축 메뉴를 엽니다. 그리고 항목 붙이기를 선택합니다. 단축 메뉴 대신에 편집 메뉴의 배껴두기와 항목 붙이기를 이용해도 좋습니다.

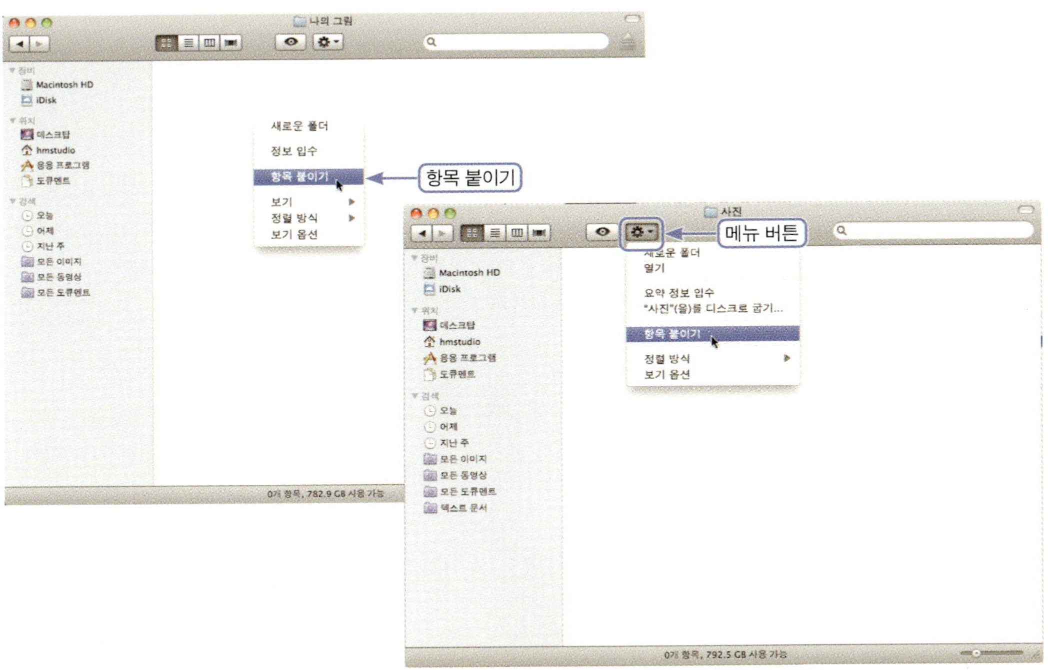

03 파일 이동하기

파일을 이동하는 것 역시 마우스 드래그와 단축 메뉴를 이용합니다. 이동은 파일 자체를 옮기는 것이므로, 원본이 남지 않게됩니다. 즉, 파일을 붙여놓기 전에 깜박하여 또 다른 복사 및 이동 작업을 하게 되면 그 전에 이동하려고 했던 파일을 잃을 수 있기 때문에 주의 해야 합니다.

방법 1   마우스 드래그를 이용하는 방법

❶ 다른 폴더로의 이동은 마우스 드래그만 가능합니다. 그러므로 두 개의 파인더 창을 열어야 합니다. 이번에는 파일 메뉴의 새로운 Finder 윈도우를 선택하거나 Command+N 키를 눌러 열어봅니다.

❷ 파일을 이동하는 것은 간단합니다. 그냥 원하는 파일을 드래그하여 가져다 놓으면 됩니다. 이동 도중에 취소하겠다면 esc 키를 누르고, 이동 및 복사를 완료한 다음에 취소하겠다면 Command+Z 키를 누릅니다.

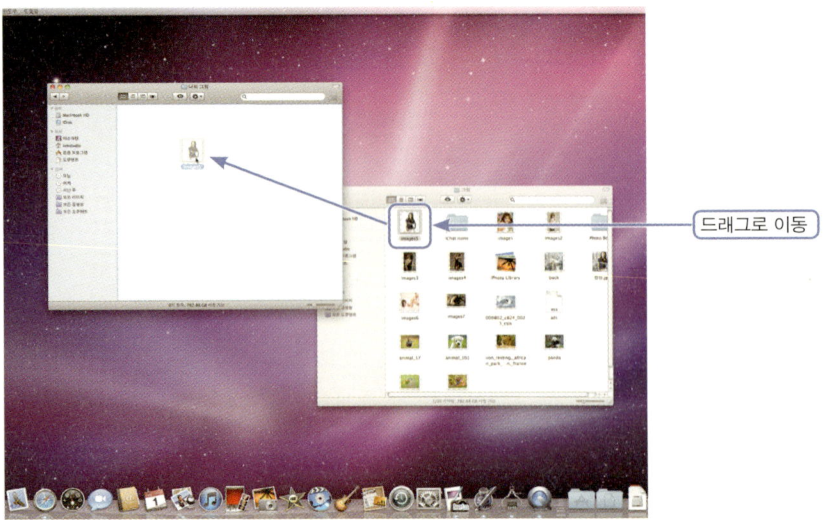

 새폴더 이용하기

❶ 동일 폴더에서 새로운 폴더를 만들어 이동하는 방법이 있습니다. 이동이라기 보다는 파일을 정리하는 것입니다. 하나의 폴더로 정리할 파일을 선택하고, 마우스 오른쪽 버튼을 클릭하여 선택 항목이 있는 새로운 폴더를 선택합니다.

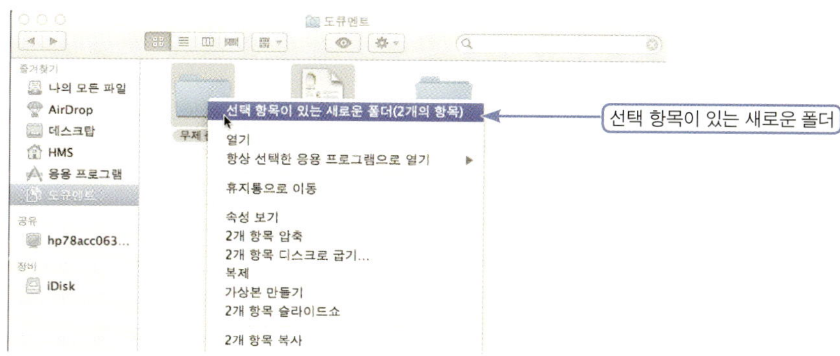

❷ 포함 항목이 있는 새로운 폴더가 생성되면, 이름을 입력하고 return 키를 누릅니다. 앞에서 선택한 파일들이 새로운 폴더로 이동되는 것입니다.

AirDrop

즐겨찾기 카테고리의 AirDrop 폴더는 9m 이내의 다른 맥 사용자와 파일을 공유할 수 있게하는 신 기능입니다. 서로 AirDrop 폴더를 선택하면, 상대방의 컴퓨터 이름을 볼 수 있으며, 마우스 드래그로 만으로 파일을 공유할 수 있습니다.

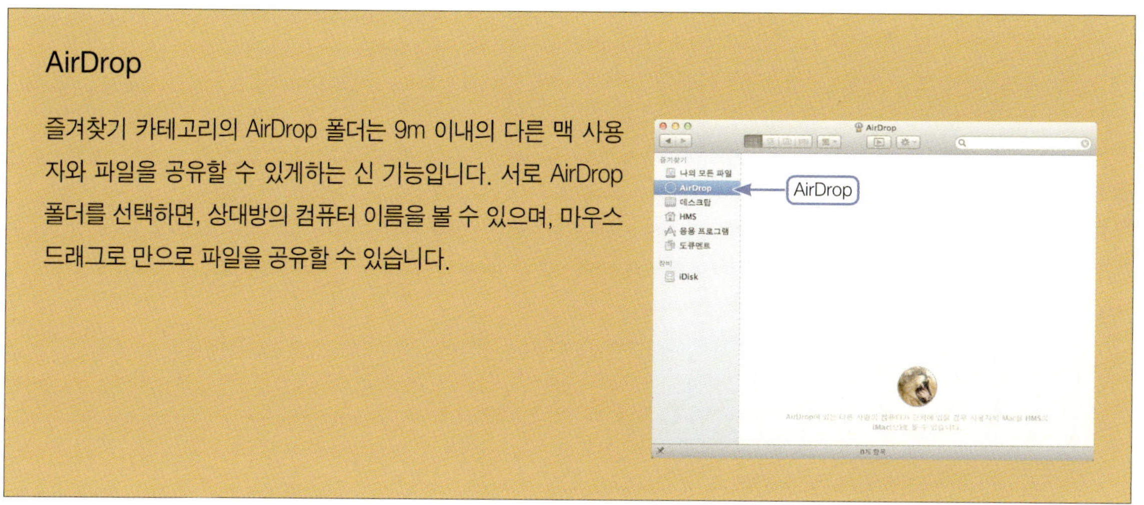

01 파일의 삭제

파일이나 폴더를 스택에 있는 휴지통으로 드래그하거나 마우스 오른쪽 버튼을 클릭하여 단축 메뉴를 열고, 휴지통으로 이동을 선택하여 삭제할 수 있습니다. Command+Delete 키를 눌러 삭제할 수도 있습니다.

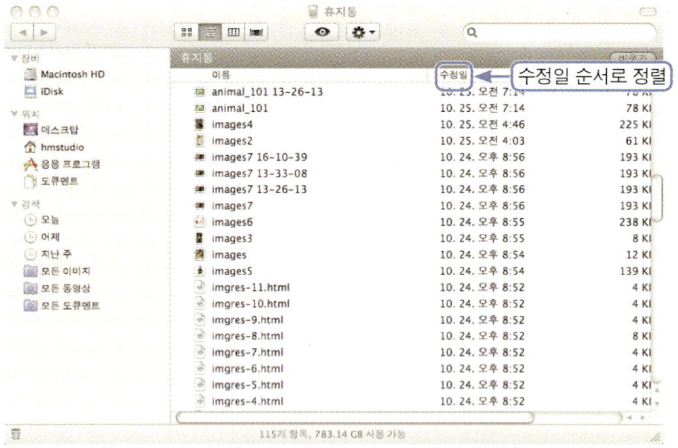

02 삭제한 파일 복원

스택의 휴지통을 클릭하여 엽니다. 그 동안 삭제했던 파일과 폴더의 내용을 볼 수 있습니다. 되돌릴 파일은 날짜순으로 찾는 것이 쉬울 것입니다. 목록 보기 버튼을 클릭하고, 수정일 칼럼을 클릭하여 날짜순으로 정렬합니다.

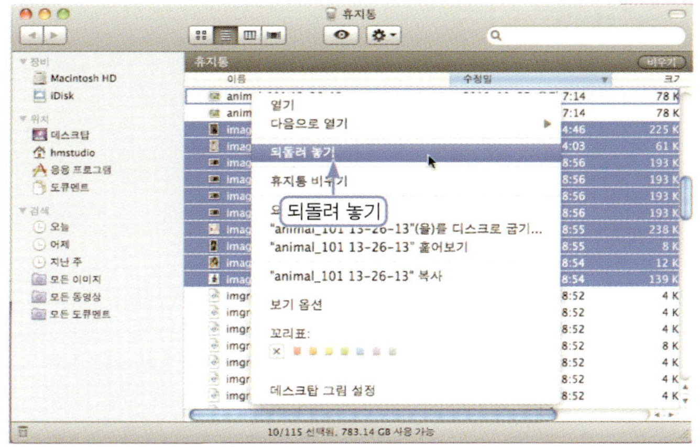

03 되돌리고 싶은 파일들을 선택합니다. 그리고 선택한 것들 중에서 아무거나 마우스 오른쪽 버튼으로 클릭하여 단축 메뉴를 열고, 되돌리기를 선택합니다.

04 메뉴를 이용해서 되돌리면 해당 파일이 삭제되었던 폴더로 복구됩니다. 만일, 사용자가 원하는 폴더로 되돌리고 싶다면 파일을 이동하는 방법과 동일하게 마우스로 드래그합니다. 그림 파일을 되돌릴 때도 유용한 방법입니다.

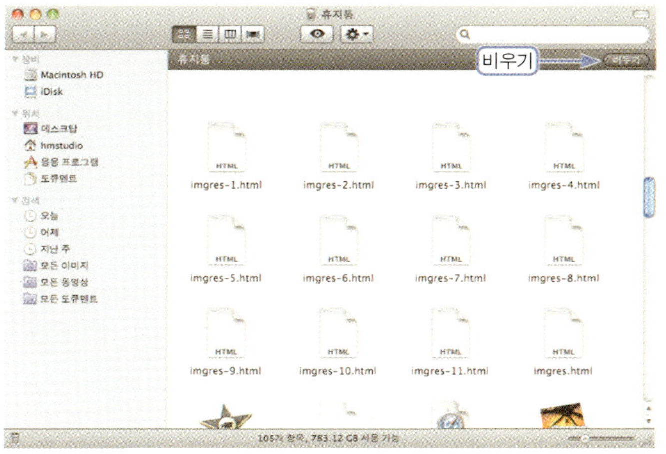

05 휴지통에 있는 폴더와 파일이 정말 필요없는 것이라면 디스크의 공간 확보를 위해 비울 수 있습니다. 휴지통의 비우기 버튼을 클릭하면 정말 삭제할 것인지를 묻는 창이 열리며, 휴지통 비우기 버튼을 클릭하면 영구적으로 삭제됩니다.

파일 압축 및 해제

07

메일로 여러 개의 파일을 보낼일이 있을 때, 하나의 파일로 압축하는 것이 효과적입니다. 파일을 압축하면 용량도 크게 줄게 되므로, 하나의 파일이라도 용량이 큰 것을 보낼 때는 압축을 하는 경우도 많습니다. 맥에서 파일을 압축하는 방법을 살펴보겠습니다.

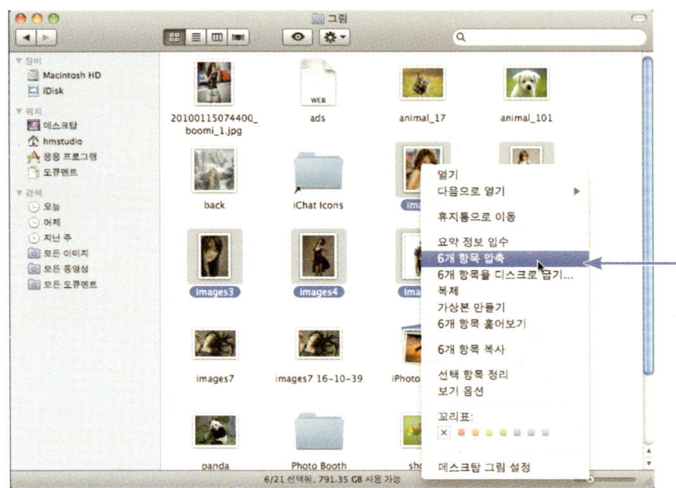

01 압축할 파일을 선택하고, 마우스 오른쪽 버튼을 클릭하여 단축 메뉴를 엽니다. 그리고 압축을 선택합니다. 같은 폴더에 아카이브.zip 이라는 이름의 압축 파일이 생성됩니다.

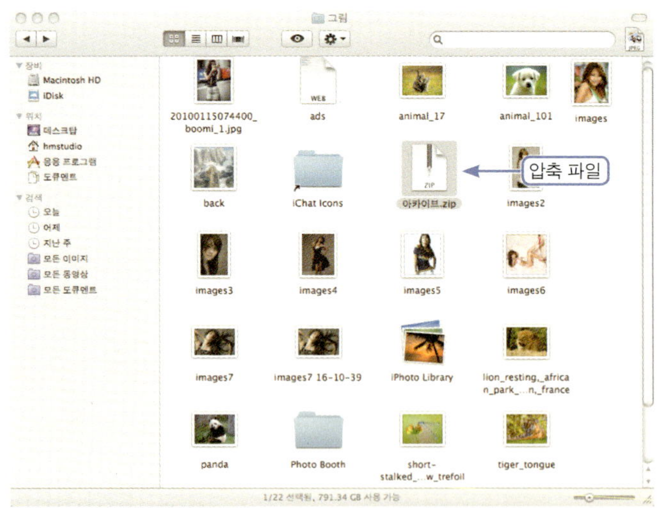

02 이름은 Retune 키를 눌러 변경할 수 있으며, 파일은 마우스 더블 클릭으로 해제할 수 있습니다. 압축 파일을 더블 클릭하면 파일이 해제된 폴더가 생성됩니다.

03 맥에서 Zip 파일 외에의 포맷은 별도의 프로그램을 이용해야 해제할 수 있습니다. 국내에서는 알집을 가장 많이 사용합니다. Dock의 App Store 아이콘을 클릭하여 실행합니다.

04 앱스토어가 실행되면, 검색 창에 알집을 입력하여 찾습니다. App 설치 버튼을 클릭하여 설치합니다.

> **체크**
>
> 알집을 설치하기 위해서는 대한민국 계정으로 로그인 해야 합니다.

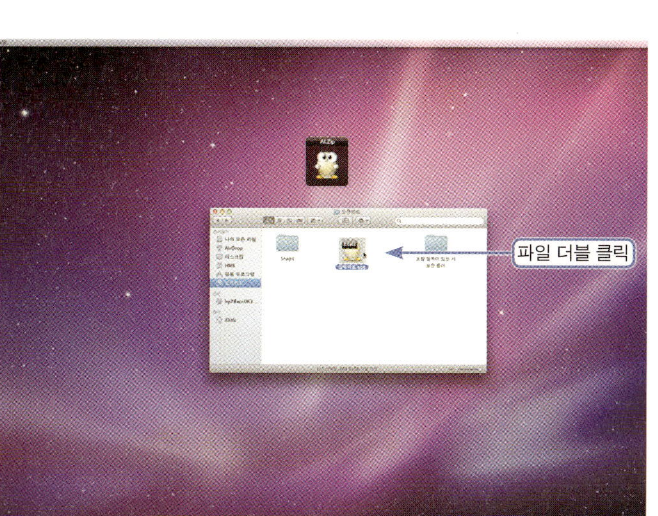

05 알집은 alz, egg, rar, 7z, zip 등의 포맷을 지원하며, 해당 파일을 더블 클릭하거나 알집으로 드래그하는 간단한 동작으로 해제할 수 있습니다.

파인더 환경 설정하기

기존 버전에서는 데스크탑에 Macintosh HD 아이콘이 생성되어 있었지만, 새 버전에서는 볼 수 없습니다. 이것은 파인더 환경설정에서 하드 디스크를 표시하는 옵션이 해제되어 있기 때문입니다. 이처럼 맥의 기본 환경도 버전마다 달라지듯이 사용자마다 취향이 다를 것입니다. 자신의 취향대로 파인더의 환경을 꾸밀 수 있는 옵션들을 살펴보겠습니다.

01 기본 환경설정 바꾸기

파인더의 기본 환경을 설정하는 창은 Finder 메뉴의 환경설정을 선택하여 열 수 있으며, Finder 환경설정 창은 일반, 꼬리표, 사이드바, 고급의 4가지 페이지로 구성되어 있습니다.

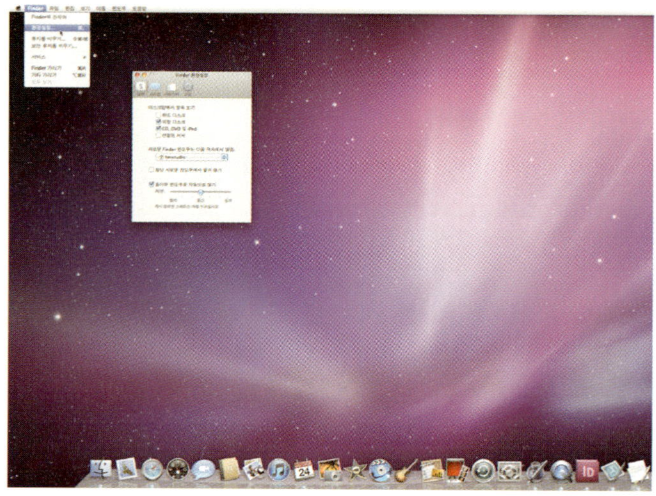

❶ 일반

데스크탑에서 항목 보기, 새로운 Finder 윈도우는 다음 위치에서 열림, 항상 새로운 윈도우에서 폴더 열기, 폴더와 윈도우를 자동으로 열기의 4가지 항목이 있습니다.

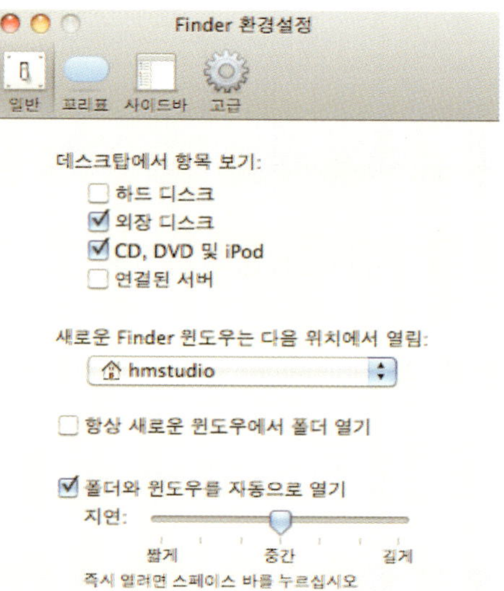

- **데스크탑에서 항목 보기** : 데스크탑에 표시할 항목을 선택합니다. 하드 디스크 옵션이 해제되어 있기 때문에 기존 버전에서 보았던 Macintosh HD를 볼 수 없었던 것입니다. 옵션을 체크하여 Macintosh HD를 표시하면, 윈도우의 내 컴퓨터와 같이 해당 아이콘을 더블 클릭하여 파인더를 열 수 있습니다.

- **새로운 Finder 윈도우는 다음 위치에서 열림** : 새로운 파인더를 열 때, 표시할 드라이브 및 폴더의 위치를 선택합니다. 기본적으로 사용자 폴더가 선택되어 있습니다.

- **항상 새로운 윈도우에서 폴더 열기** : 파인더에서 폴더를 열 때, 새로운 창으로 열리게 할 것인지의 여부를 선택합니다.

- **폴더와 윈도우를 자동으로 열기** : 이동과 복사 작업을 할 때, 목적 폴더가 자동으로 열리게 할 것인지의 여부를 선택하며, 슬라이드 바를 드래그하여 시간을 조정할 수 있습니다.

❷ 꼬리표

파일이나 폴더에 꼬리표를 달 수 있는데, 이때 사용할 색상을 선택합니다. 기본 값은 색상 이름으로 설정되어 있지만, 이미지, 영상 등의 파일 형식이나 업무 문서, 개인 문서 등의 작업 목적별로 변경하여 사용하는 것도 효율적입니다.

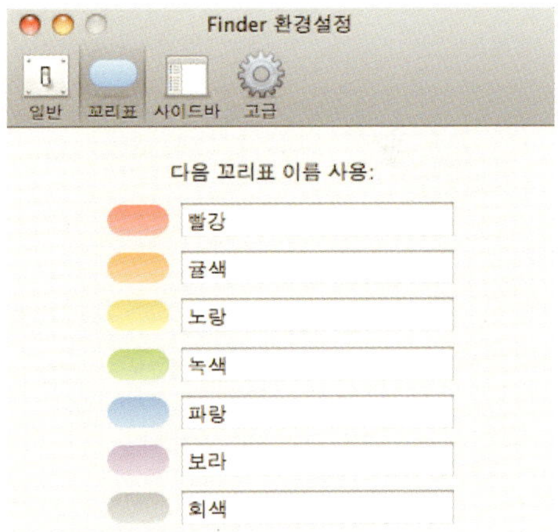

파일 및 폴더에 꼬리표를 달 때는 파일 및 폴더를 마우스 오른쪽 버튼으로 클릭하여 단축 메뉴를 열고, 원하는 색상을 선택하면 됩니다.

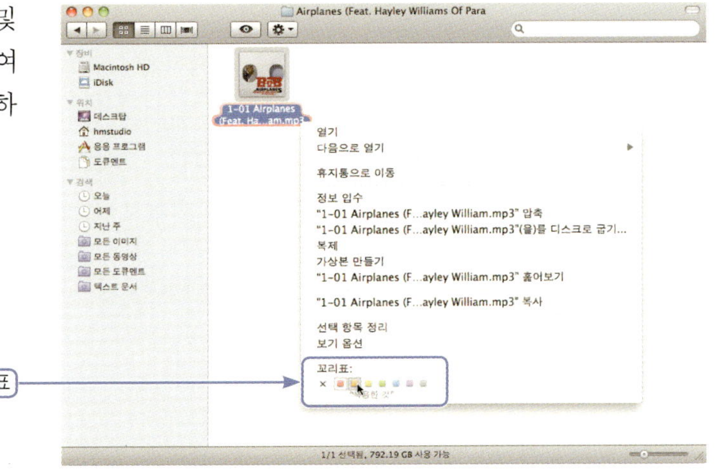

❸ 사이드바

사이드바에 표시할 항목들을 선택합니다. 여기서 선택한 목
록은 열기 및 저장 창에서도 볼 수 있습니다.

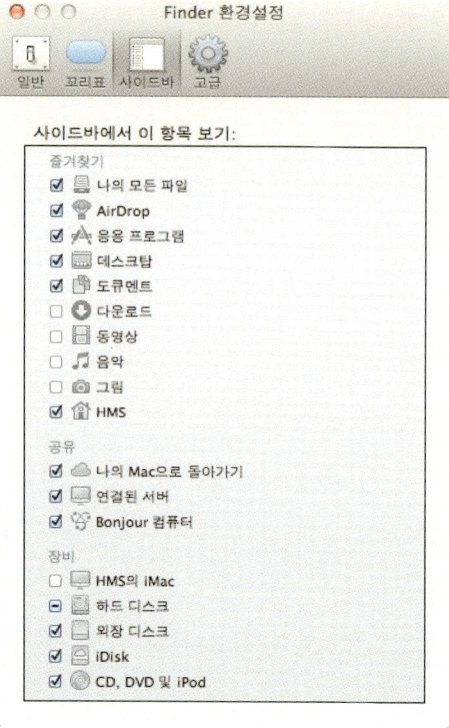

❹ 고급

파일 확장자와 휴지통에 관련된 옵션들을 제공합니다.

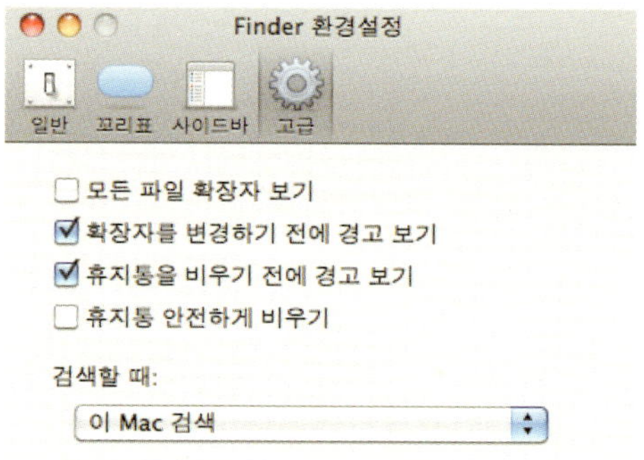

● 모든 파일 확장자 보기

　말 그대로 모든 파일의 확장자를 표시합니다. 이미지 파일의 jpg, 영상 파일의 mov와 같이 파일 이름 끝
에 표시되어 형식을 구분할 수 있게 하는 것이 확장자 입니다. 확장자를 잘 못 변경하면 파일을 열어 볼
수 없는 상황이 발생할 수 있으므로, 입문자는 해제하는 것이 좋습니다.

● 확장자를 변경하기 전에 경고 보기

　맥은 기본적으로 Return 키를 눌러 파일 이름을 변경할 때, 확장자가 자동으로 제외되지만, 사용자 실수
로 변경을 하게되면, 경고 창을 표시합니다.

- **휴지통을 비우기 전에 경고 보기**

  타임 머신으로 백업을 받아 놓지 않은 상태에서 휴지통을 비우면, 실수로 삭제한 파일을 복원할 방법이 없습니다. 옵션을 체크하면 휴지통을 비울 때, 경고 창을 표시합니다.

- **휴지통 안전하게 비우기**

  타임 머신으로 백업을 받아 놓지 않은 상태에서 휴지통을 비운 경우라도 데이터 복원 프로그램을 이용하면 파일을 복구할 수 있습니다. 하지만, 유지통 안전하게 비우기 옵션을 체크하면 의미없는 데이터로 덮어버리기 때문에 복원 프로그램으로도 복구할 수 없게 합니다. 어떤 방법으로든 삭제한 파일을 복원할 수 없게 하려면 옵션을 체크합니다.

- **검색할 때**

  파인더의 검색 창에서 검색을 할 때의 범위를 선택합니다. 물론, 검색을 할 때 범위를 지정할 수 있기 때문에 기본 값을 변경할 이유는 없을 것입니다.

02 보기 옵션

파인더에서 마우스 오른쪽 버튼을 클릭하여 단축 메뉴를 열고, 보기 옵션을 선택하면, 파인더에서 표시되는 형식을 선택할 수 있는 옵션 창이 열립니다. 기본적으로 아이콘과 텍스트의 크기를 결정하는 옵션을 가지고 있지만, 파인더의 보기 형식에 따라 구성이 조금씩 달라집니다.

❶ 아이콘 보기

파인더가 아이콘 보기 형식일 경우에 적용할 수 있는 옵션입니다.

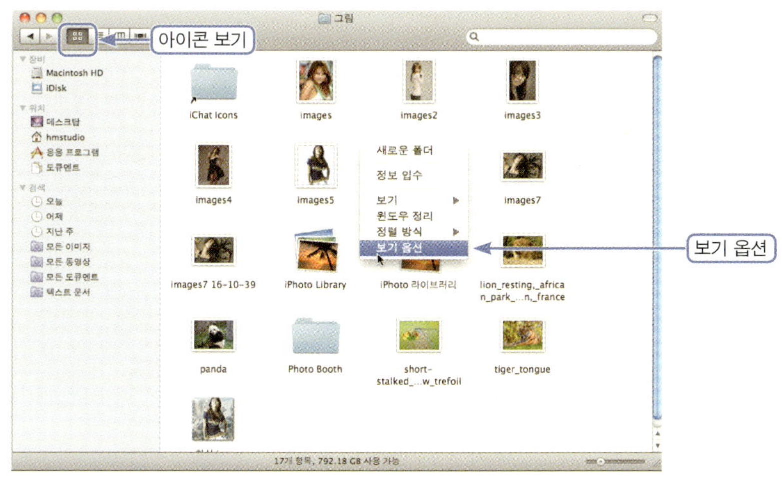

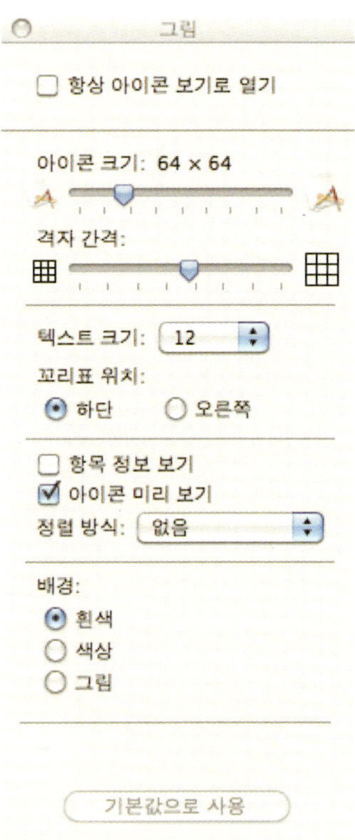

- **항상 아이콘 보기로 열기** : 파인더를 열 때, 항상 아이콘 보기 형식으로 표시합니다.
- **아이콘 크기** : 아이콘의 크기를 조정합니다.
- **격자 간격** : 아이콘의 간격을 조정합니다.
- **텍스트 크기** : 파일 및 폴더 이름의 크기를 조정합니다
- **꼬리표 위치** : 꼬리표의 표시 위치를 선택합니다.
- **항목 정보 보기** : 그림의 크기, 영상의 길이 등, 파일의 정보를 표시합니다.
- **아이콘 미리 보기** : 그림 및 영상의 화면을 아이콘 상태에서 미리 볼 수 있습니다.
- **정렬 방식** : 파일 및 폴더의 정렬 방식을 선택합니다.
- **배경** : 파인더의 배경 색상 및 그림을 선택합니다. 그림을 선택한 경우에는 이미지를 가져다 놓을 수 있는 박스가 보입니다.

❷ 목록 보기

파인더가 목록 보기 형식일 경우에 적용할 수 있는 옵션입니다.

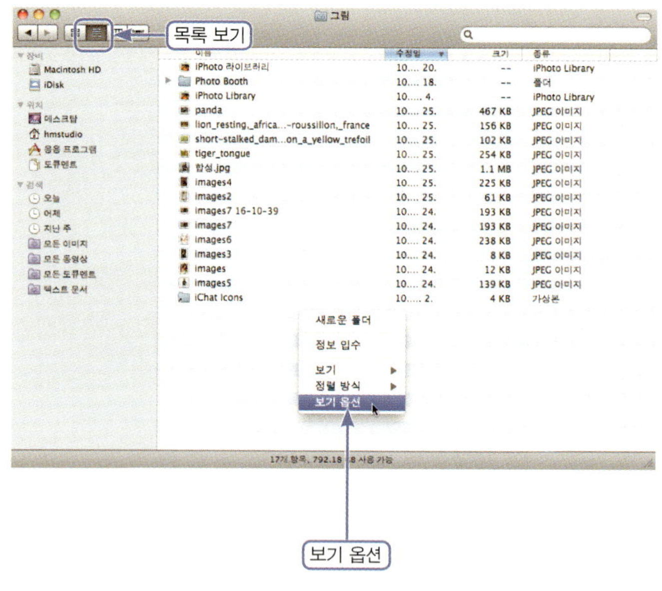
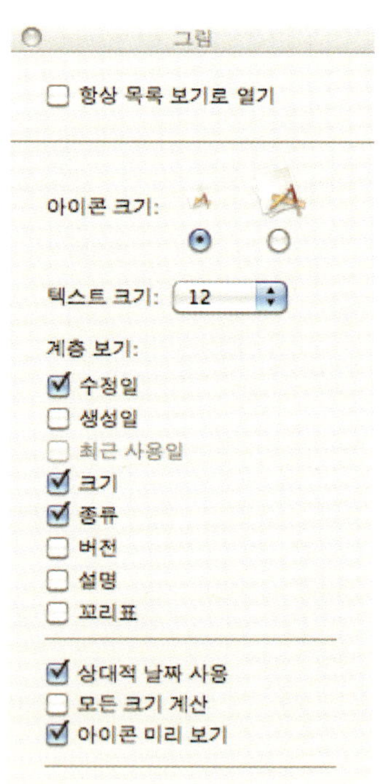

- **항상 목록 보기로 열기** : 파인더를 열 때, 항상 목록 보기 형식으로 표시합니다.
- **아이콘 크기** : 아이콘의 크기를 조정합니다.
- **텍스트 크기** : 파일 및 폴더 이름의 크기를 조정합니다
- **계층 보기** : 목록에 표시할 칼럼의 종류를 선택합니다.
- **상대적 날짜 사용** : 어제, 일주일 등의 상대적 날짜로 표시합니다.
- **모든 크기 계산** : 모든 항목의 크기를 표시합니다.
- **아이콘 미리 보기** : 그림 및 영상의 화면을 아이콘 상태에서 미리 볼 수 있습니다.

❸ 계층 보기

파인더가 계층 보기 형식일 경우에 적용할 수 있는 옵션입니다.

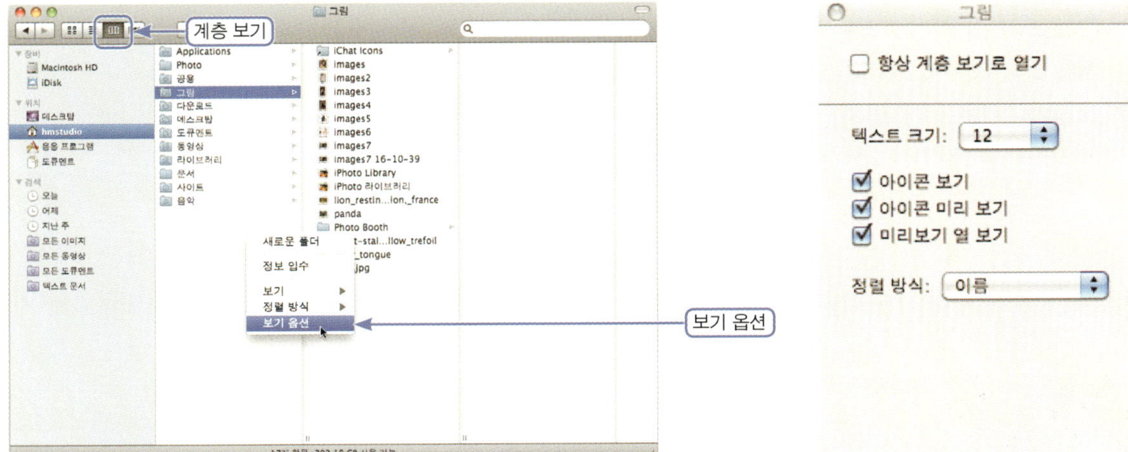

● **항상 계층 보기로 열기** : 파인더를 열 때, 항상 계층 보기 형식으로 표시합니다.
● **텍스트 크기** : 파일 및 폴더 이름의 크기를 조정합니다
● **아이콘 보기** : 항목의 아이콘을 표시합니다.
● **아이콘 미리 보기** : 그림 및 영상의 화면을 아이콘 상태에서 미리 볼 수 있습니다.
● **미리보기 열 보기** : 그림, 영상, PDF 파일 등을 미리 볼 수 있는 열을 표시합니다.
● **정렬 방식** : 파일 및 폴더의 정렬 방식을 선택합니다.

❹ 커버 플로우 보기

파인더가 Cover Flow 보기 형식일 경우에 적용할 수 있는 옵션입니다.

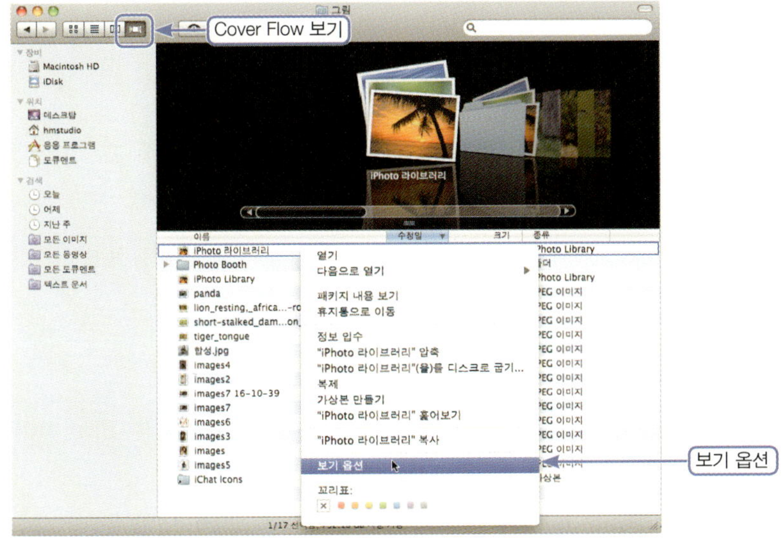

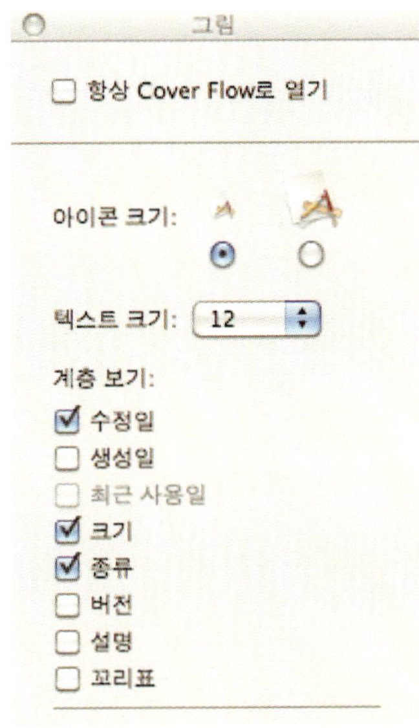

- **항상 Cover Flow로 열기** : 파인더를 열 때, 항상 커버 플로우 형식으로 표시합니다.
- **아이콘 크기** : 아이콘의 크기를 조정합니다.
- **텍스트 크기** : 파일 및 폴더 이름의 크기를 조정합니다
- **계층 보기** : 목록에 표시할 칼럼의 종류를 선택합니다.
- **상대적 날짜 사용** : 어제, 일주일 등의 상대적 날짜로 표시합니다.
- **모든 크기 계산** : 모든 항목의 크기를 표시합니다.
- **아이콘 미리 보기** : 그림 및 영상의 화면을 아이콘 상태에서 미리 볼 수 있습니다.

❺ 데스크탑

데스크 탑을 선택했을 때 적용할 수 있는 옵션입니다.

- **아이콘 크기** : 데스크탑에 형성되는 아이콘의 크기를 조정합니다.
- **격자 간격** : 데스크탑에 형성되는 아이콘들의 간격을 조정합니다.
- **텍스트 크기** : 파일 및 폴더 이름의 크기를 조정합니다
- **꼬리표 위치** : 꼬리표의 표시 위치를 선택합니다.
- **항목 정보 보기** : 그림의 크기, 영상의 길이 등, 파일의 정보를 표시합니다.
- **아이콘 미리 보기** : 그림 및 영상의 화면을 아이콘 상태에서 미리 볼 수 있습니다.
- **정렬 방식** : 파일 및 폴더의 정렬 방식을 선택합니다.

03 경로 막대 보기

파인더 메뉴의 보기에서 경로 막대 보기를 선택하면 파인더 창 아래쪽에 현재 보고 있는 폴더의 위치가 표시되며, 경로 막대에 표시된 폴더 이름을 더블 클릭하면 해당 폴더의 위치로 빠르게 이동할 수 있습니다. 경로 막대는 항상 보이게 하는 것이 유리할 것입니다.

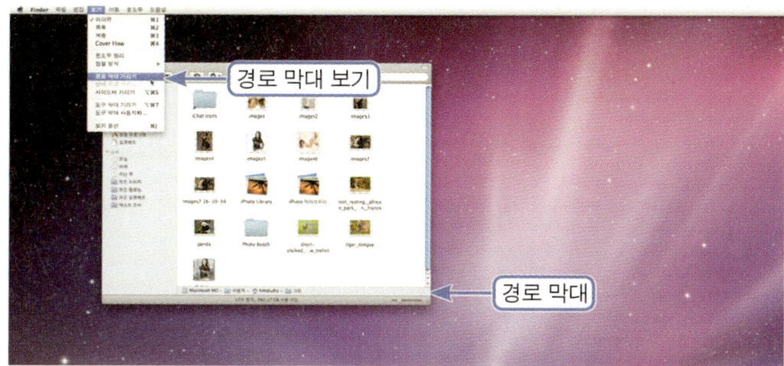

04 사이드바에 폴더 추가하기

자주 열어보는 폴더가 있다면 사이드바로 드래그하여 목록으로 만들어두는 것이 좋습니다. 사이드바의 목록은 위/아래로 드래그하여 위치를 조정할 수 있습니다.

사이드바에서 필요 없는 목록이 있다면, 데스크탑으로 드래그하여 삭제할 수 있습니다.

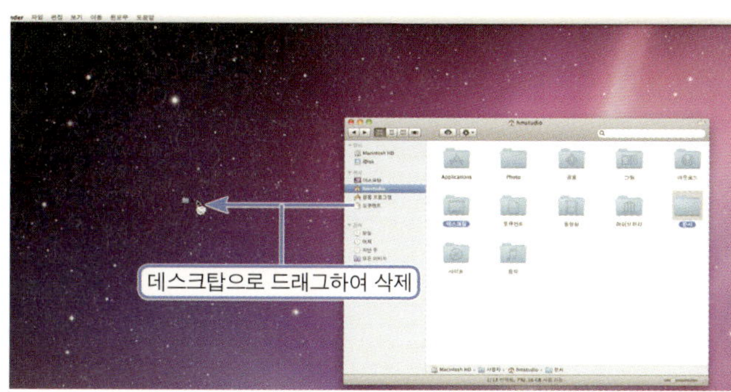

파일에 연결된 프로그램 바꾸기

파인더에서 사진 및 PDF 파일을 더블 클릭하면 미리 보기 프로그램이 실행되고, 음악 및 영상 파일을 더블 클릭하면, QuickTime Player가 실행되는 등, 각각의 파일 형식마다 프로그램이 연결되어 있습니다. 이것을 사용자가 원하는 것으로 바꿀 수 있는 정보 입수 창의 옵션을 살펴보겠습니다.

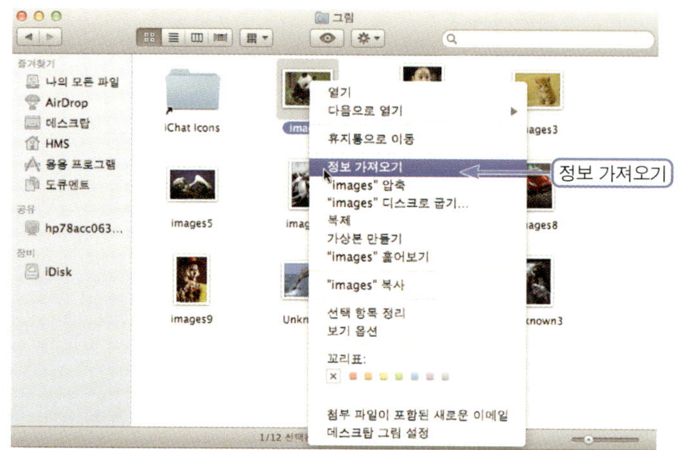

01 파일을 마우스 오른쪽 버튼으로 클릭하면 열리는 단축 메뉴에서 정보 가져오기를 선택하면, 파일의 세부 정보를 확인할 수 있는 창이 열립니다.

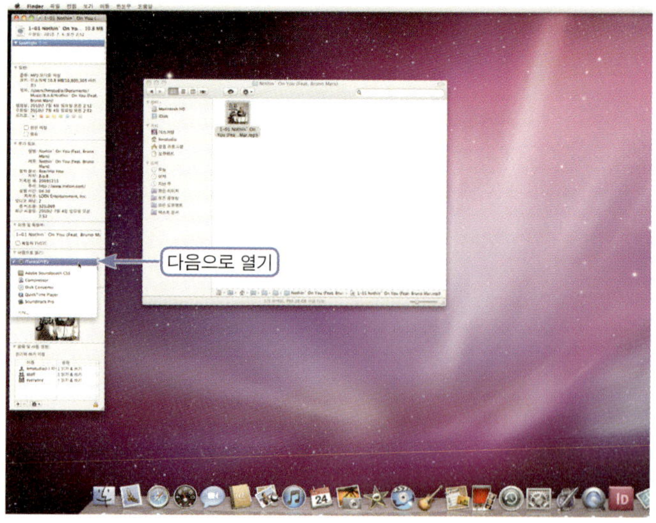

02 다음으로 열기 항목을 클릭하면, 해당 프로그램을 더블 클릭했을 때 실행되게 할 프로그램을 선택할 수 있는 목록이 열립니다. 기본 목록에 원하는 프로그램이 보이지 않는다면, 기타를 선택하여 창을 열고, 프로그램을 선택합니다.

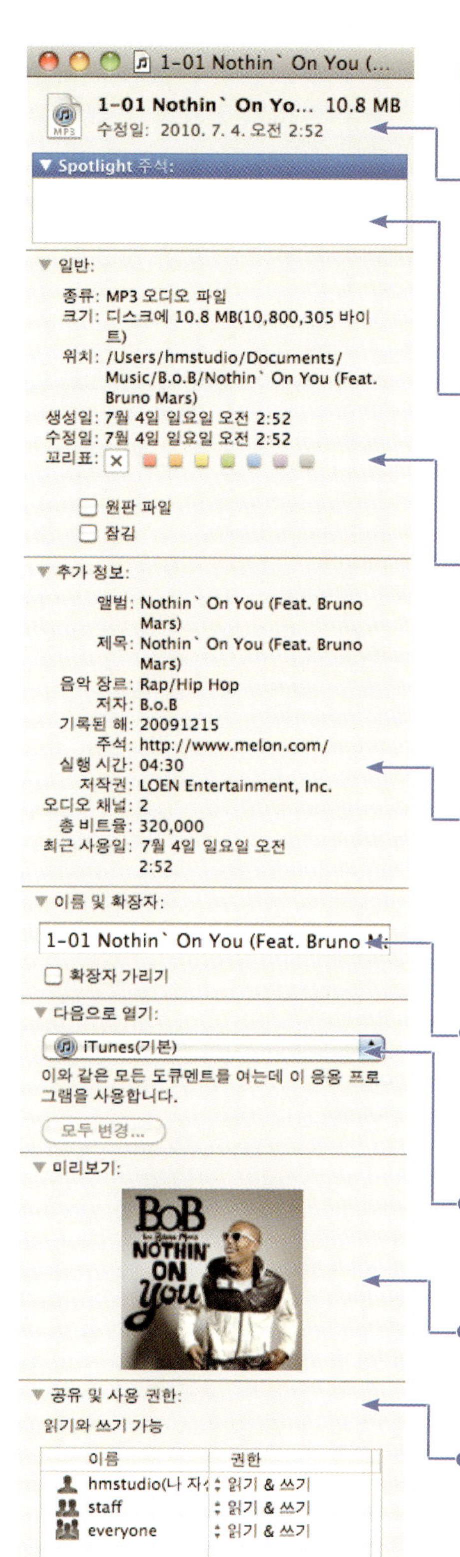

03 그 밖에 정보 입수 창에는 파일의 세부 정보를 확인할 수 있는 다양한 옵션을 제공하며, 각 옵션의 역할은 다음과 같습니다.

기본 정보

아이콘, 파일 이름, 크기, 수정일을 표시합니다. 아이콘을 변경하고 싶다면, 사용자가 원하는 파일의 그림을 아이콘이 표시되고 있는 곳으로 드래그합니다.

Spotlight 주석

알림 영역의 스포트 라이트에서 검색할 수 있는 검색어를 입력할 수 있습니다.

일반

파일의 종류, 크기, 위치, 생성일, 수정일, 꼬리표 등의 정보를 표시하며, 원판 파일과 잠김 옵션을 제공합니다. 파일을 잠궈 놓으면, 읽기만 가능하고 편집은 할 수 없게 보호하며, 파일을 휴지통에 버릴 때도 경고창이 열립니다.

추가 정보

음악 파일의 경우에는 제목과 가수, 이미지 파일의 경우에는 크기와 색상 영영 등, 일반 항목에서 표시하고 있지 않은 추가 정보를 표시합니다.

이름 및 확장자

파일 이름과 확장자를 표시하며, 변경 가능합니다. 파일 확장자를 표시하고 싶지 않다면 확장자 가리기 옵션을 체크합니다.

다음으로 열기

파일을 더블 클릭했을 때, 실행되게 할 프로그램을 선택합니다.

미리보기

PDF 문서, 사진 등을 간략히 볼 수 있는 미리보기 창입니다.

공유 및 사용 권한

파일을 읽거나 쓸 수 있는 사용자를 설정합니다. + 기호의 버튼을 클릭하여 사용자를 추가하거나 - 기호의 버튼을 클릭하여 삭제할 수 있습니다.

단축 메뉴로 작업하기

컴퓨터에 익숙해지다보면, 단축키와 단축 메뉴를 많이 이용합니다. 단축키는 메뉴 오른쪽에 표시되어 있으므로, 자주 사용하는 메뉴의 단축키는 외워두는 것이 좋습니다. 여기서는 마우스 오른쪽 버튼을 클릭했을 때 볼 수 있는 단축 메뉴에 관해서 살펴보겠습니다.

01 단축 메뉴의 구성은 파일을 선택했을 때와 선택하지 않았을 때 차이가 있습니다. 파인더의 빈 공간에서 마우스 오른쪽 버튼을 클릭하면 새로운 폴더를 비롯한 6가지 메뉴를 볼 수 있습니다.

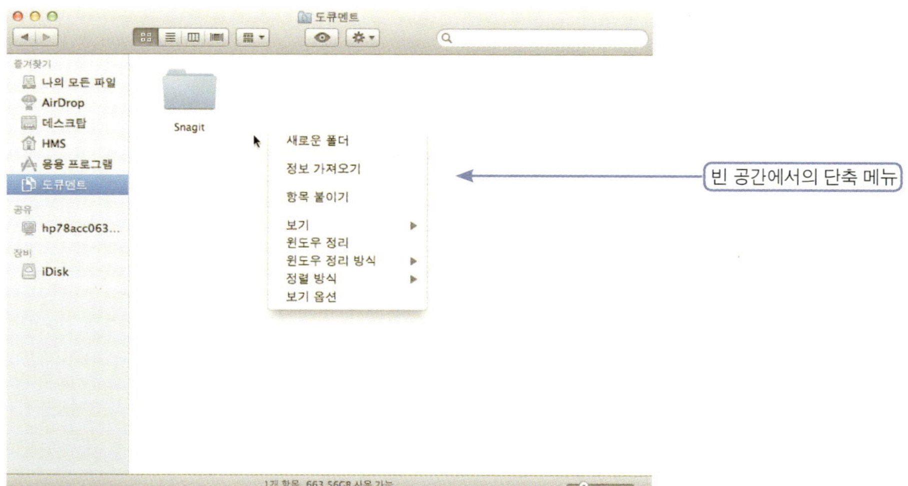

- **새로운 폴더** : 새로운 폴더를 만듭니다.

- **정보 가져오기** : 빈 공간은 폴더를 의미하는 것이므로, 폴더에 관한 새부 정보를 볼 수 있습니다.

- **항목 붙이기** : 파일을 복사한 경우에 볼 수 있는 메뉴이며, 복사한 파일을 붙입니다.

- **보기** : 파일 및 폴더의 보기 형식을 선택합니다.

- **윈도우 정리** : 파일 및 폴더를 정리합니다. 이때 정리되는 위치는 격자 간격에 준합니다.

- **윈도우 정리 방식** : 파일 및 폴더를 이름, 수정일, 생성일 등의 순서로 정렬합니다.

- **정렬 방식** : 격자에 맞추어 정렬하는 것이며, 도구 모음 줄의 정렬 버튼과 동일합니다.

- **보기 옵션** : 파인더의 보기 옵션 창을 엽니다.

02 파일을 마우스 오른쪽 버튼으로 클릭했을 때 볼 수 있는 단축 메뉴입니다. 압축, 디스크로 굽기, 훑어보기, 복사 메뉴에는 선택한 파일의 이름이 함께 표시되므로, 그림과 차이가 있습니다.

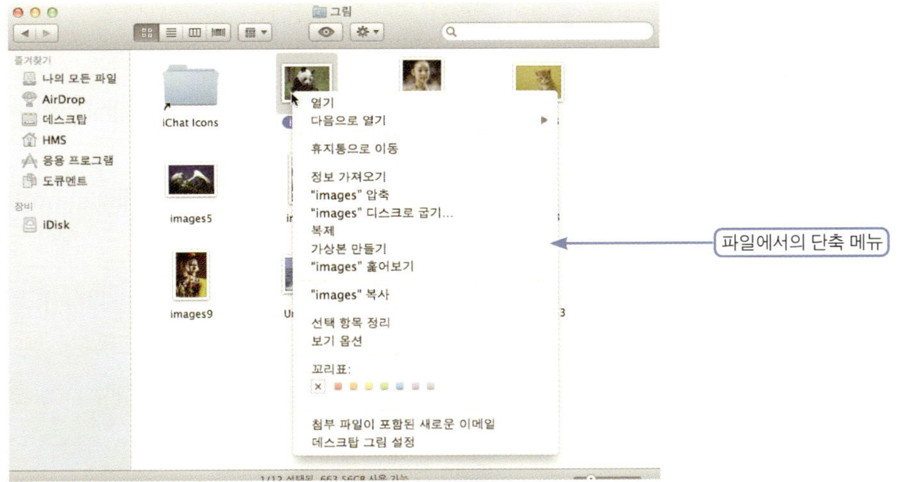

● 열기 : 선택한 파일을 엽니다. 이것은 파일을 더블 클릭하는 방법을 더 많이 이용합니다.

● 다음으로 열기 : 선택한 파일을 실행시킬 프로그램을 선택할 수 있습니다.

● 휴지통으로 이동 : 선택한 파일을 휴지통으로 버립니다.

● 정보 가져오기 : 선택한 파일의 세부 속성을 볼 수 있는 정보 입수 창을 엽니다.

● 압축 : 선택한 파일을 압축합니다. 보통 여러 개의 파일을 하나로 압축할 때 이용합니다.

● 디스크로 굽기 : 선택한 파일을 CD 및 DVD 로 굽습니다.

● 복제 : 선택한 파일의 복제본을 만듭니다.

● 가상본 만들기 : 선택한 파일의 가상본을 만듭니다.

● 훑어보기 : 선택한 파일을 확인할 수 있는 훑어보기 창을 엽니다.

● 복사 : 선택한 파일을 복사합니다. 파일을 복사하면, 빈 공간을 마우스 오른쪽 버튼으로 클릭했을 때 열리는 단축 메뉴에서 항목 붙이기를 볼 수 있습니다.

● 선택 항목 정리 : 선택한 파일을 정리합니다.

● 보기 옵션 : 보기 옵션 창을 엽니다.

● 꼬리표 : 선택한 파일에 색상 꼬리표를 붙입니다.

● 첨부 파일이 포함된 새로운 메일 : 메일 프로그램을 실행하며, 파일이 자동 첨부됩니다.

● 데스크탑 그림 설정 : 이미지 파일을 선택한 경우에 볼 수 있으며, 배경하면으로 만듭니다.

열기 및 저장 대화 상자의 이해

맥에서 어떤 프로그램을 사용하든 파일을 열고, 저장하는 창의 구성은 모두 비슷합니다. 간단한 문서를 만들 수 있는 텍스트 편집기를 이용해서 문서를 저장하고, 편집하는 과정을 살펴보겠습니다. 파일 관리의 가장 기초적인 내용이므로 확실히 익혀두기 바랍니다.

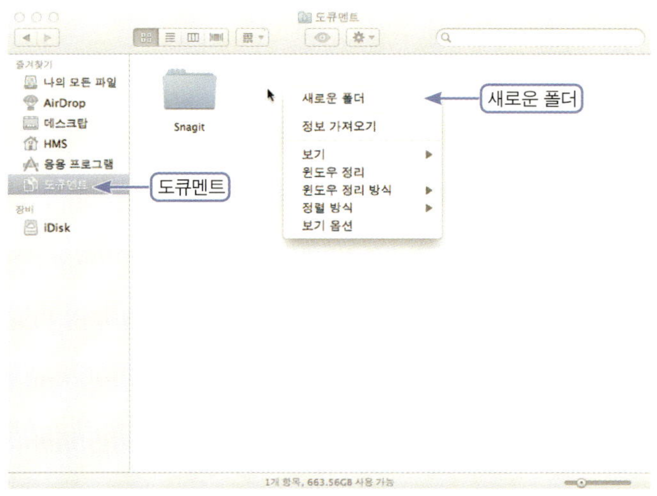

01 텍스트 편집기에서 만든 문서를 저장할 폴더를 미리 만들겠습니다. 파인더의 도큐멘트 폴더를 열고, 빈 공간에서 마우스 오른쪽 버튼을 클릭하여 단축 메뉴를 엽니다. 그리고 새로운 폴더를 선택합니다.

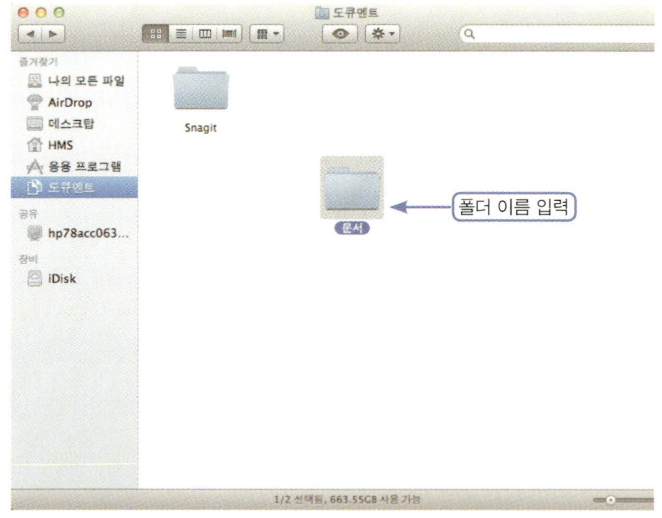

02 무제폴더라는 이름으로 폴더가 만들어집니다. 폴더의 이름을 문서로 입력하고 return 키를 누릅니다. 폴더의 이름은 사용자가 편한것으로 지정해도 좋습니다.

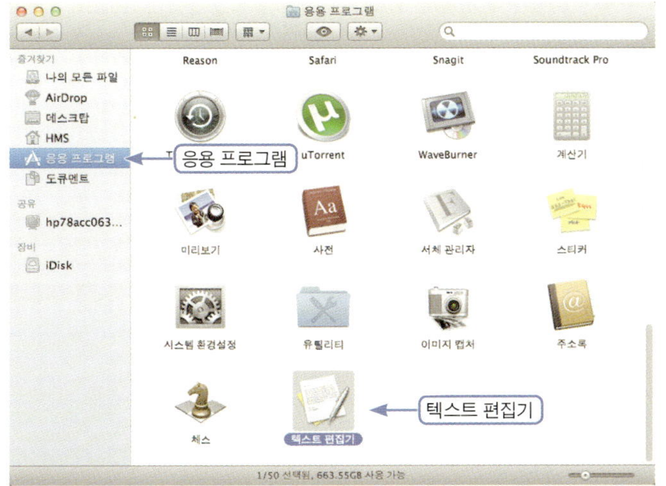

03 텍스트 편집기를 실행하여 간단한 문서를 만들어 보겠습니다. 응용 프로그램 폴더를 선택하고 텍스트 편집기를 찾아 더블 클릭합니다.

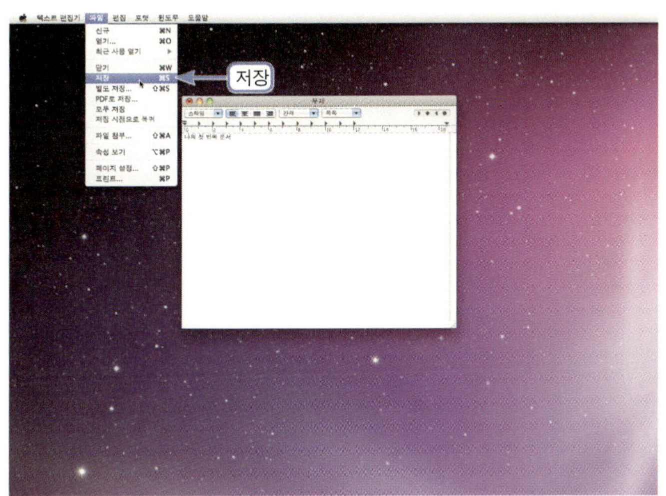

04 텍스트 편집기가 실행되면 간단한 문장을 입력하고, 파일 메뉴의 저장 또는 Command+S 키를 누릅니다. 대부분의 저장 단축키는 Command+S 키입니다.

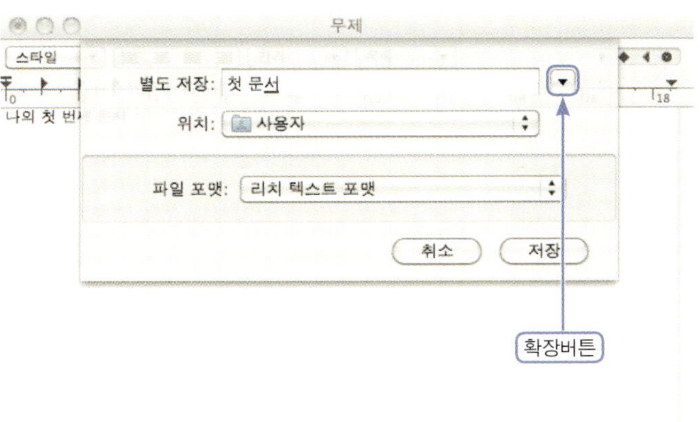

05 파일 이름을 입력할 수 있는 창이 열립니다. 별도 저장 항목에 파일 이름을 입력하고, 확장 버튼을 클릭합니다.

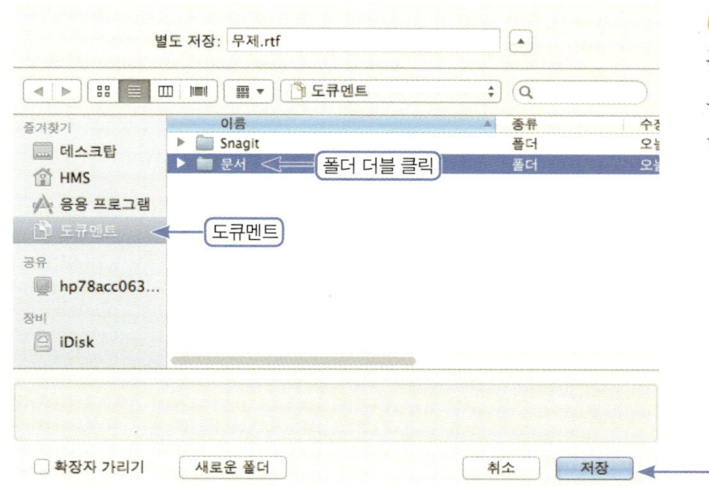

06 파일이 저장될 위치를 선택할 수 있는 경로 창이 열립니다. 앞에서 만든 문서 폴더를 도큐멘트에서 찾아 더블 클릭합니다. 그리고 저장 버튼을 클릭합니다.

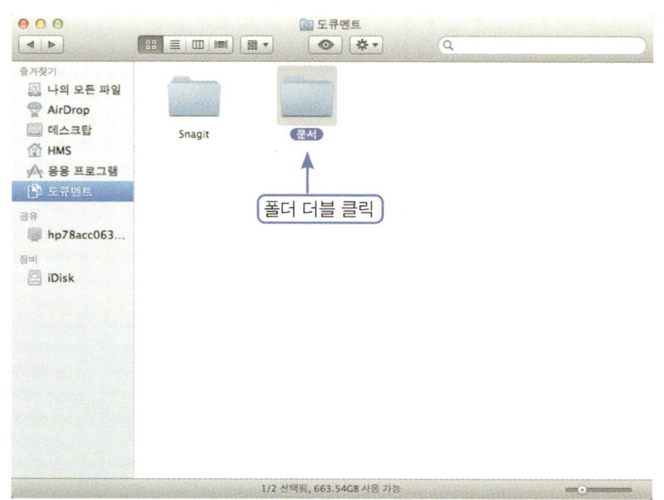

07 Command+Q 키를 눌러 텍스트 편집기를 종료하고, 파인더에서 도큐멘트의 문서 폴더를 더블 클릭하여 엽니다.

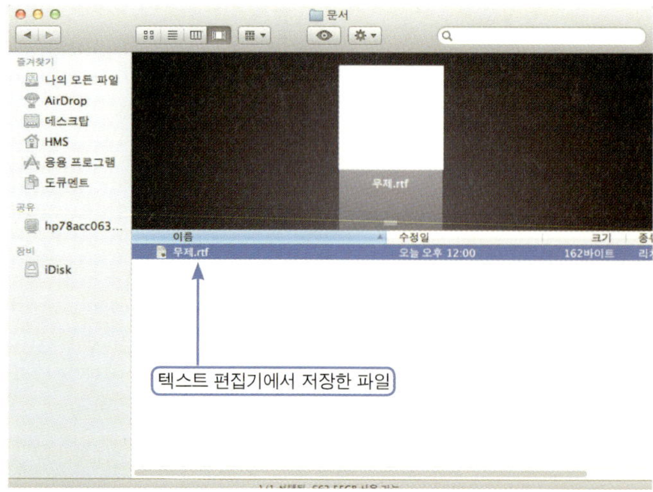

08 텍스트 편집기에서 저장한 문서 파일을 확인할 수 있으며, 파일을 더블 클릭하여 문서를 편집할 수 있습니다. 어떤 프로그램을 이용하든 사용자가 원하는 위치로 저장하는 과정은 동일합니다.

메뉴 및 단축키 찾기

맥용 프로그램을 사용하다가 기억나지 않는 메뉴 및 단축키는 도움말 메뉴를 이용해서 검색할 수 있습니다. 이 기능
은 맥용 프로그램에 모두 제공하고 있으므로, 익숙하지 않은 프로그램을 이용할 때 유용합니다. 예를 들어 텍스트 편
집기를 사용하다가 서체를 바꾸는 메뉴가 어디에 있었는지 기억이 나지 않는 다면, 도움말 메뉴에서 서체를 검색합
니다.

서체에 관련된 메뉴 항목들이 모두 검색됩니다. 검색된 항목에서 사용자가 필요로 하는 기능에 마우스를 가져가면
해당 메뉴가 열립니다. 메뉴의 위치와 단축키를 바로 확인할 수 있는 것입니다. 어떤 프로그램이든 익숙해지기 전까
지는 많은 도움이 되는 기능이므로 꼭 활용해보기 바랍니다.

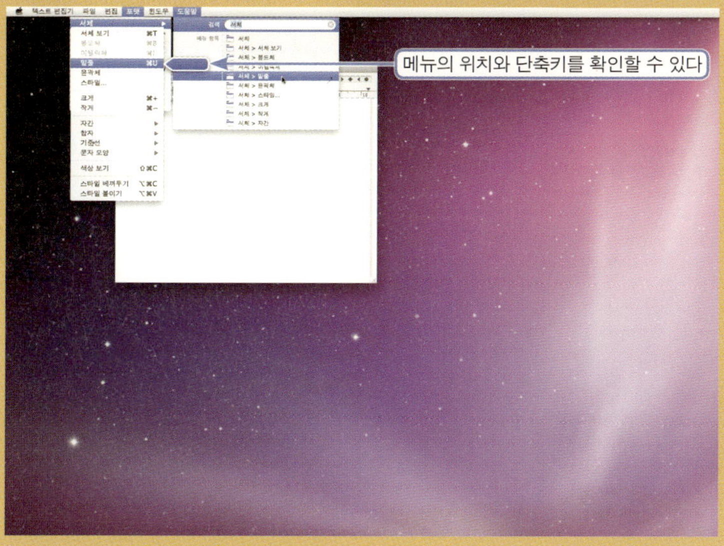

03 기본 프로그램 익히기

맥은 앞에서 살펴본 파인더 외에도 주소록, 계산기, 데쉬보드, 사전, 스포트라이트, 프론트 로우, 아이튠즈, 사파리, 시스템 환경 설정 등의 다양한 응용 프로그램과 유틸리티를 제공합니다. 여기서 누군가에겐 절대적인 것이 또 다른 누군가에게는 필요없는 것일 수도 있습니다. 하지만, 자신만의 시스템을 꾸밀 수 있을 정도의 기초적인 것들은 다룰 수 있어야 할 것입니다.

스포트라이트 사용하기

스포트 라이트는 컴퓨터에 흩어져 있는 파일, 문서, 웹 페이지, 메일 등을 포함한 컴퓨터의 모든 내용을 검색하는 기능입니다. 검색 기능이 없는 인터넷을 상상할 수 없듯이 스포트라이트 없는 맥도 상상할 수 없게 될 것입니다.

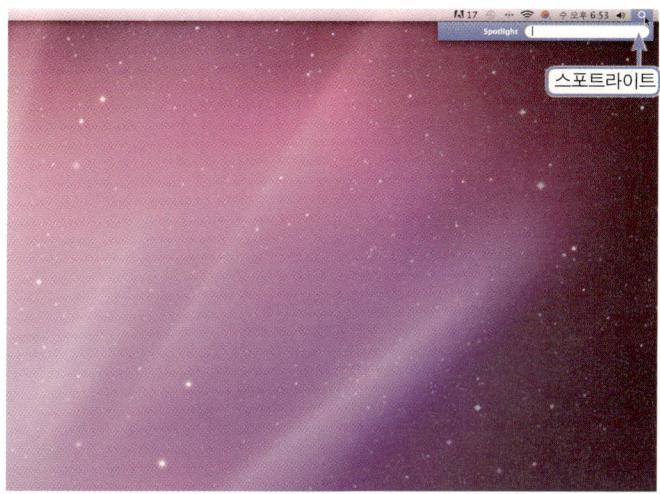

01 스포트라이트는 알림 영역 오른쪽 끝에 돋보기 모양의 아이콘으로 준비되어 있습니다. 돋보기 모양의 아이콘을 클릭하면 검색어를 입력할 수 있는 Spotlight 창이 열립니다.

02 검색 창에 글자를 입력할 때 마다 해당 글자가 포함된 파일, 폴더, 문서 등의 모든 내용이 검색되며, 검색된 파일을 선택하여 실행하거나 문서를 열어볼 수 있습니다.

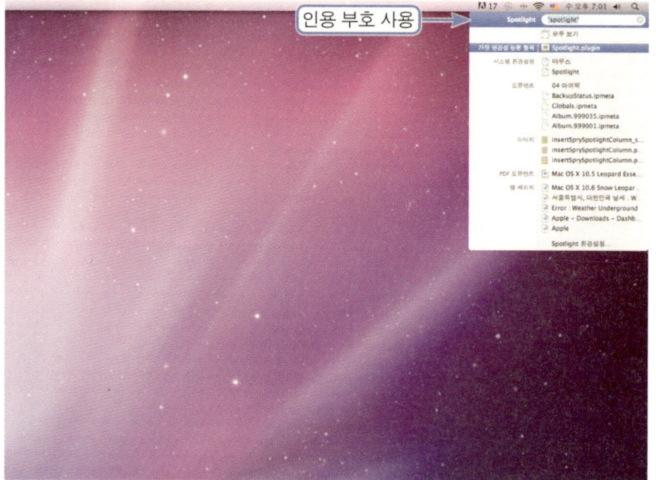

03 정확하게 일치하는 문구만을 검색하겠다면 인용 부호(" ")를 사용하여 검색합니다. 예를 들어 abc를 입력하면 글자가 포함된 abcd의 내용도 검색되지만, 인용 부호를 사용하여 "abc"로 검색하면 정확하게 abc가 있는 내용만 검색됩니다.

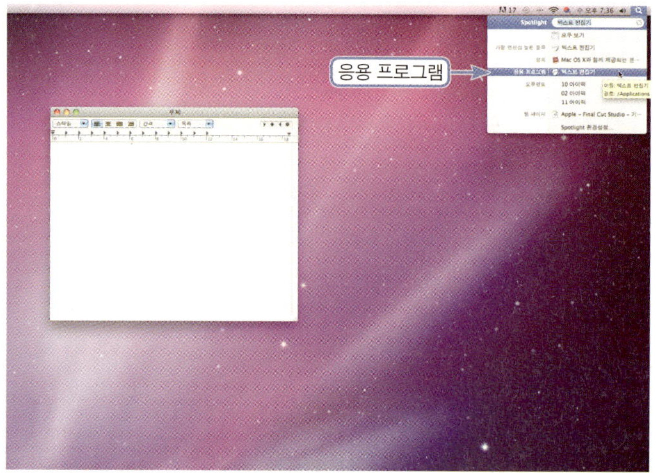

04 스포트라이트에서 응용 프로그램을 검색하여 실행할 수 있습니다. Dock으로 꺼내놓지 않은 프로그램을 실행할 때, 일일이 폴더를 뒤지지 않아도 된다는 편리함을 가지고 있습니다.

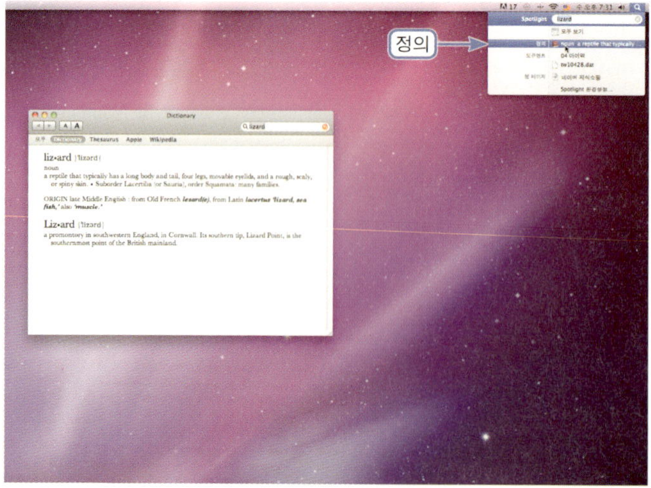

05 스포트라이트의 정의 항목은 사전을 의미합니다. 검색할 단어를 입력하고 정의 항목에 검색된 것을 선택하면 맥의 사전이 실행되어 단어의 뜻을 확인할 수 있습니다.

06 스포트라이트는 계산기로도 이용할 수 있습니다. 더하기(+), 빼기(-), 곱하기(*), 나누기(/) 등의 사칙연산을 모두 이용할 수 있습니다.

불리언 연산자를 사용하여 검색하기

불리언 검색은 AND, OR, NOT, AND Not(-)의 연산자를 이용하여 검색 결과를 좁히기 위해 사용합니다. 너무 많은 유형이 검색되었을 때나 좀 더 정확한 검색이 필요할 때 많이 사용하는 것이므로 기억을 해두면 좋습니다.

A OR B : 이름을 정확히 모를 경우에 A 와 B를 모두 포함한 항목을 검색합니다. 예를 들어 찾고자 하는 문서가 별빛이었는지 달빛이었는지 기억나지 않을 때, 별빛 OR 달빛으로 두 단어 중에서 한 가지만 포함하고 있어도 검색되게 하는 것입니다.

A - B : AND NOT 대신에 - 기호를 이용할 수 있으며, B를 포함하지 않은 A를 검색합니다. 예를 들어 제주도를 포함하지 않은 여행 사진을 검색하고 싶다면, 여행 - 제주도로 입력하는 것입니다.

A NOT B : A로 검색한 항목에서 B가 포함된 것을 제외합니다. 예를 들어 날짜:5/01~8/31 NOT 날짜:6/01~6/30으로 입력하면, 5월 1일에서 8월 31일까지의 항목을 모두 검색하지만, 6월 한 달은 제외하는 것입니다.

A AND B : A와 B 두 가지 모두를 포함한 항목을 검색합니다. 예를 들어 별빛 AND 달빛으로 검색을 하면 별빛 또는 달빛만 있는 항목은 검색되지 않고, 반드시 별빛과 달빛을 모두 포함하고 있는 항목이 검색되는 것입니다.

검색 범위 줄이기

스포트라이트를 이용해서 파일 및 문서를 검색할 때, 너무 많은 목록이 검색되면, 파인더에서 일일이 찾는 것과 크게 다르지 않습니다. 가급적이면 인용 부호를 넣어 정확한 검색이 가능하도록 하는 것이 효과적입니다. 그 외, 내용, 종류, 날짜 등의 검색 필터를 적용하여 범위를 줄일 수 있습니다.

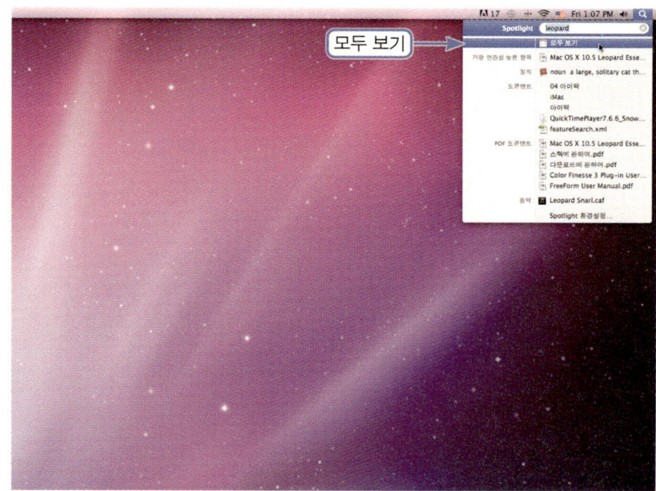

01 스포트라이트에서 제공하는 검색 필터는 수 없이 많습니다. 입문자는 어떤 검색 필터를 적용할 수 있는지부터 알아야 할 것입니다. 적당한 문자를 입력하여 검색을 해보고, 모두 보기를 선택하여 파인더를 엽니다.

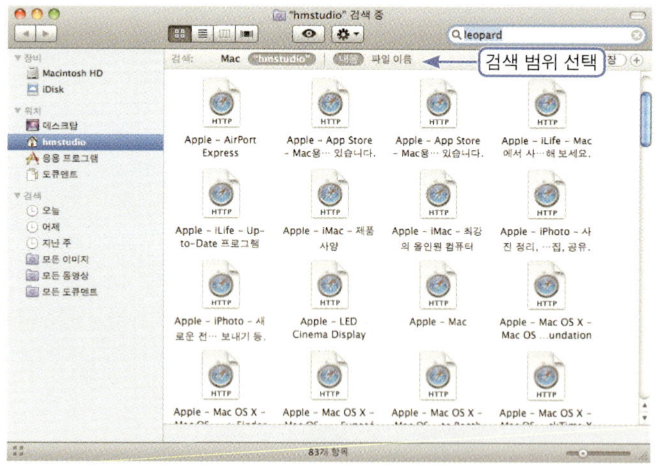

02 스포트라이트에서 검색한 내용을 포함하고 있는 파일이 모두 검색된 파인더가 열립니다. 검색 필드에서 MAC 또는 사용자 폴더를 선택하여 위치를 제한하고, 내용 및 파일 이름으로 범위를 제한합니다.

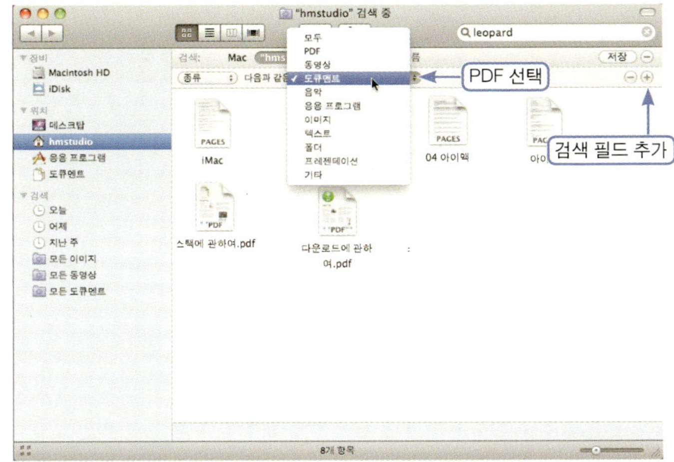

03 이제 필터를 적용하여 좀 더 세부적인 범위를 설정하겠습니다. + 기호의 버튼을 클릭하여 검색 필드를 추가합니다. 그리고 필터 항목에서 종류와 PDF를 선택해봅니다. 즉, PDF 파일만 검색하겠다는 것입니다.

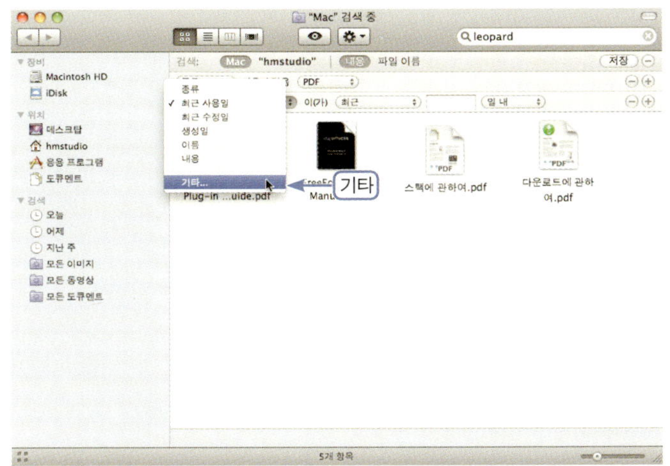

04 검색 필드는 + 기호 버튼을 클릭하여 추가할 수 있으며, 날짜, 이름, 내용 등으로 필터를 적용할 수 있습니다. 기본 필터 외의 것들은 기타를 선택하여 추가할 수 있으며, 모든 속성이 스포트라이트의 검색 필터로 이용될 수 있습니다.

05 파인더에서 살펴본 필터를 스포트라이트에서 직접 적용할 때는 쌍 점(:)을 사용하며, 중복 검색도 가능합니다. 예를 들어 특정 가수의 음악을 찾겠다면 종류:음악 가수이름으로 입력하며, 어제 들은 음악을 찾겠다면 종류:음악 날짜:어제 로 입력하는 것입니다.

검색 환경 설정하기

스포트라이트에서 검색되는 순서와 종류를 사용자가 원하는 환경으로 바꿀 수 있습니다. 주로 문서를 검색하는 사용자라면 문서 항목이 가장 위쪽에 위치하도록 하는 것이 편리할 것이며, 응용 프로그램을 검색하지 않는다면, 검색 목록에서 프로그램을 제외시키는 것입니다.

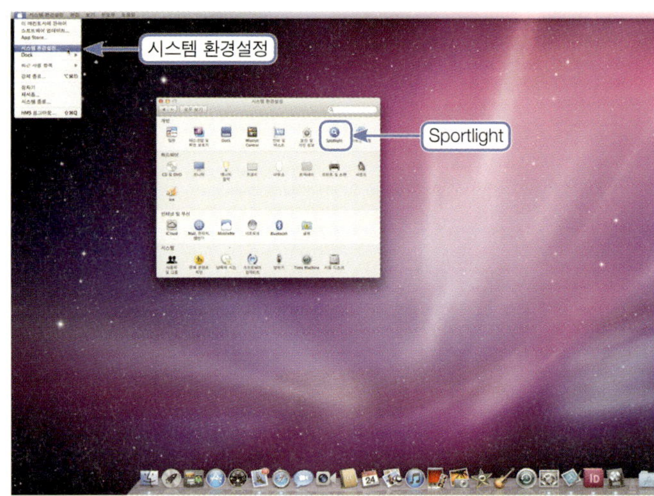

01 애플 메뉴의 시스템 환경설정을 선택하여 창을 열고, 개인 항목의 Spotlight 아이콘을 선택합니다.

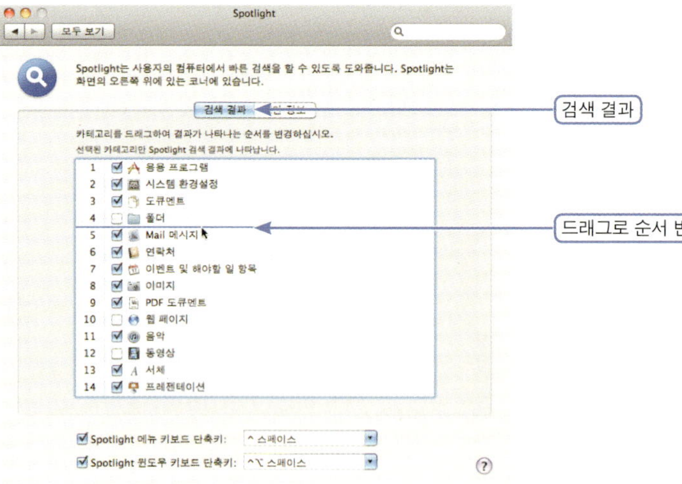

02 검색 결과 및 순서를 설정할 수 있는 창이 열립니다. 검색 목록은 체크 표시 유무로 결정하며, 순서는 마우스 드래그로 변경할 수 있습니다.

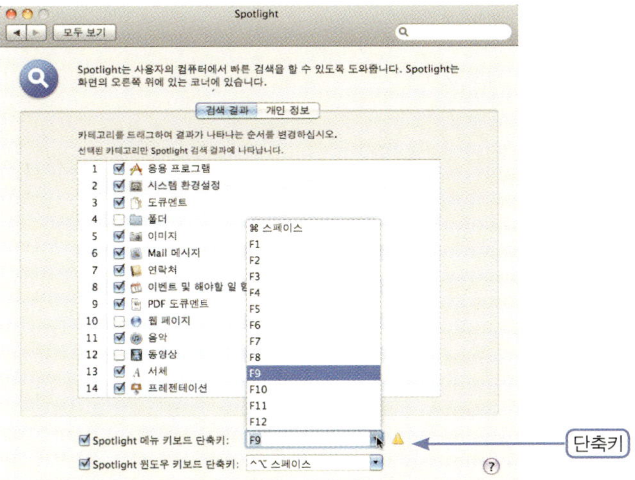

03 Spotlight 메뉴 키보드 단축키는 스포트라이트의 검색 창을 여는 단축키이고, Spotlight 윈도우 키보드 단축키는 파인더를 여는 단축키입니다. 기본 값을 외워도 좋고, 자신이 원하는 키도 바꿔도 좋습니다. 단, 노란색 삼각형이 표시되는 것은 이미 다른 용도로 사용되어 있다는 의미입니다.

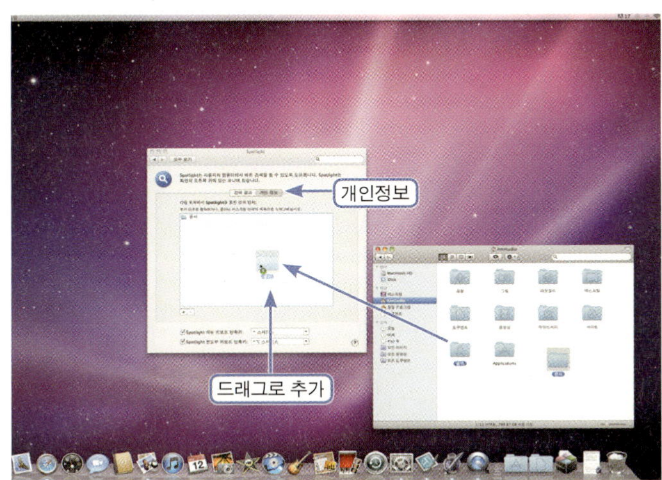

04 여러 사람이 사용하고 있는 컴퓨터라면 검색 대상에서 제외시키고 싶은 폴더가 있을 것입니다. 이때는 개인 정보 탭을 클릭하여 열고, 제외시키고 싶은 폴더를 파인더에서 드래그하여 가져다 놓습니다.

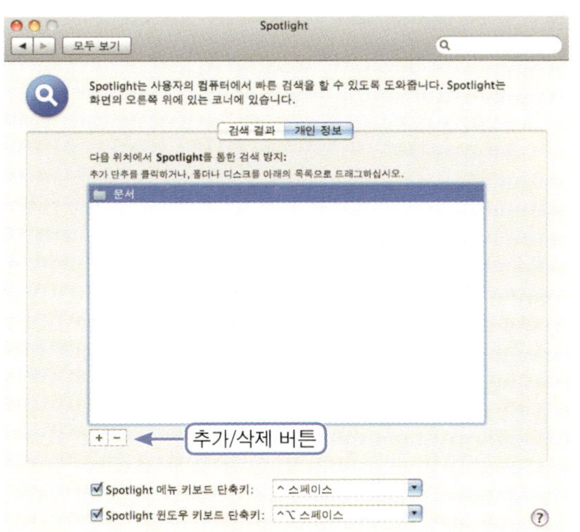

05 개인 정보 목록에 등록된 폴더는 스포트라이트에서 검색되지 않는 것입니다. + 버튼을 클릭하여 폴더를 추가할 수 있고, - 버튼을 클릭하여 목록을 제거할 수 있습니다.

스마트 폴더 만들기

파인더에서 사이드 바에는 나의 모든 파일, AirDorp, 데스크탑, 사용자 폴더, 응용 프로그램, 도큐멘트로 구성된 즐겨 찾기 카테고리가 있습니다. 이것은 의미 그대로 사용자가 즐겨 찾는 폴더를 의미하며, 원하는 것이 있다면, 추가 가능합니다. 사용자가 필요로 하는 스마트 폴더를 만들어 보겠습니다.

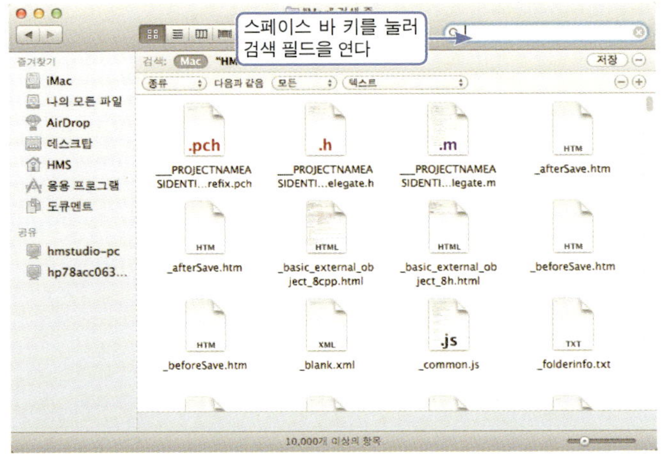

01 파인더의 검색 항목에서 스페이스 키를 눌러 검색 필드를 열고, + 기호의 버튼을 클릭하여 필드를 추가합니다. 그리고 사용자가 필요로 하는 조건들을 설정하고, 저장 버튼을 클릭합니다. 그림에서는 텍스트 종류를 선택하고 있습니다.

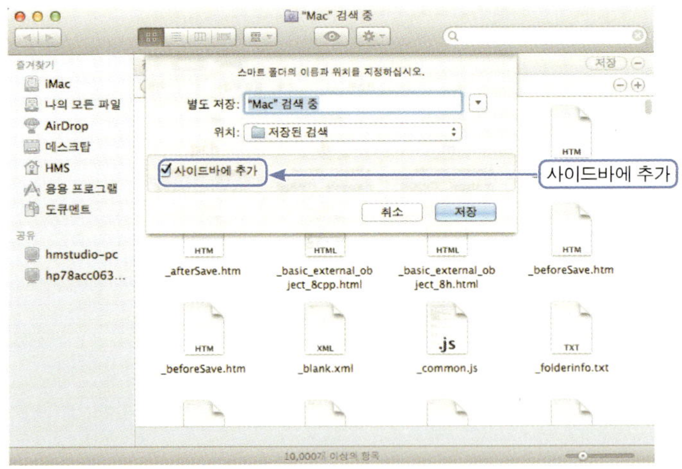

02 사이드 바에 표시될 이름을 입력하고 저장 버튼을 클릭합니다. 사이드바에 추가 옵션이 체크되어 있어야 합니다.

03 사이드 바에 스마트 폴더가 만들어 졌습니다. 응용 프로그램 폴더를 선택하고, 텍스트 편집기를 더블 클릭하여 실행합니다.

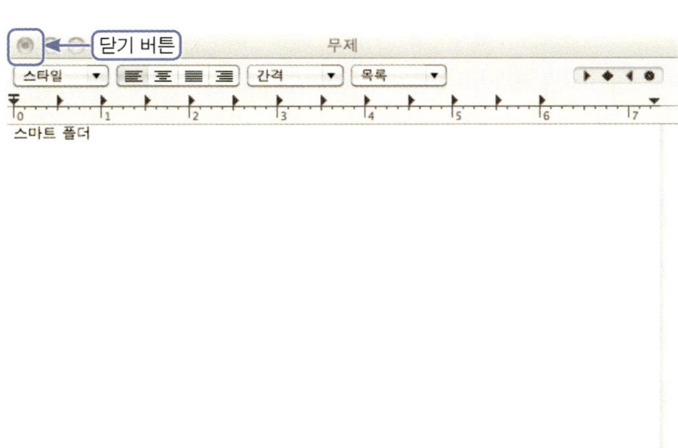

04 새로 만든 스마트 폴더의 조건을 텍스트로 설정했었기 때문에 텍스트 문서를 만들어 보고 있는 것입니다. 적당한 글자를 입력하고, 닫기 버튼을 클릭합니다.

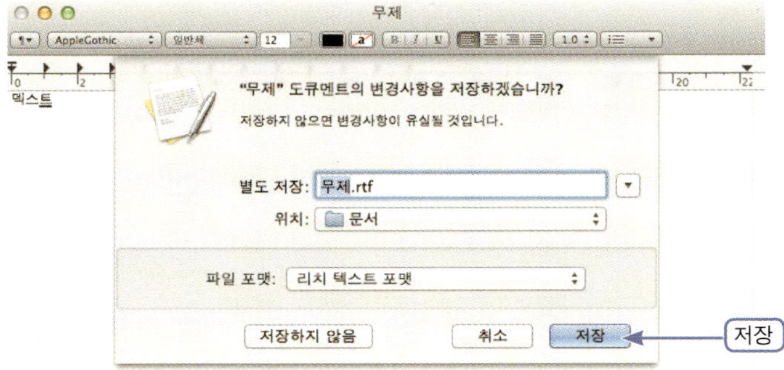

05 저장 여부를 묻는 창에서 저장 버튼을 클릭하고, 적당한 위치로 저장을 합니다. 그림에서는 기본 위치의 문서 폴더에 무제라는 이름 그대로 저장을 하고 있습니다.

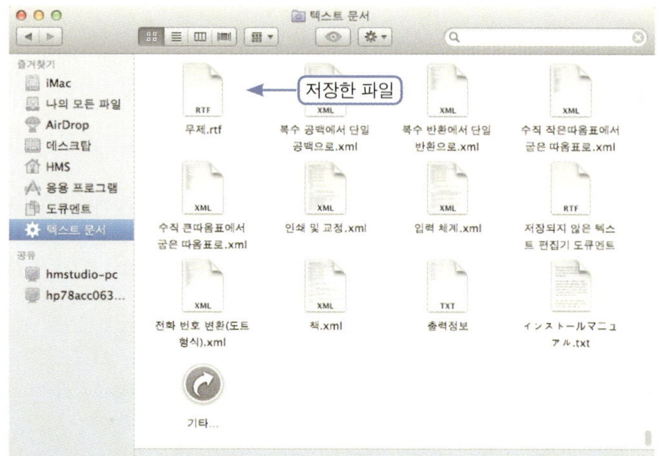

06 파인더에서 사용자가 만든 스마트 폴더를 선택하면 앞에서 저장한 텍스트 파일을 볼 수 있습니다. 텍스트 조건에 맞는 것이기 때문에 자동으로 검색되는 것입니다.

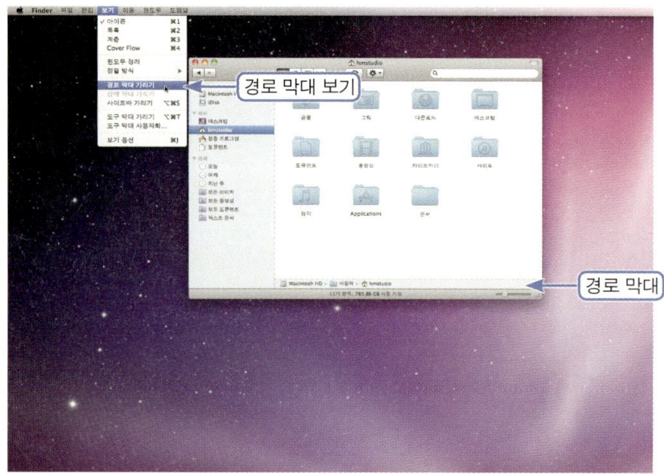

07 보기 메뉴의 경로 막대 보기를 선택해 놓았다면 해당 문서의 경로를 확인할 수 있으며, 폴더를 더블 클릭하여 이동할 수 있습니다. 단, 스마트 폴더에서는 이용할 수 없습니다.

즐겨찾기에 하드디스크 등록하기

분류 조건없이 폴더를 등록할 때는 그냥 드래그하여 가져다 놓으면 됩니다. 만일, Machintosh HD를 가져다 놓고 싶다면, Finder의 환경 설정에서 하드디스크 옵션을 체크하여 데스크탑에 표시되게 하고, 데스크탑에 표시된 하드디스크를 즐겨찾기에 가져다 놓는 것입니다. 필요 없어진 데스크탑의 하드디스크는 환경설정 옵션을 해제하여 제거합니다.

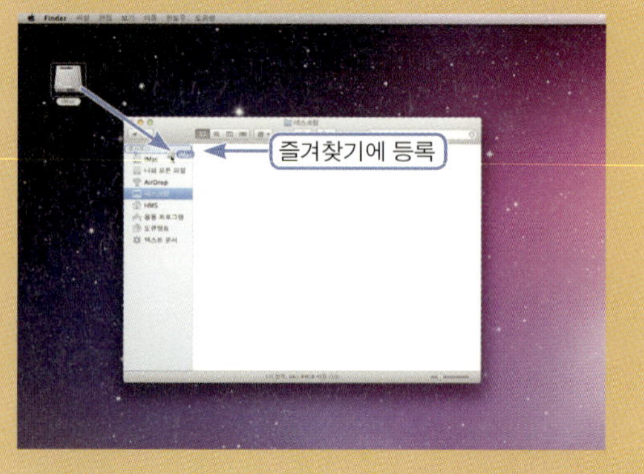

미션 컨트롤

Mission Control은 풀 스크린앱과 대쉬보드, 그리고 기존의 스페이스와 익스포제 프로그램이 하나로 합쳐진 새로운 기능입니다. 여러 개의 프로그램을 하나의 데스크탑으로 관리할 수 있으며, 다수의 데스크탑을 추가하여 작업 공간을 확장할 수 있습니다.

01 미션 컨트롤의 단축키는 F3입니다. F3 키를 누르면, 상단에 Dashboard, 데스크탑, 풀 스크린으로 실행중인 프로그램, 그리고 현재 열려있는 모든 창들이 한 화면에 표시되며, 마우스 선택으로 이동할 수 있습니다.

02 프로그램을 데스크탑으로 드래그하여 이동하거나 빈 공간으로 드래그하여 새로운 데스크탑을 만들 수 있습니다. 상단에 마우스를 위치시키면, 오른쪽 모서리에서 열리는 버튼을 클릭하여 데스크탑을 추가해도 좋습니다.

03 데스크탑을 6개 추가하면, 실제 모니터는 하나뿐이지만, 6대의 모니터를 이용하고 있는 효과를 얻을 수 있는 것입니다. 각 데스크탑으로의 이동은 미션 컨트롤에서 선택해도 좋고, Cotrol 키를 누른 상태에서 좌/우 방향키 또는 번호 키를 이용해도 좋습니다. 데스크탑을 삭제할 때는 X 표시를 클릭합니다.

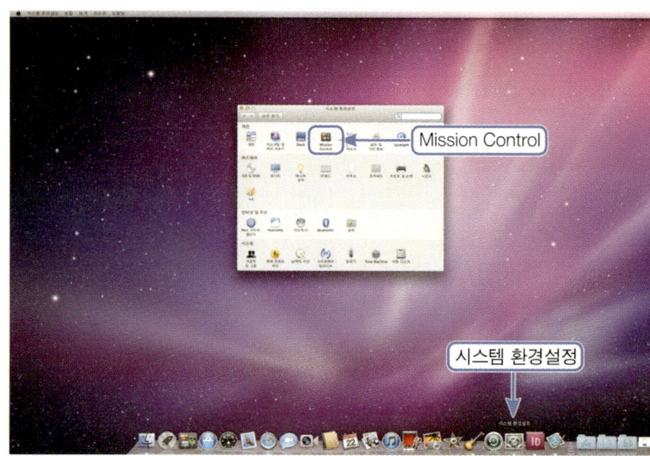

04 마우스를 화면 모서리로 이동했을 때 데스크탑이 선택되게 할 수 있습니다. Dock에서 시스템 환경설정을 선택하여 창을 열고, Mission Control 아이콘을 클릭합니다.

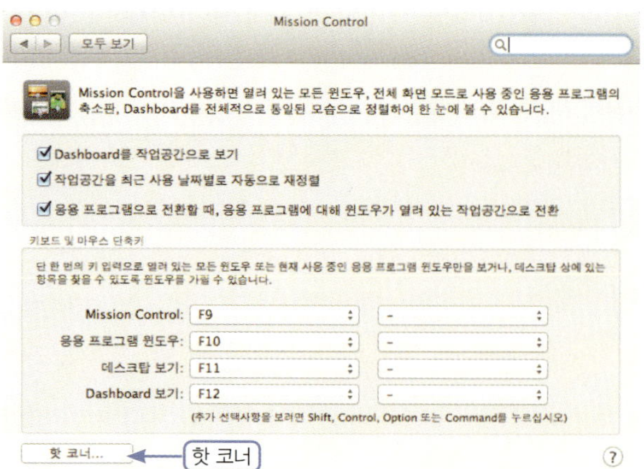

05 Mission Control 환경을 설정할 수 있는 페이지가 열립니다. 코너 동작 옵션 설정을 위한 핫 코너 버튼을 클릭합니다.

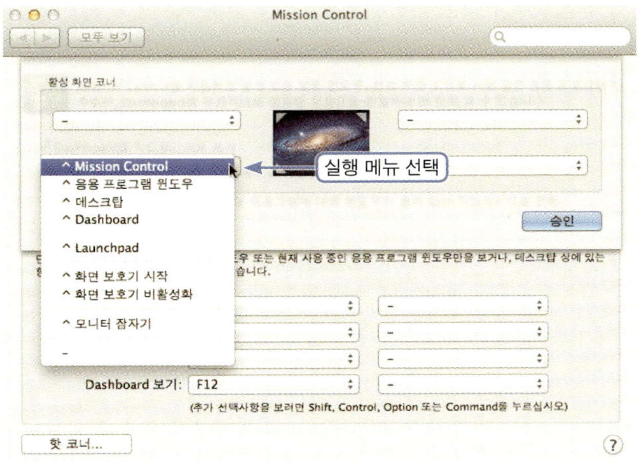

06 데스크탑 모서리마다 실행 명령을 선택할 수 있는 메뉴가 있습니다. 왼쪽 아래에서 Mission Control을 선택하면, 마우스를 왼쪽 모서리로 이동시켰을 때, 미션 컨트롤이 실행되는 것입니다.

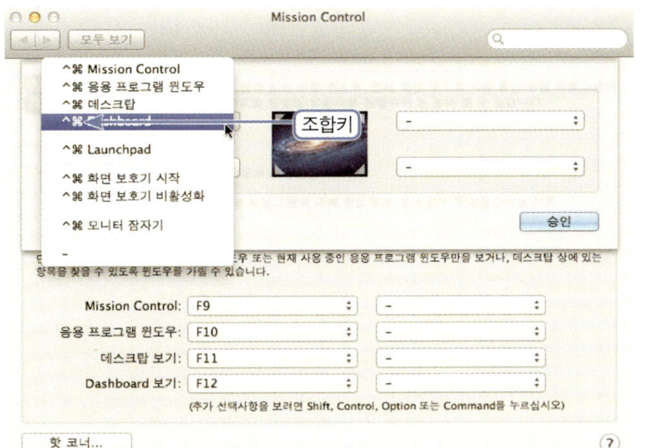

07 핫 코너를 설정해 놓으면, 편리하긴 하지만, 실수로 실행되는 불편함도 있습니다. 이것을 방지하려면, Control, Option, Commnad 등의 조합키를 누른 상태에서 메뉴를 선택합니다. 즉, 마우스만으로는 동작되지 않고, 조합키를 함께 눌렀을 때 실행되게 하는 것입니다.

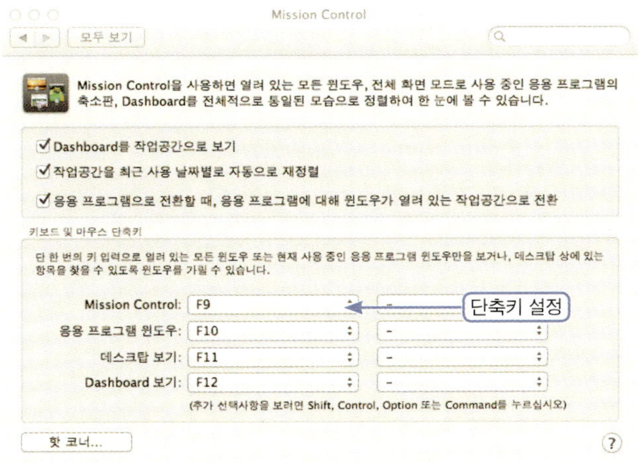

08 Mission Control 페이지에는 미션 컨트롤 키가 없는 키보드 사용자를 위해 Mission Control, 응용 프로그램 윈도우, 데스크탑 보기, Dashboard를 fn 키를 누른 상태에서 실행할 수 있는 단축키를 설정할 수 있습니다.

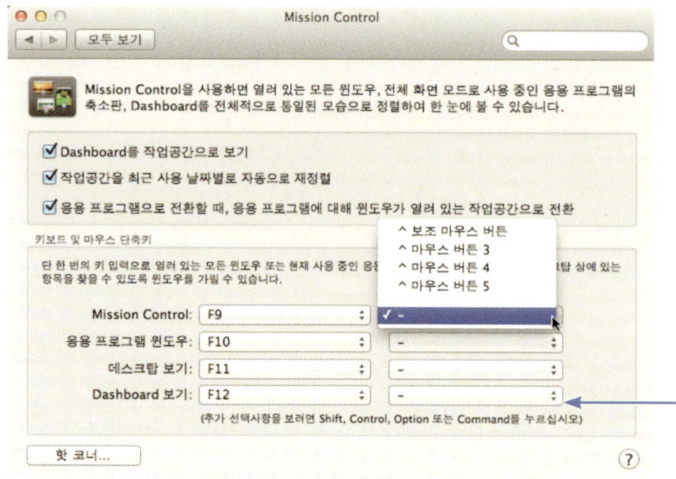

 미션 컨트롤 키가 있는 키보드에서는 Mission Control은 F3, 응용 프로그램 윈도우는 Control+F3, 데스크탑 보기는 Command+F3, Dashboard는 F4 키로 설정되어 있기 때문에 필요 없습니다. 오른쪽 메뉴는 여러 개의 버튼이 있는 마우스 사용자들을 위한 것입니다.

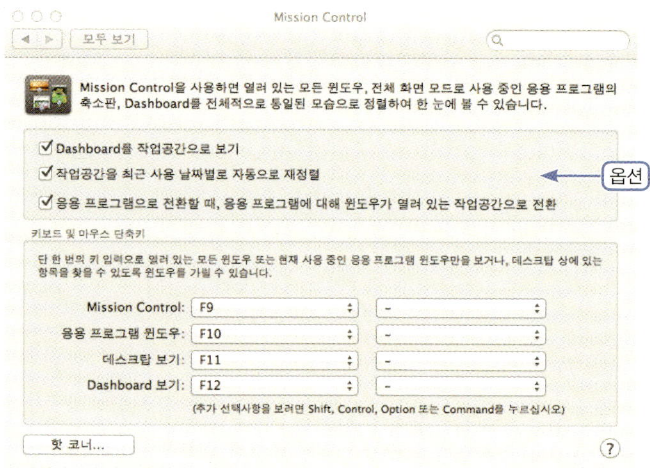

 그 밖에 Mission Control에는 대쉬보드, 작업 공간 정렬, 응용 프로그램 전환에 관한 옵션을 제공합니다.

● **Dashboard를 작업공간으로 보기**

Mission Control을 실행했을 때, 상단에 Dashboard를 표시합니다.

● **작업공간을 최근 사용 날짜 별로 자동으로 재정렬**

Control 키를 누른 상태에서 좌/우 방향키 또는 번호 키를 눌러 데스크 탑을 이동할 때, 최근에 만든 순서대로 이동할 수 있습니다.

● **응용 프로그램으로 전환할 때, 응용 프로그램에 대해 윈도우가 열려 있는 작업공간으로 전환**

여러 개의 데스크탑을 만들었을 때, 응용 프로그램을 선택하면, 해당 프로그램이 속한 데스크탑으로 자동 전환되게 합니다.

Dock 구성하기

06

맥에서 프로그램을 실행할 때 가장 빠르게 접근할 수 있는 것이 화면 아래쪽에 위치한 Dock 입니다. 기본적으로 맥에서 제공하는 다양한 응용 프로그램과 유틸리티 중에서 가장 많이 사용되는 것들이 준비되어 있습니다. 하지만, 사용자마다 자주 사용하는 프로그램이 다를 것이므로, 자신이 원하는 프로그램으로 재구성 할 필요가 있습니다.

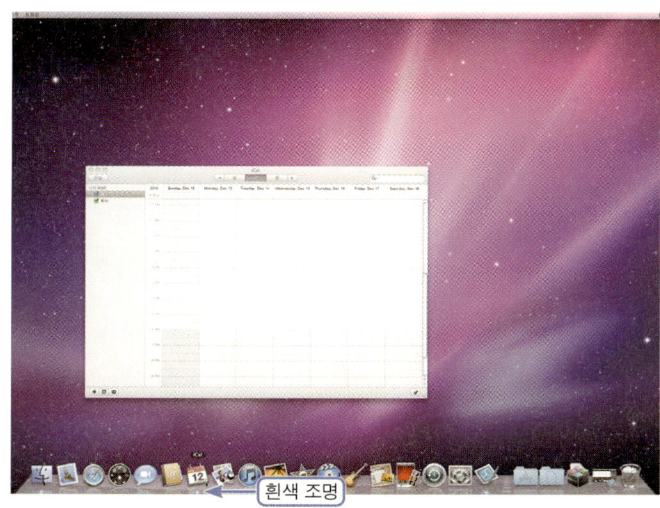

01 Dock에 준비되어 있는 아이콘을 클릭하여 실행하면, 아이콘 아래쪽에는 흰색 조명이 표시됩니다. 어떤 프로그램을 실행하여 사용하고 있는지, 종료하지 않는 프로그램은 무엇인지을 한 눈에 확인할 수 있는 것입니다.

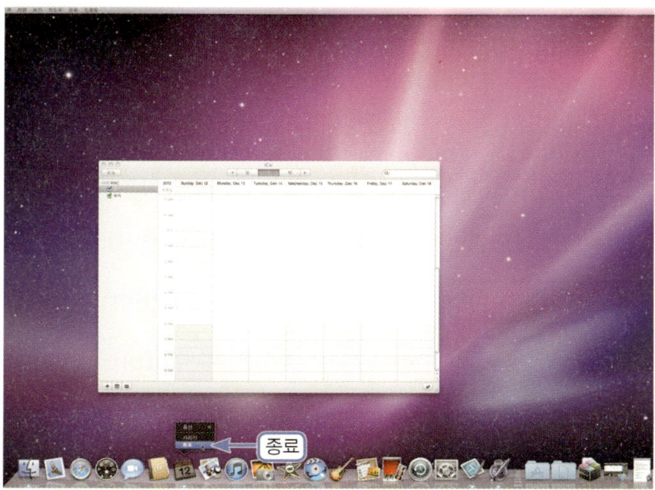

02 맥은 프로그램 창의 닫기 버튼을 클릭하는 것만으로는 종료되지 않습니다. 이것은 Dock의 아이콘을 클릭하여 빠르게 재 사용할 수 있다는 장점이 있지만, 시스템 자원을 낭비한다는 단점도 있습니다. 사용하지 않을 프로그램이라면 Dock의 아이콘을 마우스 오른쪽 버튼으로 클릭하여 단축 메뉴를 열고, 종료를 선택하거나 Command+Q 키를 누릅니다.

03 아이콘을 마우스 오른쪽 버튼으로 클릭했을 때, 해당 아이콘을 Dock에서 제거하는 Dock에서 제거, 로그인할 때 실행되게 하는 로그인시 열기, 파인더에서 위치를 확인하는 Finder에서 보기 옵션 메뉴가 있습니다. Finder에서 보기를 선택해봅니다.

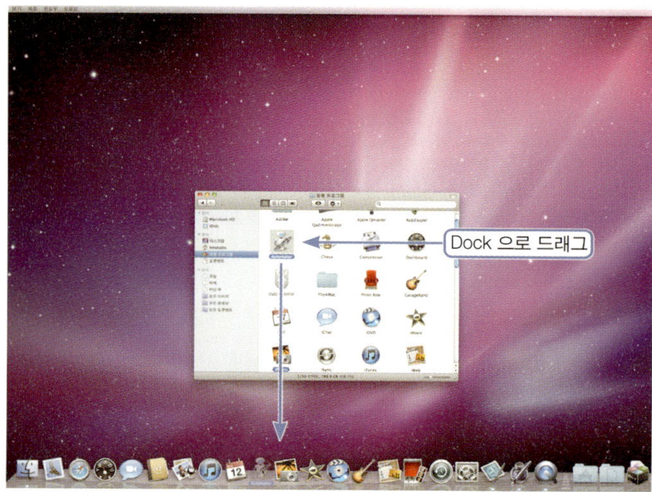

04 해당 프로그램이 있는 응용 프로그램 폴더가 열립니다. 프로그램을 설치할 때, 위치를 변경하지 않는다면, 맥의 모든 프로그램은 이 폴더에 위치하게 됩니다. 즉, Dock에 가져다 놓고 싶은 프로그램을 이 폴더에서 찾아 드래그하는 것입니다.

05 반대로 Dock에서 아이콘을 제거하고 싶은 것이 있다면, 배경 화면으로 드래그하면 됩니다. 실제 프로그램이 제거되는 것은 아니므로, 언제든 응용 프로그램 폴더에서 가져다 놓을 수 있습니다.

06 사용하는 프로그램이 많다면, 같은 유형의 것들을 폴더로 만들어 등록하는 것도 좋습니다. 파인더의 메뉴 버튼을 클릭하여 열고, 새로운 폴더를 선택합니다.

07 새로 만든 폴더의 이름을 입력하고 Return 키를 누릅니다. 그리고 한 곳에 모아놓고 싶은 프로그램들을 새로 만든 폴더로 드래그하여 담습니다. 응용 프로그램을 이동시킬 때는 사용자 계정 암호를 묻습니다.

08 프로그램을 모아놓은 폴더를 스택으로 드래그하여 가져다 놓습니다. 응용 프로그램뿐만아니라 그림을 담아 놓은 폴더, 동영상을 담아 놓은 폴더, 문서를 담아놓은 폴더 등, 자주 열어보는 폴더를 등록하면 편리합니다.

09 스택에 가져다 놓은 폴더를 클릭하면 해당 폴더에 담겨있는 응용 프로그램이 부채꼴 모양으로 열리며, 마우스 클릭으로 실행할 수 있습니다.

10 스택에 가져다 놓은 폴더를 마우스 오른쪽 버튼으로 클릭하면 이름, 날짜 등의 정렬 순서, 폴더 또는 스택의 아이콘 모양, 부채, 격자 등, 폴더가 열리는 모양을 선택할 수 있는 단축 메뉴가 열립니다. 스택에 등록한 폴더를 제거할 때는 배경 화면으로 드래그합니다.

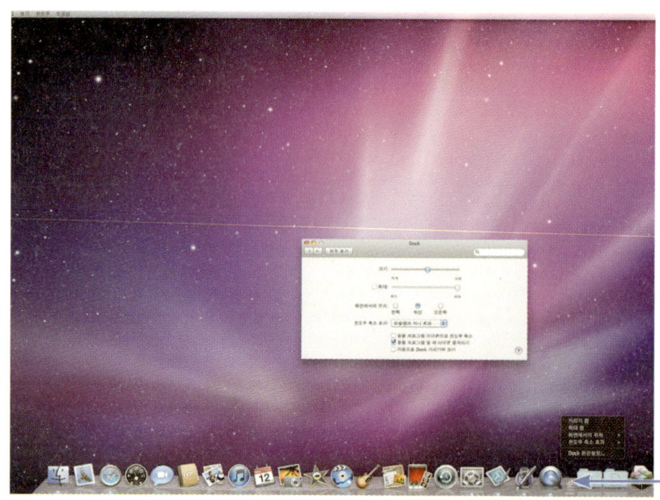

11 Dock과 스택 사이의 경계선을 위/아래로 드래그하면 Dock의 크기를 조정할 수 있고, 마우스 오른쪽 버튼을 클릭하면 Dock의 환경을 설정할 수 있는 단축 메뉴가 열립니다. 각 메뉴의 역할은 애플 메뉴에서 살펴본 것과 동일합니다.

프로그램 삭제하기

맥은 각각의 프로그램마다 독립적으로 운용되는 특성을 가지고 있기 때문에 프로그램을 휴지통에 버리는 것 만으로도 삭제가 가능합니다. 간혹, Uninstaller를 제공하는 프로그램이 있는데, 이것도 프로그램을 설치하듯이 실행하기만 하면 됩니다. 하지만, 각 프로그램에 연결되어 있는 패키지까지 삭제를 하려면 별도의 프로그램을 이용해야 합니다.

01 맥은 응용 프로그램 폴더에서 휴지통으로 드래그하는 간단한 동작으로 프로그램을 삭제합니다. 이것은 맥의 응용 프로그램이 독립적으로 운용된다는 특징을 가지고 있기 때문에 가능한 것입니다.

02 해당 프로그램에 연결되어 있는 패키지까지 일일이 찾아서 삭제하고 싶다면, 이것을 자동으로 찾아주는 프로그램을 이용합니다. appzapper.com을 방문하여 프로그램을 다운 받습니다.

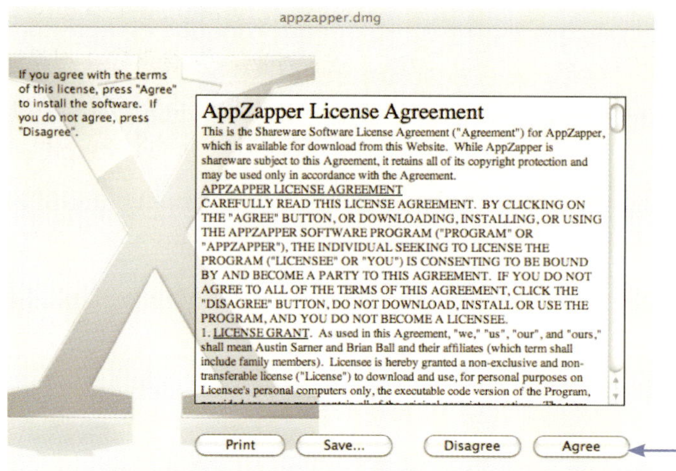

03 다운로드가 완료되고 사용자 동의 창이 열리면, Agree 버튼을 클릭하여 동의합니다. 맥 프로그램 삭제 툴은 다양한 종류가 있지만, 무료로 이용할 수 있는 AppZapper를 살펴보고 있는 것입니다.

04 다운 받은 폴더가 열리면 AppZapper 아이콘을 응용 프로그램 폴더에 드래그하여 가져다 놓습니다. 이것으로 설치는 완료된 것입니다.

05 다운로드 후 생성된 AppZapper 디스크는 마우스 오른쪽 버튼으로 클릭하여 단축 메뉴를 열고, 추출을 선택하여 제거합니다.

06 응용 프로그램에 가져다 놓은 App Zapper 아이콘을 더블 클릭하여 실행합니다. 그리고 삭제할 프로그램을 App Zapper로 드래그하여 가져다 놓습니다.

07 해당 프로그램은 물론이고 프로그램에 연결된 패키지가 자동으로 검색되어 등록되는 것을 확인할 수 있습니다. 여기서 Zap 버튼을 클릭하면 등록된 모든 내용이 맥에서 삭제됩니다.

> 🗒 **체크**
> 삭제하지 않을 컨텐츠는 체크 옵션을 해제합니다.

08 AppZapper에서 프로그램을 선택하여 삭제하겠다면, 스위치를 클릭하여 ON으로 합니다. 그리고 삭제할 프로그램을 선택한 다음에 Zap 버튼을 클릭하면 됩니다.

프린터 추가하기

맥에 프린터를 설치하는 과정은 매우 간단합니다. 프린터를 USB 포트에 연결하고, 맥에서 추가만 해주면 됩니다. Bluetooth를 지원하는 프린트의 경우에는 케이블 연결 없이도 설치가 가능합니다. 단, 제품마다 차이가 있을 수 있으므로, 자세한 내용은 제품 설명서를 참조하기 바랍니다.

01 맥은 무선으로 장치를 제어할 수 있는 블루투스 기능을 지원합니다. 즉, 블루투스를 지원하는 프린터를 사용하고 있다면, USB 케이블 연결 없이 무선 연결이 가능합니다. 애플 메뉴의 시스템 환경설정을 선택하여 창을 엽니다.

02 시스템 환경설정 창의 하드웨어 항목에서 프린트 & 팩스를 클릭합니다. 블루투스를 지원하는 경우에는 Bluetoogh 설정으로 연결해도 좋습니다. 이것에 관해서는 블루투스 연결 학습에서 살펴보겠습니다.

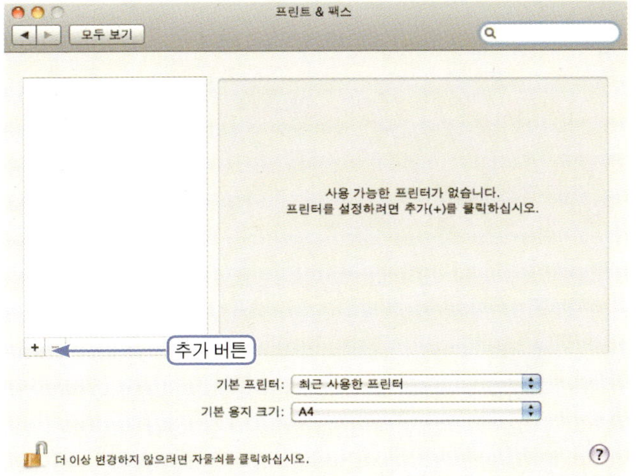

추가 버튼

03 프린트 & 팩스 창의 + 기호를 표시되어 있는 추가 버튼을 클릭합니다. 이때 프린트의 전원이 켜져 있어야 자동으로 검색이 됩니다.

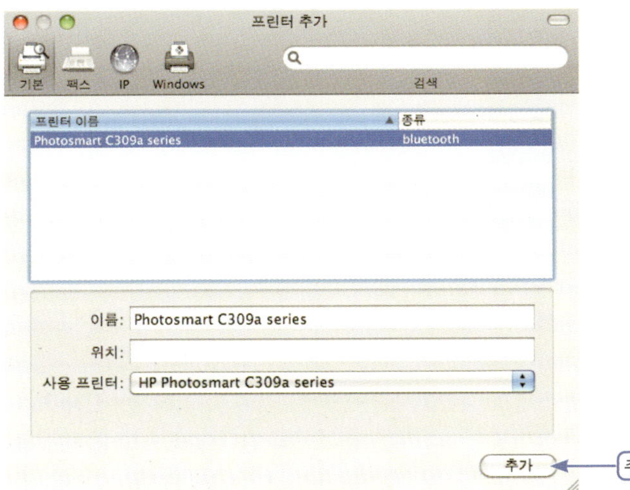

추가

04 검색된 프린트를 선택하고, 추가 버튼을 클릭하여 연결합니다. 블루투스로 연결하는 경우에는 암호키 입력창이 열리며, 창에 표시된 번호를 프린트에서 입력해야 하는 경우도 있습니다.

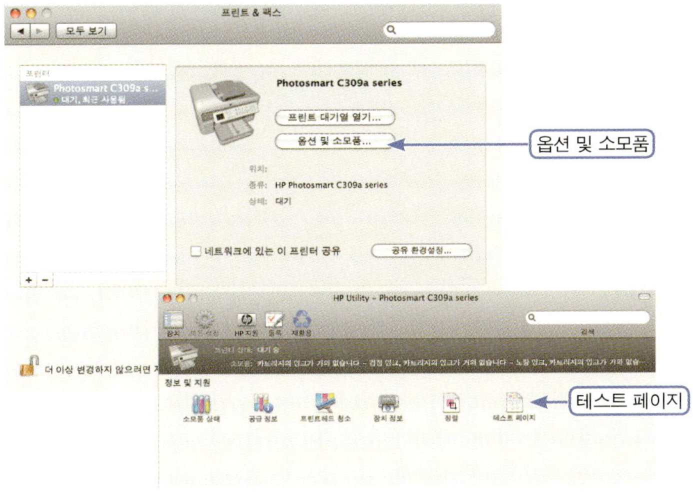

옵션 및 소모품

테스트 페이지

05 연결이 완료되면 옵션 및 소모품 버튼을 클릭하여 창을 열고, 유틸리티 탭에서 프린터 유틸리티 열기 버튼을 클릭하여 프린트 유틸리티를 엽니다. 그리고 테스트 페이지를 인쇄해 봅니다.

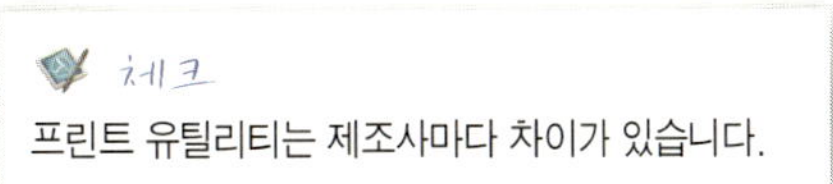

체크

프린트 유틸리티는 제조사마다 차이가 있습니다.

마우스로 글자 입력하기

건전지 교환 경고를 무시하고 있다가 키보드를 사용할 수 없는 경우라던가 마우스만으로 프레젠테이션을 진행하고 있는 상황에서 간단한 글자 입력이 필요한 경우라던가 특수 문자나 기호를 입력할 필요가 있는 경우에 이용할 수 있는 마우스 입력 방법을 살펴보겠습니다.

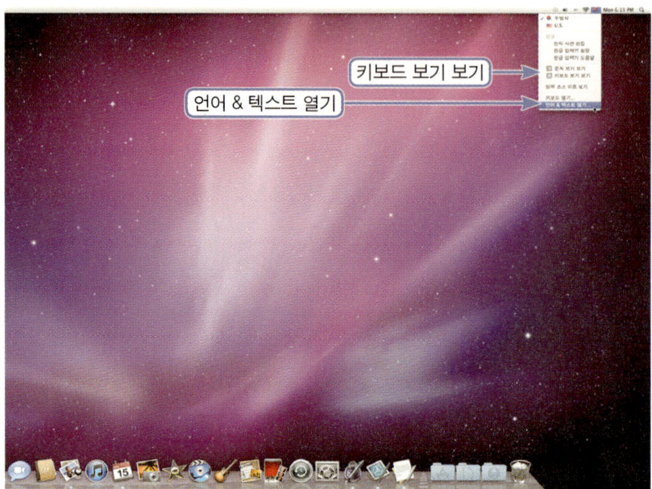

01 알림 영역의 키보드 아이콘을 클릭하여 메뉴를 열고, 키보드 보기 보기를 선택합니다. 키보드 보기 보기 메뉴가 보이지 않는다면, 언어 및 텍스트 열기를 선택합니다.

> 🖋 체크
>
> 키보드 보기 보기를 선택한 경우에는 05번으로 이합니다.

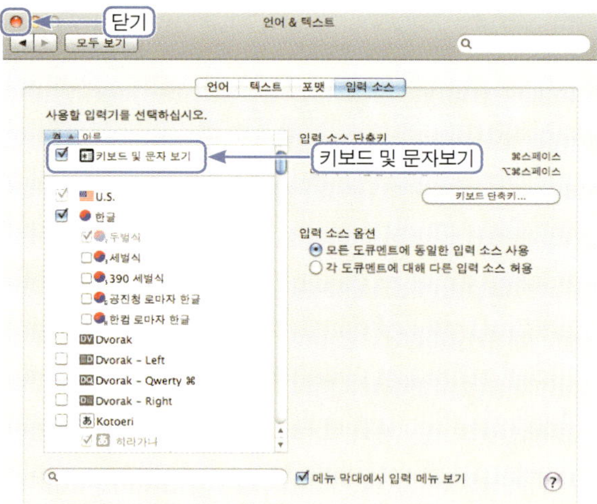

02 언어 & 텍스트 창의 입력 소스 탭을 클릭하여 창을 열고, 키보드 및 문자 보기 옵션을 체크합니다. 그리고 닫기 버튼을 클릭하여 창을 닫습니다.

> 🖋 체크
>
> 영어와 한글 이외의 언어 입력이 필요한 경우에는 해당 언어를 체크합니다.

03 간단한 실습을 위해서 글자 입력이 가능한 프로그램을 실행하겠습니다. 스택의 응용 프로그램 아이콘을 클릭하여 열고, 텍스트 편집기를 선택합니다.

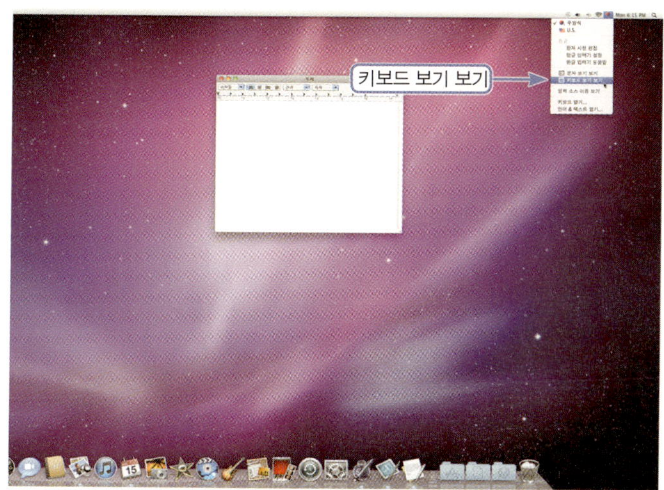

04 알림 영역의 키보드 아이콘을 클릭하여 메뉴를 열고, 키보드 보기 보기 메뉴를 선택하여 키보드가 화면에 보이게 합니다.

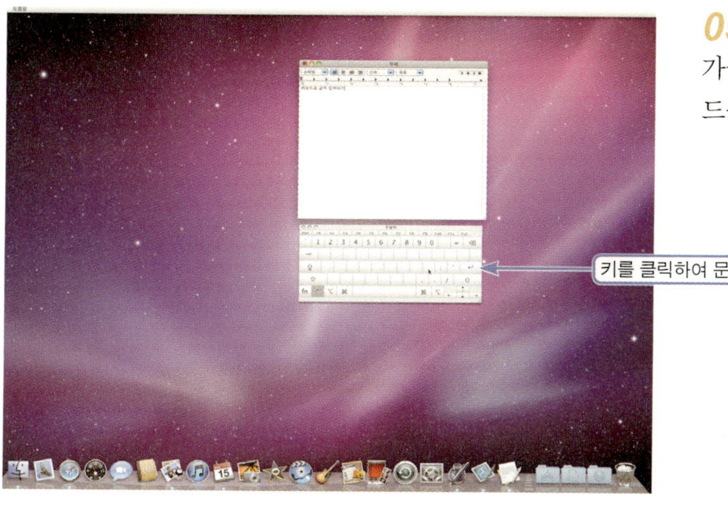

05 텍스트 편집기를 선택하여 입력이 가능한 상태로 두고, 화면에 보이는 키보드를 클릭하여 글자를 입력해봅니다.

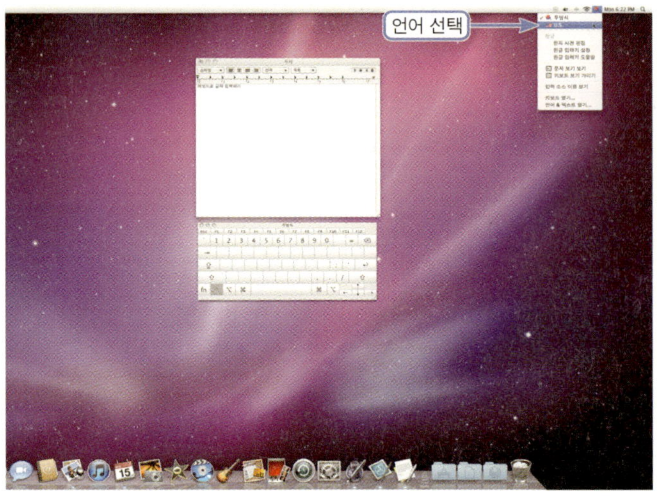

06 한/영 전환이 필요한 경우에는 알림 영역의 키보드 아이콘을 클릭하여 메뉴를 열고, 한글은 두벌식, 영어는 U.S.를 선택합니다.

07 쌍자음이나 기호와 같은 조합 키가 필요한 경우에는 알림 영역의 키보드 아이콘을 클릭하여 메뉴를 열고, 문자 보기 보기를 선택합니다.

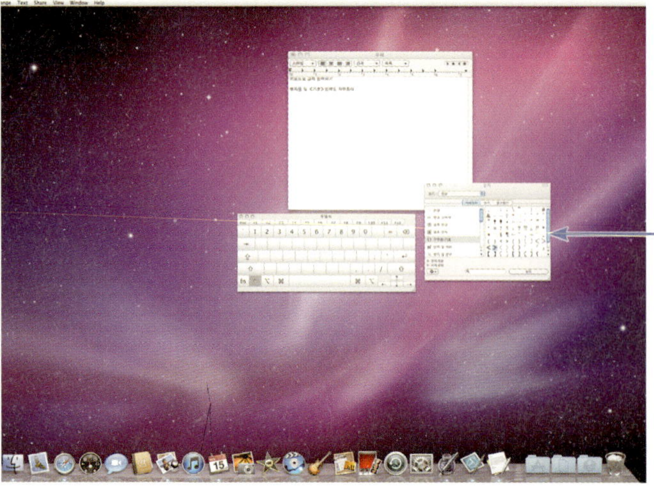

08 한글은 물론이고, 기호와 특수 문자를 입력할 수 있는 창이 열립니다. 보기 메뉴에서 한/영 전환은 물론 다양한 언어 선택도 가능합니다.

제 2 외국어 선택하기

기본적으로 설정되어 있는 영어와 한국어 외에 일본어 및 중국어 등의 문자를 입력할 때는 원하는 소스를 추가하고, Command+Option+스페이스 바 키로 선택합니다.

시스템 환경설정 창의 언어 및 텍스트 아이콘을 클릭하여 창을 열고, 입력 소스 탭에서 사용하고자 하는 언어를 선택합니다. 알림 영역의 키보드 아이콘을 클릭해보면, 선택한 소스가 추가된 것을 확인할 수 있습니다.

Command+스페이스 바 키를 이용하면, 한글과 영어 모드로 전환되고, Command+Option 키를 누른 상태에서 스페이스 바키를 누르면, 키보드 아이콘에 등록되어 있는 순서대로 한글, 영어, 외국어가 선택됩니다. 발음대로 입력하는 외국어의 경우에는 마우스 입력이 가능한 표를 제공합니다.

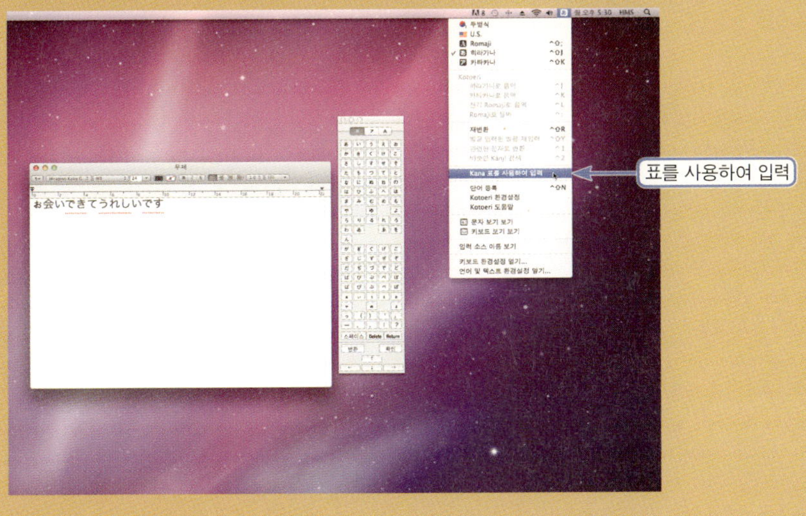

텍스트 편집기

텍스트 편집기는 리치 텍스트 만들기와 일반 텍스트 만들기의 두 가지 포맷을 제공합니다. 리치 텍스트 만들기는 스타일과 서식 등을 포함하고 있는 것으로 윈도우의 워드패드와 비교되며, 일반 텍스트 만들기는 TXT 포맷을 만드는 윈도우의 메모장과 비교됩니다.

01 텍스트 편집기의 실행

Dock의 응용 프로그램 아이콘을 클릭하여 패널을 열고, 텍스트 편집기를 클릭하여 실행합니다. Finder를 열고, 응용 프로그램 폴더의 텍스트 편집기를 더블 클릭해도 좋습니다.

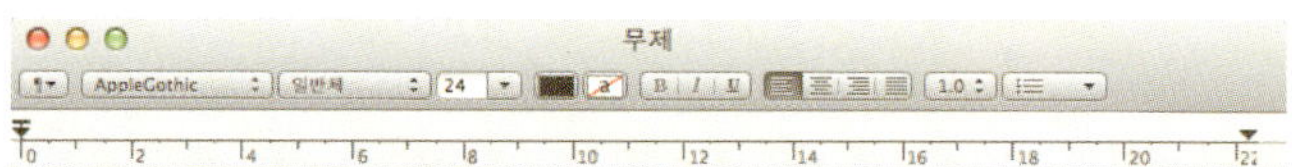

02 기본적으로 실행되는 텍스트 편집기는 스타일과 서식 등을 적용할 수 있는 리치 텍스트 만들기 포맷입니다.

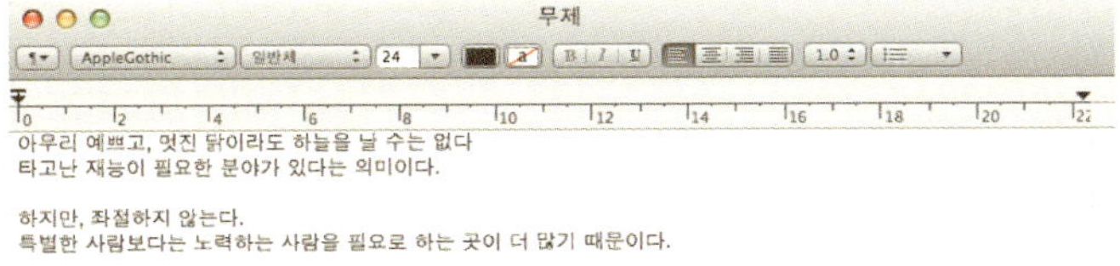

03 스타일 적용하기

노래 가사나 기억나는 시 구절을 입력해
봅니다. 줄을 바꿀 때는 Return 키를 이용
합니다.

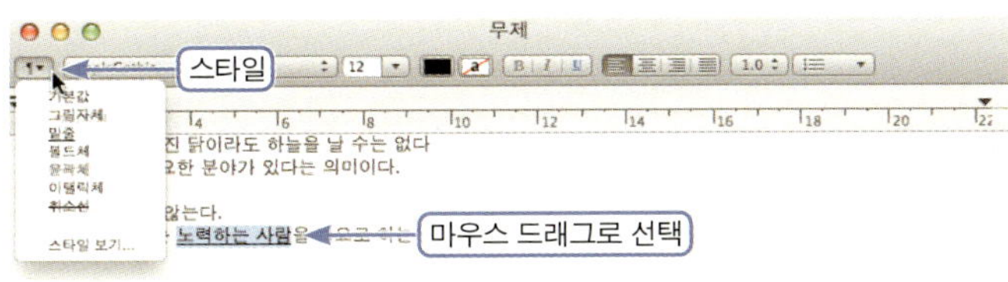

04 스타일을 적용하고자 하는 글자를 마
우스 드래그로 선택합니다. 그리고 스타일
을 클릭하여 목록을 열고, 각각의 스타일을
적용해봅니다. 서체에 따라 적용되지 않는
스타일이 있을 수 있습니다.

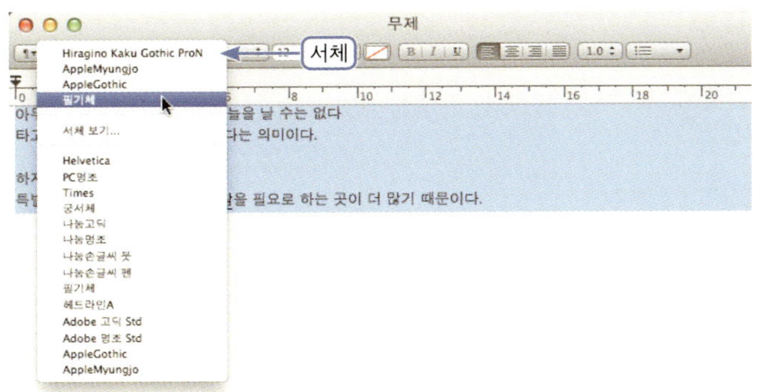

05 서체 변경하기

스타일 오른쪽의 메뉴는 글자의 모양을
의미하는 서체를 변경합니다. 변경할 글
자를 마우스 드래그로 선택하고, 원하는
서체를 선택합니다.

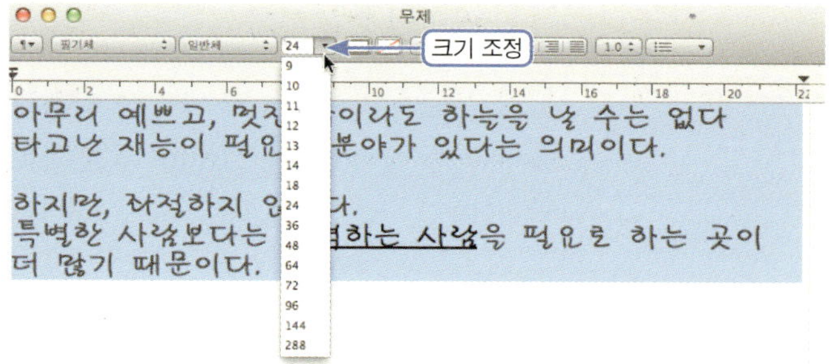

06 속성 변경하기

서체 오른쪽의 속성 메뉴는 서체에 따라 지원여부가 달라집니다. 그리고 그 오른쪽에는 선택한 글자의 크기를 조정할 수 있는 메뉴가 있습니다.

07 글자 및 배경 색상도 변경할 수 있습니다. 색상 아이콘을 클릭하여 열고, 색상을 변경해봅니다. 변경하는 색상은 텍스트 편집기에서 바로 확인할 수 있으며, 색상 보기 버튼을 클릭하면, 좀 더 다양한 색상을 선택할 수 있는 팔레트가 열립니다.

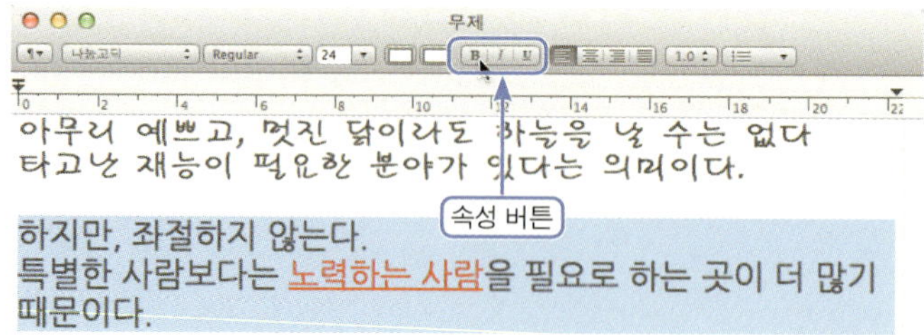

08 굵게, 기울기, 밑줄 속성 버튼은 선택한 서체에 따라 지원되지 않는 것들도 있다고 했습니다. 즉, 서체 선택 메뉴 오른쪽의 속성 선택 메뉴와 동일한 기능입니다.

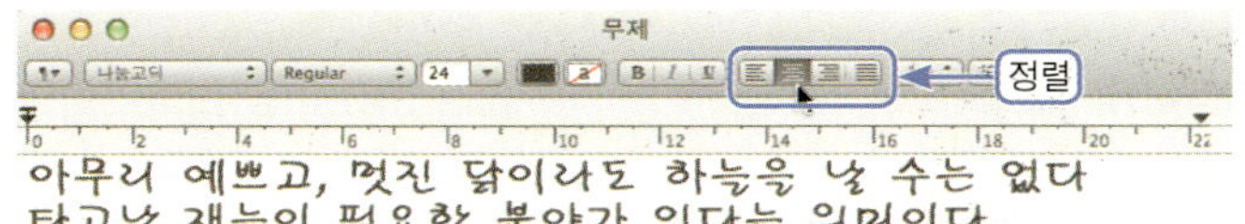

09 정렬하기

속성 버튼 오른쪽의 4가지 버튼은 단락을 왼쪽, 중앙, 좌우, 오른쪽으로 정렬하는 역할입니다. 단락은 Return 키를 눌러 줄을 바꾸기 까지의 문장을 의미합니다.

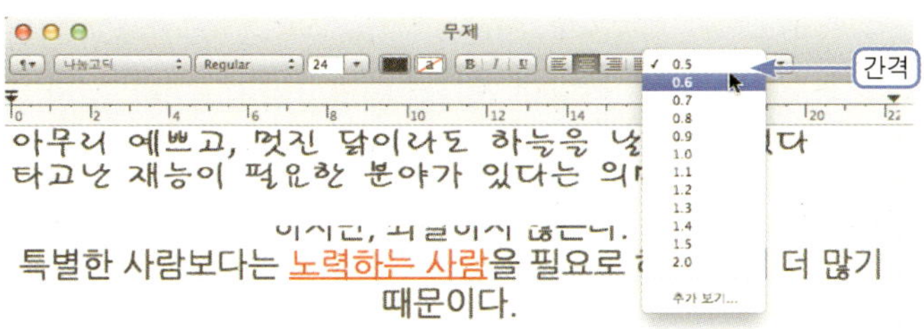

10 정렬 버튼 오른쪽의 간격은 선택한 줄과 단락의 간격을 조정합니다. Command+A 키를 눌러 입력한 모든 글자를 선택하고, 2.0X를 선택하여 간격을 두 배로 늘려봅니다.

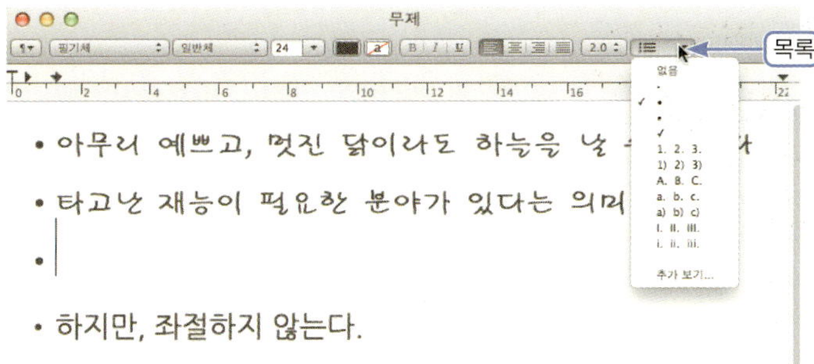

11 마지막 도구는 기호 및 번호를 만드는 목록 메뉴입니다. 목록을 적용한 후에 글자를 입력하면 return 키를 누르 ㄹ 때 자동으로 추가되며, return 키를 한 번 더 눌러 해제합니다.

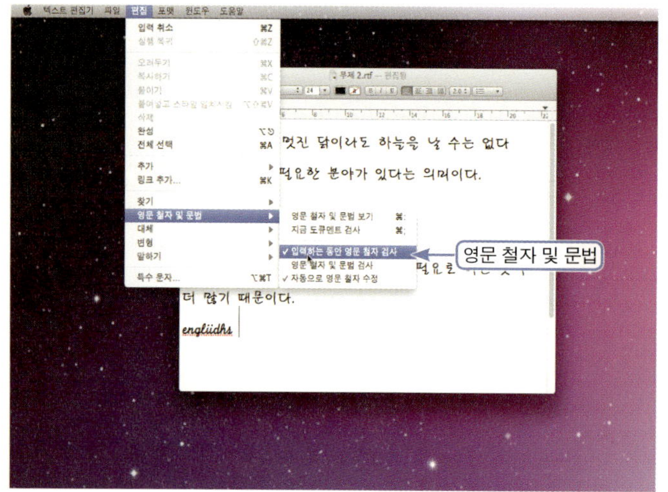

12 영문 철자 수정

텍스트 에디터는 자동으로 영어 철자를 수정하는 기능을 제공합니다. 편집 메뉴의 영문 철자 및 문법에서 입력하는 동안 영문 철자 검사가 체크되어 있는지 확인합니다. 기본적으로 체크되어 있습니다.

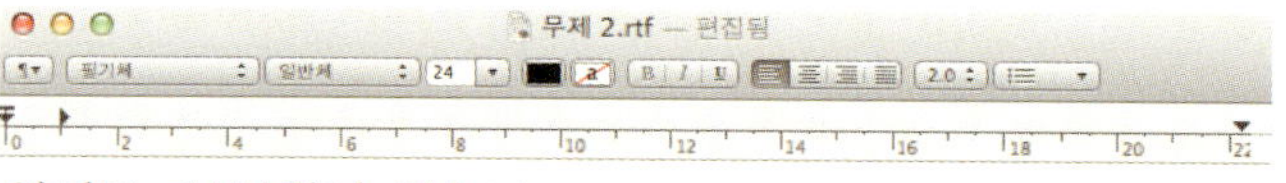

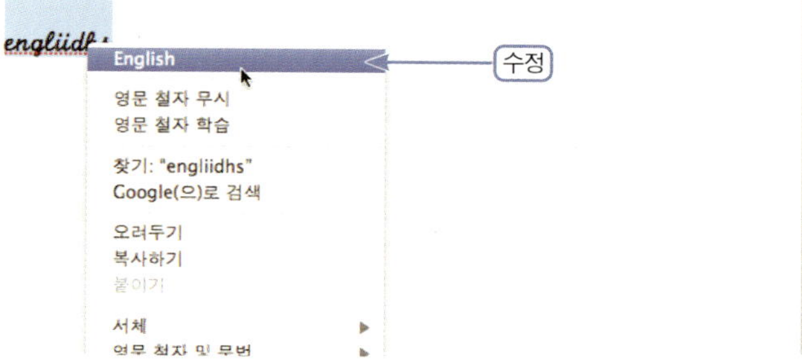

13 영어를 입력하는 동안 사전에 없는 단어라면 빨간색 밑줄이 표시됩니다. 해당 단어를 오른쪽 버튼으로 클릭하거나 esc 키를 누르면 비슷한 단어가 제시되며, 원하는 단어를 선택하여 수정할 수 있습니다.

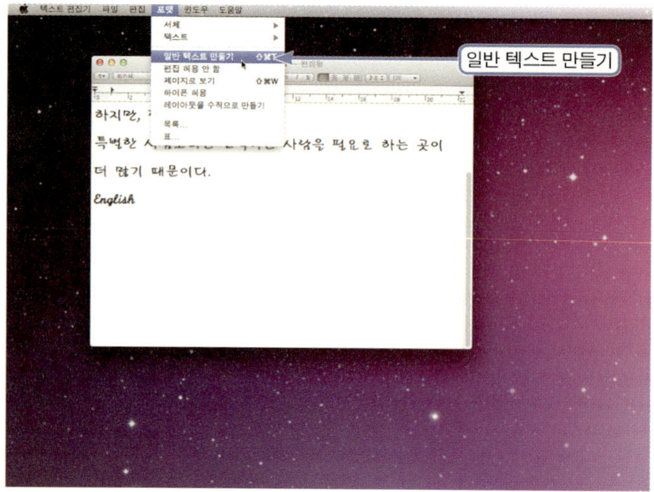

14 일반 텍스트 만들기

사용자가 작성한 문서를 운영체제나 프로그램에 상관없이 볼 수 있게 하려면 TXT 포맷의 일반 텍스트로 만들어야 합니다. 포맷 메뉴의 일반 텍스트 만들기를 선택합니다.

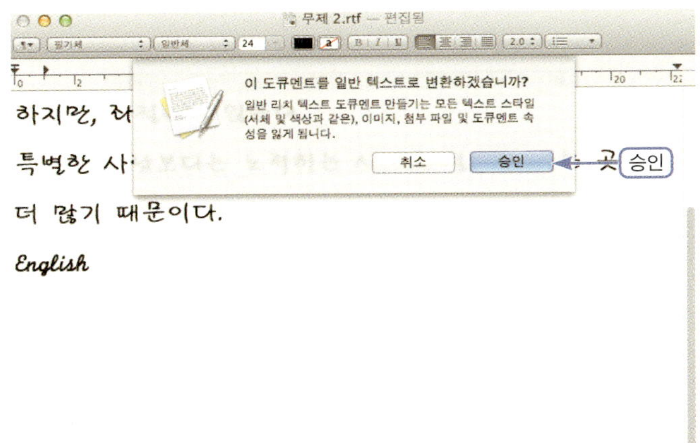

15 일반 텍스트로 변환할 것인지를 묻는 창이 열립니다. 승인 버튼을 클릭하여 변환할 수 있습니다. 단, 문서에 적용했던 서체 및 스타일의 속성은 잃게됩니다.

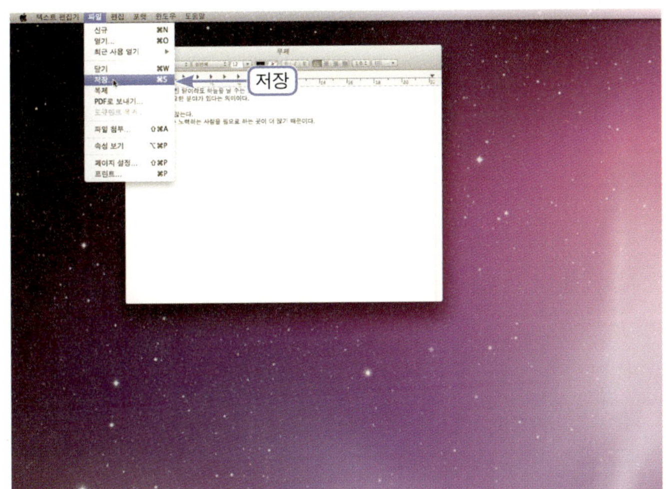

16 저장하기

텍스트 편집기의 내용을 저장할 때는 파일 메뉴의 저장을 선택하거나 단축키 Command+S 키를 누릅니다.

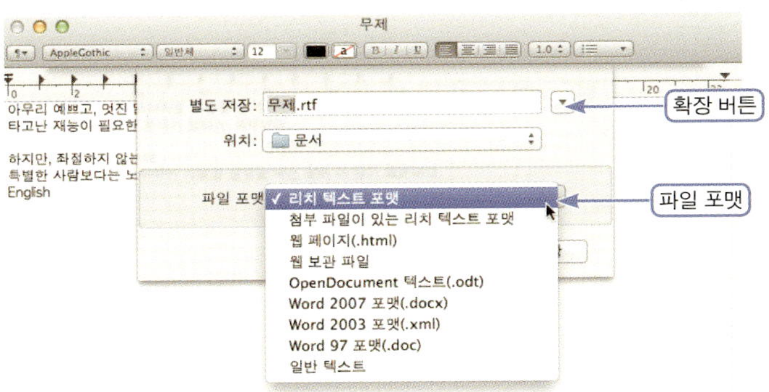

17 저장 위치는 확장 버튼을 클릭하여 세부적으로 지정할 수 있으며, 파일 포맷은 리치 텍스트 포맷 외에 html, doc 등으로도 가능합니다. 일반 텍스트 포맷으로 작성한 문서는 txt 파일로 저장됩니다.

사전

맥은 영영 사전의 Dictionary, 온라인 영어사전의 Thesaurus, 애플 용어 검색 사전의 Apple, 백과 사전의 Wikipedia를 제공하며, 각종 응용 프로그램과 연동되어 사용할 수 있습니다. 맥을 사용하는 많은 이들에게 유용한 프로그램이 될 것입니다.

01 단어 검색

Dock의 응용 프로그램 아이콘을 클릭하여 패널을 열고, 사전을 클릭하여 실행합니다. Finder를 열고, 응용 프로그램 폴더의 사전을 더블 클릭해도 좋습니다.

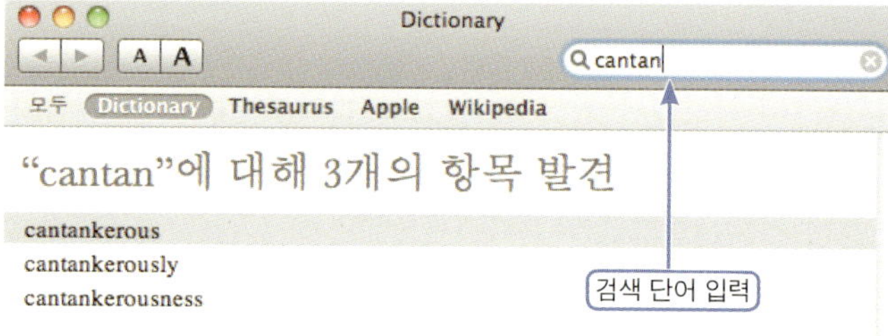

02 표준 영영 사전의 Dictionary가 선택되어 있는 사전이 실행됩니다. 검색 창에 입력한 글자를 포함하고 있는 단어들이 검색됩니다.

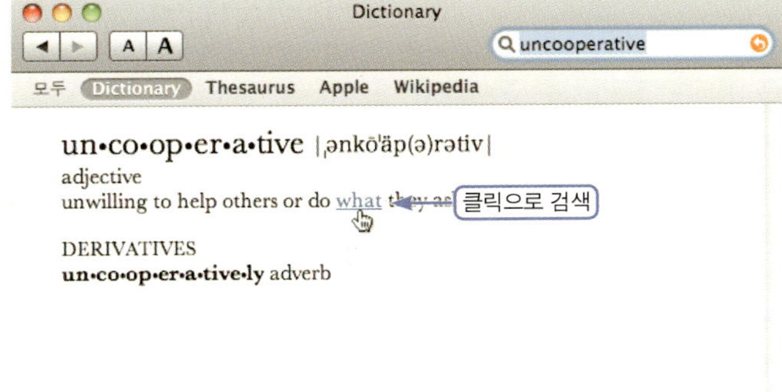

03 검색된 단어 중에서 자세히 보고 싶은 것을 더블 클릭합니다. 발음 기호와 품사, 뜻 등을 볼 수 있습니다. 뜻에서 잘 모르는 단어가 있다면 해당 단어를 클릭하여 바로 검색할 수 있습니다.

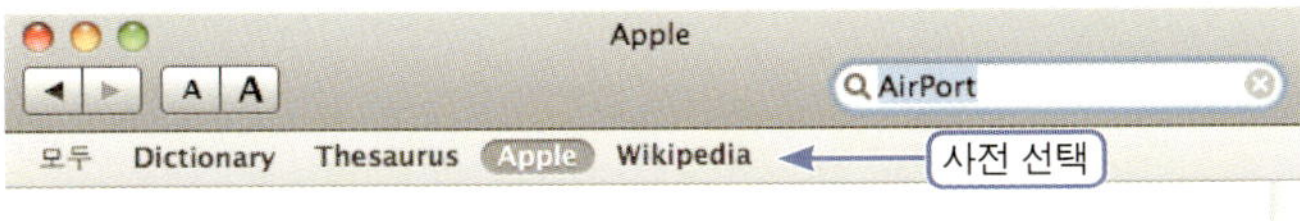

04 사전 선택

사전은 온라인 영어사전의 Thesaurus, 애플 용어 검색에 유용한 Apple, 백과 사전의 Wikipedia도 제공됩니다. 모두를 선택했을 때 너무 많이 검색이 되는 단어라면, 적절한 사전을 선택하는 것도 요령입니다.

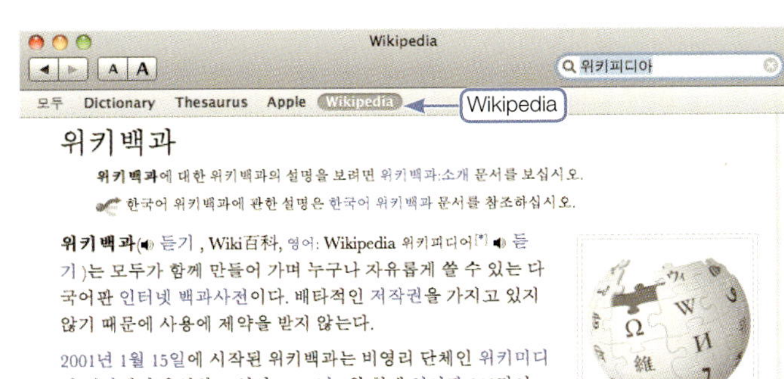

05 Wikipedia는 한글 검색도 가능하기 때문에 논문 작성이 필요한 학생이나 교육 자료를 만드는 교수에게 유익한 사전이 될 것입니다.

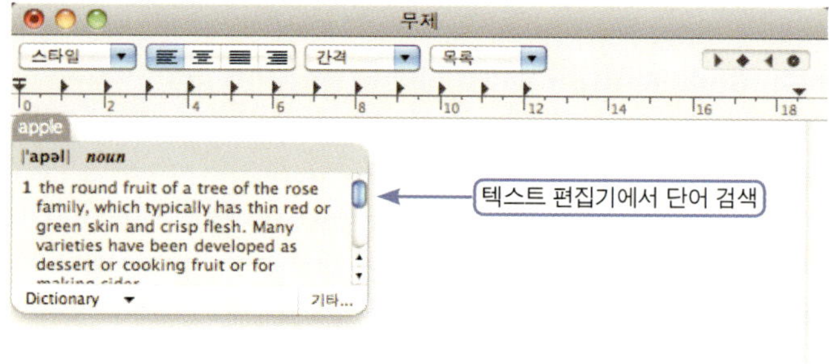

06 텍스트 편집기에서 검색하기

텍스트 편집기에서는 사전을 열지 않고 바로 검색이 가능합니다. 단어를 입력하고 Control+Command+D 키를 누릅니다. 좀 더 세부적인 정보가 필요하다면 기타를 클릭하여 사전을 실행합니다.

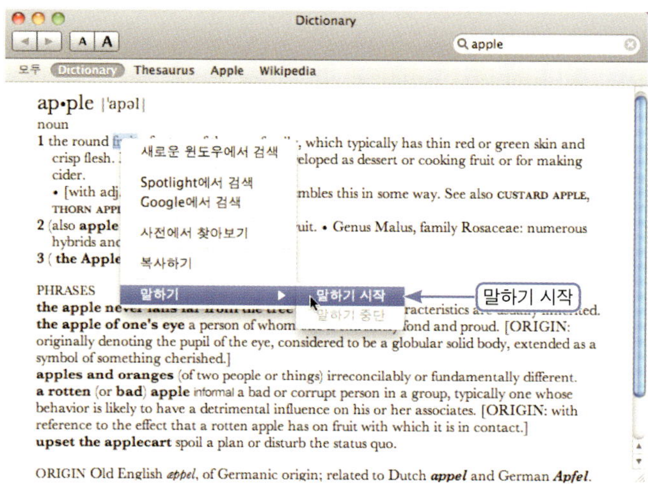

07 사전의 문장을 성우의 목소리로 들을 수 있습니다. 듣고 싶은 문장을 마우스 드래그로 선택하고, 마우스 오른쪽 버튼을 클릭하여 말하기 메뉴의 말하기 시작을 선택하면, 선택한 문장을 읽어주는 성우의 목소리를 들을 수 있습니다.

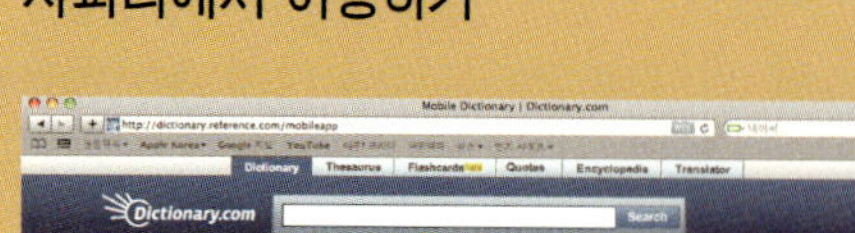

사파리에서 이용하기

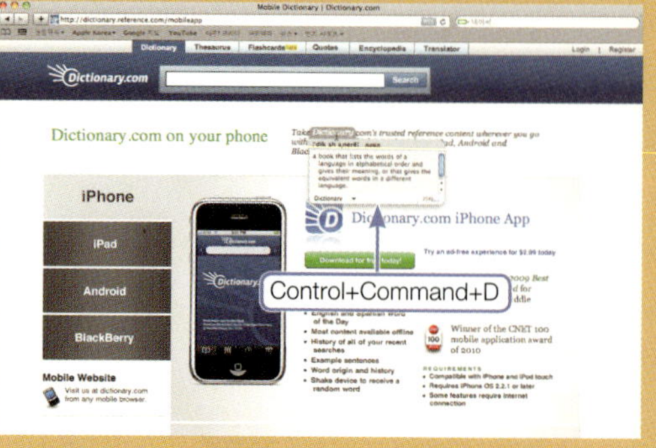

맥의 사전은 다른 응용 프로그램과 연동되어 별도의 실행 명령 없이 바로 이용할 수 있습니다. 대부분의 응용 프로그램에서 마우스 오른쪽 버튼을 클릭하여 단축 메뉴를 열고, 사전에서 찾아보기를 선택하거나 Control+Command 키를 누른 상태에서 D 키를 누르고, 단어에 마우스를 가져가는 방식이 있습니다. 이때 Control+Command 키를 누르고 있으면, 마우스가 위치하는 단어마다 자동 검색됩니다.

미리보기

01 이미지 미리보기

미리보기는 JPG, GIF, PNG 등은 물론이고, PSD, RAW, HDR 등을 포함하여 컴퓨터와 디지털 장치에서 사용되는 대부분의 포맷을 지원합니다. 즉, DSLR이나 iPhone으로 촬영한 사진을 보기 위해서 별도의 프로그램을 설치한다거나 변환 작업을 하지 않아도 된다는 의미입니다.

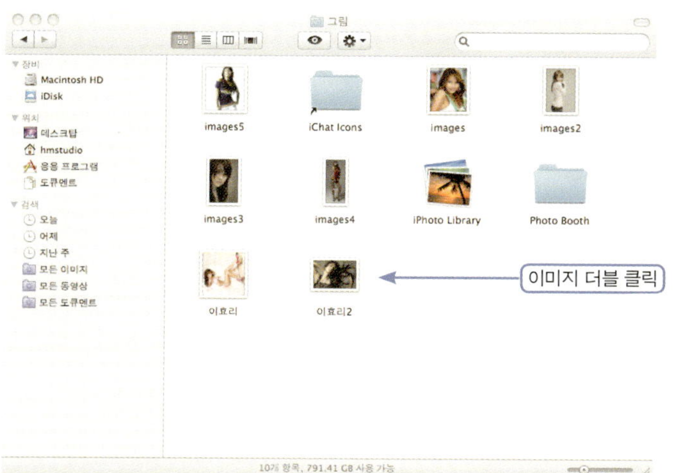

01 미리보기 실행

맥에 저장되어 있는 이미지를 Finder에서 찾아 더블 클릭하거나 맥에 연결한 카메라의 저장 장치에서 이미지를 더블 클릭하면 자동으로 미리보기가 실행됩니다.

02 이미지는 폴더 단위로 보는 것이 일반적입니다. Dock에서 미리보기 아이콘을 클릭하여 실행합니다. Dock의 응용 프로그램 폴더에서 미리보기를 선택하거나 Finder의 응용 프로그램 폴더에서 더블 클릭해도 좋습니다.

03 화면엔 별다른 창이 열리지 않지만, 미리보기 메뉴가 생성된 것을 확인할 수 있습니다. 파일 메뉴에서 열기를 선택하여 창을 열고, 이미지를 모아 놓은 폴더 및 장치를 찾아 열기 버튼을 클릭합니다.

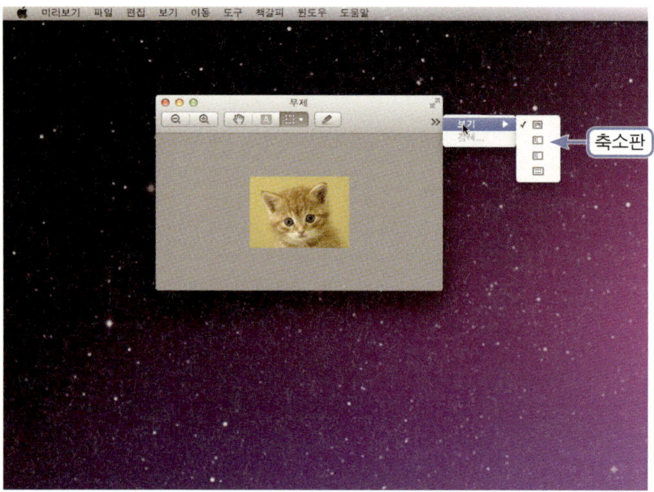

04 도구의 역할

도구 모음 줄 오른쪽의 보기 버튼을 클릭하여 메뉴를 열고, 축소판을 선택하여 사이드 바를 표시합니다. 사이드 바에는 선택한 폴더의 이미지가 모두 표시되며, 마우스 클릭 또는 방향키를 이용해서 폴더 안의 이미지를 차례로 볼 수 있습니다.

05 축소/확대 버튼은 이미지를 축소/확대하며, 이미지를 확대한 경우에는 이동 버튼을 이용하여 화면에 표시할 위치로 드래그합니다.

06 특정 부분을 잘라내어 새로운 파일로 저장하고 싶은 경우에는 선택 버튼을 이용해서 원하는 범위를 선택합니다. 선택 범위는 사각형의 포인트를 드래그하여 조정할 수 있습니다.

07 편집 메뉴의 복사하기를 선택하여 선택 범위를 클립보드에 저장합니다. Command+C 키를 눌러도 좋습니다.

08 파일 메뉴의 클립보드에서 신규를 선택합니다. 앞에서 클립보드에 저장한 범위가 새로운 미리보기 창으로 열리는 것을 확인할 수 있습니다.

09 이미지 합성

선택 도구는 직사각형 외에 타원형, 올가미, 스마트, 인스턴트 타입을 제공합니다. 타원형은 글자 그대로 이미지를 원형으로 선택합니다.

10 올가미는 마우스 드래그로 자유롭게 선택합니다. 포토샵과 같은 이미지 편집 툴에 익숙한 사용자는 문제가 없겠지만, 입문자에게는 많은 연습이 필요한 도구이기도 합니다.

11 입문자는 스마트 올가미를 권장합니다. 인물 가장 자리를 드래그하면 배경과의 색상 차이를 추적하여 선택됩니다.

12 인스턴트 알파는 선택한 부분과 동일한 색상을 추적하여 선택합니다. 색상의 범위는 마우스 드래그로 조정하며, Delete 키를 눌러 삭제할 수 있습니다.

13 Delete 키로 삭제한 범위는 투명하게 처리되며, 편집 메뉴의 베껴두기로 클립보드에 저장하고, 새로운 이미지를 열어서 붙이기를 선택하는 방법으로 간단한 합성 작업도 가능합니다.

14 색상 조절

미리보기는 전문 프로그램 못지않은 색상 조절이 가능합니다. 도구 메뉴의 색상 조절을 선택하여 창을 엽니다.

15 스펙트럼 창은 이미지의 색상 분포도를 나타내며, 아래쪽의 포인트를 드래그하여 어두운 영역, 중간 영역, 밝은 영역의 범위를 수동으로 조절하거나 자동 레벨 버튼을 클릭하여 자동으로 조절할 수 있습니다.

16 그 밖에 노출, 대비, 채도, 온도, 농담, 세피아, 선명도 등의 파라미터를 이용하여 아쉽게 촬영된 사진을 조절하거나 특수한 효과를 연출할 수 있습니다. 모두 재설정 버튼을 클릭하면 조정한 값을 모두 취소합니다.

17 가로나 세로가 바뀐 경우에는 도구 메뉴의 왼쪽으로 회전 또는 오른쪽으로 회전을 선택하여 조정할 수 있습니다.

18 슬라이드 쇼

사이드 바의 이미지를 슬라이드 쇼로 감
상하고 싶다면 보기 메뉴의 슬라이드 쇼
를 선택합니다.

19 창이 열리면 스페이스 바 키를 누르거
나 재생 버튼을 클릭하여 슬라이드 쇼를 진
행할 수 있습니다.

20 그 외, 주석 버튼을 클릭하면, 도형
이나 글자를 입력할 수 있는 도구를 볼 수
있습니다. 미리 보기에서도 간단한 그림
편집이 가능하다는 것을 의미합니다.

02 PDF 미리보기

맥에서는 별도의 추가 프로그램을 설치하지 않아도 PDF 파일을 볼 수 있으며, 이 역할을 하는 것이 앞에서 살펴보았던 미리보기 입니다. 즉, 대상이 PDF 일뿐 이미지를 볼 때와 큰 차이는 없습니다. PDF 파일을 열었을 때 이용할 수 있는 몇 가지 추가 기능을 살펴보겠습니다.

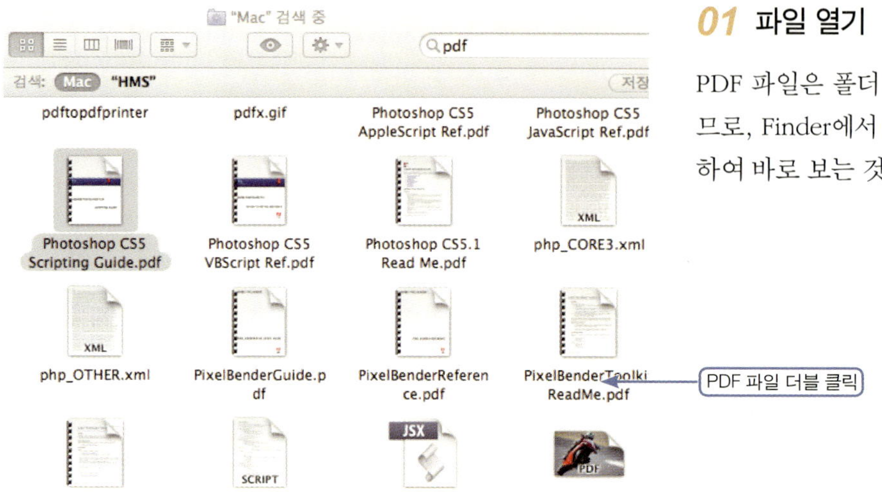

01 파일 열기

PDF 파일은 폴더 단위로 구성할 수 없으므로, Finder에서 PDF 파일을 더블 클릭하여 바로 보는 것이 편리합니다.

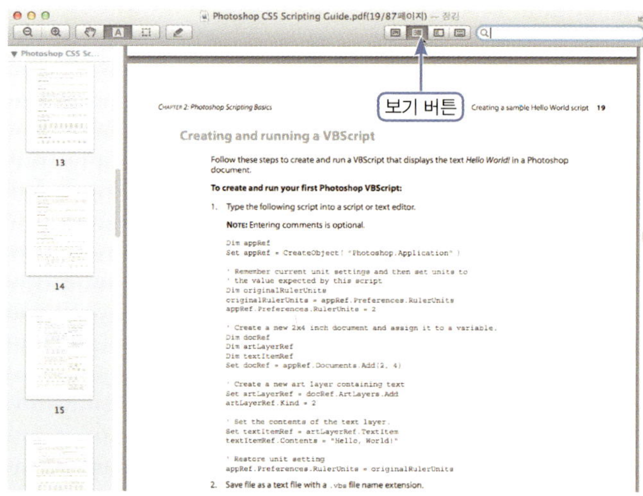

02 사이드바에는 문서의 페이지 및 차례가 표시되며, 보기 버튼을 클릭하여 페이지 및 차례 형식을 선택할 수 있습니다. 페이지는 위/아래 키를 이용해서 넘길 수 있습니다.

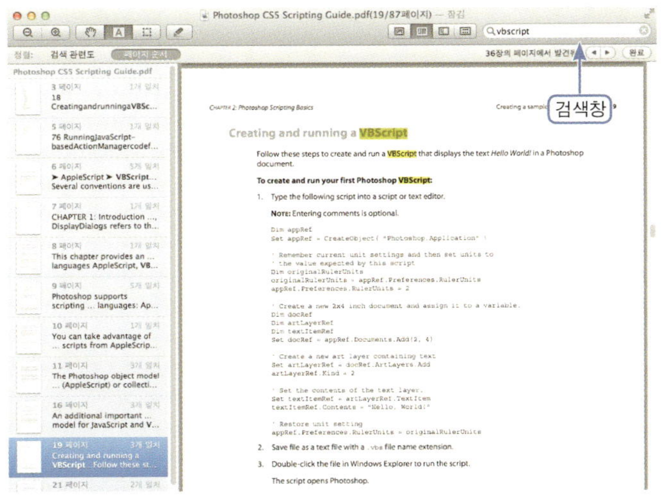

03 검색 창에서 찾고자하는 단어를 입력하면 검색된 단어의 수가 아래쪽에 표시되며, 이동 버튼을 클릭하여 검색된 페이지로 이동할 수 있습니다. 완료 버튼을 클릭하거나 검색 창의 X 표시를 클릭하여 검색을 종료합니다.

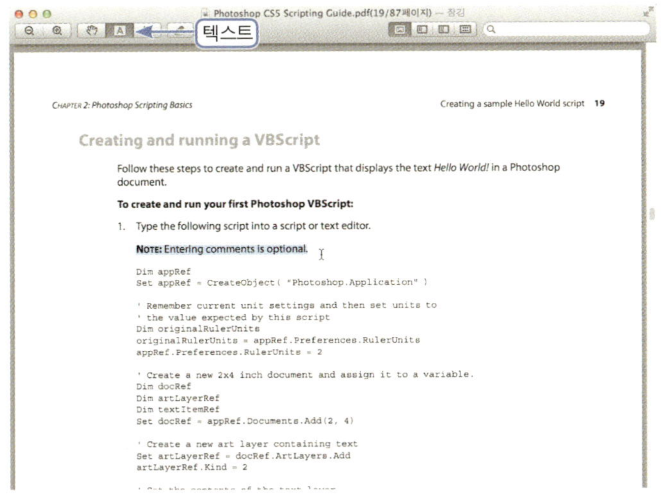

04 텍스트의 선택

이전/다음 버튼, 축소/확대 버튼, 이동 버튼의 역할은 이미지를 볼 때와 동일합니다. 텍스트 버튼은 마우스 드래그로 글자를 선택하는 역할입니다.

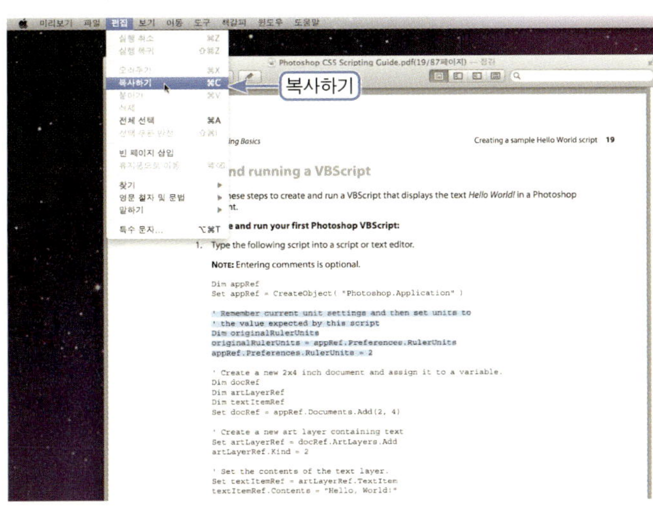

05 선택한 글자는 복사 기능을 이용해서 사용자가 작업 중인 문서에 붙일 수 있습니다. 편집 메뉴의 복사하기를 선택합니다.

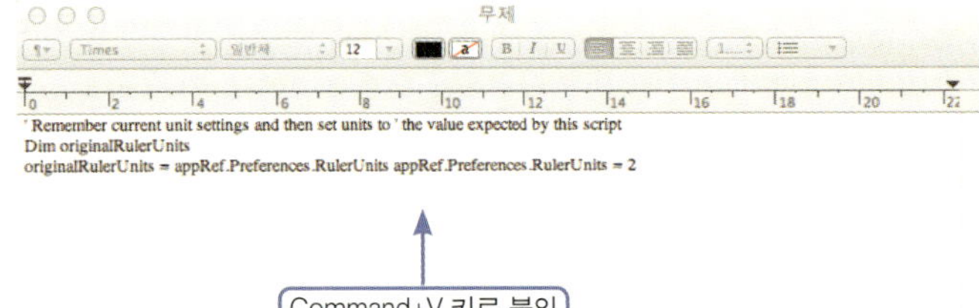

06 맥에서 기본적으로 제공하는 텍스트 편집기나 iwork의 Pages와 같은 문서 작성 프로그램에서 Command+V 키를 눌러 복사한 글자를 붙여 쓸 수 있습니다.

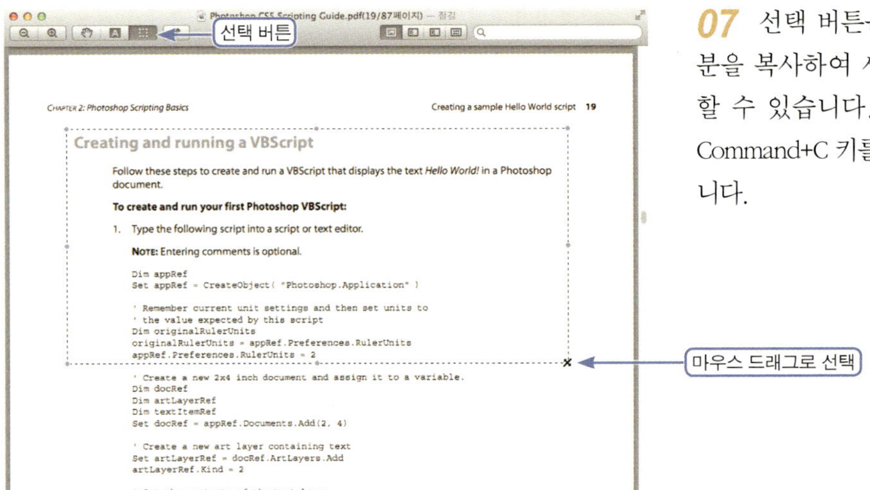

07 선택 버튼을 클릭하면 문서의 일부분을 복사하여 새로운 PDF 파일을 생성할 수 있습니다. 특정 범위를 선택하고 Command+C 키를 눌러 베껴두기를 실행합니다.

08 파일 메뉴의 클립보드에서 신규를 선택하거나 Command+N 키를 누르면 선택한 범위가 새로운 PDF 문서로 생성되는 것을 확인할 수 있습니다.

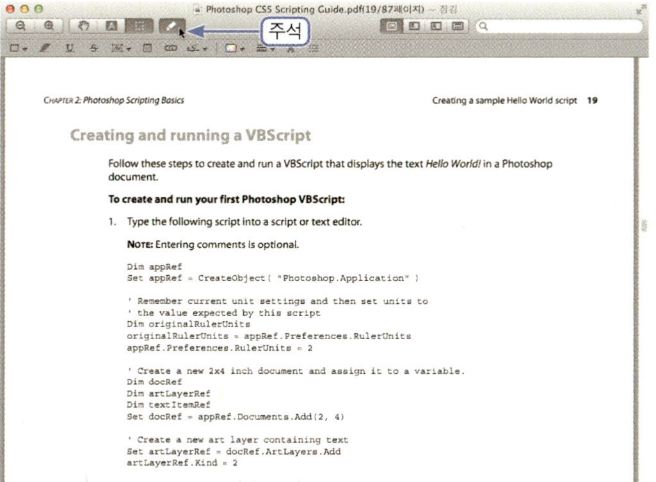

09 주석 달기

주석 버튼을 선택하면 문서에 도형과 메모 등의 주석을 넣을 수 있는 도구들이 창 아래쪽에 열립니다.

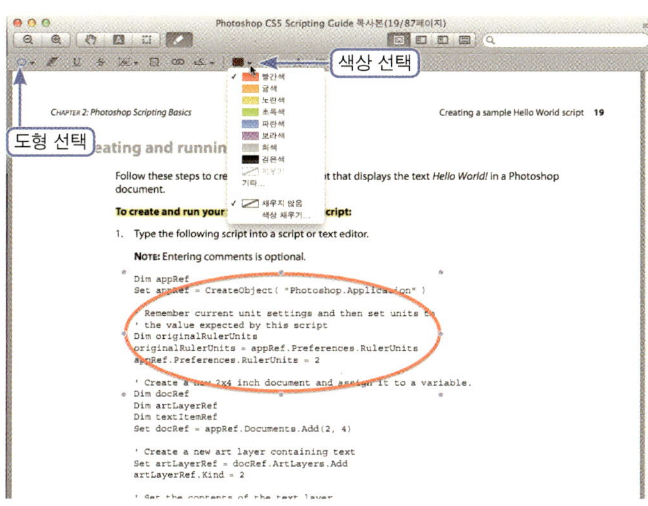

10

도형 도구를 이용해서 문서에 직사각형, 타원, 화살표 등을 그려넣을 수 있고, 선의 굵기와 색상은 색상 및 선의 굵기 도구에서 선택합니다.

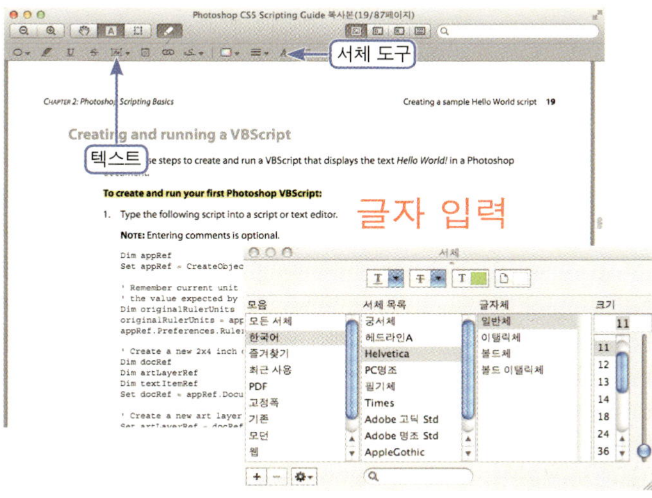

11

텍스트 도구는 문서에 글자를 입력할 수 있으며, 글자의 크기 및 색상 등은 서체 도구를 클릭하여 창을 열고, 변경할 수 있습니다.

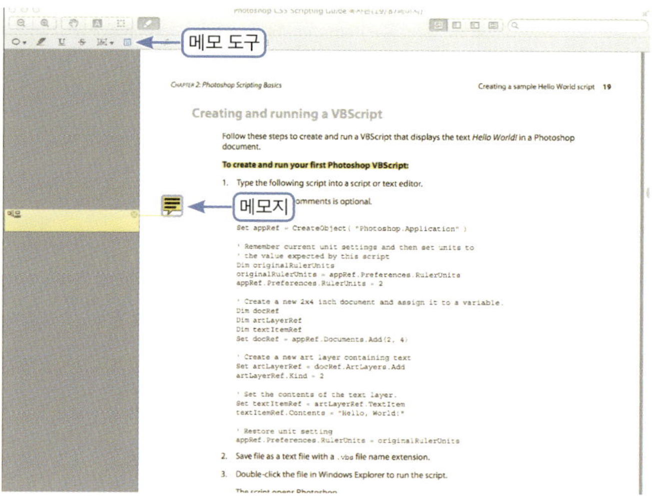

12 메모 도구는 문서에 메모를 남길 수 있습니다. 메모를 남길 부분을 클릭하면 왼쪽에 메모 입력 창이 열리며, 문서를 보는 사람은 메모 아이콘을 클릭하여 사용자가 남긴 메모를 볼 수 있습니다.

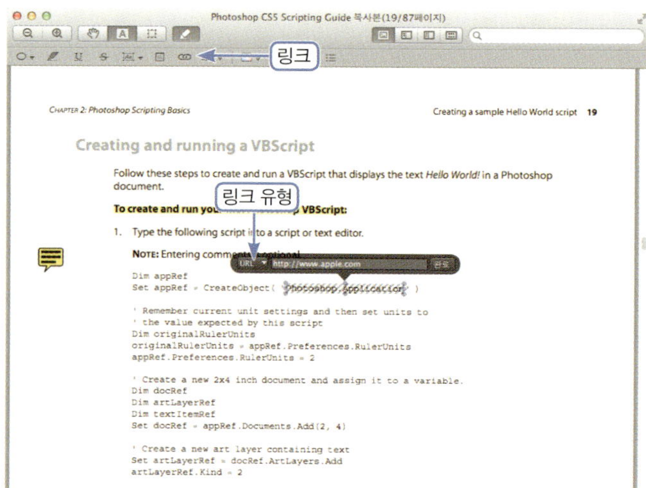

13 링크 도구는 선택한 글자를 클릭했을 때, 문서내의 다른 페이지 또는 웹으로 이동되게 하는 역할입니다. 링크 도구로 연결할 문자를 선택하고, 링크 유형을 URL로 변경합니다.

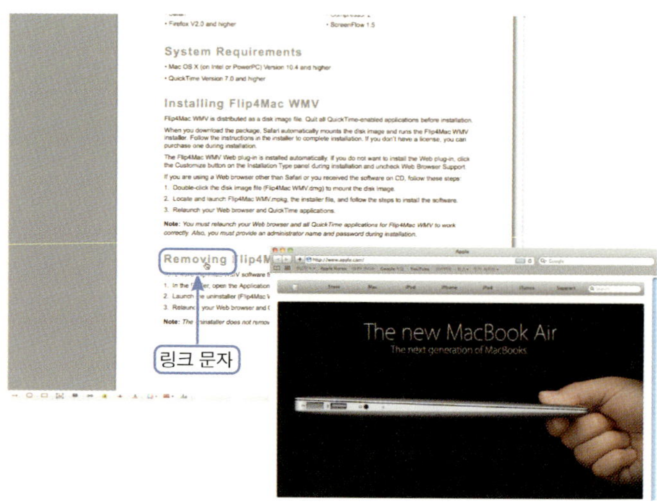

14 URL 항목에 원하는 웹 주소를 입력하면 문서를 읽는 사람이 해당 링크를 클릭했을 때, 사용자가 입력한 웹 주소로 이동되는 것입니다. PDF내의 링크 유형은 대상 설정으로 페이지 이동을 만듭니다.

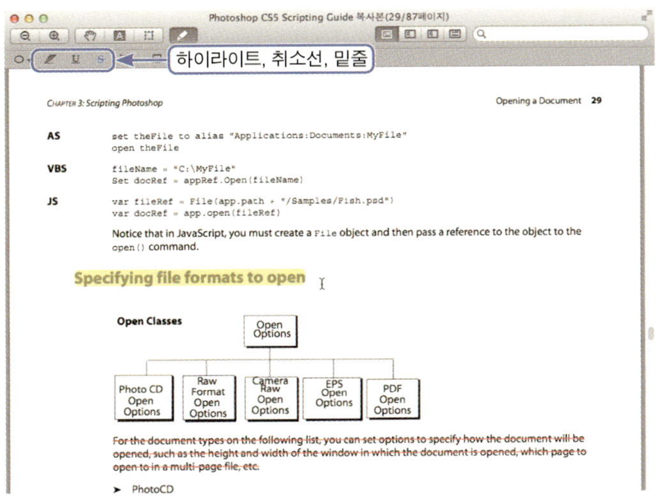

15 책을 보면서 형광펜으로 강조를 하고, 밑줄을 긋는 것과 동일한 형태로 하이라이트, 취소선, 밑줄 도구를 이용할 수 있습니다. 전자책을 즐겨보는 사용자들에게 주석 기능은 아날로그 느낌을 유지할 수 있는 도구입니다.

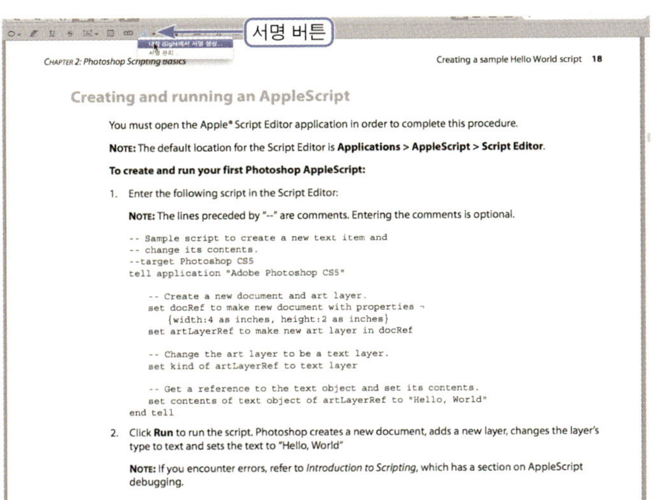

16 서명 넣기

서명 도구는 문서에 사용자 싸인이나 명함 등의 서명을 넣을 수 있게 합니다. 서명 도구를 클릭하여 메뉴를 열고, 내장 iSight에서 서명 생성을 선택합니다.

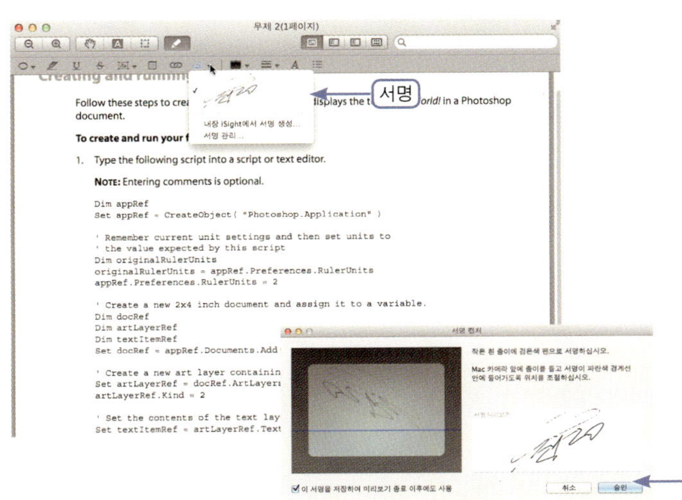

16 흰색 종이에 검정색으로 서명한 내용을 맥에 내장되어 있는 카메라에 비추고, 승인 버튼을 클릭하여 서명을 생성합니다. 생성된 서명은 도구에 추가되며, 문서에 삽입할 수 있습니다.

ROUND 02

인터넷과 메일

04 웹 브라우저 사파리

사파리(Safari)는 윈도우의 Internet Explorer와 비교됩니다. 즉, 인터넷을 여행하기 위한 웹 브라우저입니다. 속도가 빠르다는 장점이 있지만, 대부분의 웹 사이트가 Internet Explorer를 기준으로 제작되었기 때문에 다소 불편한 부분이 있는 것도 사실입니다. 하지만, 아이폰의 열풍으로 많은 웹 사이트가 리뉴얼 되고 있으며, 윈도우용 사파리 사용자도 늘고 있는 추세이기 때문에 그 동안 겪었던 불편함들은 크게 감소될 것으로 보입니다.

사파리 화면 살펴보기

윈도우의 Internet Explorer 사용자들이 맥의 사파리를 처음 접했을 때의 느낌은 심플함입니다. 실제 내부적으로도 가볍기 때문에 빠르다는 장점을 가지고 있으며, 뛰어난 보안 기능을 자랑합니다. 사파리에 익숙해지기 위한 첫 걸음으로 화면의 구성을 살펴보겠습니다.

01 Dock의 Safari 아이콘을 클릭하거나 스택의 응용 프로그램 폴더에서 Safari 아이콘을 클릭하여 실행합니다.

02 타이틀 바, 도구 막대, 책갈피 막대로 구성된 심플한 화면을 볼 수 있으며, 각각의 역할은 다음과 같습니다. 참고로 도구는 타이틀 바에서 마우스 오른쪽 버튼을 클릭하면 열리는 단축 메뉴의 도구 막대 사용자화를 선택하여 재구성할 수 있습니다.

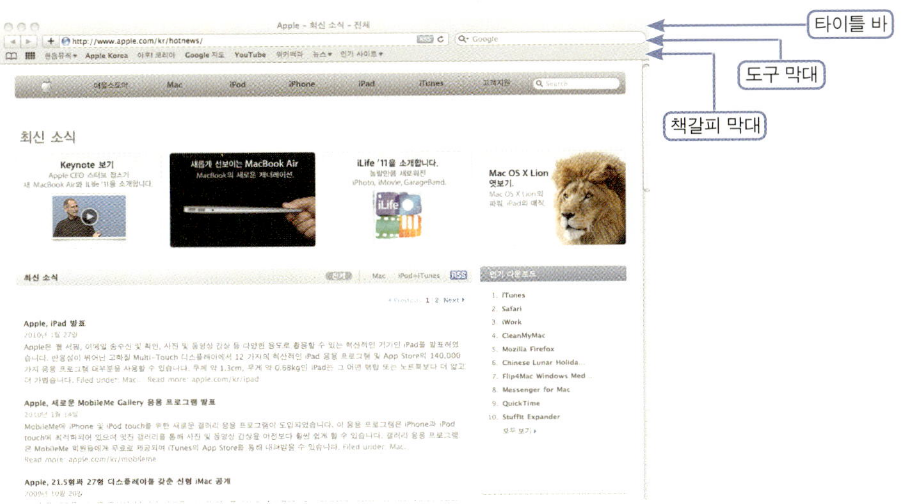

● 타이틀 바

닫기, 축소, 최적화, 풀스크린의 4가지 버튼이 있는 타이틀 바는 보고 있는 웹 페이지의 제목을 표시합니다. 타이틀 바를 드래그하여 창의 위치를 조정할 수 있습니다.

● 도구 막대

뒤로/앞으로 버튼, 책갈피 추가 버튼, 주소 표시 줄, 검색 상자로 구성되어 있으며, 단축 메뉴의 도구 막대 사용자화를 선택하여 추가할 수 있습니다.

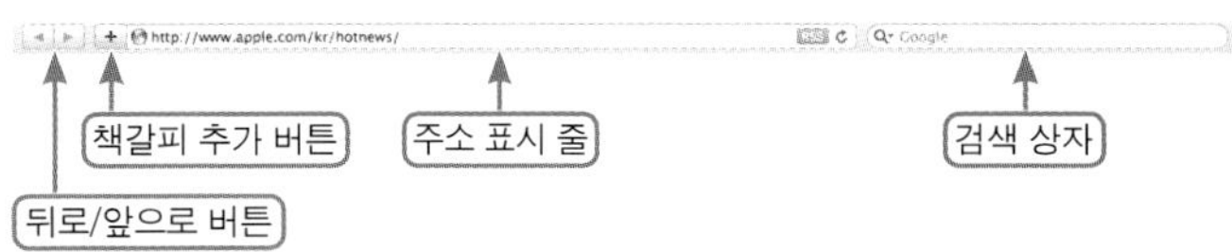

▷ **뒤로/앞으로 버튼** : 보고 있는 웹 페이지의 이전 또는 다음 페이지로 이동합니다.

▷ **책갈피 추가 버튼** : 보고 있는 웹 페이지를 책갈피로 추가합니다.

▷ **주소 표시 줄** : 웹 페이지의 주소를 입력하고, Return 키를 눌러 이동합니다. 주소 표시 줄 오른쪽에는 화면이 정상적으로 표시되지 않거나 키가 작동하지 않는 등의 오류가 있을 때, 웹 페이지를 다시 로딩하여 해결하는 용도의 새로 고침 버튼(ⓒ)이 있습니다.

▷ **검색 상자** : 검색 사이트를 방문하지 않고도 인터넷 검색 기능을 이용할 수 있는 엔진입니다. 기본 검색 사이트는 Google이며, 사용자가 원하는 사이트로 변경 가능합니다.

● 책갈피 막대

읽기 목록, 책갈피 보기, Top Sites의 버튼이 있고, Apple Korea, Google 지도 등의 책갈피가 있습니다. 책갈피 이름 오른쪽에 작은 삼각형이 있는 것은 책갈피 목록이 있는 폴더입니다.

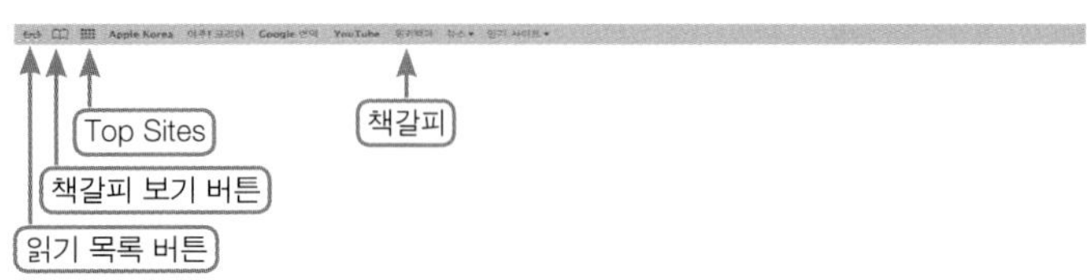

▷ **읽기 목록 버튼** : 페이지 추가 버튼을 클릭하여 웹 페이지와 링크를 모아둘 수 있습니다.

▷ **책갈피 보기 버튼** : 방문 기록을 포함한 책갈피 목록을 관리할 수 있는 창을 엽니다.

▷ **Top Sites 버튼** : 즐겨 찾는 사이트(Top Sites)와 방문 했던 사이트를 한 눈에 확인하고 편집할 수 있는 창을 엽니다.

웹 페이지 이동하기

02

웹 브라우저가 달라졌다고 해서 홈페이지가 달라지는 것은 아니기 때문에 맥 프로그램중에서 가장 쉽게 익숙해질 수 있는 것이 사파리입니다. 평소에 즐겨 찾던 홈페이지의 주소를 주소 표시 줄에 입력하고 Return 키를 눌러 접속하면 그만입니다.

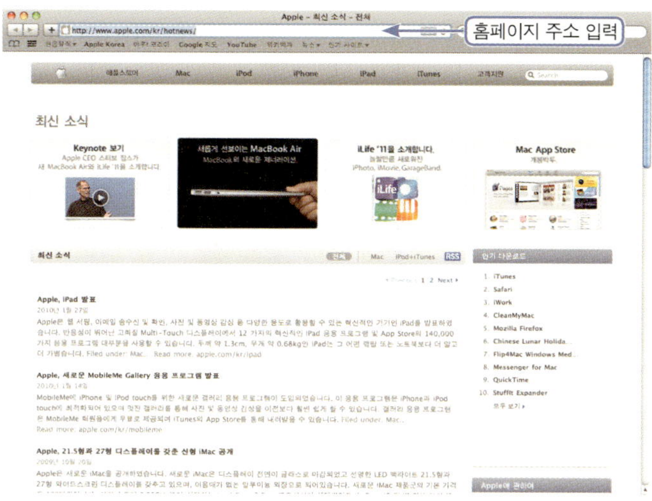

01 사파리를 실행하면 기본 값으로 Apple사의 홈페이지가 열립니다. 주소 표시 줄에 원하는 홈페이지 주소를 입력하고 Return 키를 눌러 이동합니다.

02 방문한 홈페이지에서 제공하는 메뉴나 링크를 클릭하면서 인터넷을 여행해 봅니다. 윈도우를 사용하다가 맥을 접하게 된 경우라면 체감으로 느낄 수 있는 빠른 속도에 감탄하게 될 것입니다.

03 페이지를 보았던 역순으로 이동하려면 뒤로 버튼을 클릭합니다. 또 다시 페이지를 보았던 순서로 이동하려면 앞으로 버튼을 클릭합니다. 뒤로/앞으로 버튼을 누르고 있으면, 사용자가 이동했던 페이지 목록을 볼 수 있으며, 마우스 선택으로 이동할 수 있습니다.

04 이 곳, 저 곳을 둘러보다보면, 화면이 정상적으로 로딩되지 않거나 키보드가 작동하지 않는 등의 에러가 발생하는 경우가 있습니다. 대부분 접속 장애이므로 새로 고침 버튼을 클릭하여 다시 접속하면 해결 됩니다.

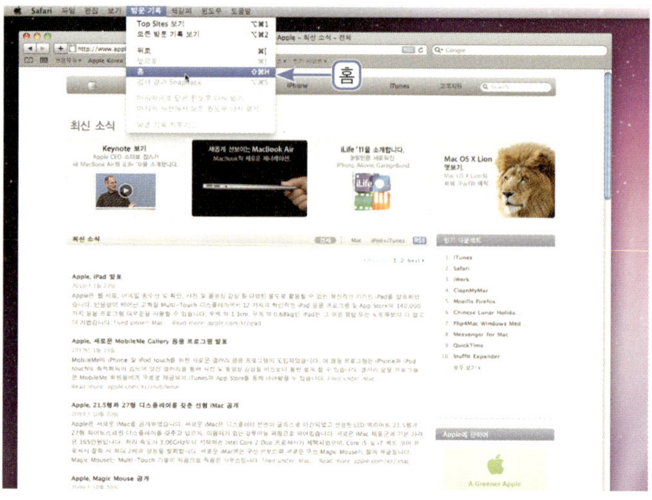

05 어떤 페이지에서든 방문 기록 메뉴의 홈을 선택하거나 Shift+Command+H 키를 누르면 홈 페이지로 이동됩니다. 기본 값은 apple.com/kr로 설정되어 있으며, 사용자가 원하는 페이지로 변경 가능합니다.

한 화면에 여러 페이지 표시하기

사파리는 기본적으로 주소를 입력하거나 링크를 클릭하여 페이지를 이동하면, 현재 열려있는 페이지가 닫힙니다. 그래서 이전 페이지로 이동하려면 뒤로 버튼을 클릭해야 합니다. 하지만, 탭 기능을 이용하면, 두 개 이상의 페이지를 한 화면에 표시할 수 있습니다.

01 주소 표시 줄에 이동하고자 하는 주소를 입력하고 Command+Shift 키를 누른 상태에서 Return 키를 누릅니다. Command 키만 누르면, 페이지 이동 없이 탭만 열립니다.

02 링크 메뉴를 클릭하여 이동할 때도 마찬가지 입니다. 페이지에서 제공하는 메뉴나 링크를 Command+Shift 키를 누른 상태에서 클릭하면, 새로운 탭으로 열 수 있습니다.

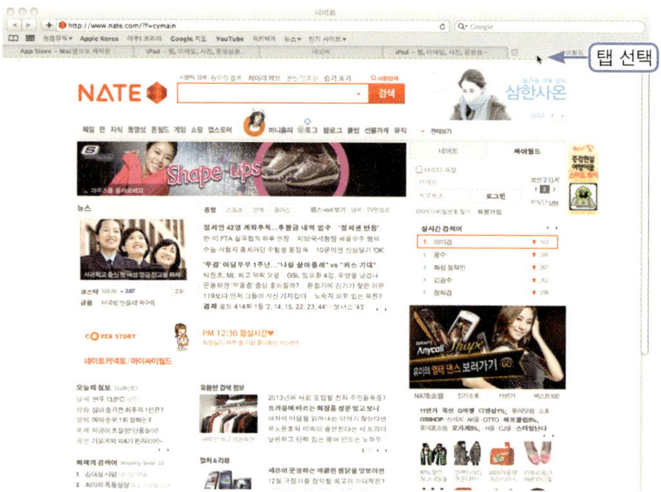

03 Command+Shift 키를 누른 상태로 이동한 모든 페이지는 개별적인 탭으로 열리며, 각각의 탭을 선택하여 페이지 이동이 가능합니다.

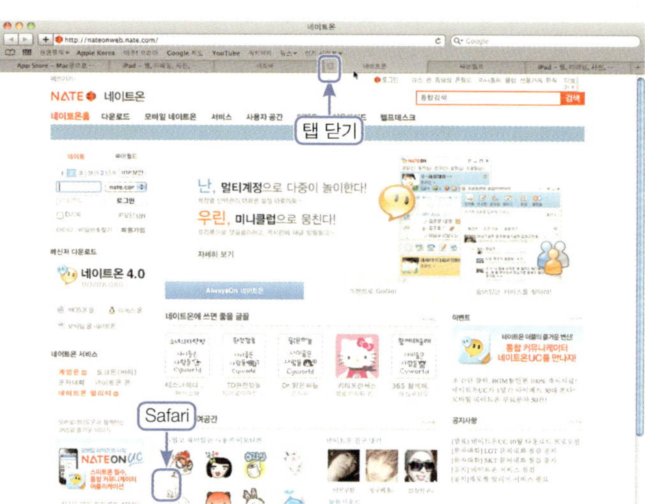

04 탭 이름 왼쪽의 X 표시를 클릭하면, 해당 탭 페이지를 닫을 수 있고, 탭 이름을 좌/우로 드래그하여 위치를 이동 시킬 수 있습니다.

05 여러 개의 탭을 열어놓은 상태에서 하나의 탭을 제외한 나머지를 모두 닫겠다면, Option 키를 누른 상태에서 X 표시를 클릭합니다. 해당 탭을 제외한 나머지가 모두 닫힙니다.

새 창으로 열기

앞에서 살펴본 탭 기능을 이용해서 두 개 이상의 페이지를 열어놓은 경우에는 각 페이지간의 이동은 편리하지만, 두 화면을 비교해볼 수는 없습니다. 인터넷을 여행하다 보면, 두 개 이상의 페이지를 열어 놓고, 비교해보고 싶은 경우가 있는데, 이것에 관해서 살펴보겠습니다.

01 새로운 창을 열어놓고, 접속하는 방법입니다. 파일 메뉴의 새로운 윈도우를 선택하거나 Command+N 키를 눌러 새로운 창을 엽니다.

02 사이트를 새로운 창으로 여는 방법입니다. 주소를 입력하고, Command+Option+Shift 키를 누른 상태에서 Return 키를 누릅니다. Command+Option 키만 누르면 창의 이동 없이 새로운 창만 열립니다.

03 현재 보고 있는 페이지에서 메뉴나 링크를 선택할 때, 새로운 창으로 열리게 하는 방법입니다. Command+Option+Shift 키를 누른 상태에서 링크 메뉴를 클릭합니다.

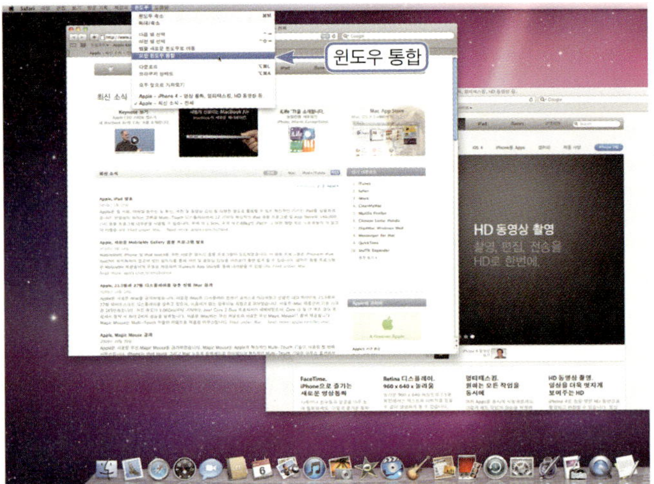

04 두 개 이상 열어놓은 창을 하나의 창으로 통합하고 싶은 경우에는 윈도우 메뉴의 모든 윈도우 통합을 선택합니다. 열려있는 모든 창이 탭으로 구성됩니다.

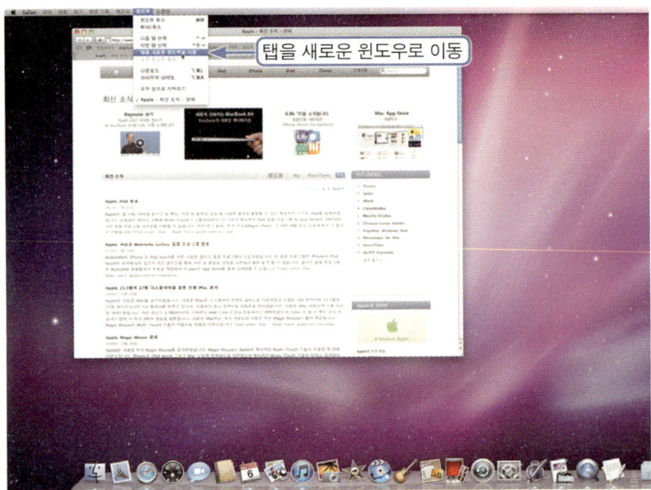

05 탭으로 구성된 페이지를 각각의 창으로 분리할 때는 윈도우 메뉴에서 탭을 새로운 윈도우로 이동을 선택합니다. 참고로 여러 창을 열어놓았을 때, Option 키를 누른 상태에서 닫기 버튼을 클릭하면, 모든 창이 한 번에 닫힙니다.

책갈피 추가하기

즐겨 찾는 홈 페이지를 책갈피로 등록하면 다음에 해당 사이트를 방문할 때, 직접 주소를 입력하지 않고, 사용자가 등록한 책갈피를 선택하는 것 만으로 접속할 수 있습니다. 책갈피를 추가하고, 주제별로 관리하는 방법을 살펴보겠습니다.

01 책갈피 막대에 추가

독자가 즐겨 찾는 홈페이지에 접속합니다. 그리고 주소 표시줄 왼쪽에 보이는 책갈피 추가 버튼을 클릭합니다.

02 저장 위치를 선택할 수 있는 창이 열립니다. 메뉴에서 책갈피 막대를 선택하고, 구분하기 쉬운 이름을 입력합니다. 그리고 추가 버튼을 클릭합니다.

03 앞에서 입력한 이름의 책갈피가 책갈피 막대에 생성되는 것을 확인할 수 있습니다. 다른 사이트로 이동을 했다가 책갈피 버튼을 클릭하여 정상적으로 이동되는지 확인합니다.

04 책갈피 메뉴에 추가

자주 방문하지 않지만, 유용한 사이트는 화면에 보이지 않는 책갈피 메뉴로 등록할 수 있습니다. 방법은 동일합니다. 책갈피 추가 버튼을 클릭합니다. 팝업 창의 메뉴에서 책갈피 메뉴를 선택한다는 차이점만 있는 것입니다.

05 책갈피 메뉴의 책갈피 막대를 열어보면 앞에서 등록한 사이트의 이름이 메뉴로 구성되어 있는 것을 확인할 수 있습니다.

06 폴더로 추가하기

사이트를 주제별로 구분해서 관리할 때
는 폴더를 만들어서 추가하는 것이 유용
합니다. 책갈피 막대의 빈 공간에서 마우
스 오른쪽 버튼을 클릭하여 단축 메뉴를
열고, 새로운 폴더를 선택합니다.

07 폴더의 이름을 입력할 수 있는 팝업
창이 열립니다. 이름을 입력하고 승인 버
튼을 클릭합니다. 폴더의 이름은 사이트
의 주제를 구분하기 쉽게 만들어두는 것
이 좋습니다.

08 책갈피 추가 버튼을 클릭하면 열리
는 팝업 창에서 사용자가 만든 폴더를 선
택면 됩니다. 참고로 그림에서와 같이 주
소 표시 줄의 아이콘을 폴더로 드래그하
는 방법도 많이 사용합니다.

책갈피 관리하기

책갈피 막대, 메뉴, 폴더 등, 인터넷을 여행하면서 눈에 띄는 데로 책갈피를 만들다 보면, 중복되거나 사라지는 사이트가 있고, 어디에 어떤 사이트를 넣어 뒀는지 기억조차 못하는 경우도 있습니다. 그래서 가끔은 책갈피를 정리해둬야 할 필요가 있는데, 이것에 관해서 살펴보겠습니다.

01 책갈피 막대에 등록한 것들은 마우스 드래그로 좌/우 위치를 변경할 수 있으며, 단축 메뉴의 이름 편집 및 URL 주소 편집을 선택하여 이름이나 주소를 변경할 수 있습니다.

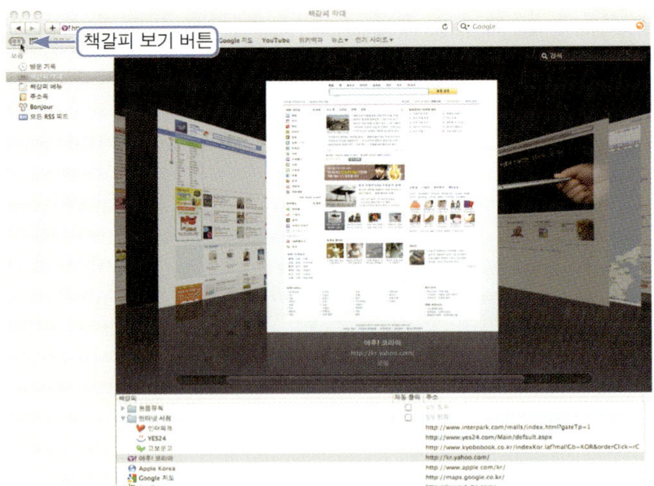

02 좀 더 세부적인 편집이 필요한 경우에는 책 모양의 책갈피 보기 버튼을 클릭하여 창을 열고, 책갈피 막대 또는 책갈피 메뉴 등의 모음에서 편집할 카테고리를 선택합니다.

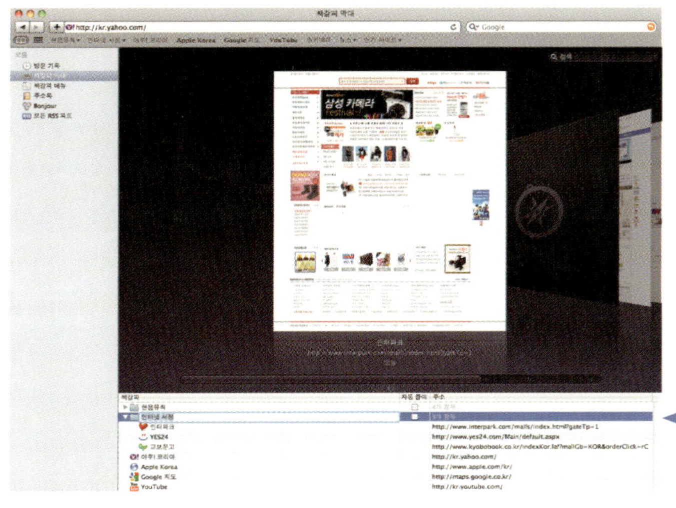

03 폴더 및 책갈피의 이름 또는 주소를 변경할 때는 해당 목록을 선택하고, 선택된 목록을 마우스로 클릭하면 이름을 변경할 수 있는 상태가 됩니다.

04 책갈피 목록의 순서는 마우스 드래그로 수정할 수 있으며, Delete 키를 눌러 삭제할 수 있습니다. 잘못 삭제한 목록이 있다면 Command+Z 키로 취소합니다.

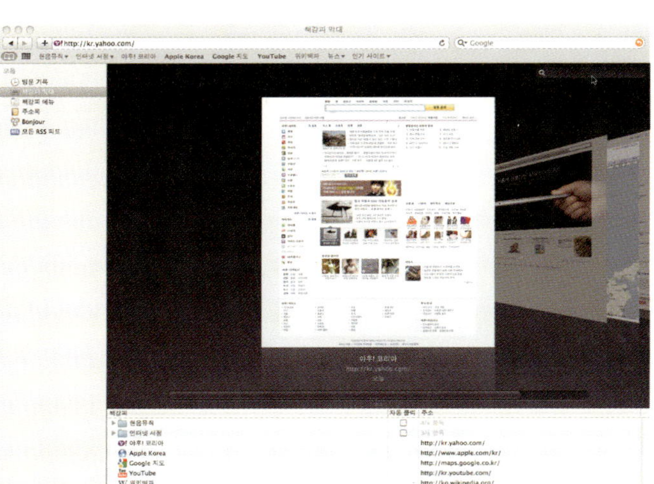

05 책갈피 창은 워크플로우 타입으로 제공되고 있기 때문에 마우스를 좌/우로 쓸어 넘기면서 그림으로 찾거나 검색어를 입력하여 사이트의 내용으로 탐색이 가능합니다.

홈 페이지 변경하기

07

사파리를 실행 했을 때 열리는 apple사의 홈페이지 대신에 독자가 즐겨찾는 웹 사이트가 열리게 하는 방법을 살펴보겠습니다. 사파리의 환경 설정 기능을 이용하는 것이므로, 검색 엔진, 탭 열기 등의 환경 설정도 원하는데로 바꿀 수 있다는 것을 알게 될 것입니다.

01 사파리를 실행할 때, 열렸으면 하는 웹 사이트로 이동합니다. 그리고 Safari 메뉴에서 환경 설정을 선택합니다.

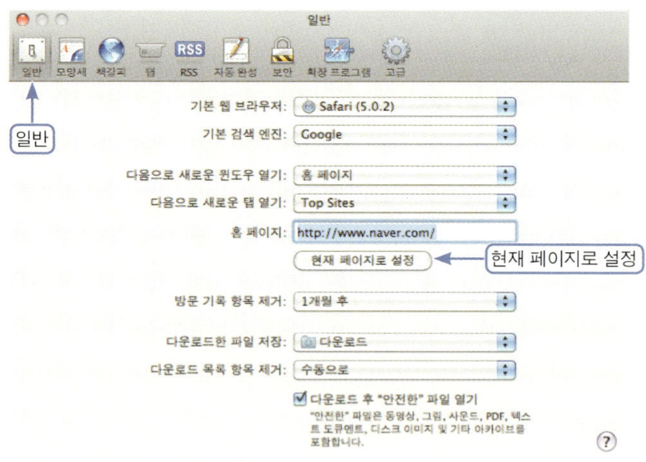

02 다양한 탭으로 구성된 환경 설정 창이 열립니다. 일반 탭에서 현재 페이지로 설정 버튼을 클릭합니다. 홈 페이지의 주소가 변경되는 것을 확인할 수 있습니다.

03 환경 설정 창을 닫고, Command+Q 키를 눌러 사파리를 종료합니다. 그리고 다시 실행해보면, 홈페이지로 설정한 페이지가 첫 페이지로 열리는 것을 확인할 수 있습니다.

04 Command+T 키를 누르거나 책갈피 막대의 Top Sites 보기 버튼을 클릭하면 자주 방문하는 사이트가 기록되어 있는 화면이 열리며, 원하는 창을 선택하여 바로 이동할 수 있습니다. 편집 버튼을 클릭하면 기록을 제거할 수 있는 X 표시가 보입니다.

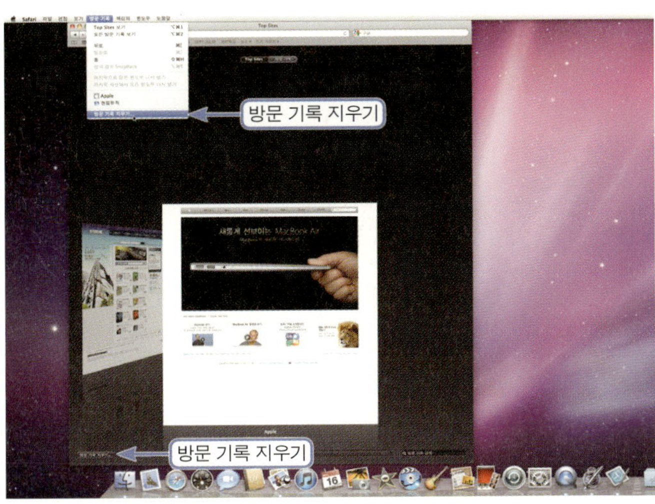

05 사파리는 사용자가 방문한 홈페이지들을 모두 기록하고 있기 때문에 언제든 쉽게 찾아 갈 수 있지만, 누군가 내 기록을 볼 수 있다는 단점도 있습니다. 필요하다면 방문 기록 창의 지우기 버튼이나 방문 기록 메뉴의 지우기를 선택하여 지울 수 있습니다.

검색 엔진을 네이버로 변경하기

사파리의 기본 검색 엔진은 Google, Bing, Yahoo의 3가지 중에서 선택이 가능하며, 기본 엔진은 Google입니다. 하지만, 모두 영어권이기 때문에 한글 검색 결과는 좋지 않습니다. 한국 구글, 네이버, 다음 등, 국내 사용자들이 많이 사용하는 검색 엔진으로 바꾸는 방법을 살펴보겠습니다.

01 사파리는 기본 검색 엔진을 바꾸는 기능을 제공하고 있지 않습니다. 그래서 별도의 유틸리티를 설치해야 합니다. 여러 가지가 있지만, 많이 사용하는 Glims을 이용하겠습니다. machangout.com에 접속하여 Glimes를 다운 받습니다.

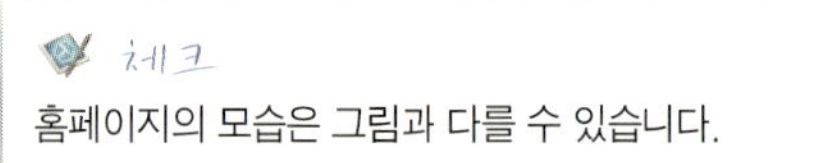

> 체크
>
> 홈페이지의 모습은 그림과 다를 수 있습니다.

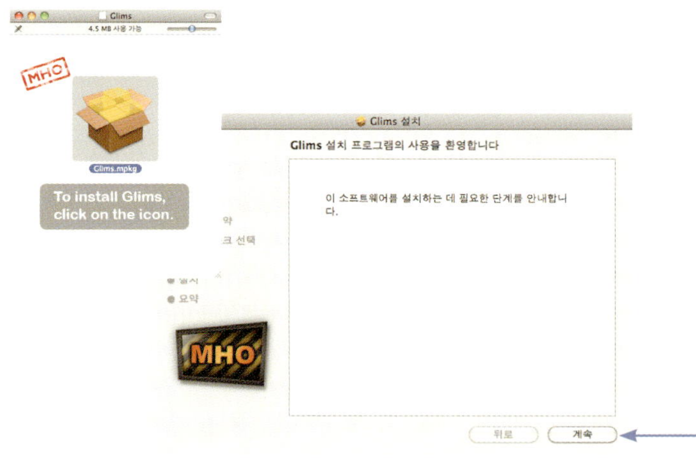

02 다운로드가 완료되면 압축이 풀리고, Glims 설치 창이 열립니다. 계속 버튼을 클릭하여 설치를 진행합니다.

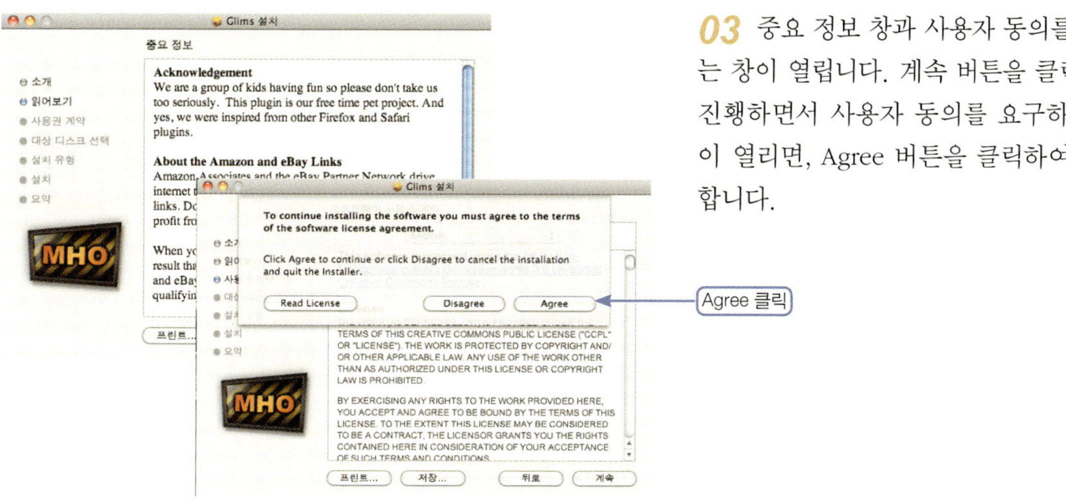

03 중요 정보 창과 사용자 동의를 구하는 창이 열립니다. 계속 버튼을 클릭하여 진행하면서 사용자 동의를 요구하는 창이 열리면, Agree 버튼을 클릭하여 동의합니다.

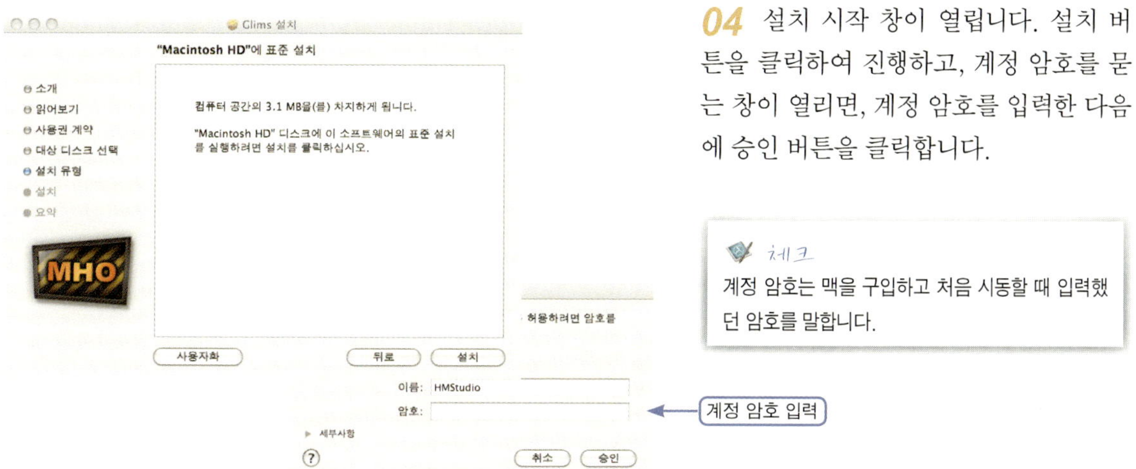

04 설치 시작 창이 열립니다. 설치 버튼을 클릭하여 진행하고, 계정 암호를 묻는 창이 열리면, 계정 암호를 입력한 다음에 승인 버튼을 클릭합니다.

> **체크**
> 계정 암호는 맥을 구입하고 처음 시동할 때 입력했던 암호를 말합니다.

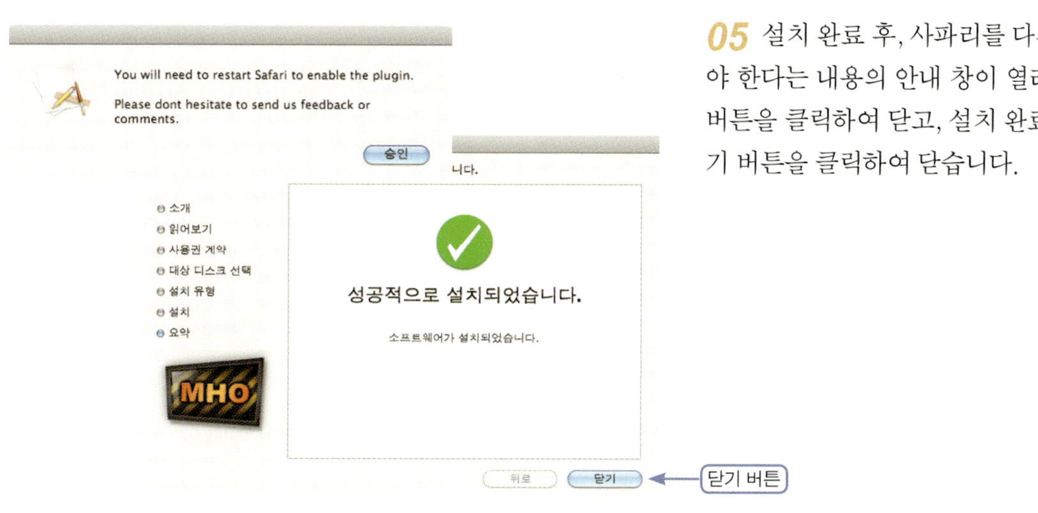

05 설치 완료 후, 사파리를 다시 실행해야 한다는 내용의 안내 창이 열리면, 승인 버튼을 클릭하여 닫고, 설치 완료 창도 닫기 버튼을 클릭하여 닫습니다.

06 Glimes을 다운 받기 위해 실행했던 사파리는 Command+Q 키를 눌러 종료하고, 다시 실행합니다. 그리고 Safari 메뉴의 환경설정을 선택하여 창을 엽니다.

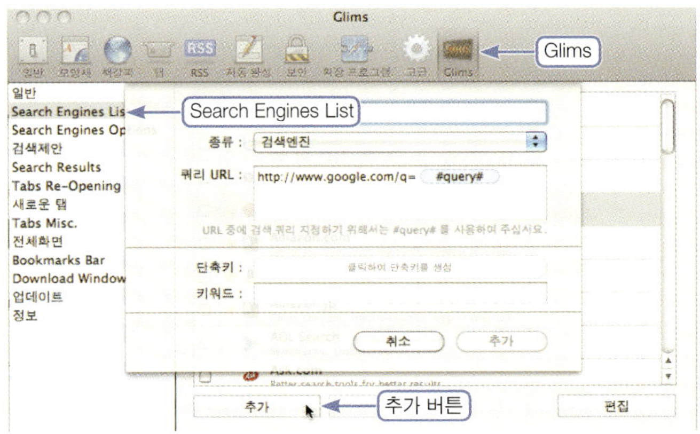

07 사파리 환경 설정 창에 Glims 탭이 추가된 것을 확인할 수 있습니다. Glims 탭의 Search Engines List를 선택하고, 추가 버튼을 클릭합니다.

08 네이버 검색 창에 아무 단어나 입력하여 검색을 합니다. 그리고 제목 표시줄에서 qurery= 까지를 마우스 드래그로 선택하고, Command+C 키를 눌러 복사합니다.

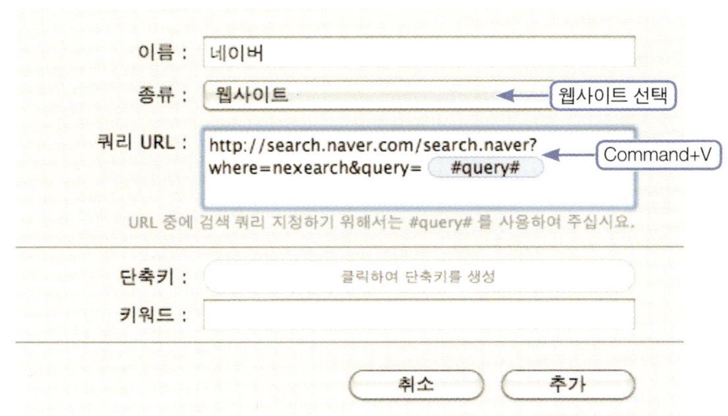

09 추가 창에서 이름을 입력하고, 종류를 웹사이트로 선택합니다. 그리고 쿼리 URL에 입력되어 있는 주소에서 #query#을 제외한 나머지를 선택하고, Command+V 키를 눌러 앞에서 복사한 주소로 변경합니다.

10 추가 버튼을 클릭하여 창을 닫고, 목록을 보면 네이버가 추가된 것을 확인할 수 있습니다. 필요 없는 목록은 체크 표시를 해제하고, 더 원하는 검색 사이트가 있다면, 동일한 방법으로 추가합니다.

11 환경설정 창을 닫고, 검색 항목을 보면 네이버가 추가된 것을 확인할 수 있습니다. 네이버를 선택하여 설정해두면, 앞으로는 네이버를 방문하지 않고도 검색할 수 있습니다. 한국 구글, 야후 등, 사용자가 원하는 검색 사이트도 동일한 방법으로 등록할 수 있습니다.

인터넷 사진을 배경 화면으로 만들기

09

인터넷을 돌아다니다 보면, 데스크탑의 배경그림으로 사용하고 싶은 그림들이 참 많습니다. 그 중에서 너무 작은 크기의 그림을 제외하면 내 데스크탑의 배경 화면으로 모두 이용할 수 있습니다. 인터넷 그림을 다운 받는 방법도 비슷합니다.

01 인터넷 검색 사이트에서 맥 배경을 검색하면 수 많은 사이트들이 검색됩니다. 그 중에서 마음에 드는 사이트를 방문합니다. 실습에서는 다양한 사이트가 링크되어 있는 applewallpaters.net을 방문하고 있지만, 자신이 좋아하는 스타의 사진을 찾아도 좋습니다

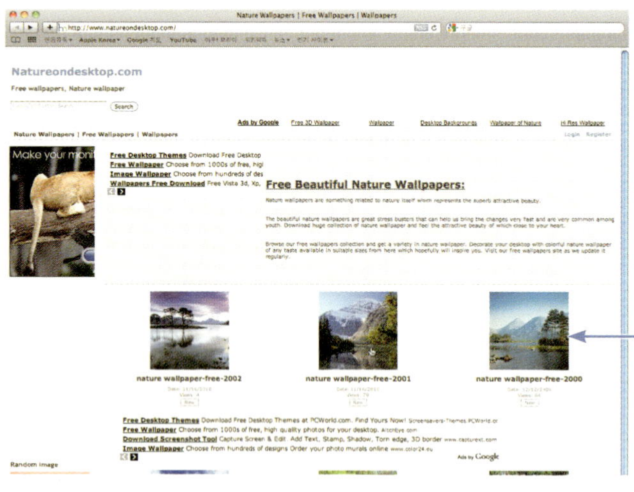

02 배경 화면을 제공하는 사이트는 그림을 다운받을 수 있는 링크를 제공합니다. 하지만, 배경 화면으로 제공하지 않는 그림도 이용할 수 있는 단축 메뉴를 이용할 것이므로, 그림을 클릭하여 원본을 표시합니다.

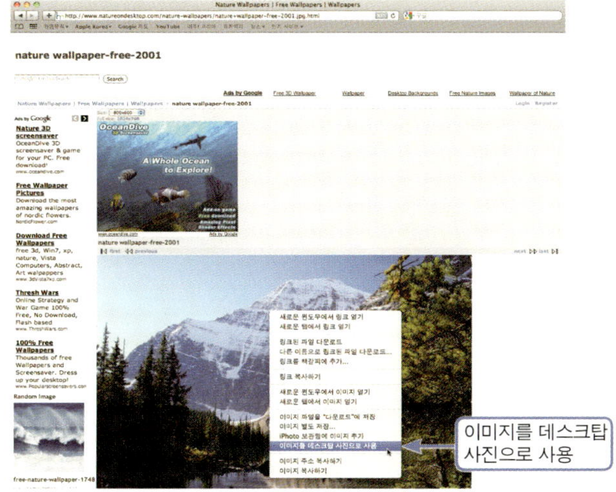

03 원본 크기로 그림이 표시되면, 해당 그림을 마우스 오른쪽 버튼으로 클릭하여 단축 메뉴를 열고, 이미지를 데스크탑 사진으로 사용을 선택합니다.

> **체크**
>
> 그림을 다운 받을 때는 이미지 파일을 다운로드에 저장 및 별도 저장 메뉴를 선택합니다.

04 사파리를 닫아 보면, 배경 화면이 바뀐것을 확인할 수 있습니다. 간혹 그림이 작아서 화면 상태가 좋지 못한 경우에는 원본 크기 또는 타일 형식으로 표시할 수 있습니다. 배경 화면에서 마우스 오른쪽 버튼을 클릭하여 단축 메뉴를 열고, 데스크탑 배경 변경을 선택합니다.

05 데스크탑 & 화면 보호기 설정 창이 열립니다. 데스크탑 탭을 선택하여 창을 열고, 메뉴에서 중앙을 선택하여 원본 크기로 표시되게 하거나 화면 타일링을 선택하여 타일 모양으로 화면을 채울 수 있습니다.

RSS 구독하기

신문이나 잡지를 구독 신청하면 직접 서점을 찾지 않아도 집으로 배달을 해줍니다. RSS 피드 서비스는 신문이나 잡지를 구독하는 것과 마찬가지로 새로운 소식이 있을 때, 사용자에게 알려주는 서비스입니다. 즉, 일일이 웹 사이트를 방문하지 않아도 새소식을 볼 수 있는 것입니다. 아이폰을 비롯한 스마트 폰 사용자들에게는 이미 익숙한 서비스입니다.

01 RSS는 해당 웹 사이트에서 서비스를 제공하는 경우에만 이용할 수 있습니다. 사파리의 책갈피 막대에 준비되어 있는 뉴스 폴더에서 마음에 드는 사이트를 선택하여 방문해봅니다.

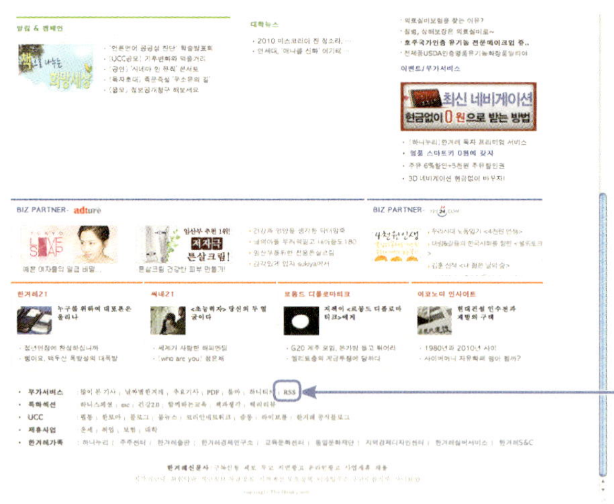

02 신문이나 잡지와 같이 빠르게 업데이트되는 사이트의 대부분은 RSS 서비스를 제공하며, RSS 서비스를 제공하는 사이트의 화면 아래쪽에는 RSS 문자가 있습니다. 간혹, 페이지 상단에 위치한 경우도 있습니다.

03 RSS 문자를 클릭하면 해당 사이트에서 구독할 수 있는 RSS 서비스 주소 목록을 볼 수 있습니다. 구독하고 싶은 주소를 클릭합니다.

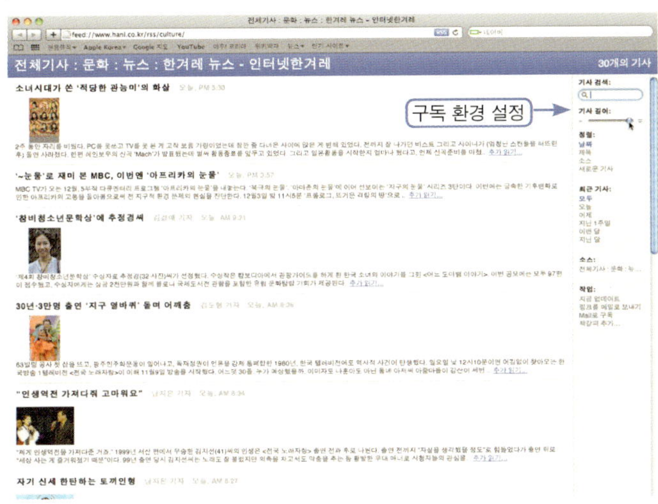

04 선택한 뉴스의 헤드라인 목록이 열리며, 마우스 클릭으로 내용을 볼 수 있습니다. 오른쪽에는 화면에 표시할 기사 길이, 정렬 방법, 최근 기사 등을 설정할 수 있는 옵션이 있으며, 사용자가 원하는 범위로 설정할 수 있습니다.

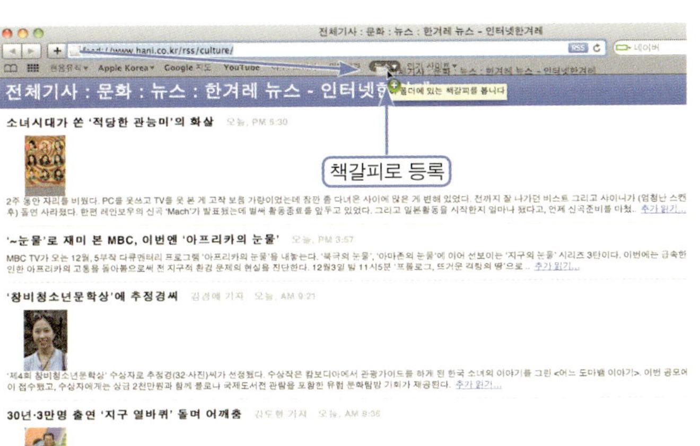

05 아이폰 사용자는 RSS 주소를 구글 리더로 복사하여 이용하지만, 맥에서는 메일로 이용하게 될 것이므로, 사파리의 책갈피로 등록 하겠습니다. 주소 표시 줄의 아이콘을 드래그하여 뉴스 폴더에 등록합니다. RSS 서비스를 많이 이용하는 경우에는 별도의 폴더를 만들어 관리합니다.

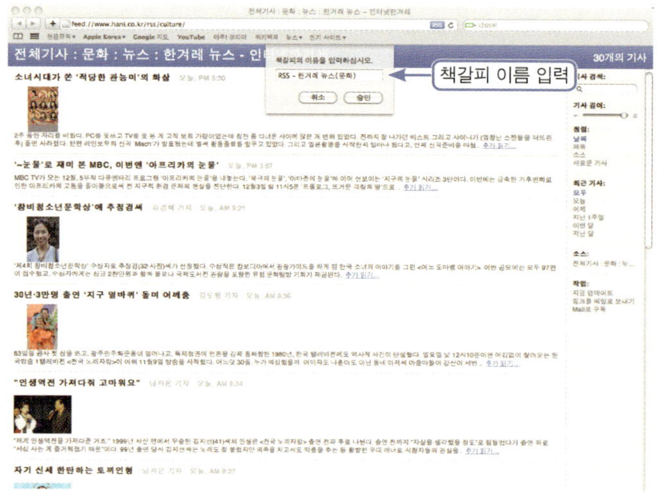

06 책갈피의 이름을 입력할 수 있는 창이 열립니다. 구분하기 쉬운 이름을 입력하고 승인 버튼을 클릭하여 추가합니다.

07 구독 신청한 RSS 목록에서 사용자가 읽지 않은 새로운 소식이 업그레이드 되면, 사이트를 저장한 책갈피 폴더에 그 숫자가 표시됩니다. 즉, 사이트를 직접 방문하지 않고도 새 소식이 업그레이드 되었다는 것을 알 수 있는 것이며, 책갈피를 선택하여 바로 이동할 수 있습니다.

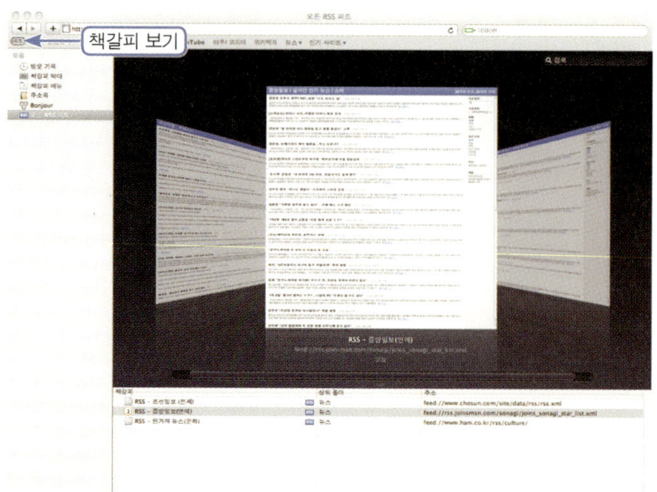

08 RSS 목록은 책갈피 보기 버튼을 클릭하여 창을 열고, 모든 RSS 피드를 선택하면 볼 수 있고, 책갈피와 동일한 방법으로 이름과 주소 등을 편집할 수 있습니다. 사파리 책갈피에 등록한 RSS는 메일과 연동하여 보다 효율적인 사용이 가능합니다. 이것에 관해서는 메일 학습편에서 살펴보겠습니다.

웹 페이지 저장하기

웹 페이지에서 유용한 정보를 보게되면 당연히 보관하고 싶어집니다. 얼마 안되는 글이라면 복사를 해서 텍스트 편집기에 붙여도 좋고, 그림이라면 단축 메뉴의 이미지 별도 저장을 선택해도 좋지만, 웹 사이트 전체라면 아카이브 포맷으로 저장하는 것이 현명합니다.

01 웹 사이트를 여행하면서 저장하고 싶은 사이트를 보게되면, 파일 메뉴의 별도 저장을 선택하거나 Command+S 키를 누릅니다.

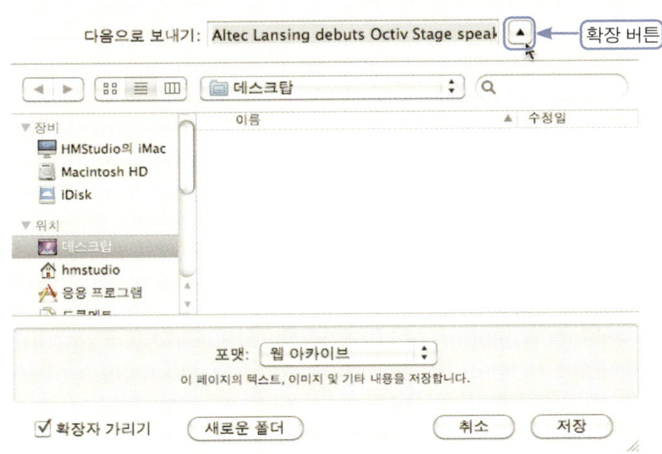

02 이름 및 위치, 그리고 포맷을 선택할 수 있는 창이 열립니다. 다음으로 보내기 항목의 확장 버튼을 클릭하여 위치를 지정할 수 있는 상태로 만듭니다.

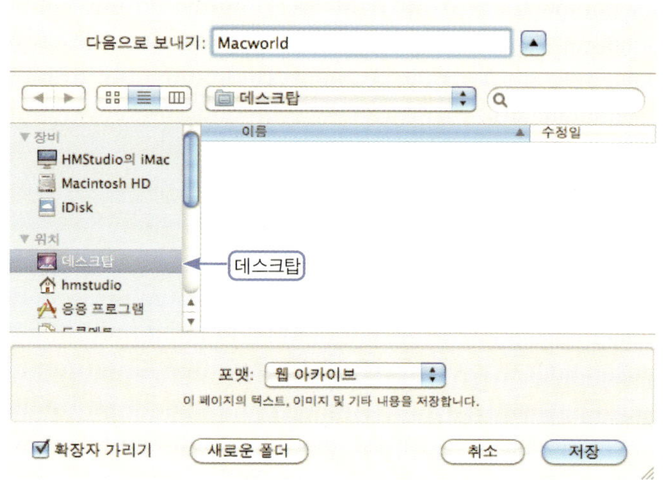

03 이름을 입력하고, 저장할 위치를 선택합니다. 실습에서는 저장 위치를 데스크탑으로 선택하고 있습니다. 새로운 폴더 버튼을 클릭하면 선택한 위치에 새로운 폴더를 만들 수 있습니다.

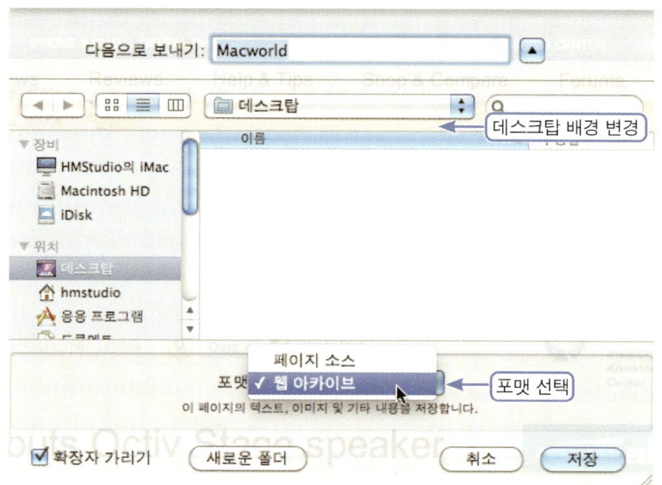

04 포맷은 웹 아카이브와 페이지 소스를 제공합니다. 페이지 소스는 인터넷 연결이 가능한 경우에만 볼 수 있는 것이므로, 보관을 목적으로 한다면, 웹 아카이브를 선택합니다. 그리고 저장 버튼을 클릭합니다.

05 데스크탑에 저장된 파일이 생성되는 것을 확인할 수 있으며, 마우스 더블 클릭으로 언제든 열어 볼 수 있습니다. 필요 없다면 휴지통으로 드래그하여 삭제합니다.

웹 페이지 인쇄하기

보관하고 싶은 웹 페이지 정보는 파일로 저장하는 것이 일반적이지만, 간혹은 종이에 프린트해야 하는 경우도 많습니다. 맥은 웹 브라우저에 보이는 그대로를 인쇄할 수 있기 때문에 페이지가 잘리는 현상은 없지만, 몇 가지 옵션을 알아두면, 보다 효율적인 인쇄가 가능합니다.

01 인쇄할 필요가 있는 웹 페이지가 있다면, 파일 메뉴의 프린트를 선택하거나 Command+P 키를 누릅니다.

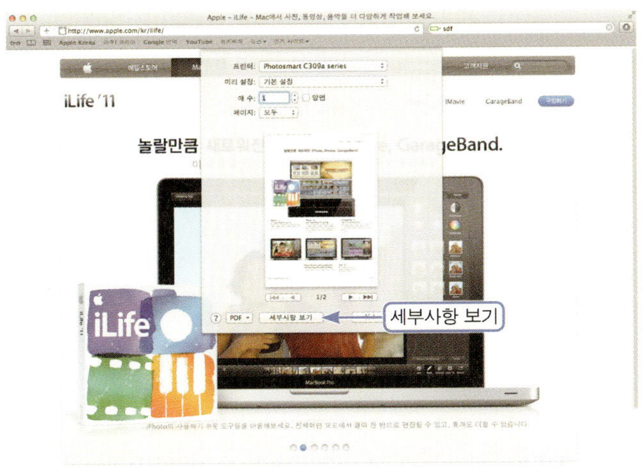

02 바로 인쇄 작업을 진행할 수 있는 창이 열리며, 인쇄 결과를 미리 볼 수 있습니다. 문제가 없다면, 바로 프린트를 해도 좋지만, 몇 가지 옵션을 살펴보기 위해서 세부사항 보기 버튼을 클릭해 봅니다.

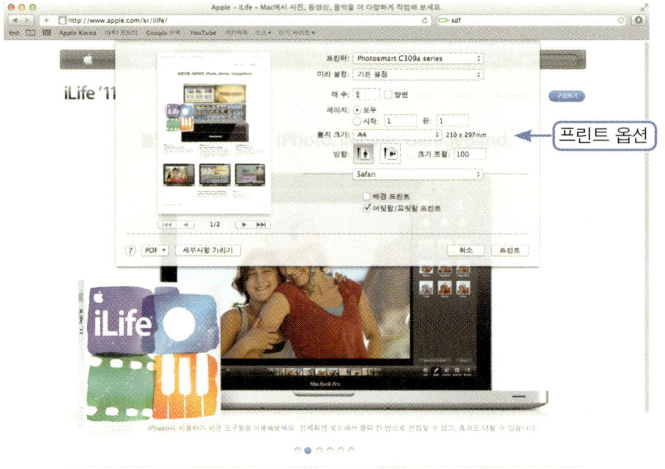

03 인쇄 결과를 결정할 수 있는 몇 가지 옵션이 보입니다. 용지를 선택할 수 있는 미리 설정, 매수, 페이지, 용지 크기, 방향 등은 프린트에서 제공하는 옵션이므로, 별다른 설명이 필요없을 것입니다.

04 Safari 옵션에서 배경 프린트는 웹페이지의 배경을 포함시키는 것이고, 머릿말/꼬릿말 프린트는 페이지 수를 포함한 웹 주소 등의 정보를 포함시키는 옵션입니다. 필요한 옵션을 체크하고, 프린트 버튼을 클릭하면 미리보기 창에 표시된 그대로 인쇄됩니다.

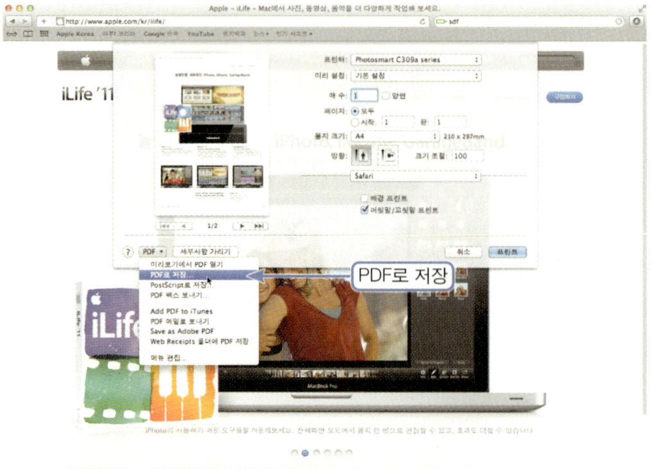

05 맥에서는 별도의 프로그램을 설치하지 않아도 PDF 파일을 만들거나 볼 수 있습니다. 프린트 옵션 창 왼쪽 하단에 보이는 PDF 버튼을 클릭하여 메뉴를 열고, PDF로 저장을 선택합니다.

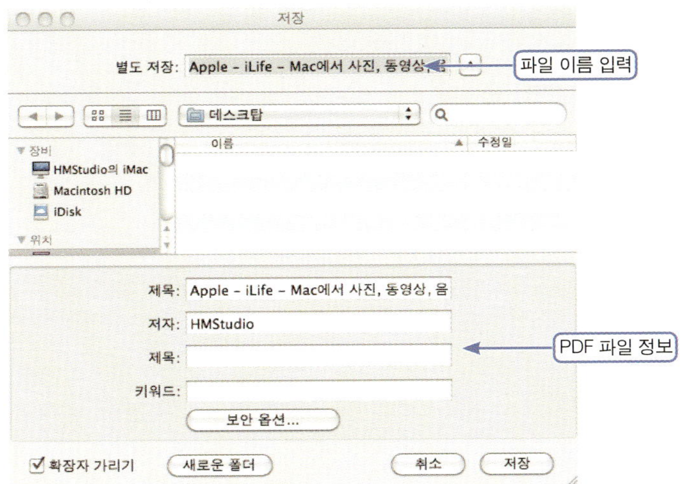

06 PDF 저장 창이 열립니다. 별도 저장 항목에서 파일 이름을 입력하고, 저장 버튼을 클릭합니다. 필요하다면 기본적으로 입력되어 있는 제목, 저자 등의 정보도 수정합니다. 이렇게 PDF 파일을 만들 수 있습니다.

07 저장한 PDF 파일을 더블 클릭하면 미리보기가 실행되면서 문서를 볼 수 있습니다. 즉, PDF 파일을 보기 위해 별도의 프로그램을 설치할 필요가 없는 것입니다.

08 PDF 파일도 파일 메뉴의 프린트 또는 Command+P 키를 눌러 프린트 할 수 있습니다. 맥에서의 프린트 옵션은 프로그램에 상관없이 모두 동일합니다.

애플사 제품 설명서 보기

PDF 파일은 웹 표준으로 사용되고 있는 전자 문서이며, 맥은 별도의 프로그램을 설치하지 않아도
PDF 파일을 보고, 인쇄할 수 있습니다. 특히 애플사는 제품에 사용 설명서를 포함시키지 않고, 자사의
홈페이지에서 PDF 파일로 제공하는 방식을 취하고 있는데, 앞으로는 이 부분에서 당황할 필요가 없게
될 것입니다.

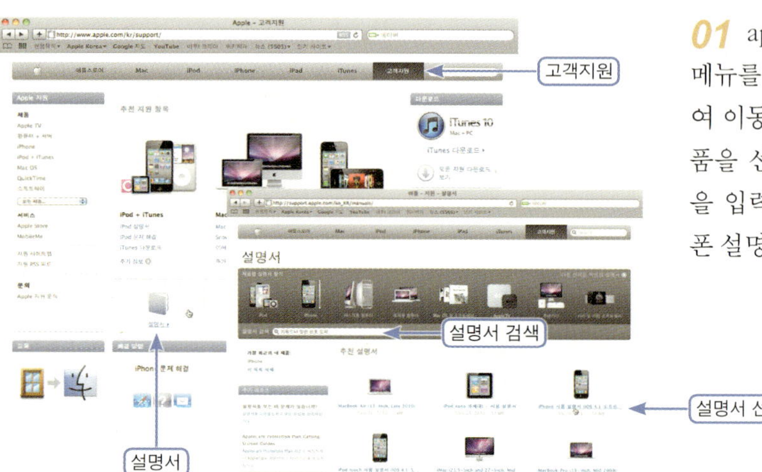

01 apple.com/kr에 방문하여 고객지원 메뉴를 클릭하여 열고, 설명서를 클릭하여 이동합니다. 그리고 독자가 구입한 제품을 선택하거나 검색 항목에서 제품명을 입력하여 찾습니다. 실습에서는 아이폰 설명서를 선택하고 있습니다

02 제공되는 문서는 PDF 형식이며, 바로 웹 페이지서 읽을 수 있습니다. 마우스를 화면 아래쪽으로 내리면, 문서를 확대하거나 축소할 수 있는 돋보기 모양의 아이콘을 볼 수 있습니다.

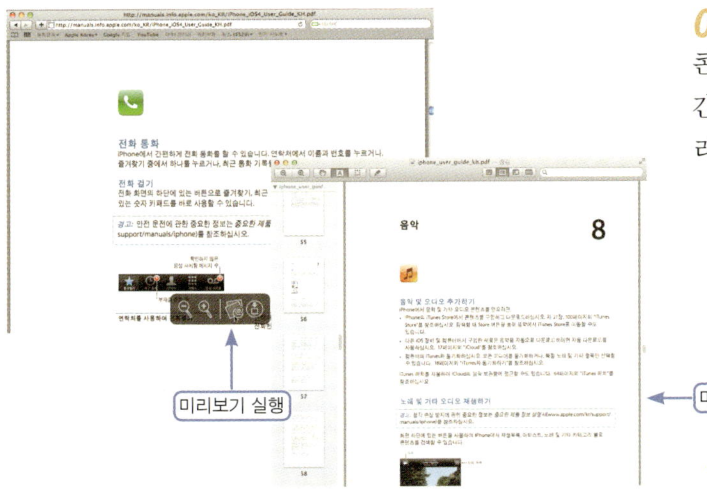

03 확대/축소 오른쪽의 미리보기 아이콘을 클릭하면 PDF 파일을 한 번에 보고, 간단한 편집과 인쇄를 할 수 있는 맥의 미리보기가 실행됩니다.

04 마지막으로 저장 버튼은 현재 보고 있는 PDF 파일을 다운로드 폴더에서 저장합니다. 사용자가 보고 있는 제품 설명서의 PDF 문서에서 저장 버튼을 클릭해 봅니다.

05 스택의 다운로드 폴더를 클릭하면 방금 다운 받은 PDF 파일을 볼 수 있습니다. 앞으로는 아이폰이나 아이패드 등의 애플사 제품을 구입하고 설명서가 없다고 불평할 일은 없게 될 것입니다.

환경 설정하기

사파리의 파일 메뉴에서 환경설정을 선택하면 열리는 창은 플러그인의 설치 여부에 따라 구성이 달라지지만, 기본적으로 일반, 모양새, 책갈피, 탭, RSS, 자동완성, 보안, 개인 정보, 확장 프로그램, 고급의 10가지 페이지로 구성되어 있으며, 사파리의 사용 환경을 결정합니다.

01 일반

사파리를 시작할 때 열리는 홈페이지를 지정하거나 웹에서 다운받는 파일이 저장될 위치 등을 설정할 수 있는 일반적인 옵션을 제공합니다.

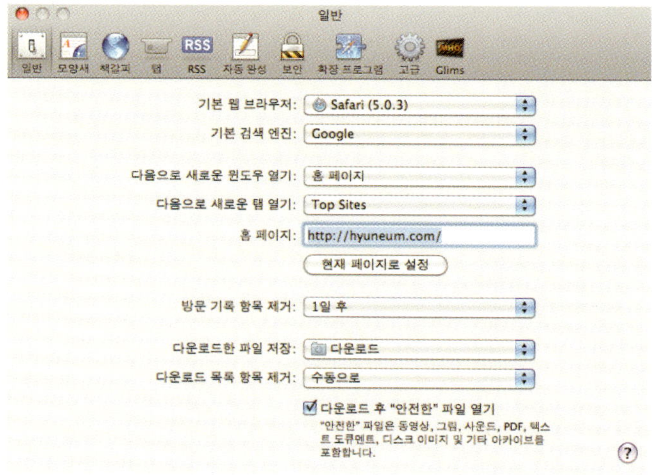

● **기본 웹브라우저** : 사파리와 연동되는 메일, 주소록 등의 응용 프로그램에서 링크를 클릭했을 때 실행되게 할 웹 브라우저를 선택합니다. 웹 브라우저는 맥 전용의 사파리와 윈도우 전용의 익스플로어 외에도 파이어폭스, 오페라 등의 다양한 종류가 있으며, 이러한 것들을 설치하여 사용하는 경우도 있습니다.

● **기본 검색 엔진** : 사파리 도구 막대의 검색 상자에서 사용할 엔진을 선택합니다. Glims을 설치하여 사용하는 경우에는 이 옵션이 무시됩니다.

● **다음으로 새로운 윈도우 열기** : 사파리를 실행하거나 Command+N 키를 눌러 새로운 윈도우를 열 때 표시할 사이트를 선택합니다.

● **다음으로 새로운 탭 열기** : Command+Shift 키를 누른 상태로 링크를 클릭하여 새로운 탭을 열 때 표시할 사이트를 선택합니다.

● **홈 페이지** : 사파리를 실행하거나 Command+Shift+H 키를 눌러 홈으로 이동할 때 표시할 사이트를 선택합니다. 현재 페이지로 설정 버튼을 이용하여 사용자가 보고 있는 페이지를 지정할 수 있습니다.

● **방문 기록 항목 제거** : 사용자가 방문한 사이트를 제거할 기간을 선택합니다. 보안 유지를 위해 방문 기록을 남기기 않겠다면 Safari 메뉴의 개인정보 보호 브라우징을 선택하여 기능을 작동시킵니다.

● **다운로드한 파일 저장** : 웹에서 다운받는 파일들이 저장될 폴더를 선택합니다.

● **다운로드 목록 항목 제거** : 사파리는 사용자가 다운 받은 파일의 목록을 기록하고 있는데, 이것을 제거할 기간을 선택합니다.

● **다운로드 후 안전한 파일 열기** : 웹에서 다운받은 파일들은 자동으로 실행이 되는데, 이 옵션을 체크하면 프로그램을 제외시킵니다.

02 모양새

웹 페이지에서 사용할 서체의 크기를 설정할 수 있는 옵션을 제공합니다.

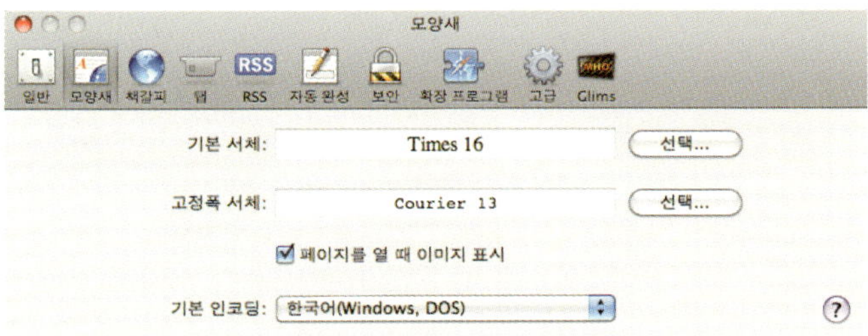

● **기본 서체** : 웹 페이지에서 사용할 서체를 선택합니다. 기본적으로 영문 서체가 선택되어 있으므로, 한글 서체로 바꿔주는 것이 좋습니다.

● **고정폭 서체** : 웹 페이지에서 사용할 서체의 크기를 선택합니다.

● **페이지를 열 때 이미지 표시** : 웹 페이지를 열 때 이미지의 표시 여부를 선택합니다.

● **기본 인코딩** : 웹 페이지 텍스트 인코딩을 선택합니다. 국내 웹 사이트 대부분이 윈도우에 맞춰져 있으므로, 기본값인 한국어(Windows, DOS)를 변경할 이유는 없습니다.

03 책갈피

사파리에서 제공하는 책갈피 막대, 메뉴, 모음에 표시할 것들을 선택합니다. 각각 Top Sites, 주소록, Bonjour를 제공하고 있습니다.

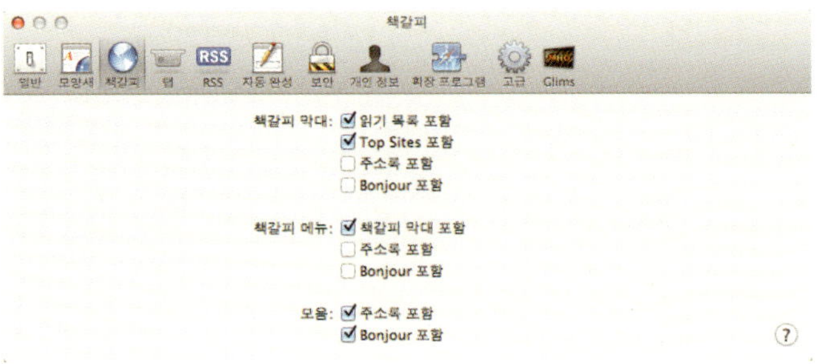

04 탭

탭으로 웹 페이지를 열 때 적용할 수 있는 옵션을 제공합니다.

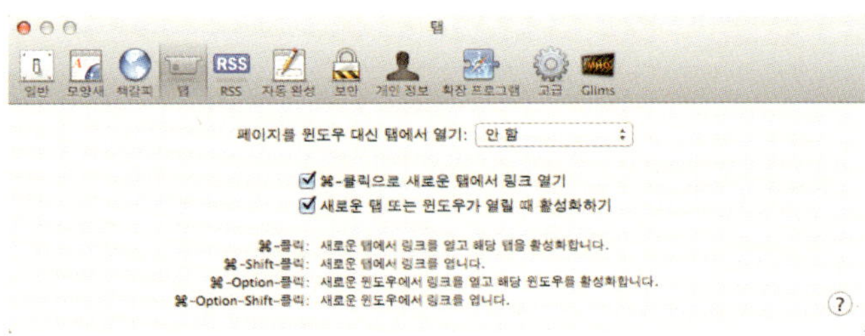

● **페이지를 윈도우 대신 탭에서 열기** : 웹 페이지에서 링크를 클릭했을 때 윈도우로 열리는 것을 자동 및 항상을 선택하여 탭으로 열리게 할 수 있습니다.

● **Command-클릭으로 새로운 탭에서 링크 열기** : Command 키를 누른 상태에서 링크를 클릭했을 때 탭으로 열리게 합니다.

● **새로운 탭 또는 윈도우가 열릴 때 활성화하기** : Command 키를 누른 상태에서 링크를 클릭했을 때 자동으로 활성화 합니다. 옵션이 해제되어 있는 기본값에서는 Command+Shift 키를 누른 상태에서 클릭해야 합니다.

05 RSS

RSS 피드 구독에 관한 옵션들을 제공합니다.

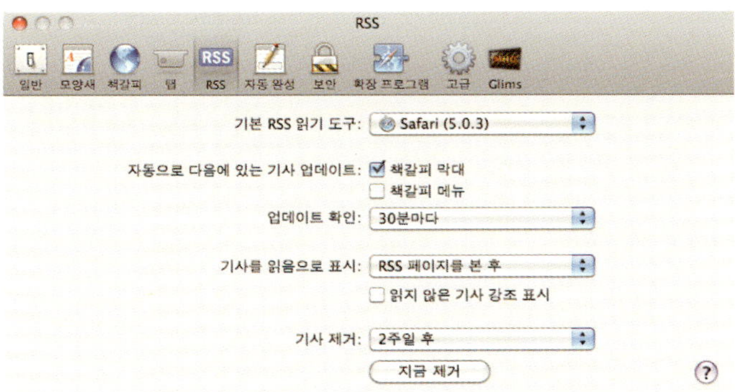

- **기본 RSS 읽기 도구** : RSS를 읽을 프로그램을 선택합니다. 다른 프로그램을 설치한 사용자는 선택 메뉴를 클릭하여 해당 프로그램을 지정해 줍니다

- **자동으로 다음에 있는 기사 업데이트** : 책갈피 막대 또는 책갈피 메뉴에서 RSS 피드의 새 소식이 업데이트된 숫자를 표시하게 합니다.

- **업데이트 확인** : RSS 기사의 업데이트 확인 시간을 설정합니다.

- **기사를 읽음으로 표시** : 읽은 RSS 기사는 약간 흐린색으로 표시가 되는데, RSS 페이지를 본 후에 표시할 것인지,클릭했을 때 표시할 것인지를 선택합니다. 읽지 않은 기사 강조 표시 옵션도 제공합니다.

- **기사 제거** : 업데이트 되는 RSS 기사의 유지 시간을 선택합니다.

06 자동완성

로그인 한 적이 있는 웹 페이지를 방문했을 때, 사용자 이름 및 암호를 자동으로 완성할지의 여부를 결정하는 옵션입니다. 맥의 주소록 카드로부터 정보를 이용할 것인지, 로그인 할 때 입력했던 사용자 이름 및 암호를 기억하게 할 것인지, 그 밖에 기타 양식에 입력한 정보를 기억하게 할 것인지를 선택합니다. 각각 편집 버튼을 클릭하여 기록된 내용을 편집할 수 있습니다.

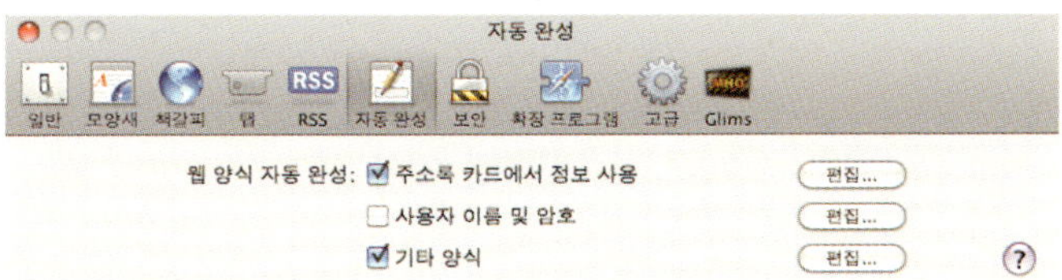

07 보안

사용자 피해를 최대한 줄일 수 있는 보안 관련 옵션을 제공합니다.

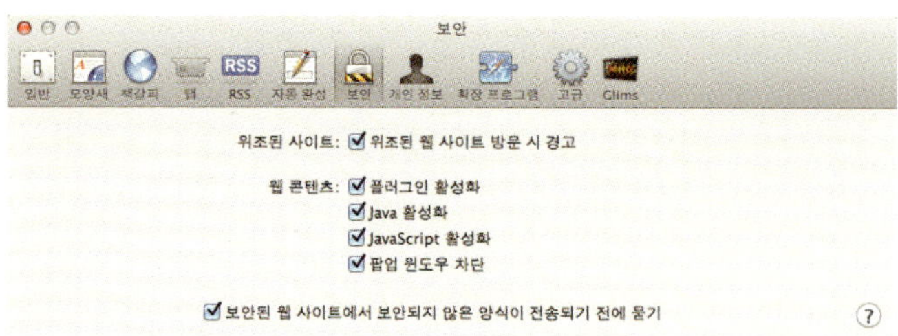

- **위조된 사이트** : 위조된 사이트로 보고된 웹 사이트를 방문하려고 할 때 경고 창이 열리게 합니다.

- **웹 콘텐츠** : 웹 사이트에서 그림, 음악, 비디오와 같은 멀티미디어 콘텐츠를 표시하도록 할 때 사용되는 플러그인, 자바 프로그램 실행을 위한 Java 및 JavaScript의 사용 여부를 체크합니다. 웹을 정상적으로 사용하기 위해서는 플러그인과 자바를 활성화시켜 놓아야 합니다. 그리고 웹을 방문했을 때 열리는 팝업 윈도우 차단 옵션이 있는데, 간혹 팝업 창이 필요한 웹 사이트도 있습니다. 이때는 Safari 메뉴의 팝업 윈도우 차단을 선택하여 일시적으로 해제하는 방법을 이용합니다.

08 개인 정보

개인 정보 보안 관리 옵션을 제공합니다.

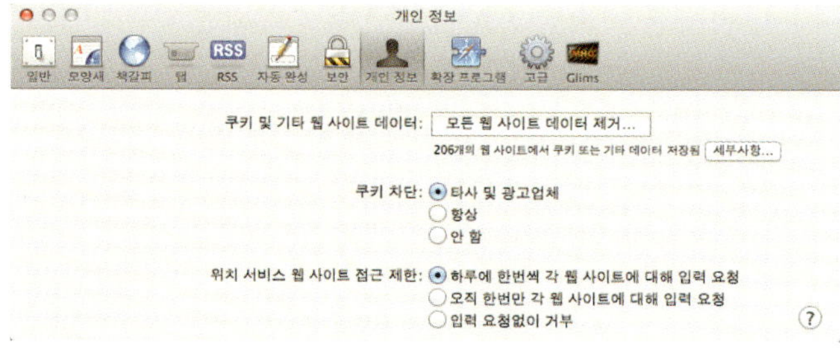

- **쿠키 및 기타 웹 사이트 데이터** : 웹 사이트의 방문 기록이 컴퓨터에 임시 파일로 저장이되는데, 이것을 쿠키라고 합니다. 쿠키 파일은 다음에 같은 사이트를 방문할 때, 빠른 이용이 가능하다는 장점이 있지만, 하드 용량을 차지하고, 자신도 모르는 바이러스가 침투될 수 있다는 단점이 있습니다. 이것을 삭제하는 옵션입니다. 세부 사항을 선택하면, 방문 기록을 선택 삭제할 수 있습니다.

- **쿠키 차단** : 열려 있는 페이지 이외의 광고 및 타사 쿠키의 차단 여부를 결정합니다.

- **위치 서비스 웹 사이트 접근 제한** : 사용자 위치 정보를 이용하는 웹 사이트를 방문했을 때 웹 사이트가 위치 정보에 대해 묻는 것을 허용할지의 여부를 선택합니다.

09 확장 프로그램

사파리를 사용하다 보면, 기능을 확장하기 위한 다양한 프로그램들을 설치하게 되며, 설치된 프로그램들을 관리하는 옵션입니다. 설치된 프로그램의 사용 여부는 끔/켬 스위치로 결정하며, 확장 프로그램 얻기 버튼을 클릭하면 다양한 프로그램을 제공하는 애플사에 접속됩니다.

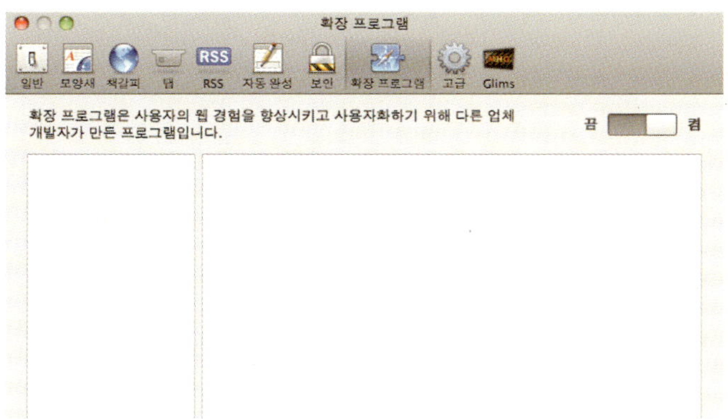

10 고급

사파리를 보다 편리하게 사용할 수 있는 고급 옵션들을 제공합니다. 웹 개발 및 네트워크 지식이 필요한 옵션이므로, 손쉬운 사용 외에는 변경할 이유가 없습니다.

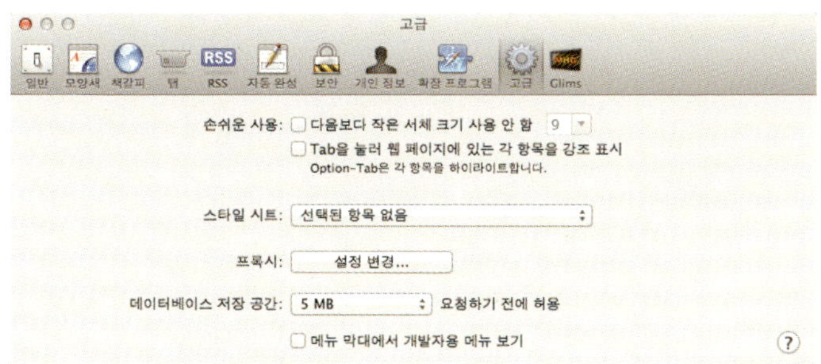

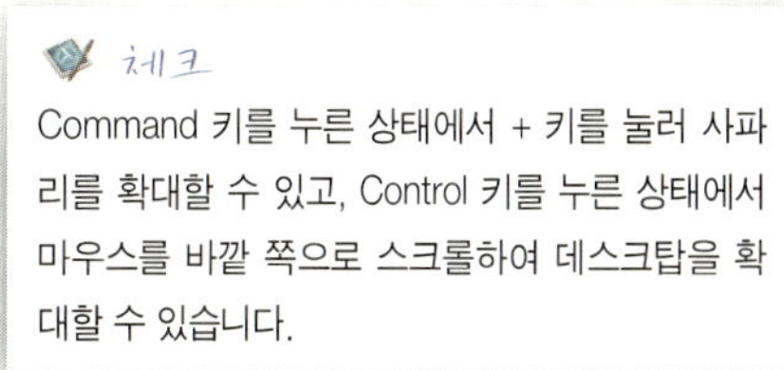

● **손쉬운 사용** : 다음보다 작은 서체 크기 사용 안 함 옵션을 체크하여 서체의 크기를 제한 할 수 있고, Tab을 눌러 웹 페이지에 있는 각 항목을 강조 표시 옵션을 체크하여 Tab 키로 링크를 강조합니다.

● **스타일 시트** : 자신이 만든 스타일 시트(CSS)가 있다면, 이를 선택하여 웹 페이지에 적용할 수 있습니다.

● **프록시** : 프록시 서버를 통해 인터넷에 접속하는 것과 관련된 설정을 조절할 수 있습니다.

● **데이터베이스 저장 공간** : 문서를 생성하고 편집하는 도구를 제공하는 웹사이트는 문서를 데이터베이스로 컴퓨터에 저장하게 되는데, 이때 허용 용량을 설정합니다. 그리고 사파리로 웹 사이트를 개발하는데 사용하는 메뉴의 표시 여부를 선택할 수 있는 옵션을 제공합니다.

웹 클립 만들기

15

맥은 위젯과 사파리를 결합한 클립 기능을 제공합니다. 이것은 사파리를 실행하지 않고도 자신이 원하는 웹 사이트의 업데이트 정보를 데쉬보드에서 바로 볼 수 있는 기능입니다. 웹 사이트를 하나의 클립으로 만들어 데쉬보드의 위젯으로 이용할 수 있는 기능을 살펴보겠습니다.

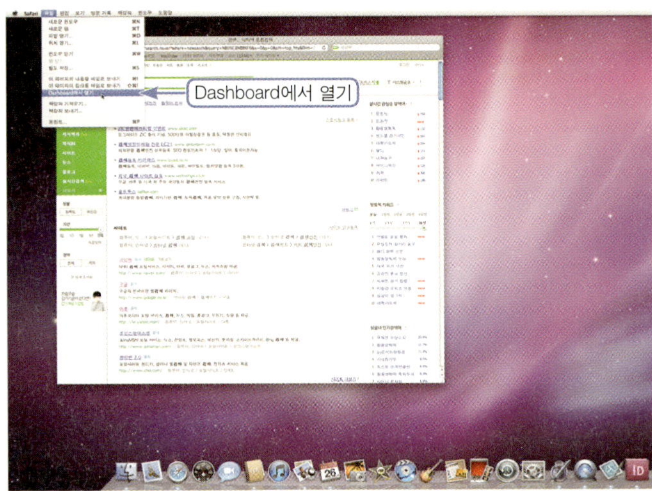

01 사파리에서 수시로 검색해야 봐야 하는 웹 사이트에 접속합니다. 그리고 파일 메뉴의 Dashboard에서 열기를 선택합니다.

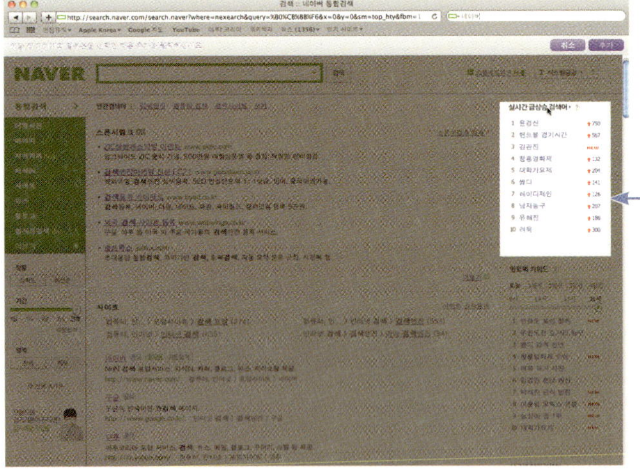

02 사파리 화면이 어두워지고, 마우스가 위치하는 곳만 밝아집니다. 위젯으로 추가하고 싶은 부분을 클릭합니다.

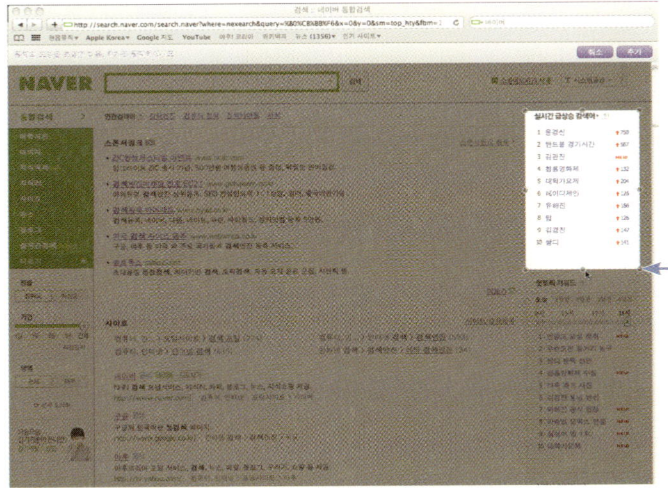

03 선택한 범위에 8개의 포인트가 생성됩니다. 포인트를 드래그하여 선택 범위를 조정할 수 있습니다. 업데이트 내용은 수시로 변경될 수 있으므로, 조금 여유를 두고 선택하는 것이 좋습니다.

04 수시로 확인하고 싶은 내용의 범위를 선택했다면, 사파리 창 상단에 보이는 추가 버튼을 클릭하여 웹 클립으로 만듭니다.

05 선택한 범위가 데쉬보드의 위젯으로 등록되며, 언제든 F4 키를 눌러 선택 범위의 최신 정보를 볼 수 있습니다. 위젯의 정보 버튼을 클릭하면 웹 클립의 테두리를 꾸밀 수 있는 편집 창이 열립니다.

05 한 번에 관리하는 메일

맥의 메일은 POP3와 IMAP을 포함한 대부분의 이메일 표준 및 Gamil, Yahoo, AOL Mail 처럼 많이들 사용하는 이메일 서비스와 연동하여 사용할 수 있으며, Microsoft Exchange Server를 지원하기 때문에 아무리 많은 이메일 계정을 가지고 있더라도 때와 장소에 구분없이 하나로 관리할 수 있습니다.

계정만들기

맥의 메일 프로그램은 독자가 사용하는 지메일, 네이버, 다음, 야후 등의 메일 계정에 직접 접속하지 않고, 메일을 보내거나 받는 등의 역할을 하는 것입니다. 즉, 사용하고 있는 메일 계정이 하나 이상 있어야 하며, 해당 계정에서 맥의 메일 프로그램으로 관리하겠다는 의미의 POP3 설정을 해줘야 합니다.

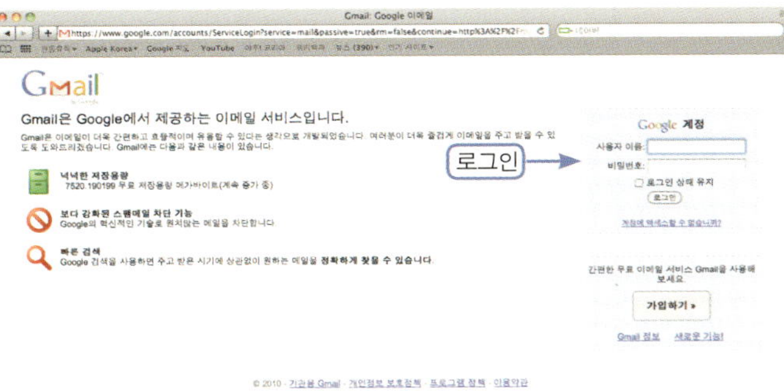

01 POP3/SMPT 설정하기

이미 하나 이상의 메일 계정을 가지고 있다고 가정하겠습니다. 만일, 사용하고 있는 메일이 없다면, 네이버, 다음, 야후, 파란 등, 자신이 원하는 곳에서 메일 주소를 만들어둡니다. 여기서는 지메일을 예로 들고 있지만, 대부분 비슷합니다. gamil.com에 접속하고, 로그인 합니다. 계정이 없다면 가입하기 버튼을 클릭하여 가입을 합니다.

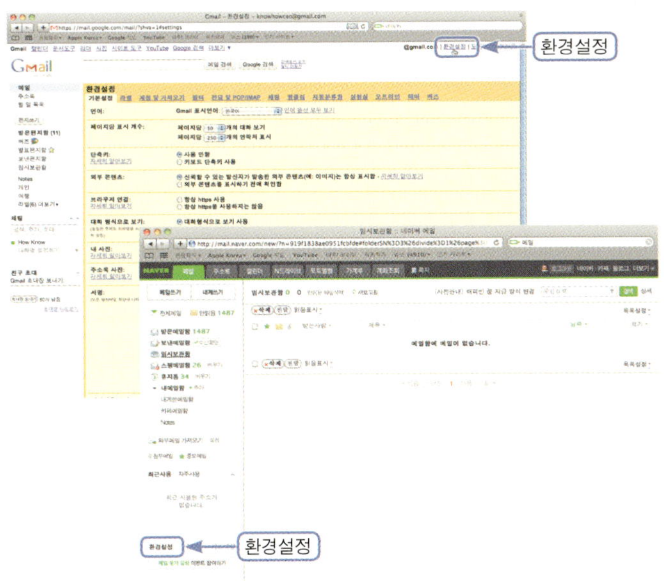

02 어떤 메일을 사용하고 있든지 환경을 설정할 수 있는 메뉴가 있습니다. 해당 메뉴를 클릭하여 페이지를 엽니다. 네이버 메일에서는 왼쪽 하단에 환경설정 메뉴가 있는 것을 확인할 수 있으며, 해당 메뉴를 클릭했을 때 이동 메뉴를 선택할 수 있는 팝업 창이 열립니다. 이처럼 메일 계정 마다 조금씩은 차이가 있습니다.

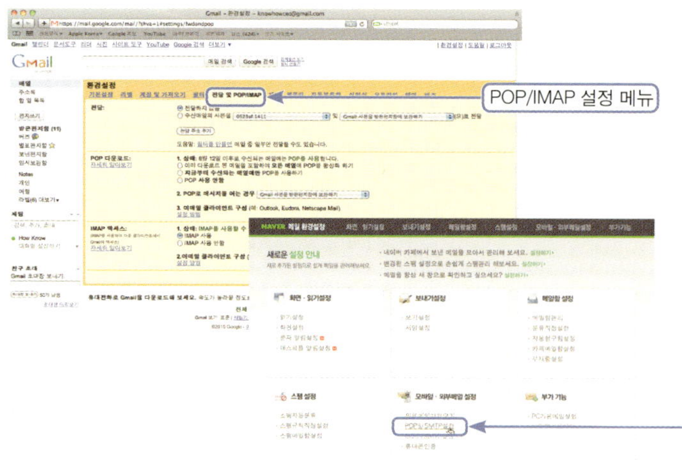

03 환경 설정 페이지에서 POP3 설정을 할 수 있는 메뉴를 찾아 클릭합니다. 지메일의 경우에는 전달 및 POP/IMAP 메뉴로 제공되고 있고, 네이버는 POP3/SMPT 설정 메뉴로 제공되고 있듯이 조금씩 차이는 있지만, 쉽게 찾을 수 있습니다.

04 POP3 설정 메뉴를 클릭하여 창을 열면 POP3의 사용 유무를 선택할 수 있는 옵션이 있습니다. 이것을 사용으로 선택하고 변경사항 저장 버튼을 클릭합니다. 네이버는 저장 대신 확인 버튼으로 되어 있듯이 이것도 업체 마다 조금씩 차이가 있습니다.

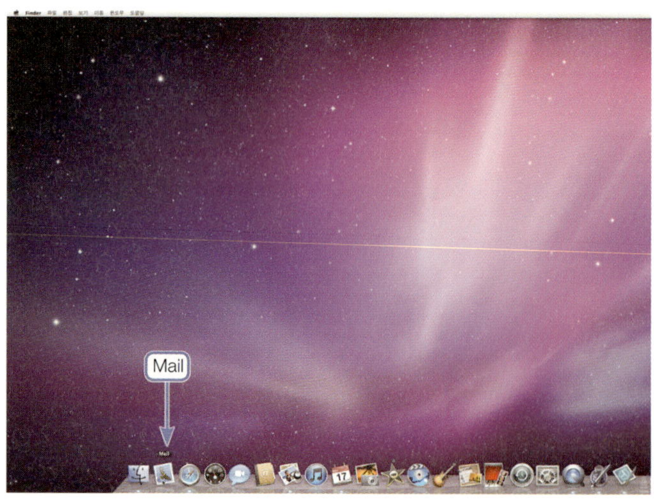

05 이것으로 독자가 사용하고 있는 메일에서의 설정은 끝입니다. 요약하면 POP3를 사용하겠다는 것뿐이므로, 어떤 메일을 사용하든지 쉽게 설정할 수 있을 것입니다. Command+Q 키를 눌러 사파리를 종료하고, Dock에서 Mail 아이콘을 클릭하여 실행합니다.

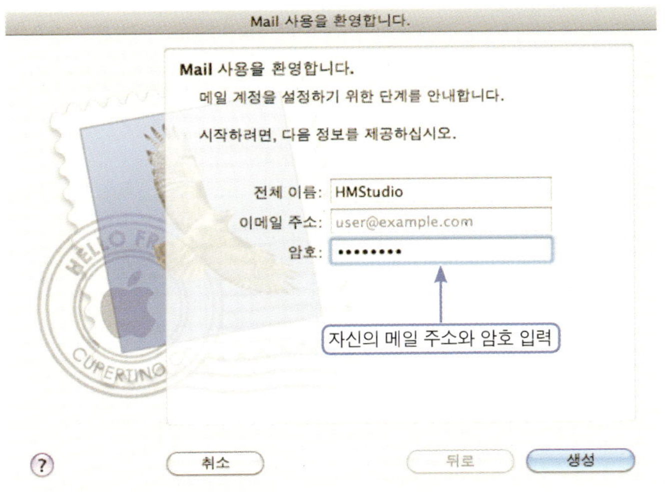

06 계정 만들기

메일 프로그램을 처음 실행하면 어떤 메일을 관리할 것인지를 설정하는 계정 만들기가 실행됩니다. 앞에서 POP3 설정했던 메일의 주소와 암호를 입력하면, 자동으로 연결되고 생성 버튼이 보입니다. 생성 버튼을 클릭하여 계정 만들기를 완료합니다.

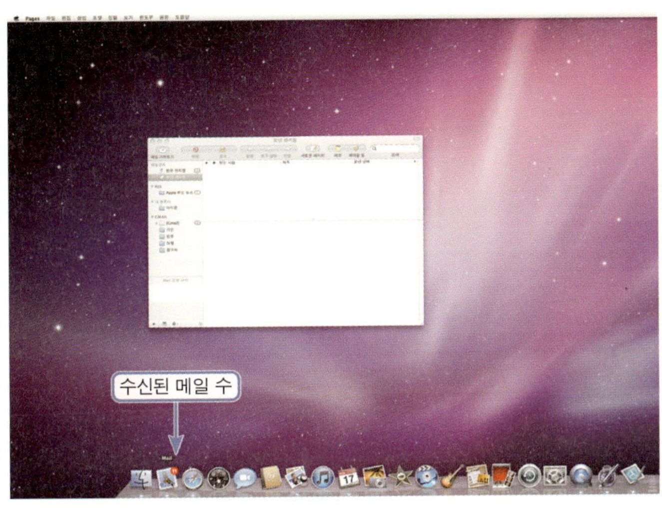

07 메일 프로그램의 메인 화면을 볼 수 있으며, 독자가 사용하고 있는 메일의 받은 편지함을 가져오는 과정이 진행됩니다. 읽지 않은 메일이 있다면 Dock 아이콘에 숫자가 표시됩니다. 즉, 새로운 메일이 도착하는 것을 실시간으로 알 수 있는 것입니다.

08 그 동안 사용하던 메일이 두 개 이상이라면 계정을 추가하여 맥의 메일 프로그램으로 한 번에 관리할 수 있습니다. Mail 메뉴의 환경설정을 선택합니다.

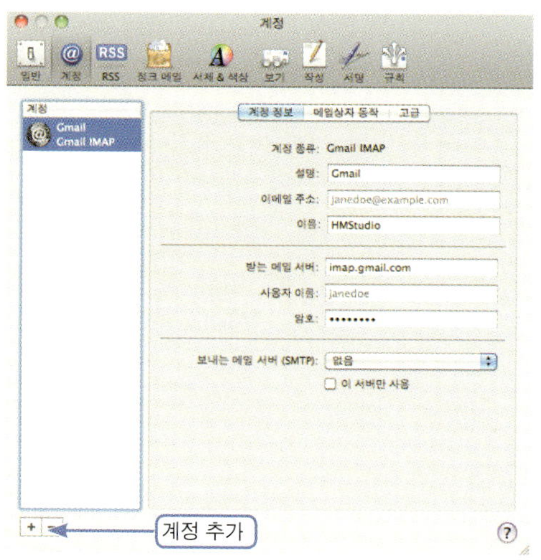

09 메일 계정을 관리할 수 있는 창이 열립니다. 계정 탭을 클릭하여 창을 열고, + 기호의 계정 추가 버튼을 클릭합니다. 계정을 만들 때 보았던 창이 열립니다. 메일 주소와 암호를 입력하여 계정을 추가합니다. 맥에서 관리하고 싶은 메일 계정은 제한 없이 추가할 수 있습니다.

수동 연결

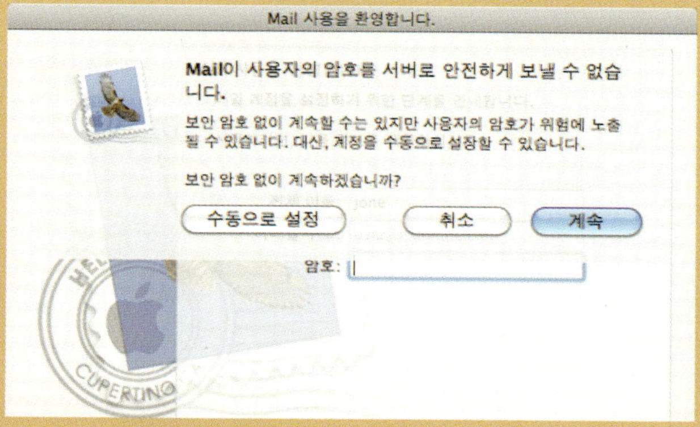

❶ 대부분의 메일 계정은 자동으로 연결이 되기 때문에 메일 주소와 암호를 입력하고, 생성 버튼을 클릭하는 동작으로 끝이지만, 간혹, 수동 연결을 요구하는 계정이 있습니다. 이때는 수동으로 설정 버튼을 클릭하여 진행합니다.

❷ 받는 메일 서버(POP3)를 등록하는 창이 열립니다. 기본값이 POP으로 설정되어 있으므로, 사용자 이름(이메일 주소)과 암호만 입력하고, 계속 버튼을 클릭합니다.

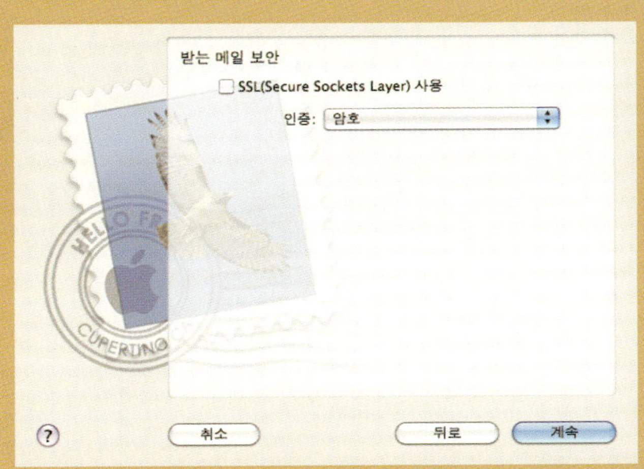

❸ 받는 메일 보안 창이 열립니다. 수동 연결은 보안 암호가 없으므로, SSL 인증 방식을 사용할 수 있습니다. 하지만, 국내 메일 계정의 대부분은 지원을 하지 않으므로, 의미가 없습니다. 그냥 옵션이 해제된 상태로 계속 버튼을 클릭하여 진행합니다.

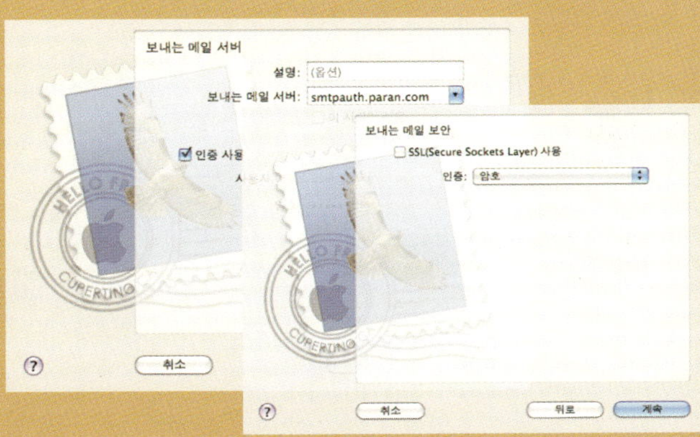

❹ 보내는 메일 서버(SMPT)를 등록하는 창이 열립니다. 받는 메일과 동일하게 사용자 이름과 암호를 입력하고 계속 버튼을 클릭합니다. 보내는 메일 보안 창도 옵션이 해제된 상태로 계속 버튼을 클릭하여 진행합니다.

❺ 수동 연결 설정이 완료된 계정 요약 창이 열리면, 생성 버튼을 클릭하여 완료합니다. 수동 연결이라고 해서 보안에 문제가 되는 것은 아니지만, 왠지 찜찜한 기분이 든다면, 자동으로 연결될 수 있는 지메일, 네이버, 야후 등의 일반적인 메일 계정을 이용합니다.

편지함 살펴보기

맥 메일은 메일 계정 서비스에서 제공하는 아기자기한 기능은 없지만, 받은 편지함, 보낸 편지함 등, 주고 받는 메일을 관리하는데 필요한 메뉴는 모두 갖추고 있으며, 주소록 및 스케줄 기능을 지원하는 메일 계정인 경우에는 해당 서비스를 제어할 수 있는 기능도 갖추고 있습니다. 단, 아직까지는 GMail 계정에서만 동기화가 가능합니다. 그래서 맥, 아이폰, 아이패드 등의 애플사 제품 사용자들이 지메일 계정을 많이 사용하는 것입니다.

맥의 메일은 메일 상자 목록이 있는 사이드 바와 메뉴를 빠르게 실행할 수 있는 도구의 간단한 구조로 되어 있습니다. 메인 창에는 메일 상자 목록에서 선택한 메일의 내용이 표시되며, 사이드 바는 도구 바 아래쪽의 보기 및 가리기 버튼을 이용하여 닫거나 열 수 있습니다.

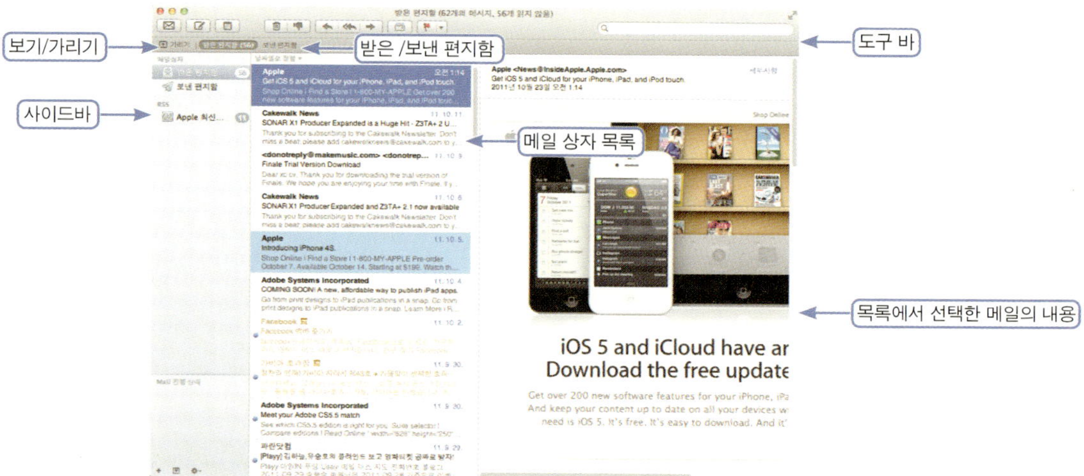

● 사이드 바

보기 버튼을 클릭하여 열 수 있으며, 받은 편지함과 보낸 편지함을 관리하는 메일상와 RSS로 구성되어 있으며, 받은 편지함에는 사용자가 추가한 메일 계정 목록이 모두 표시됩니다. GMail 계정을 사용하고 있다면, 주소록 및 스케줄을 관리하는 GMail 목록도 볼 수 있습니다.

● 메일상자

추가한 메일 계정이 하나라면 받은 편지함으로 관리되지만, 두 개 이상이라면 받은 편지함에 계정 이름이 생성됩니다. 받은 편지함 또는 계정 이름을 선택하면 해당 계정으로 수신된 메일을 볼 수 있으며, 제목을 선택하면 오른쪽 창에 내용이 보입니다. 제목에 파란 점이 있는 것은 아직 읽지 않았다는 표시입니다.

● 도구 바

기본적으로 메일 가져오기, 작성, 메모, 삭제 등의 10가지 도구로 구성되어 있으며, 마우스 오른쪽 버튼을 클릭하여 단축 메뉴를 열고, 도구 사용자화를 선택하면 자주 사용하는 메뉴의 도구를 추가할 수 있습니다.

맞춤법 교정하고 메일 보내기

메일 프로그램은 다양한 기능들을 제공하고 있지만, 무엇보다 중요한 것은 메일을 받고, 보내는 기본 기능입니다. 그리고 격식을 갖춰야하는 상대에게는 맞춤법도 확실하게 체크를 하는 것이 좋을 것입니다. 메일의 기본 기능과 한글 맞춤법 검사를 위한 사전 설치에 관해서 살펴보겠습니다.

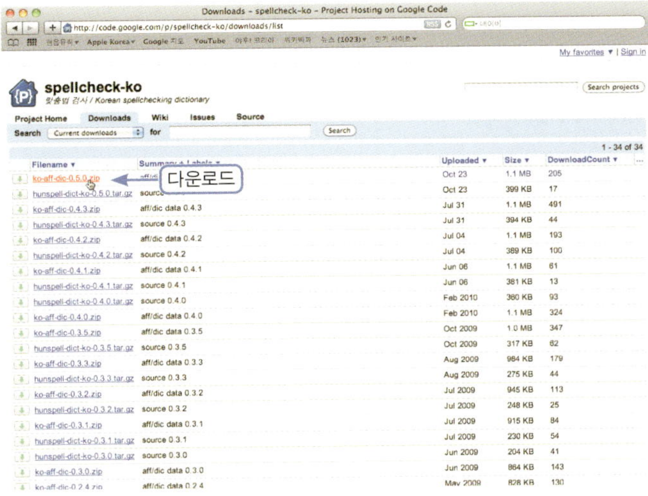

01 한글 사전 추가 하기

맥은 틀린 글자에 빨간색 밑줄을 표시하는 맞춤법 검사 기능을 제공합니다. 하지만, 한글 사전은 설치되어 있지 않기 때문에 사용자가 직접 추가를 해야 합니다. code. google.com/p/spellcheck-ko에 접속하여 Downloads 페이지를 열고, 리스트 상단의 최신 버전을 다운받습니다.

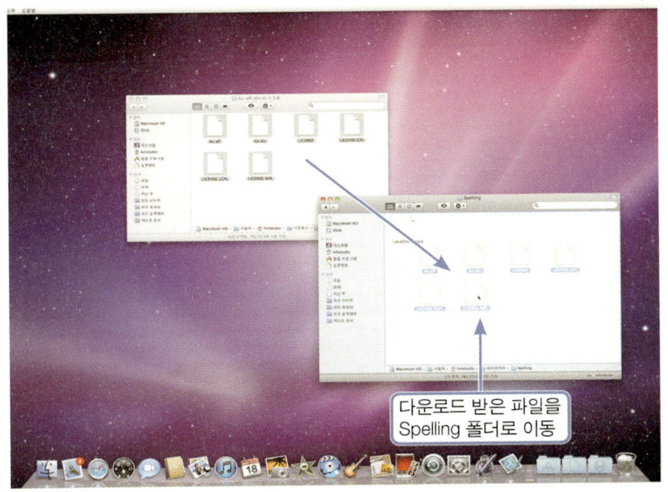

02 다운로드가 완료된 폴더를 선택하여 파인더를 열고, Command+N 키를 눌러 파인더를 하나 더 엽니다. 새 파인더에서는 C:₩라이브리₩Spelling 폴더를 엽니다. 그리고 다운 폴더의 파일을 마우스 드래그로 모두 선택하고, Spelling 폴더로 드래그하여 이동시킵니다.

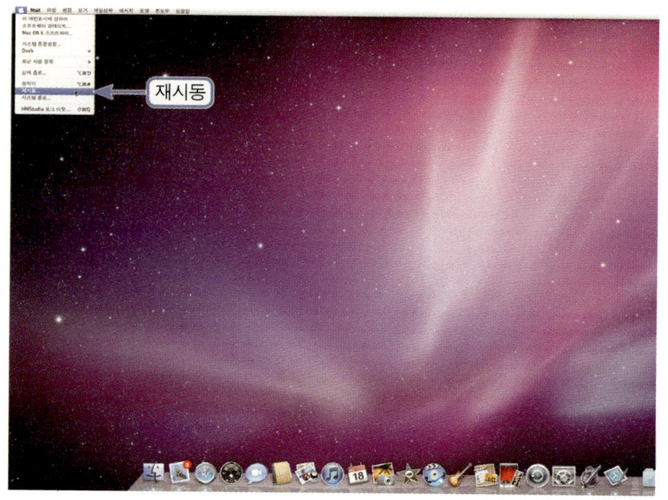

03 추가한 한글 사전은 맥을 재시동해야 적용됩니다. 애플 메뉴의 재시동을 선택하여 컴퓨터가 재시동되게 합니다.

04 메일 보내기

새로운 메일을 작성하여 보낼 때는 도구바의 새로운 메시지 아이콘을 클릭하고, 수신된 메일의 답장을 보낼 때는 답장 아이콘을 클릭합니다.

05 받는 사람 항목에 상대방의 메일 주소를 입력하고, 제목을 입력합니다. 맥 메일을 처음 사용하는 경우에는 자신의 이메일 주소를 입력하여 테스트 해보는 것이 좋습니다.

 체크

동시에 여러 사람에게 메일을 보낼 때는 메일 주소를 쉼표(,)로 구분하여 입력합니다.

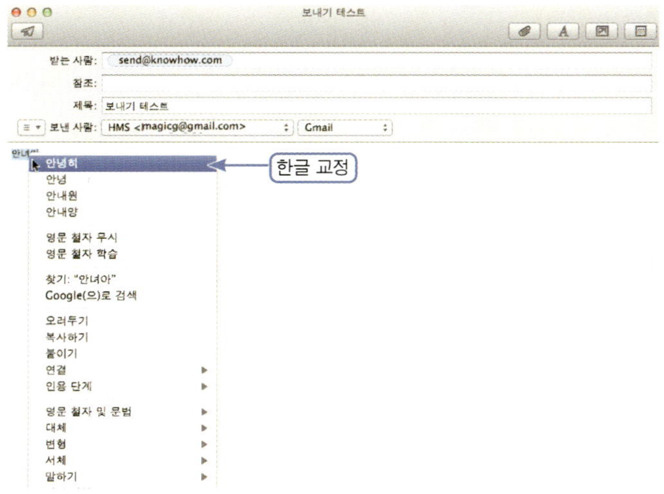

06 본문에 글을 입력할 때 틀린 글자가 입력되면 빨간색 밑줄이 표시됩니다. 이때는 해당 글자에서 마우스 오른쪽 버튼을 클릭하면, 사전에서 추천하는 글자를 볼 수 있고, 원하는 것을 선택하여 수정할 수 있습니다. 물론, 사전에 없는 고유명사는 추천 단어가 없습니다.

07 메일에 편지지를 적용하겠다면 편지지 보기 아이콘을 클릭하여 패널을 열고, 생일, 알림, 사진 등의 목록에서 마음에 드는 것을 선택합니다. 물론, 상대방이 맥 메일을 사용할 때만 볼 수 있습니다.

08 메일에 사진을 첨부하겠다면 사진 브라우저를 선택하여 창을 열고, iPhoto에 보관되어 있는 사진을 본문 창으로 드래그합니다. 사진이 있는 편지지를 사용하고 있다면 편지지의 사진을 바꾸는 것도 가능합니다. 내용이 완성되면 보내기 버튼을 클릭하여 메일을 보냅니다.

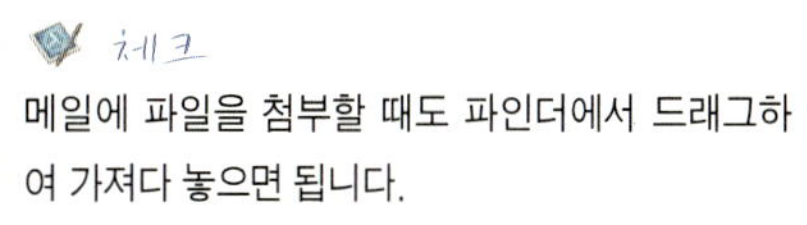

체크

메일에 파일을 첨부할 때도 파인더에서 드래그하여 가져다 놓으면 됩니다.

06 메일 받기

자신에게 보내는 메일이었으므로, 받은 편지함에서 확인할 수 있습니다. 메일이 도착하는 시간은 차이가 있으므로, 바로 도착하지 않으면 메일 가져오기 버튼을 클릭하여 가져옵니다.

07 상대편이 보낸 메일에 따라 저장하고 싶은 사진이 첨부되어 있다면, Dock의 Finder 아이콘을 클릭하여 열고, 저장하고 싶은 폴더로 드래그하여 가져다 놓으면 됩니다

08 테스트해본 메일은 답장 버튼을 클릭하여 답장도 보내보고, 모두 이상이 없다면 삭제 버튼을 클릭하여 삭제합니다. 삭제된 메일은 휴지통으로 이동하며, 휴지통을 마우스 오른쪽 버튼으로 클릭하여 단축 메뉴를 열고, 삭제된 항목 지우기를 선택하면 비울 수 있습니다.

서명 첨부하기

04

메일을 보낼 때, 자신의 이름, 전화번호, 주소 등의 명함을 첨부할 필요가 있다면, 매번 입력하지 않고
자동으로 첨부되게 할 수 있습니다. 특히, 두 가지 이상의 직업을 가지고 있는 경우에는 각각의 명함을
만들어두고, 메일을 보낼 때 선택할 수 있습니다.

01 보내는 메일에 명함을 첨부할 필요
가 있다면, 미리 만들어두는 것이 좋습니
다. Mail 메뉴의 환경 설정을 선택하여 창
을 엽니다.

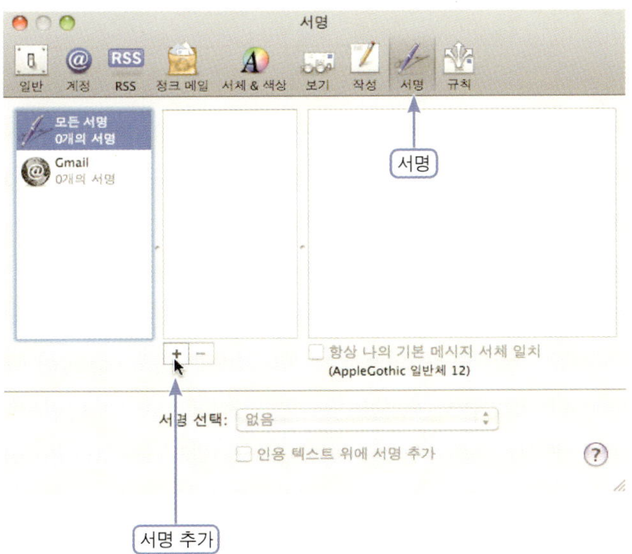

02 메일 환경을 설정할 수 있는 창이
열립니다. 서명 아이콘을 클릭하여 페이
지를 열고, + 기호의 서명 추가 버튼을 클
릭합니다.

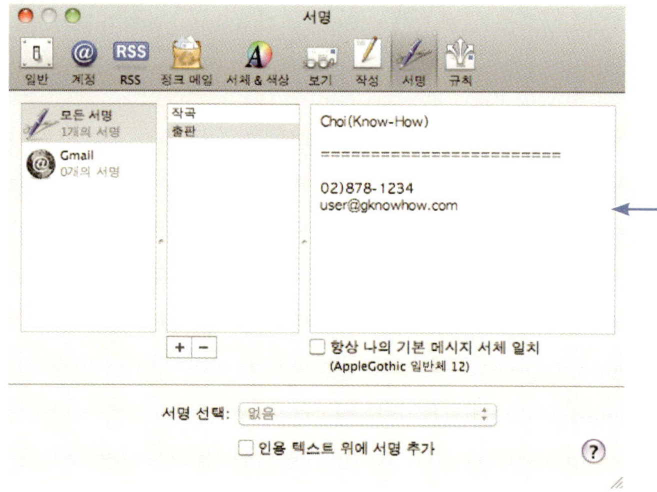

03 서명이 추가되면 오른쪽에서 첨부할 내용을 입력합니다. 두 개 이상의 서명이 필요하다면 동일한 방법으로 추가합니다.

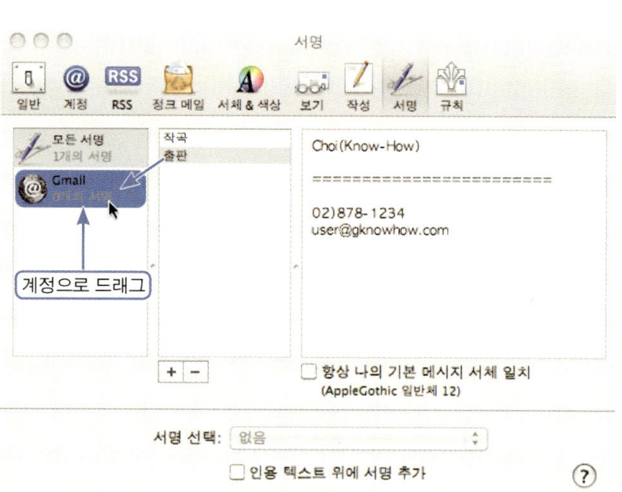

04 추가한 서명을 어떤 계정에서 사용할 것인지를 결정하고 해당 계정으로 드래그하여 가져다 놓습니다. 두 개 이상의 계정에서 사용하려면 각각의 계정마다 가져다 놓습니다.

05 환경설정 창을 닫고, 새로운 메시지 버튼을 클릭하여 창을 엽니다. 받는 사람 항목에 메일 주소를 입력할 때, 이미 보낸 적이 있는 사람 또는 주소록에 있는 사람의 주소를 입력하면 한 두 글자만 입력해도 바로 선택할 수 있습니다.

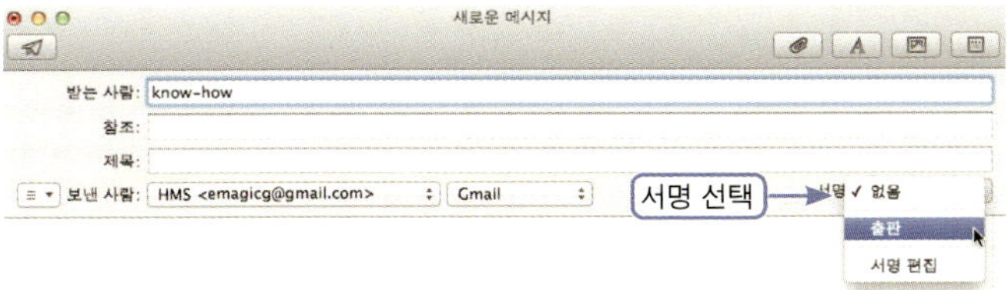

06 제목과 본문을 입력하고, 환경 설정에서 만들어둔 서명을 메뉴에서 선택합니다. 커서가 있는 위치에 미리 만들어둔 서명이 첨부되는 것을 확인할 수 있습니다.

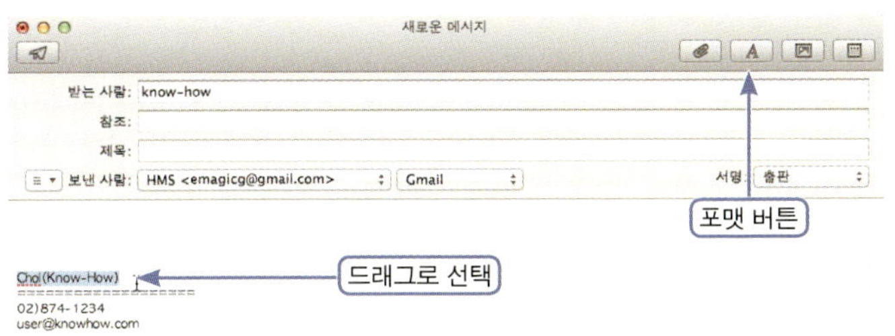

07 서명을 포함한 본문 내용 중에서 글자 모양 및 색상을 변경하고 싶은 것이 있다면, 마우스 드래그로 글자를 선택하고, 포맷 버튼을 클릭합니다.

체크
입력한 모든 글자를 선택할 때는 Command+A 키를 누릅니다.

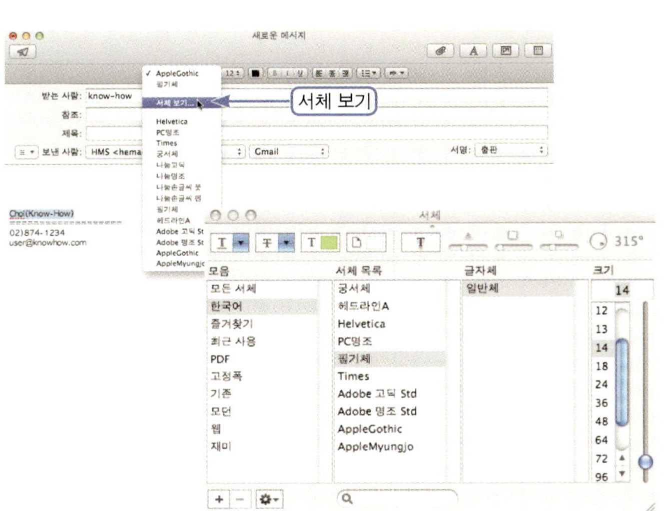

08 색상 아이콘을 클릭하면 글자 색상을 변경할 수 있는 팔레트가 열리고, 서체 메뉴에서 서체 보기를 선택하면, 글자 모양과 색상을 동시에 변경할 수 있는 창이 열립니다. 서체와 글자 크기를 변경해 봅니다.

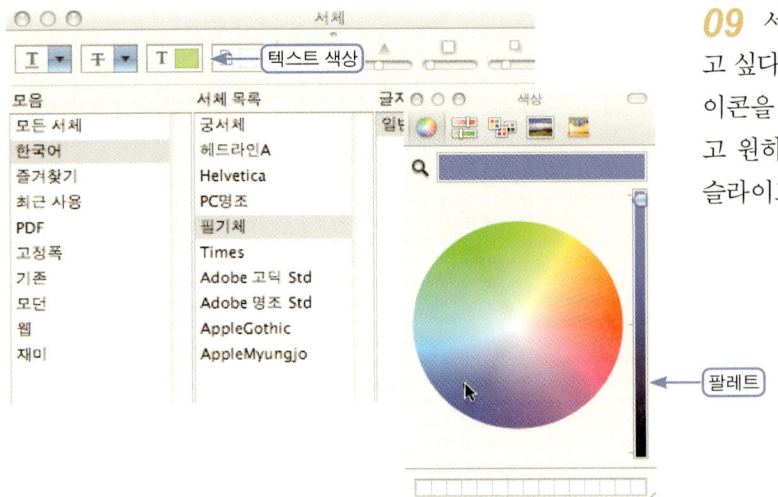

09 서체 창에서 글자의 색상을 변경하고 싶다면, 상단에 보이는 텍스트 색상 아이콘을 클릭하여 팔레트를 엽니다. 그리고 원하는 색상을 선택합니다. 오른쪽의 슬라이드는 밝기를 조정하는 것입니다.

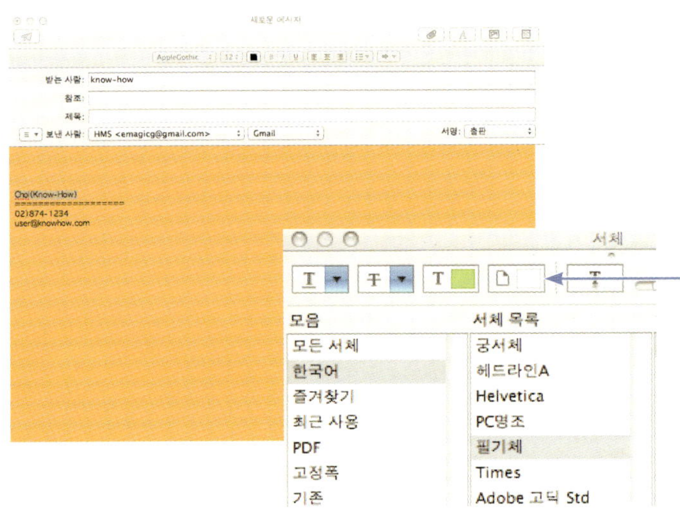

10 종이 색상, 즉 배경 색을 바꾸는 것도 가능합니다. 서체 창에서 도큐멘트 색상 아이콘을 클릭하면 글자 색상을 선택했던 것과 동일한 팔레트 창이 열리며, 마우스 선택으로 변경할 수 있습니다.

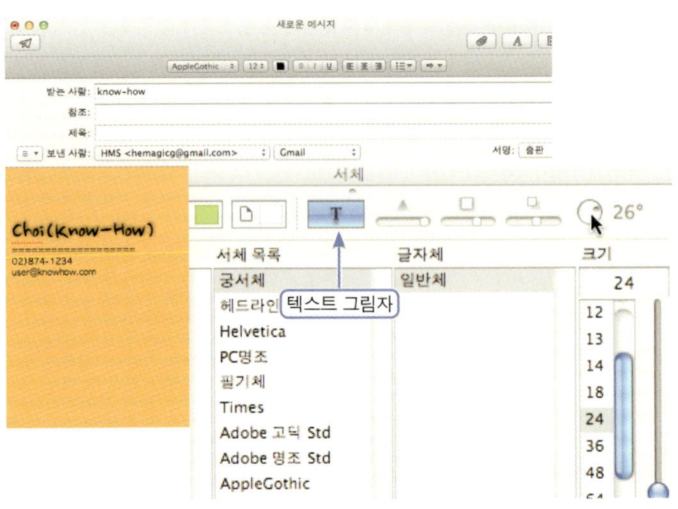

11 서체 창의 텍스트 그림자 아이콘은 선택한 글자에 그림자 효과를 만듭니다. 모서리를 드래그하여 창의 크기를 늘리면, 그림자의 선명도, 거리, 방향, 각도 등을 조정할 수 있는 도구도 볼 수 있습니다. 다만, 서체에서 적용되는 효과들은 상대방이 맥 메일을 사용할 경우에만 적용됩니다.

메일 상자로 관리하기

메일을 받으면서 필요없는 것은 삭제를 하고, 광고는 정크 메일로 등록하는 등의 관리를 하듯이 특정한 사람이나 그룹의 메일을 따로 보관하고 싶은 경우가 있습니다. 맥의 메일 프로그램은 사용자가 원하는 메일을 분류할 수 있는 메일상자 기능을 제공합니다.

01 메일상자는 사이드 바 아래쪽의 + 기호로 표시되어 있는 버튼을 클릭하여 메뉴를 열고, 새로운 메일상자를 선택하여 추가합니다.

02 저장 위치와 이름을 묻는 창이 열립니다. 위치에서 나의 Mac을 선택하고, 이름은 관리할 메일의 종류를 쉽게 구분할 수 있는 것으로 입력합니다. 그리고 승인 버튼을 클릭합니다.

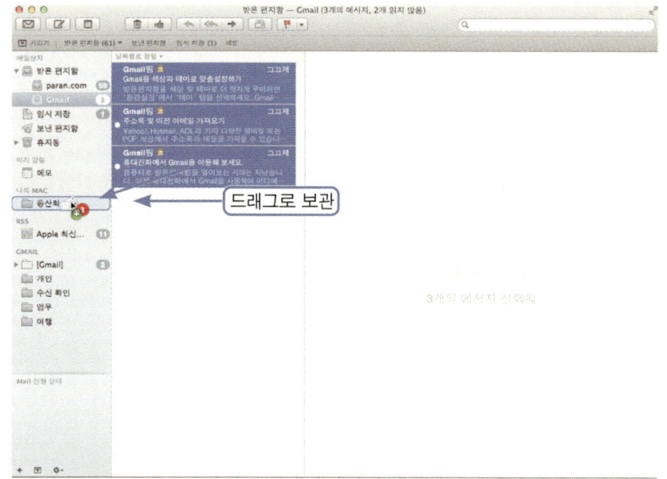

03 나의 Mac 목록에 메일상자가 추가 되었습니다. 새로만든 메일상자에 보관 하고 싶은 메일을 드래그하여 가져다 놓 습니다. 두 개 이상의 메일을 한 번에 이 동 시킬때는 Command 키를 누른 상태로 선택합니다.

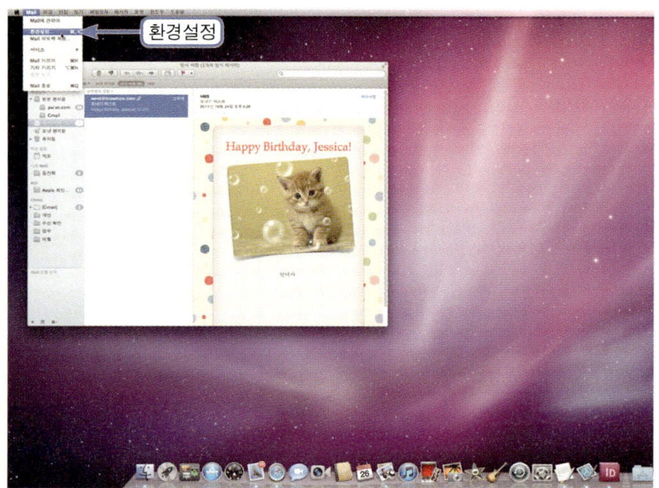

04 상자에 보관할 메일이 많다면 규칙 을 적용하여 한 번에 처리할 수 있습니다. Mail 메뉴의 환경설정을 선택하여 창을 엽니다.

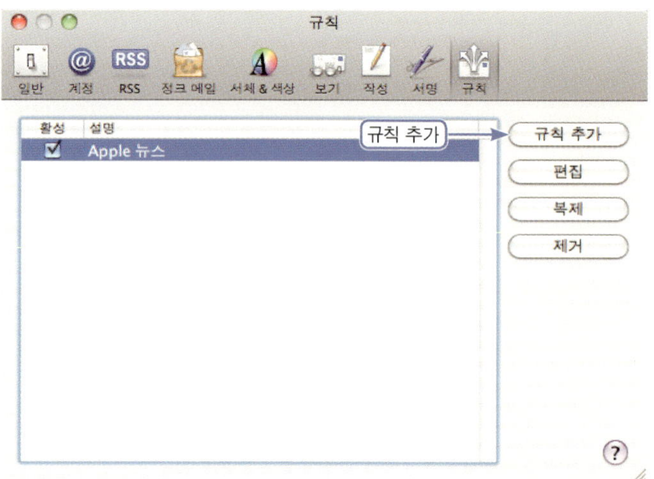

05 메일상자의 정렬 조건을 설정할 수 있는 규칙 아이콘을 클릭하여 페이지를 엽니다. 그리고 규칙 추가 버튼을 클릭합 니다.

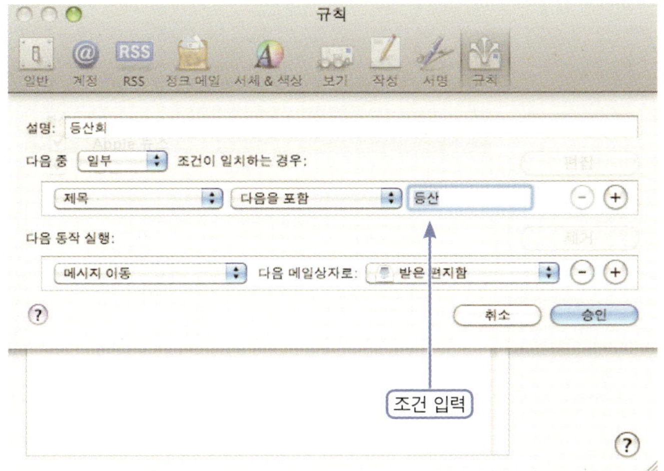

06 조건을 설정할 수 있는 창이 열립니다. 예를 들어 등산이라는 제목의 메일을 분류하겠다면 조건에서 제목을 선택하고, 등산을 입력하는 것입니다. 좀 더 세부적인 조건이 필요하다면 + 버튼을 클릭하여 추가합니다.

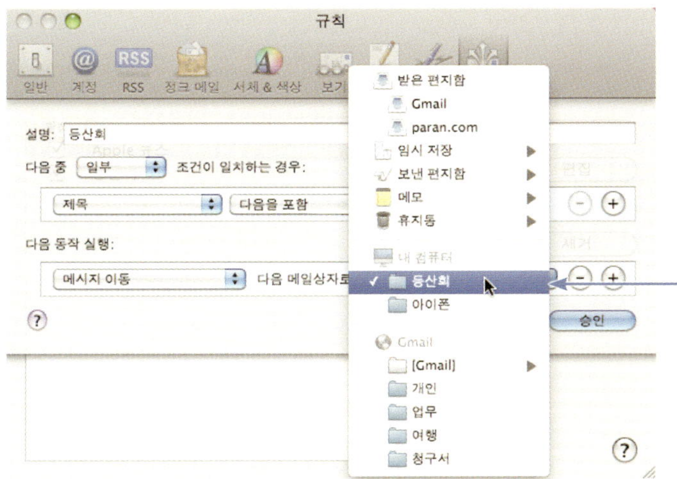

07 다음 동작 실행 항목에서 조건에 맞는 메일이 보관될 위치를 선택합니다. 즉, 사용자가 만들어둔 메일 상자를 선택하는 것입니다. 설정이 끝나면 승인 버튼을 클릭하여 창을 닫습니다.

08 받은 편집 함에서 Command+A 키를 눌러 모든 메일을 선택합니다. 그리고 메시지 메뉴의 규칙 적용을 선택하면, 앞에서 선택한 조건대로 등산이라는 제목을 가진 메일이 새로 추가한 메일상자에 보관됩니다.

앞에서 살펴본 메일상자와 동일한 역할입니다. 다만, 앞에서 살펴본 메일상자는 보관되어 있는 메일을 수동으로 관리하지만, 스마트 메일상자는 수신되는 메일을 자동으로 관리한다는 차이가 있습니다. 많은 메일을 수신하는 사용자에게 좀 더 효율적인 기능이 될 것입니다.

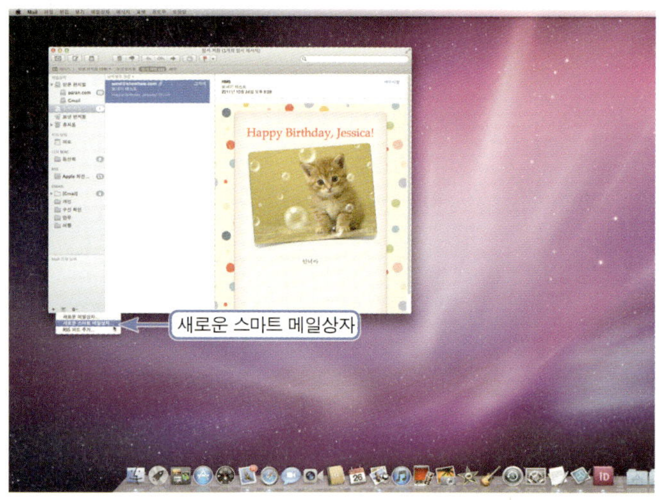

01 메일이 수신되면, 사용자가 원하는 조건에 맞추어 자동으로 메일상자 이동되게 하는 스마트 메일상자의 기능입니다. + 기호의 버튼을 클릭하여 메뉴를 열고, 새로운 스마트 메일상자를 선택합니다.

02 예를 들어 특정인의 메일을 사용자가 만든 스마트 메일상자에 보관되도록 하려면, 조건에서 보낸사람을 선택하고 이름 및 주소를 입력하는 것입니다.

03 원하는 사람의 메일을 선택한 상태에서 스마트 메일상자 추가 기능을 실행한 상태라면, 이메일 주소가 자동으로 입력되어 있지만, 그렇지 않은 경우에는 메일 주소 또는 이름을 직접 입력합니다.

04 조건이 더 필요하다면, + 버튼을 클릭하여 필드를 추가하고, 동일한 방법으로 설정합니다. 자신이 보낸 메일도 포함시키겠다면, 보낸 편지함에 있는 메시지 포함 옵션을 체크하고, 승인 버튼을 클릭합니다.

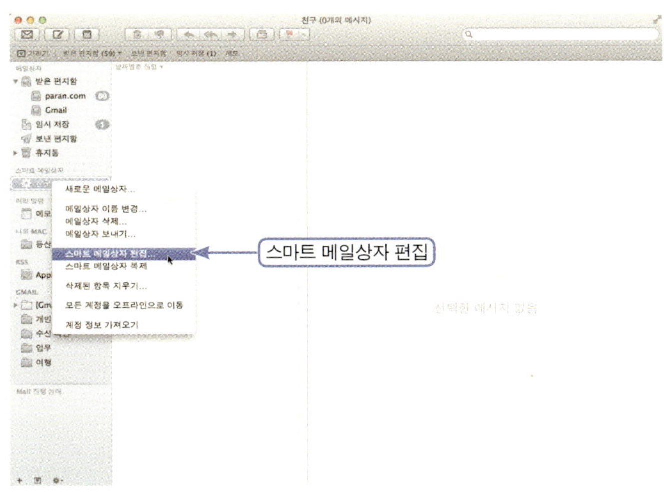

05 스마트 메일 상자가 생성되며, 편지함에 있는 것 뿐만 아니라 앞으로 수신되는 메일 중에서 조건에 맞는 것이 있다면, 자동으로 보관됩니다. 조건을 수정할 필요가 있다면 스마트 메일 상자를 마우스 오른쪽 버튼으로 클릭하여 단축 메뉴를 열고, 스마트 메일 상자 편집을 선택합니다.

정크 메일 걸러내기

맥의 메일은 사용자 주소록에 등록되어 있지 않은 것이나 인증되지 않은 계정을 정크 메일로 취급하여 갈색으로 표시합니다. 하지만, 국내는 개인 및 회사 계정을 이용하는 사용자도 많고, 미리 등록하지 않은 주소도 있을 수 있습니다. 결국, 정크 메일의 분류 작업을 직접 해야하는 수고가 필요합니다.

01 정크 메일의 기본적인 분류는 도구 바의 정크 버튼을 클릭하여 결정합니다. 정크 메일이 아닌데, 정크 메일로 표시된 것들은 정크 메일 아님 버튼을 클릭하여 설정합니다. 이미지가 보이지 않는 경우에는 이미지 로드 버튼을 클릭합니다.

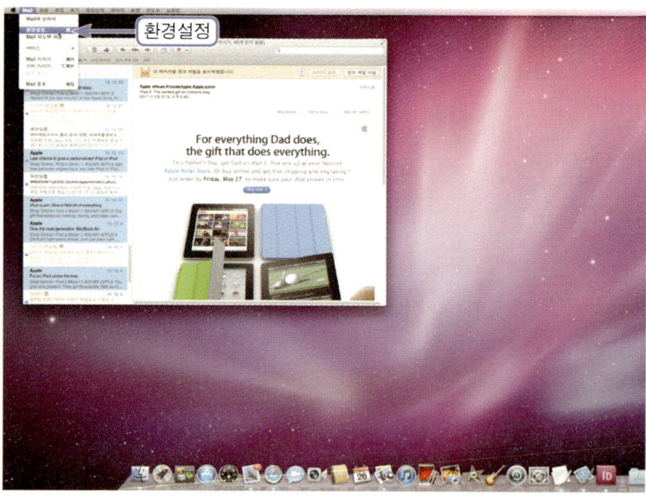

02 메일을 사용하면서 정크 메일이 어느 정도 정리되면, 이것에 관한 처리 방법을 설정할 필요가 있습니다. Mail 메뉴의 환경설정을 선택하여 창을 엽니다.

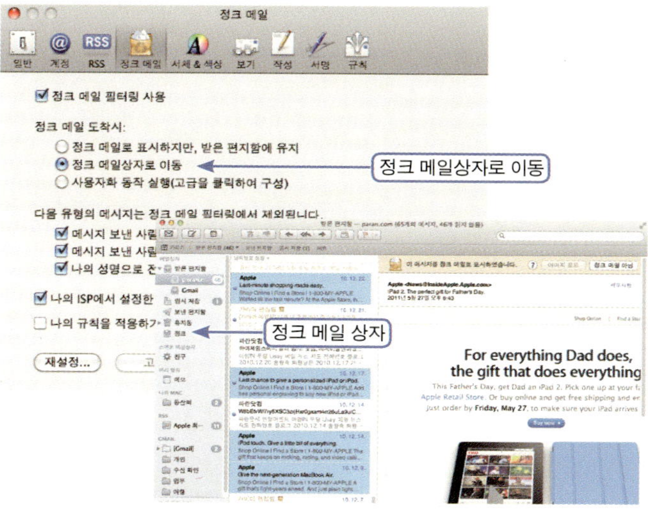

03 환경설정 창의 정크 메일 아이콘을 클릭하여 페이지를 엽니다. 정크 메일 도착시 옵션에서 정크 메일에 대한 처리 방법을 선택합니다. 정크 메일상자로 이동 옵션을 선택하면, 사이드 바에 정크 상자가 생성되며, 정크 메일이 자동으로 보관되게 됩니다.

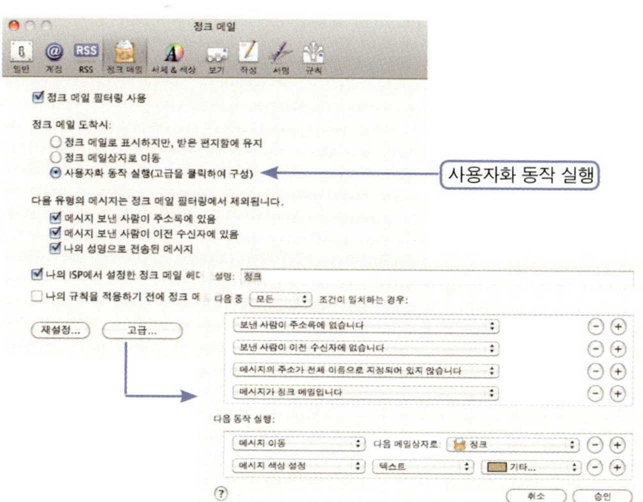

04 사용자화 동작 실행 옵션을 선택하면, 고급 버튼을 클릭하여 옵션을 설정할 수 있습니다. 고급 버튼을 클릭하여 창을 열고, 정크 메일로 구분할 옵션들을 설정합니다. 필요하다면 + 버튼을 클릭하여 조건 필드를 추가할 수 있습니다.

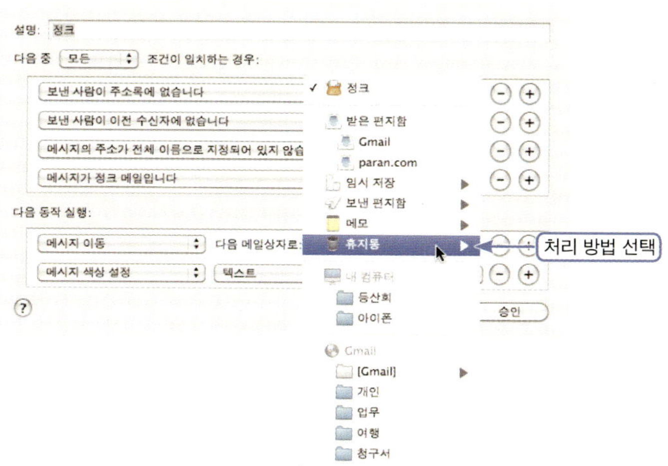

05 다음 동작 실행 항목에서 조건에 부합되는 정크 메일의 처리 방법을 선택합니다. 다음 메일상자로 이동에서 휴지통을 선택하면 수신되는 정크 메일은 자동으로 휴지통에 버려지게 되는 것입니다.

메모 및 RSS 피드

맥 메일은 간단한 메모를 할 수 있는 기능을 제공합니다. 물론, 맥에서 기본적으로 제공하는 스티커를 이용하는 경우가 더 많겠지만, 메일에 관련된 내용이라면, 메일 메모를 이용하는 것도 좋습니다. 그 외, RSS 피드를 보다 효율적으로 이용할 수 있는 추가 기능도 살펴보겠습니다.

01 메모

도구 바의 메모 버튼을 클릭하면 간단한 메모를 할 수 있는 창이 열립니다. 메모는 보내기 버튼을 클릭하여 메일로 전송 가능합니다.

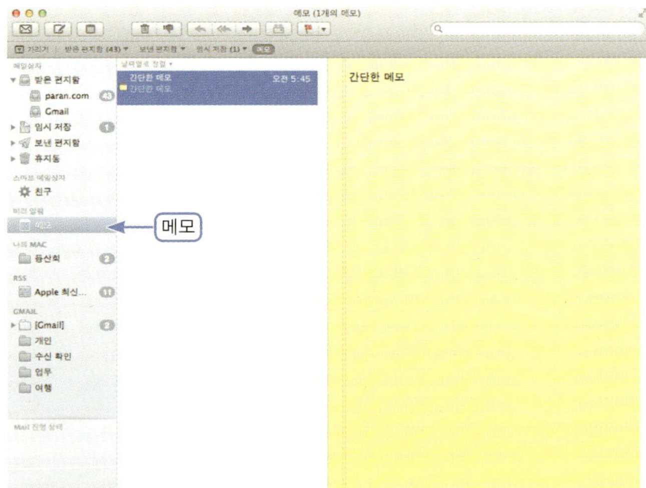

02 메모는 사이드 바의 메모 폴더에 기록이 되며, 언제든 선택하여 확인할 수 있습니다. 목록을 더블 클릭하면, 수정이 가능합니다.

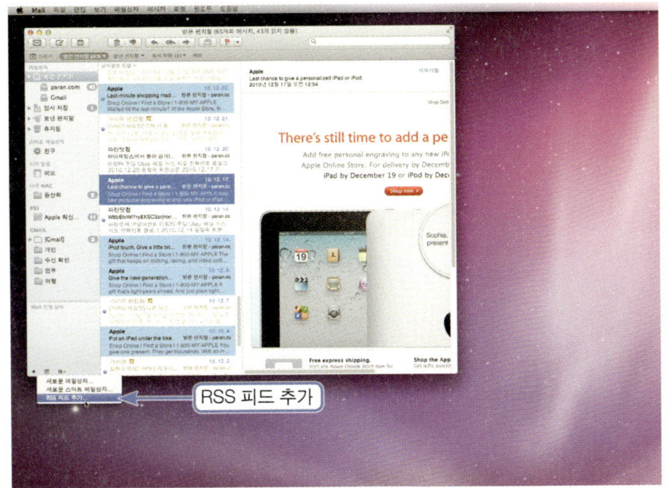

03 RSS 피드

사이트의 최신 내용을 실시간으로 받아
볼 수 있는 RSS 피드 기능은 기사 타이틀
을 볼 수 있는 메일에서 이용하는 것이 효
과적입니다. + 기호 버튼을 클릭하여 메
뉴를 열고, RSS 피드 추가를 선택합니다.

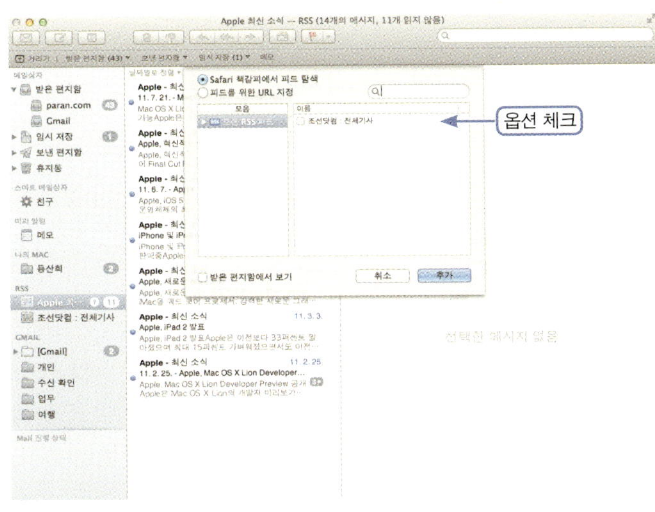

04 사파리에서 추가한 RSS 목록을
볼 수 있습니다. 메일로 받아 보고 싶은
RSS 옵션을 체크하고 추가 버튼을 클릭
합니다. 메일에서 RSS 피드를 추가하겠
다면 피드를 위한 URL 지정 옵션을 선
택하고, 사이트에서 복사한 RSS 주소를
Command+V 키로 붙입니다.

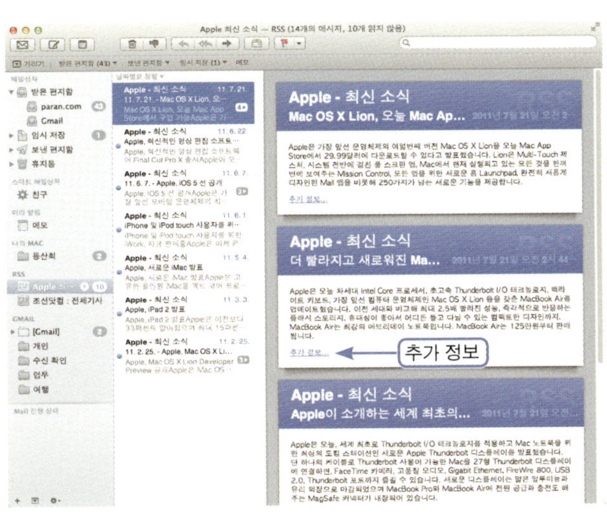

05 선택한 RSS 목록이 추가되며, 해당
목록을 선택하면, 새로 업데이트된 기사
제목을 볼 수 있습니다. 제목을 선택하면
사파리에서 설정해놓은 범위 만큼의 내
용을 볼 수 있고, 추가 정보를 클릭하여
사이트로 이동할 수 있습니다. RSS 피드
를 구독하는 사용자에게는 매우 유용한
기능이 될 것입니다.

영상 통화 하기

맥, 아이폰, 아이패드 사용자들은 무료 영상 통화 프로그램인 페이스타임을 이용할 수 있습니다. 컴퓨터 앞에 앉아 있다면, 굳이 전화기를 들지 않고도 통화를 할 수 있다는 의미이며, 내게 아이폰이나 아이패드가 없어도 친구의 전화를 맥으로 받을 수 있는 것입니다.

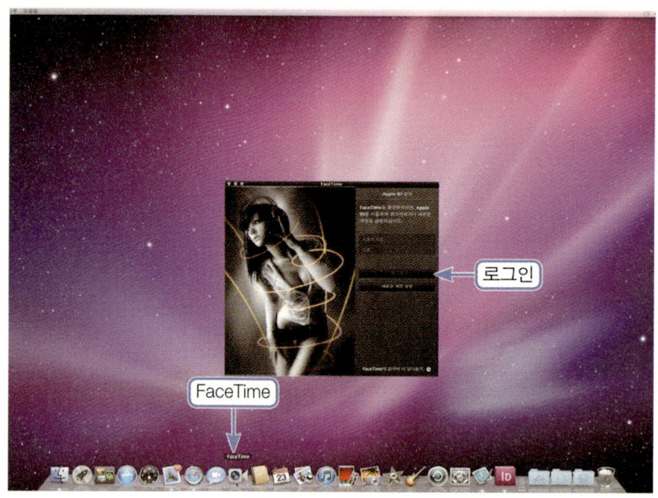

01 Dock에서 FaceTime 아이콘을 클릭하여 실행합니다. 그리고 Apple ID와 암호를 입력하여 로그인 합니다. 애플 계정이 없다면, 새로운 계정 생성 버튼을 클릭하여 가입합니다.

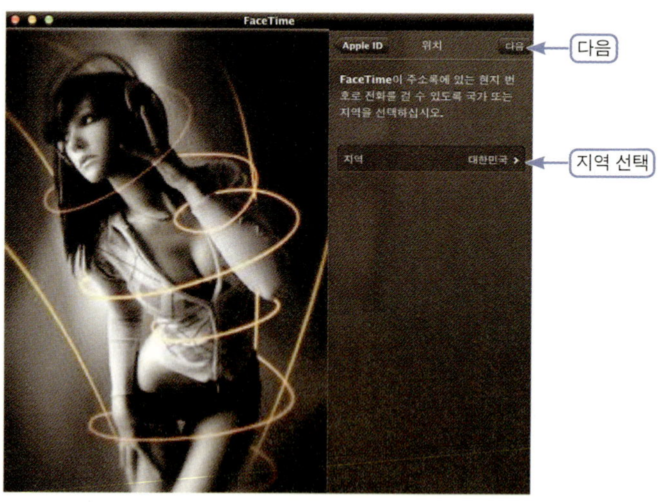

02 국가 및 지역을 선택할 수 있는 창이 열립니다. 지역에서 대한민국을 선택하고, 다음 버튼을 클릭하여 진행합니다.

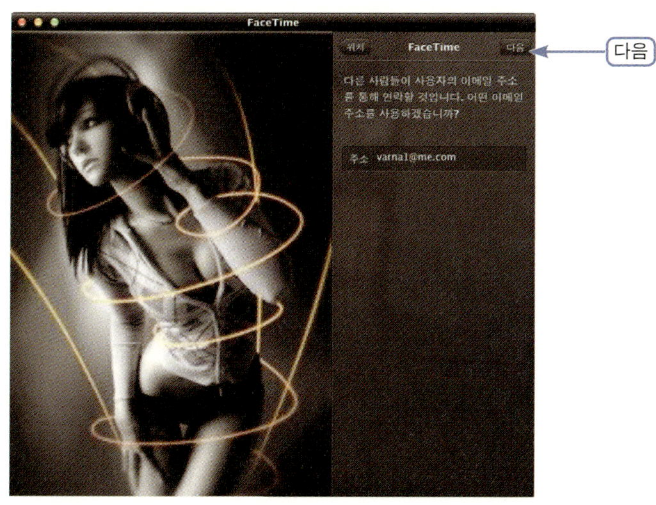

03 페이스타임에서 사용할 메일 계정을 선택하는 창이 나타납니다. 페이스타임용 전화번호인 것입니다. 주소를 선택하고 다음 버튼을 클릭합니다.

04 페이스타임을 사용할 준비가 완료되었습니다. 추가 버튼을 클릭하여 아이폰을 사용하고 있는 친구들의 전화번호를 등록합니다. 그리고 목록을 선택하면 무료로 화상 통화를 할 수 있습니다.

05 페이스타임을 처음 사용하는 경우라면, 친구들에게 모두 전화를 걸어 나의 메일 주소가 등록되게 합니다. 친구는 통화 목록에 등록된 메일 주소를 이용해서 독자에게 전화를 걸 수 있으며, 전화가 오면, 동의 버튼을 클릭하여 통화합니다.

 주소와 스케줄 관리

가족, 친구, 동료들의 연락처를 관리하는 주소록과 업무 및 개인의 스케줄을 구분하여 관리할 수 있는 iCal에 관해서 살펴봅니다. 두 가지 모두 사파리 및 메일과 연동되어 하나의 프로그램을 사용하듯 이용할 수 있습니다. 그 밖에 맥에서 기본적으로 제공하는 화상 채팅 프로그램의 iChat도 살펴봅니다.

주소록에 새 카드 추가하기

사용자 이름을 입력하고, 인물의 정보를 완성하는 하나의 목록을 카드라고 합니다. 쉽게 명함이라고 이해해도 좋습니다. 주소록 사용의 첫 번째 단계는 각각의 인물마다 카드를 만들고, 정보를 입력하는 것에서부터 시작하며, 이것이 전부일 수 있습니다.

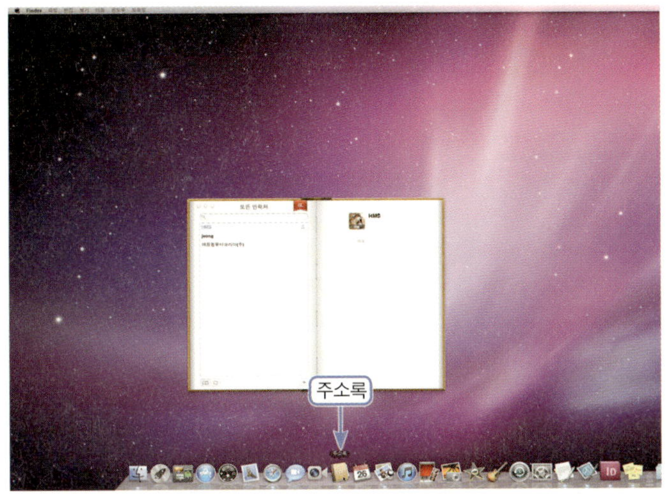

01 새 카드 만들기

Dock에서 주소록 아이콘을 클릭하여 실행합니다. 기본적으로 사용자 계정의 이름과 애플 컴퓨터 코리아 카드가 등록되어 있습니다.

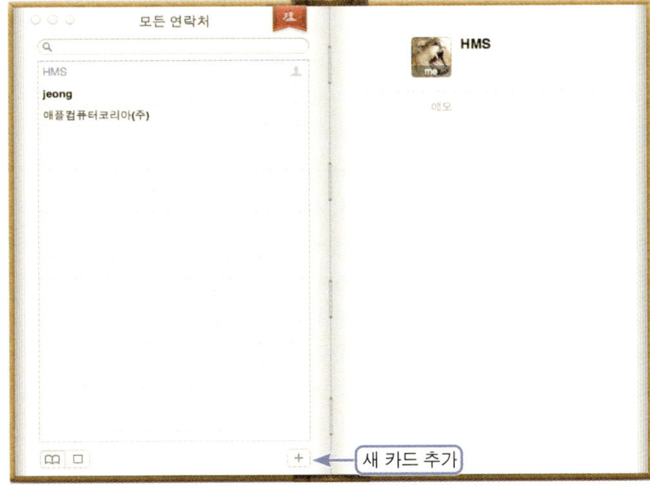

02 새로운 카드를 추가할 때는 연락처 목록의 추가 버튼을 클릭합니다. 파일 메뉴의 새로운 카드를 선택해도 좋고, Command+N 키를 눌러도 좋습니다.

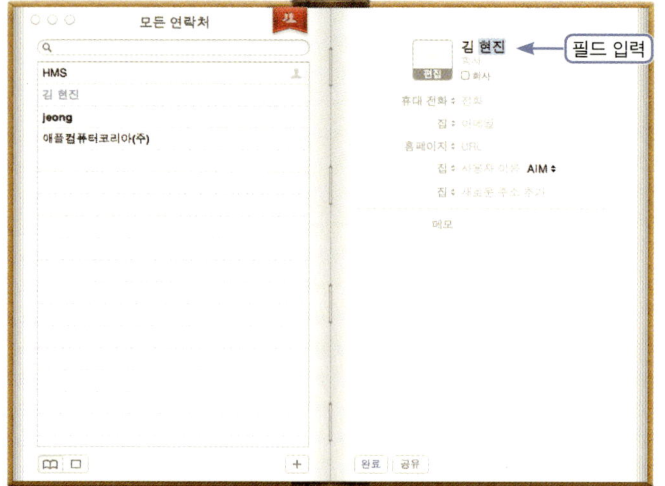

03 성을 입력하고 Return 키를 눌러 이름 항목으로 이동합니다. 그리고 이름을 입력하고 Return 키를 눌러 회사로 이동합니다. 같은 방법으로 각 필드의 정보를 입력합니다. 입력할 정보의 필드를 마우스로 선택해도 좋습니다.

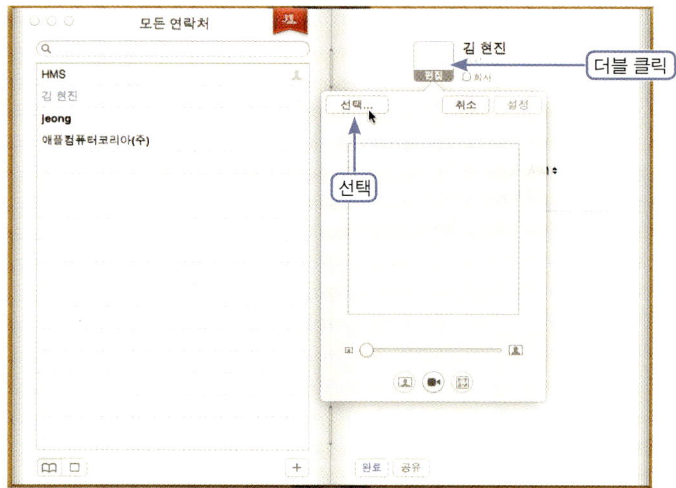

04 인물을 쉽게 기억할 수 있는 사진을 첨가하겠다면 이름 왼쪽에 보이는 사진 필드를 더블 클릭하여 창을 열고, 선택 버튼을 클릭합니다.

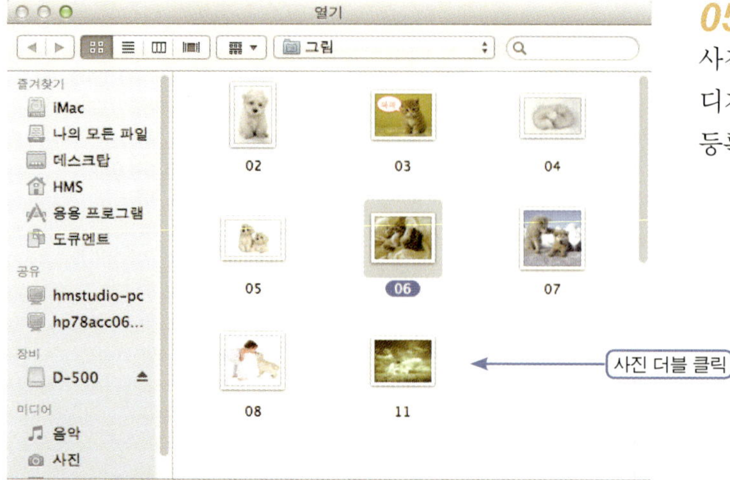

05 열기 창에서 컴퓨터에 저장해놓은 사진이나 USB 포트에 연결한 아이폰 및 디지털 카메라의 사진을 더블 클릭하여 등록합니다.

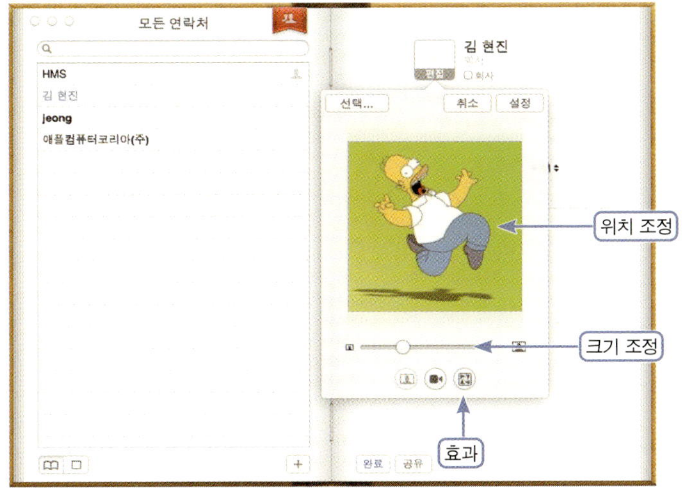

06 사진의 크기는 슬라이드를 드래그 하여 조정할 수 있고, 위치는 사진을 직접 드래그하여 조정할 수 있습니다. 필요하다면 효과 버튼을 클릭하여 창을 열고, 다양한 효과를 만들 수 있습니다.

07 기본적으로 제공하는 필드 외에 필요한 것이 있다면, 카드 메뉴의 필드 추가에서 선택합니다. 메뉴에서 제공하는 것 이외의 것은 템플릿 편집을 선택하여 직접 입력합니다.

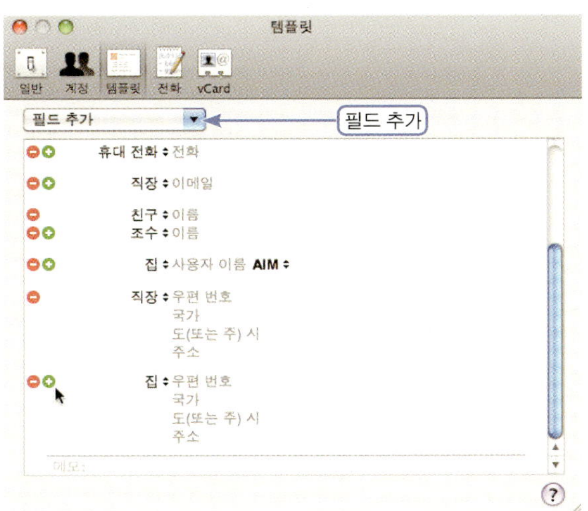

08 환경 설정의 템플릿 탭이 열립니다. 필드 추가 메뉴에서 필요한 항목을 선택하거나 + 기호를 클릭하여 추가합니다. - 버튼은 필드를 삭제하는 역할입니다.

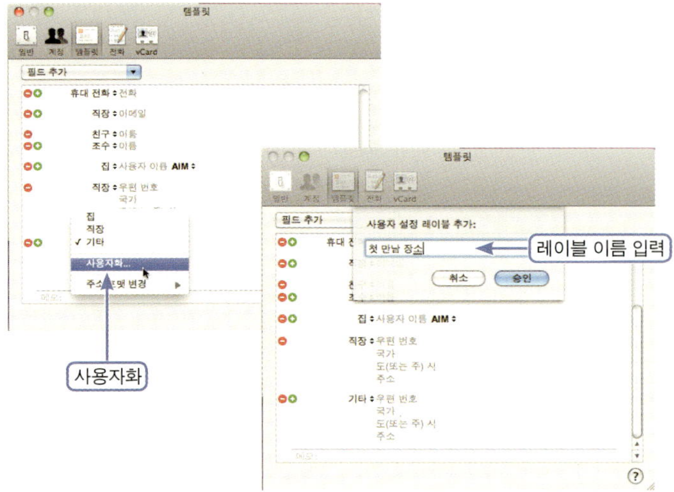

09 추가한 필드의 이름을 선택하여 메뉴를 열고, 사용자화를 선택합니다. 사용자 설정 레이블 추가 창이 열리면, 원하는 이름을 입력하고 승인 버튼을 클릭하여 만듭니다.

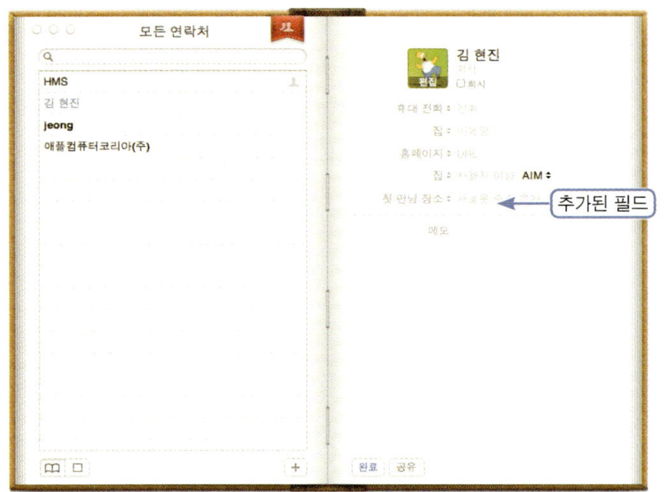

10 템플릿 편집 창을 닫고, 주소록을 보면, 새로 만든 필드가 추가된 것을 확인할 수 있습니다. 즉, 자신만의 주소록을 만들 수 있는 것입니다.

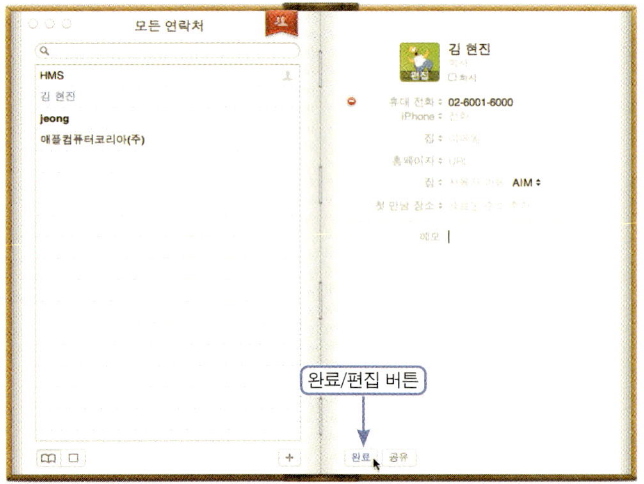

11 카드를 만들고 필요한 정보를 모두 입력했다면 편집 버튼을 클릭하여 완료합니다. 수정할 정보가 있다면 편집 버튼을 클릭하여 수정합니다.

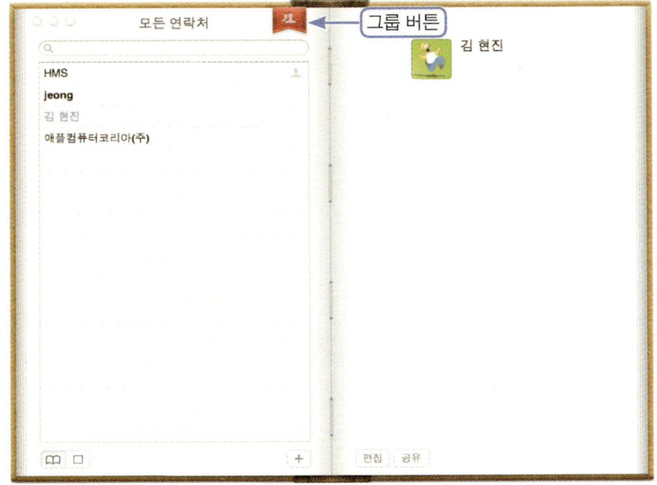

12 그룹 만들기

주소록에 추가한 카드 수가 많다면, 가족, 동료 등의 그룹으로 분리하여 관리하는 것이 효율적입니다. 그룹 버튼을 클릭하여 페이지를 넘깁니다.

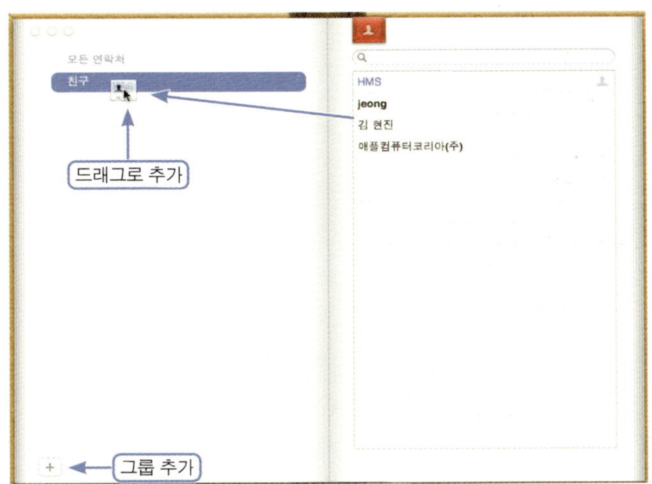

13 그룹 버튼을 클릭하여 구분하기 쉬운 이름으로 추가합니다. 필요한 수 만큼의 그룹을 만들었다면 모든 연락처에서 입력했던 카드를 드래그하여 그룹에 담습니다.

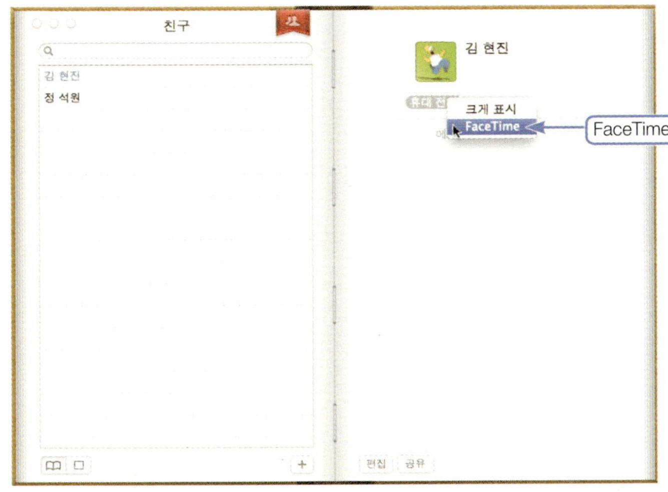

14 주소록의 전화 번호 필드를 클릭하여 메뉴를 열고, FaceTime을 선택하면, 아이폰 사용자에게 전화를 걸 수 있습니다. 카드 및 그룹을 삭제할 때는 Delete 키를 이용합니다.

주소록의 다양한 기능

주소록은 소모임이나 그룹을 위한 배포 목록을 작성할 수 있으며, 주소 라벨과 봉투 프린트 등도 할 수 있습니다. 주소록은 업계 표준인 vCard 포맷을 이용하기 때문에 친구가 보낸 연락 정보 카드를 가져올 수 있습니다. 그 외, 주소록 필드의 다양한 기능들을 살펴보겠습니다.

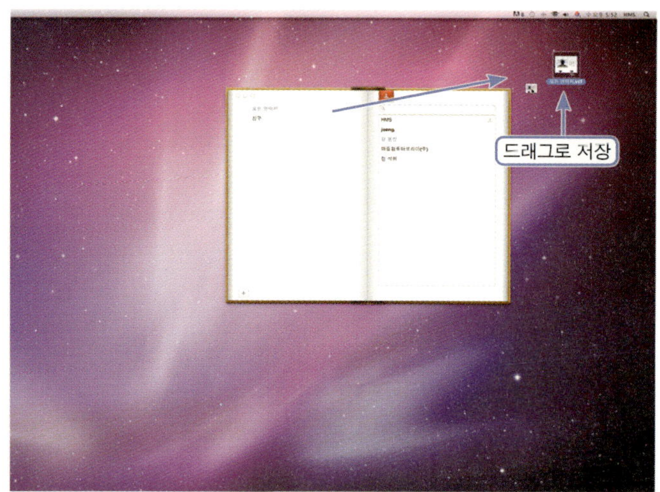

01 저장 및 불러오기

주소록을 저장하는 방법은 간단합니다. 백업 및 이동 목적의 그룹 또는 개인 카드를 저장할 위치로 드래그하면 됩니다. 일반적으로 USB 메모리가 될 것입니다.

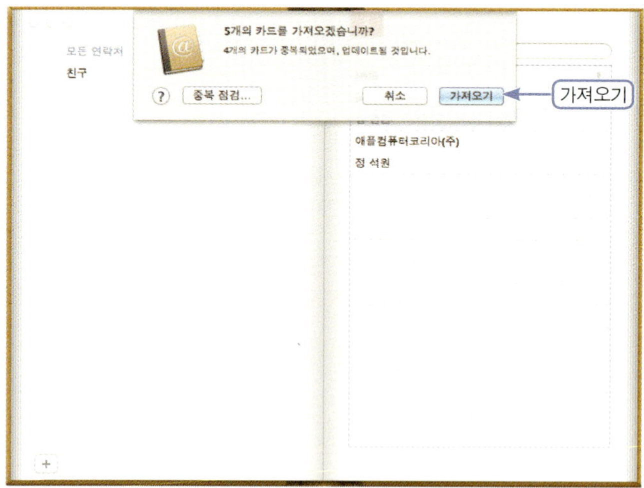

02 USB에 저장한 주소록을 불러오는 방법도 간단합니다. 주소록 파일을 더블 클릭하면 가져올 것인지를 묻는 창이 열리며, 가져오기 버튼을 클릭하여 가져올 수 있습니다.

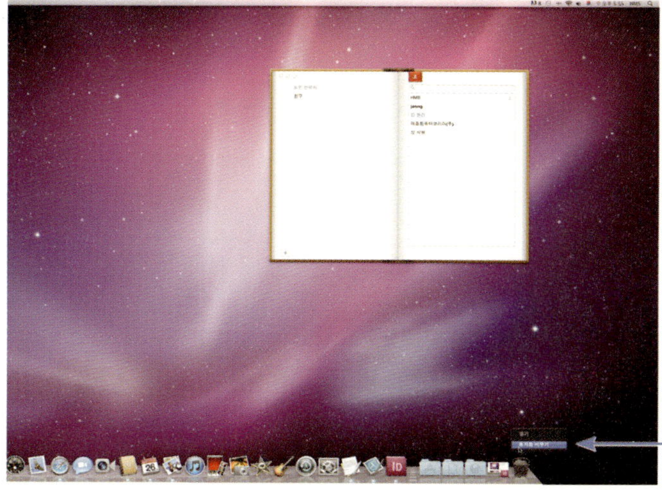

03 필요 없는 주소록 파일이라면 휴지통으로 드래그하여 삭제합니다. 휴지통에 버린 파일을 복구할 일이 없다면, 마우스 오른쪽 버튼을 클릭하여 단축 메뉴를 열고, 휴지통 비우기를 선택하여 하드 용량을 확보할 수 있습니다.

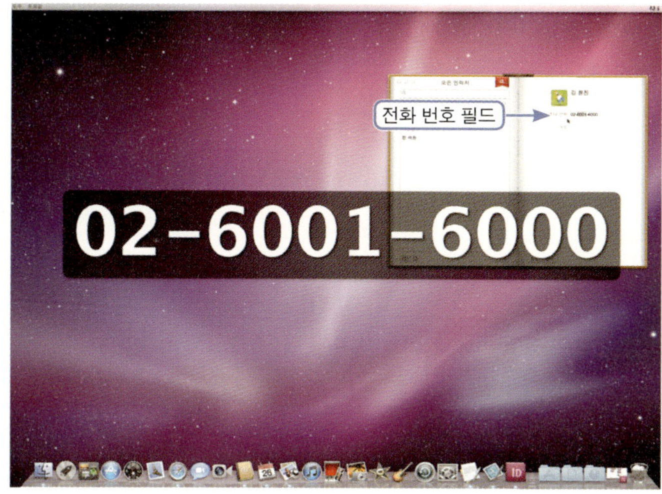

04 필드 기능

주소록의 각 필드를 클릭하면 특별한 메뉴가 열리는 것들이 있습니다. 전화 번호가 입력되어 있는 필드는 번호를 크게 확대하거나 전화를 걸 수 있는 메뉴를 제공하며, 홈페이지 주소가 입력되어 있는 필드는 주소를 클릭하여 해당 주소로 이동할 수 있습니다.

05 실제 주소가 입력되어 있는 필드의 경우에는 해당 주소의 위치를 탐색할 수 있는 이 주소를 지도에 표시 메뉴를 제공합니다. 각각의 필드를 잘 활용하면 자신만의 인맥 시스템을 만들 수 있을 것입니다.

스마트 그룹 만들기

스마트 그룹은 해당 그룹에 대해 어떤 조건을 부여하고, 그 조건에 맞는 연락처가 자동으로 이동되게 하는 역할을 합니다. 예를 들어 메모 필드에 동호회 조건을 부여하면, 메모 필드에 동호회가 입력되어 있는 연락처들은 자동으로 해당 그룹에 추가되는 것입니다.

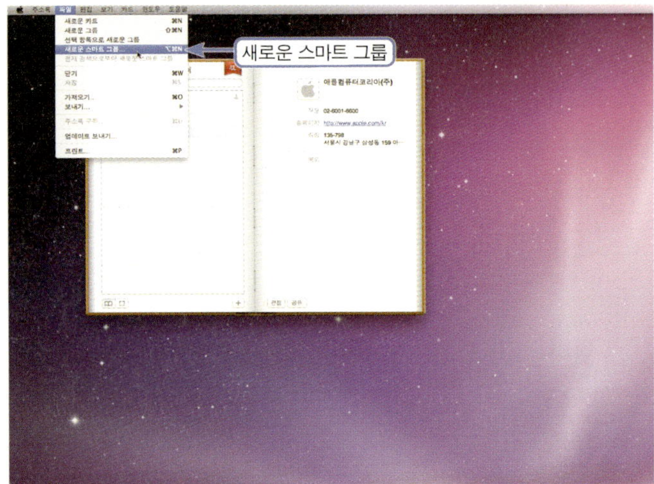

01 스마트 그룹은 파일 메뉴의 새로운 스마트 그룹을 선택하거나 Option+Command+N 키를 눌러 만듭니다.

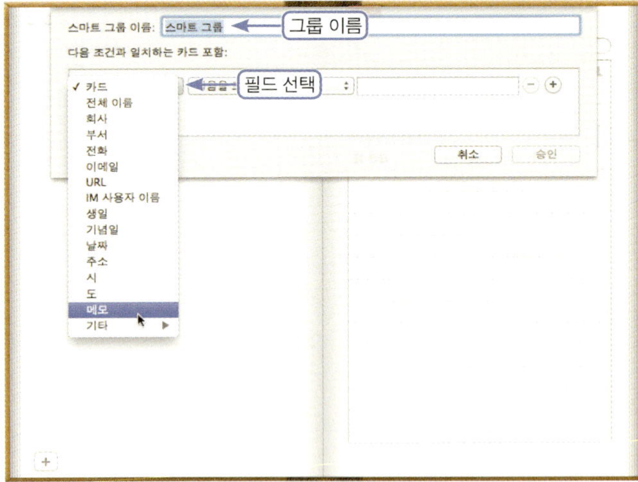

02 조건을 입력할 수 있는 창이 열립니다. 스마트 그룹의 이름을 입력하고, 조건 메뉴에서 필드의 종류를 선택합니다. 그림에서는 메모를 선택하고 있습니다.

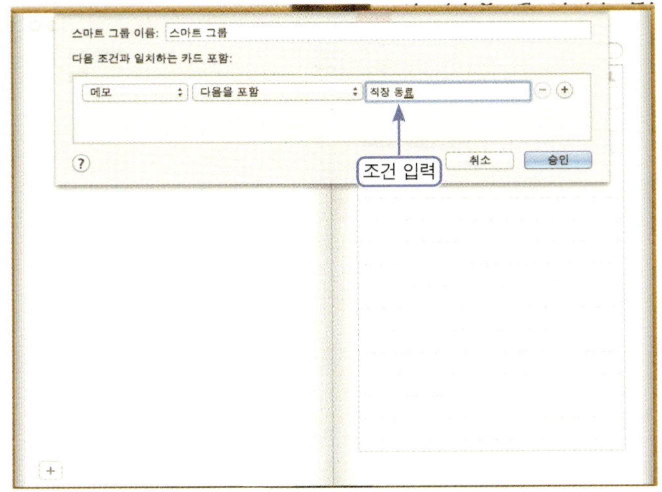

03 원하는 조건을 입력하고 승인 버튼을 클릭합니다. 그림에서는 다음을 포함이라는 기본 값에 직장 동료라고 입력하고 있습니다. 더 많은 조건이 필요하다면 + 기호의 추가 버튼을 클릭하여 조건을 추가합니다.

04 일반 그룹과 아이콘 색상이 다른 스마트 그룹이 생성되었습니다. 기존에 입력한 연락처 중에서 적당한 것을 선택하고 편집 버튼을 클릭합니다.

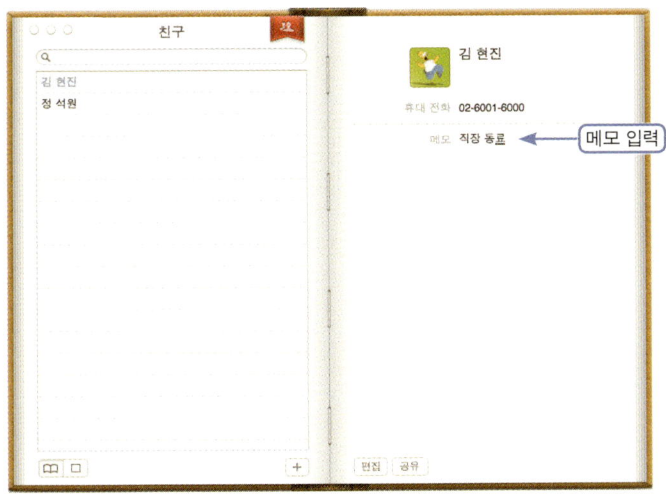

05 메모 항목에 조건에 맞는 직장 동료를 입력합니다. 해당 연락처가 앞에서 추가한 스마트 그룹에 자동으로 추가되는 것을 확인할 수 있습니다.

스케줄 관리하기

iCal은 스케줄을 관리하는 캘린더입니다. 멀티 캘린더 사용이 가능하기 때문에 업무 및 개인의 스케줄을 구분하여 관리할 수 있으며, 다른 사용자와의 공유도 가능합니다. 아이폰 사용자들의 필수 유틸로 자리잡고 있는 iCal에 관해서 살펴보겠습니다.

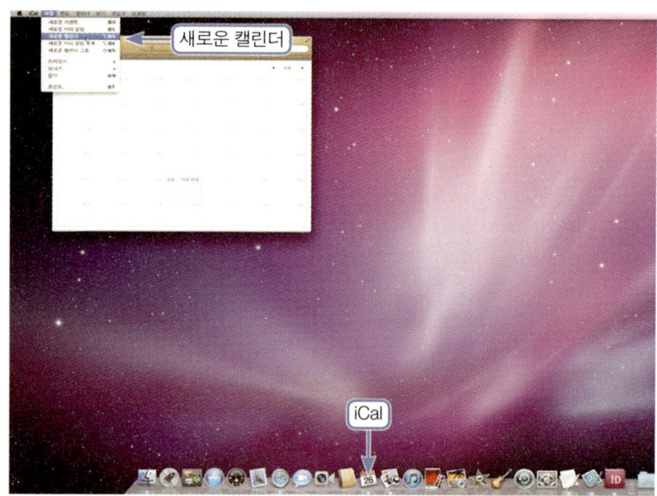

01 Dock에서 iCal을 클릭하여 실행합니다. 기본적으로 홈과 회사 캘린더를 제공하고 있으며, 파일 메뉴의 새로운 캘린더를 선택하여 추가할 수 있습니다.

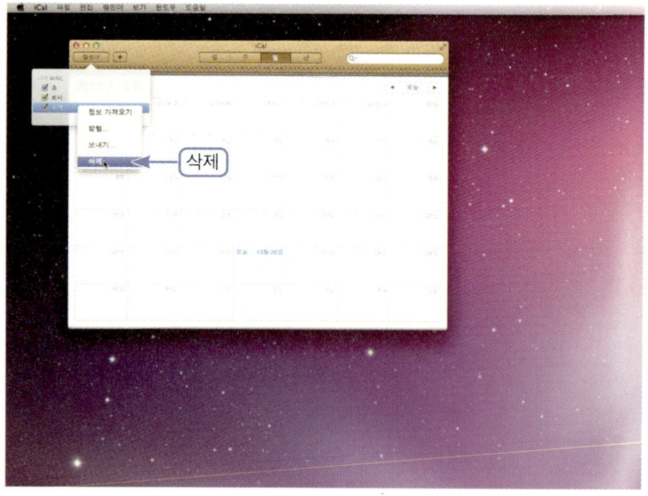

02 무제로 생성된 캘린더는 구분하기 쉬운 이름을 입력합니다. 달력에 표시하고 싶지 않은 캘린더는 옵션을 해제하고, 캘린더를 삭제할 때는 마우스 오른쪽 버튼을 클릭하여 단축 메뉴를 열고, 삭제를 선택합니다.

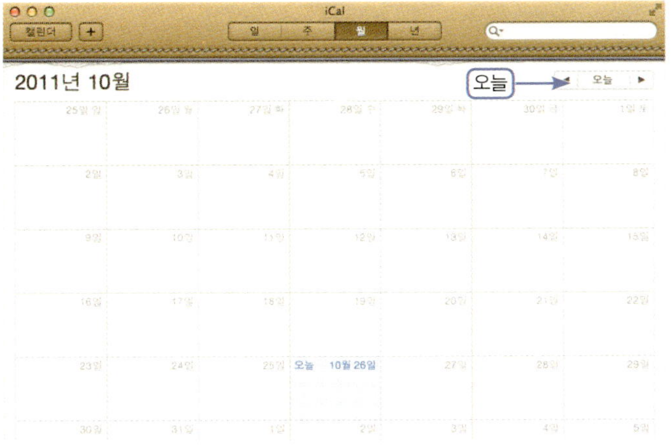

03 캘린더는 일, 주, 월 단위로 선택할 수 있으며, 달력에서 이전 또는 다음 달로 이동할 수 있습니다. 오늘 버튼은 어떤 위치에서든 오늘 날짜로 이동되게 합니다. 달력이 보이지 않는다면 달력 보기 버튼을 클릭합니다.

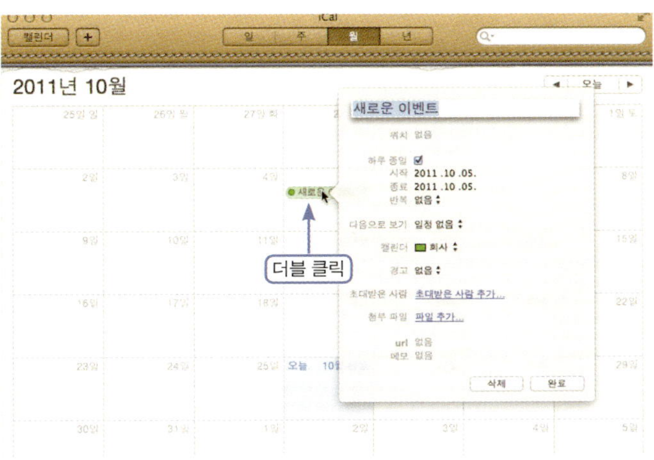

04 원하는 시간 또는 날짜를 더블 클릭하여 편집 창을 열고, 이벤트를 입력합니다. 시간 단위의 스케줄은 일 단위, 날짜는 주와 월 단위에서 입력하는 것이 편할 것입니다.

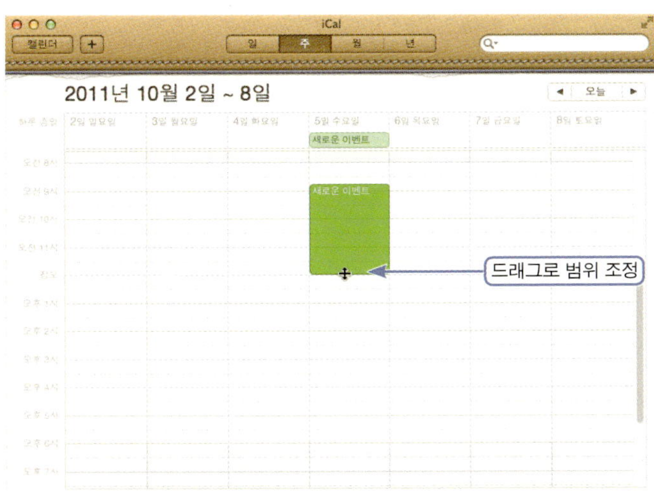

05 이벤트는 일 또는 주 단위에서 시간 범위를 마우스 드래그로 조정할 수 있고, 마우스 더블 클릭으로 편집할 수 있습니다. 빈 공간에서 드래그하면 새로운 이벤트가 생성됩니다.

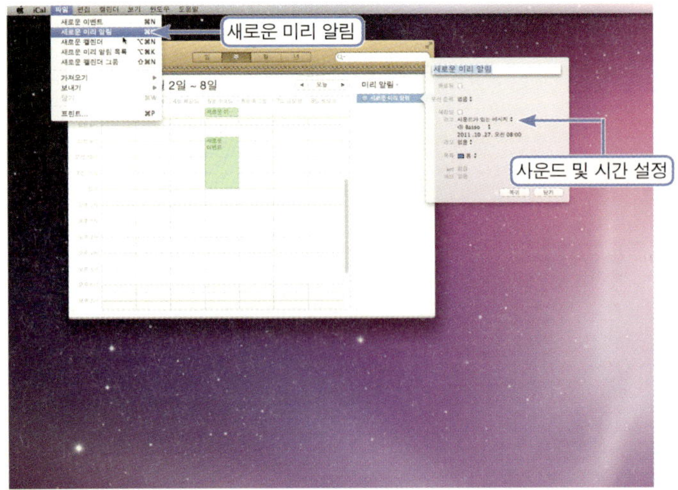

06 파일 메뉴의 새로운 미리 알림을 선택하면, 화면 오른쪽에 미리 알림 목록이 추가되고, 이를 더블 클릭하여 사운드와 알림 시간 등을 설정할 수 있습니다.

이벤트 칼럼

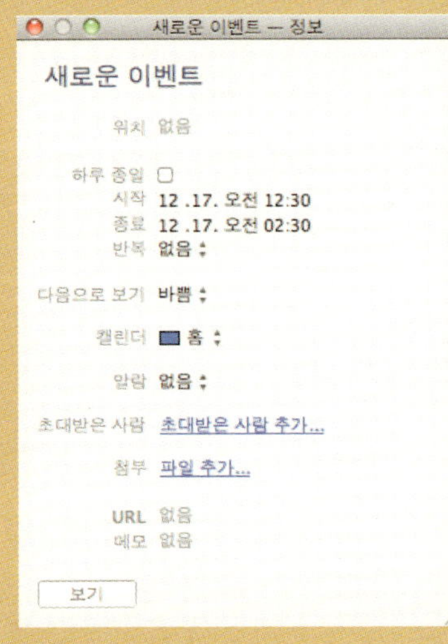

● **새로운 이벤트** : 스케줄의 내용을 입력합니다. iCal에서는 이것을 이벤트라고 합니다.

● **위치** : 이벤트 내용에 장소가 포함된 경우에 해당 장소를 입력합니다.

● **하루 종일** : 이벤트의 내용이 하루 스케줄이라면 하루 종일 옵션을 체크하고, 시간이 정해진 경우라면, 시작 및 종료 시간을 입력합니다. 반복되는 스케줄이라면 주, 월, 년 단위로 선택할 수 있습니다.

● **다음으로 보기** : 스케줄의 레벨을 선택합니다.

● **캘린더** : 이벤트가 추가될 캘린더를 선택합니다.

● **알람** : 스케줄을 알람, 이메일, 메시지 등의 형태로 알려주게 합니다. 알람을 선택하면 알려줄 시간을 설정할 수 있는 칼럼이 표시됩니다.

● **초대받은 사람** : 내용을 전달할 메일 주소를 입력합니다. 메일은 그룹 전송이 가능하며, 주소록과 연동됩니다.

● **첨부** : 메일을 보낼 때 파일을 첨부할 수 있습니다.

● **URL** : 홈페이지 주소를 입력하며 해당 주소는 링크 속성을 갖게됩니다.

● **메모** : 간단한 메모를 입력합니다.

멀티 캘린더 작업

iCal은 사용자가 원하는 만큼의 캘린더를 만들 수 있으며, 각 캘린더 마다 스케줄을 관리할 수 있습니다. 개인의 경우에는 많이 사용할 일이 없겠지만, 타인의 스케줄을 관리하는 직업을 가지고 있다면, 다수의 캘린더를 만들어 사용하는 경우가 많습니다.

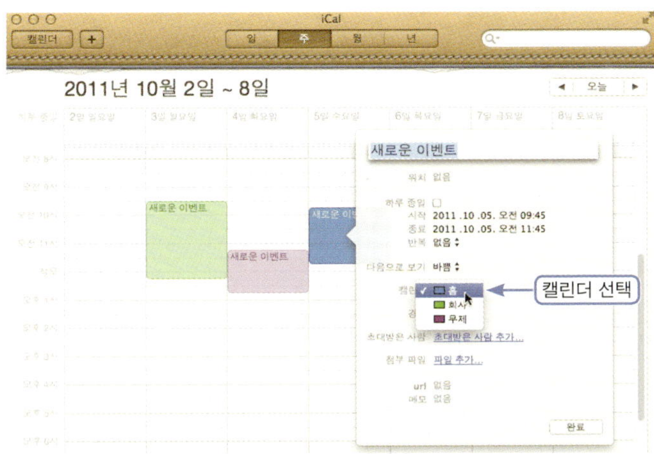

01 홈과 회사 외에 추가한 캘린더가 있다면, 편집 창에서 각각의 캘린더를 선택하여 구분할 수 있으며, 입력된 이벤트는 해당 캘린더의 색상으로 구분합니다.

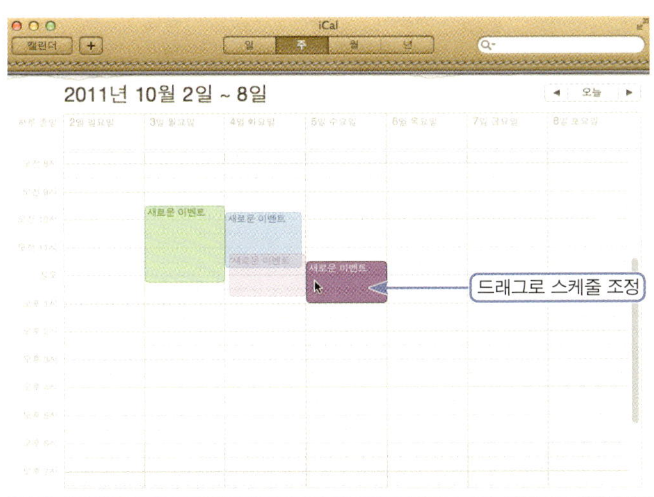

02 각 캘린더에 입려된 스케줄이 겹칠 경우에는 이벤트 색상이 겹쳐 보이며, 마우스 드래그로 각각의 스케줄을 수정할 수 있습니다.

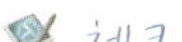
> **체크**
>
> apple.com/downloads/macosx/calendars/southkoreanholidaycalendar.html에 접속하여 파일을 다운 받으면, 공휴일에 표시된 캘린더를 추가할 수 있습니다.

구글 캘린더와 동기화

스케줄을 iCal에서만 관리할 수 있다면 실효성이 떨어집니다. 맥의 iCal은 구글이나 MobileMe 캘린더, 그리고 아이폰을 동기화시켜 언제, 어디서든 자신의 스케줄을 관리할 수 있습니다. 타인의 스케줄을 관리할 때도 사무실에서 외부에 스케줄의 변동 사항을 실시간으로 알려줄 수 있다는 의미입니다.

01 iCal을 구글 및 MobileMe 캘린더와 동기화시키기 위해서는 해당 계정을 가지고 있어야 합니다. 이것은 메일 학습편에서도 거론된 것이므로, 이것에 관해서는 생략하겠습니다. iCal 메뉴의 환경 설정을 선택합니다.

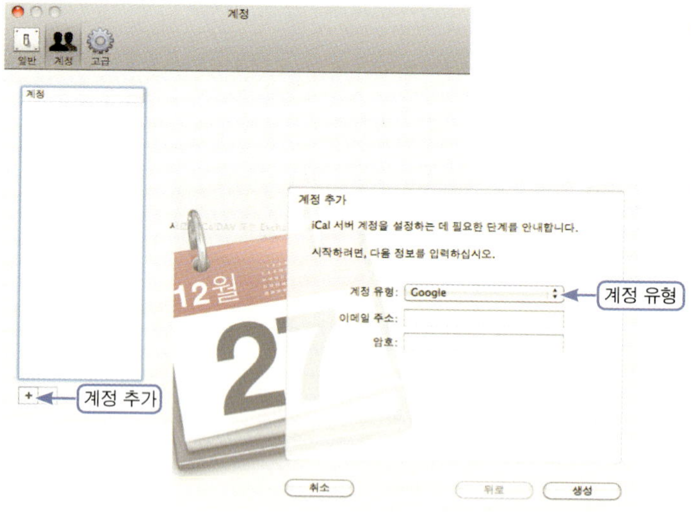

02 계정 탭의 + 버튼을 클릭하여 계정 추가 창을 열고, 계정 유형에서 Google 및 MobileMe 등을 선택합니다. 그리고 주소와 암호를 입력하고 생성 버튼을 클릭하여 사용자 계정을 추가합니다.

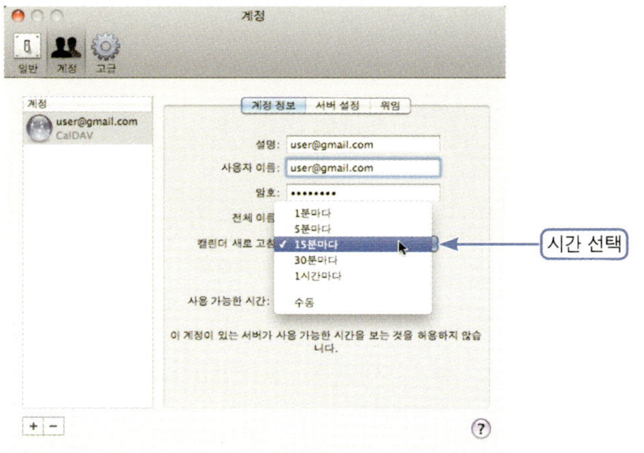

03 계정이 추가되면 몇 분 마다 동기화 작업을 진행하게 할 것인지를 선택합니다. 스케줄이 많다면 시간을 짧게 설정하고, 그렇지 않다면 수동으로 설정하는 것이 요령입니다.

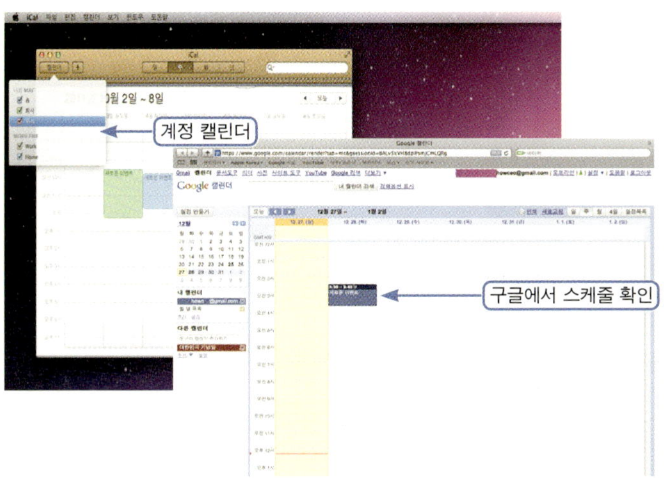

04 구글 및 MobileMe 캘린더의 동기화 설정이 완료되었습니다. 새로 추가된 계정 캘린더에 이벤트를 입력하면 환경 설정에서 설정한 시간 마다 구글 및 MobileMe 캘린더와 동기화되어 어디서든 확인할 수 있습니다.

아이폰과의 연동

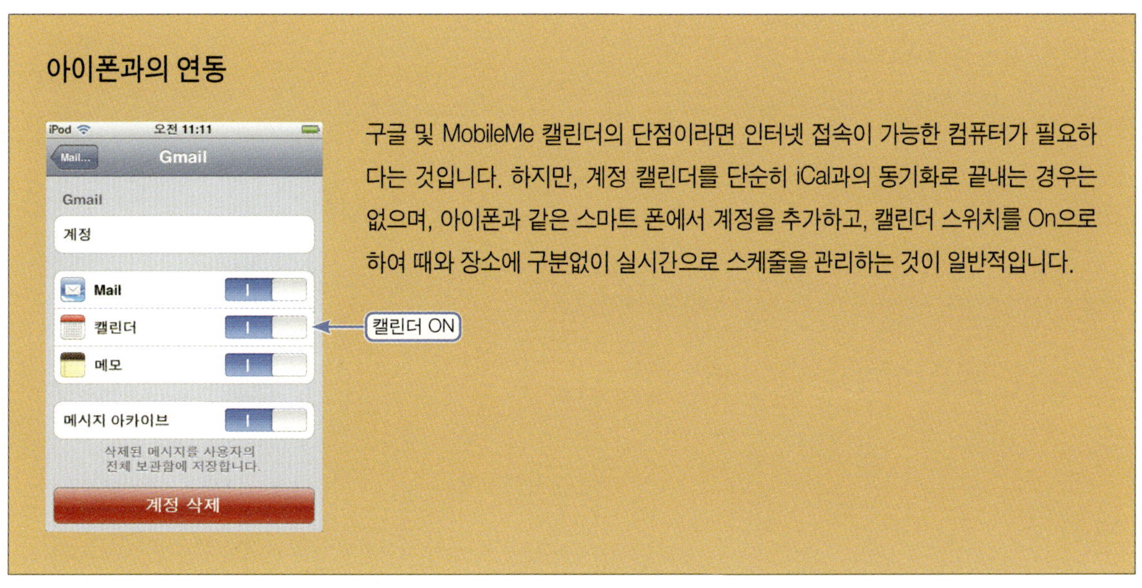

구글 및 MobileMe 캘린더의 단점이라면 인터넷 접속이 가능한 컴퓨터가 필요하다는 것입니다. 하지만, 계정 캘린더를 단순히 iCal과의 동기화로 끝내는 경우는 없으며, 아이폰과 같은 스마트 폰에서 계정을 추가하고, 캘린더 스위치를 On으로 하여 때와 장소에 구분없이 실시간으로 스케줄을 관리하는 것이 일반적입니다.

iChat 로그인 및 계정 추가

맥에서 기본적으로 제공하는 iChat은 문자와 음성, 그리고 화상 채팅이 가능한 프로그램입니다. 특히, 화면 공유 기능을 제공하고 있기 때문에 언제, 어디서든 온라인 커뮤니케이션이 가능합니다. 친구나 가족간의 채팅부터 업무까지 응용 범위에 제한이 없는 iCaht에 관해서 살펴보겠습니다.

01 Dock의 iChat 아이콘을 클릭하거나 스택의 응용 프로그램 폴더에서 iChat을 선택하여 실행합니다.

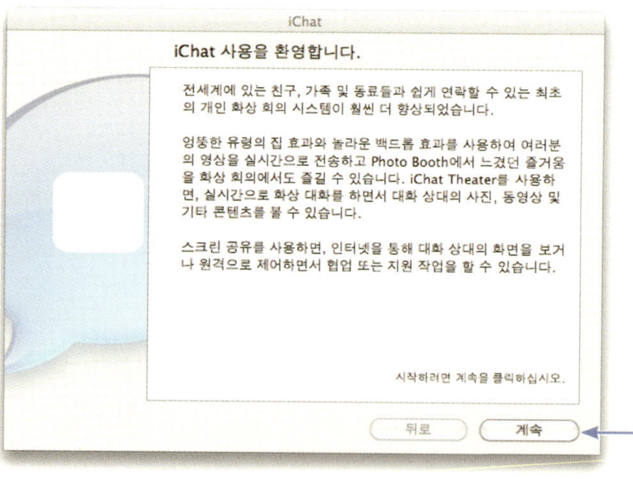

02 iChat을 처음 실행할 때는 사용 환영 메시지가 담긴 창이 열립니다. 계속 버튼 을 클릭합니다.

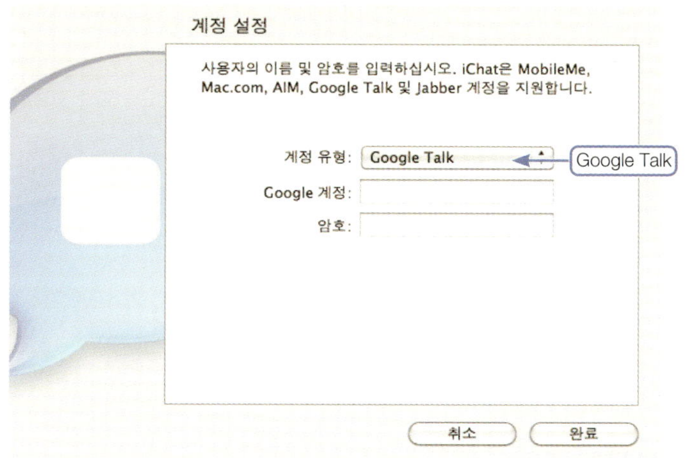

03 로그인 및 계정을 추가할 수 있는 창이 열립니다. Gmail 계정을 가지고 있다면 계정 유형에서 Google Talk를 선택하고 Gmail 계정 아이디와 암호를 입력하고, 완료 버튼을 클릭하여 로그인 합니다.

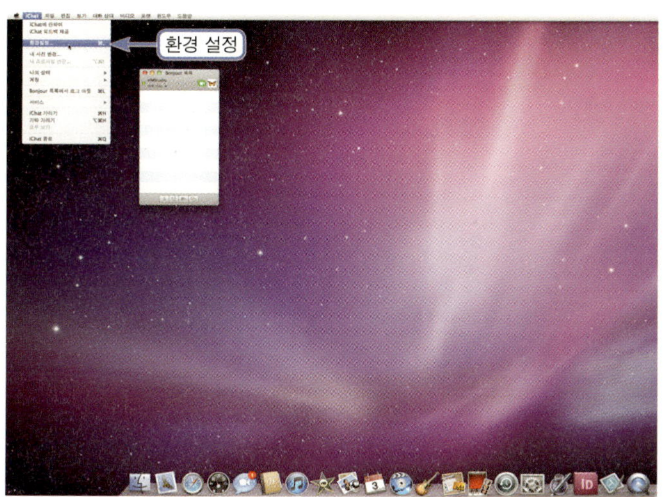

04 iChat은 여러 계정을 함께 열어 놓고, 사용할 수 있습니다. Gmail 이외의 계정을 추가하고 싶다면, iChat 메뉴의 환경 설정을 선택합니다.

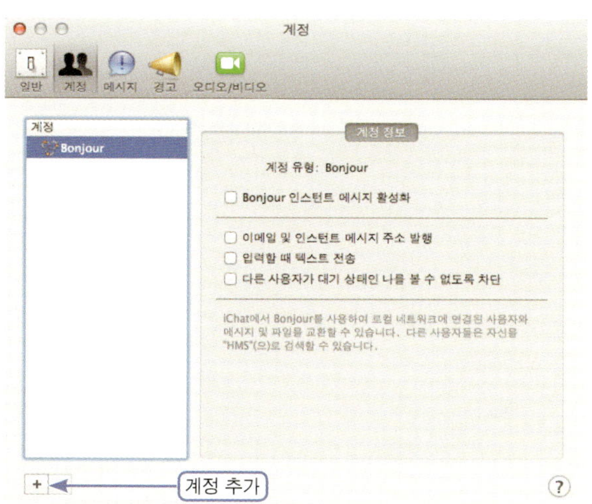

05 iChat의 환경을 설정할 수 있는 창이 열립니다. 계정 탭을 클릭하여 페이지를 열고, + 기호의 계정 추가 버튼을 클릭합니다.

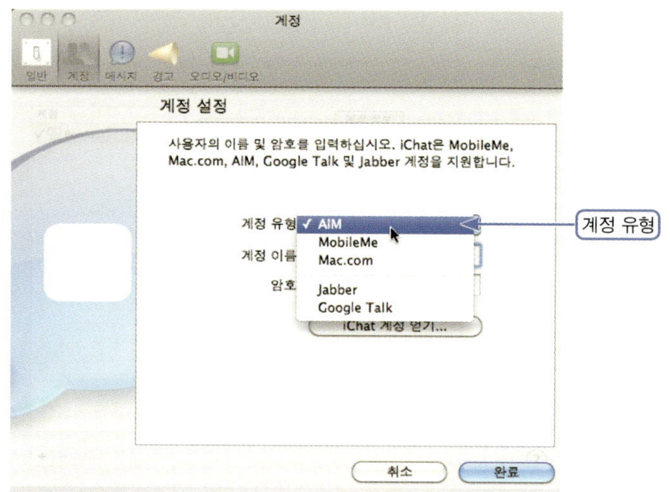

06 계정 유형을 보면 Google Talk 외에 AIM(AOL Instant Messenger), MobileMe, Mac.com 등의 서비스 계정을 만들 수 있습니다. MobileMe는 유료 서비스이지만, 2개월의 데모 기간이 끝나도 iChat은 계속 이용할 수 있습니다.

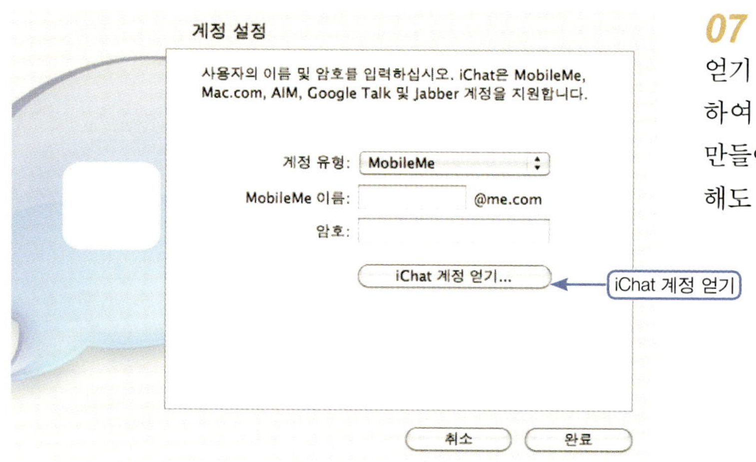

07 원하는 유형을 선택하고 iChat 계정 얻기 버튼을 클릭합니다. 이 과정을 반복하여 각각의 서비스마다 사용자 계정을 만들어도 좋고, Gmail 계정 하나로 관리해도 좋습니다.

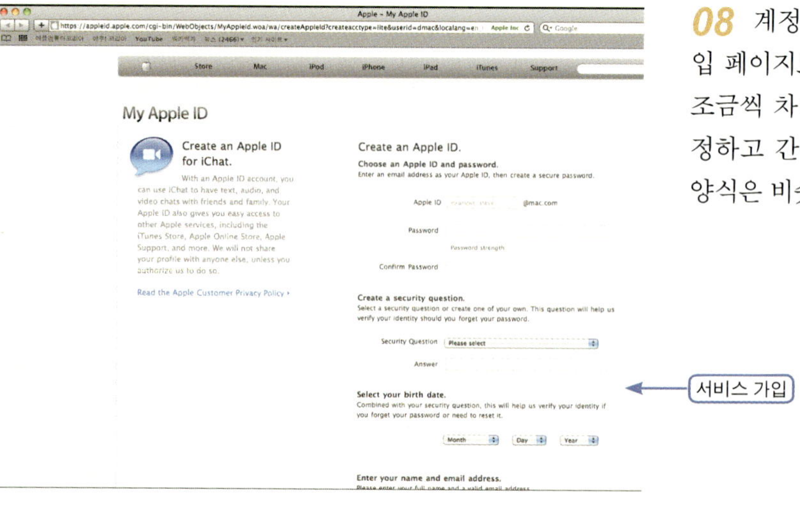

08 계정 유형에서 선택한 서비스의 가입 페이지로 이동 됩니다. 각 서비스마다 조금씩 차이는 있지만, 아이디와 암호를 정하고 간단한 사용자 정보를 요구하는 양식은 비슷합니다.

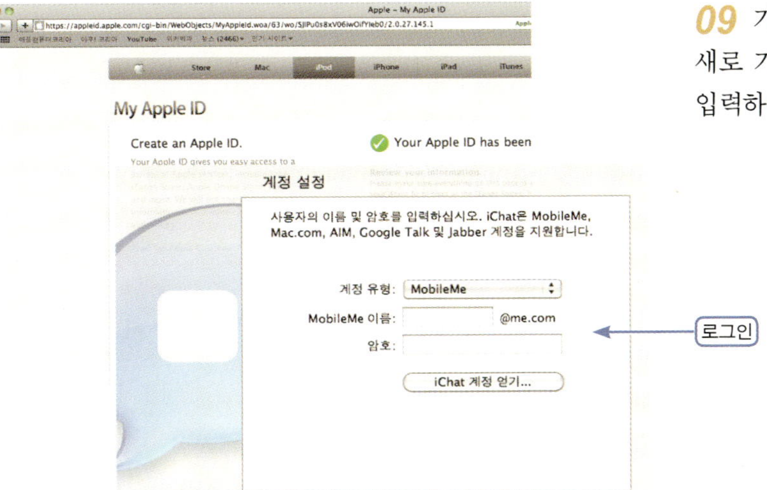

09 가입을 완료하고, 계정 설정 창에서 새로 가입한 서비스의 아이디와 암호를 입력하여 로그인합니다.

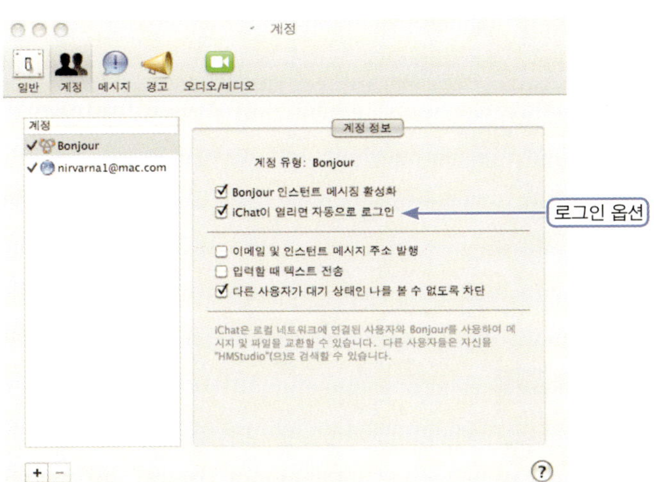

10 계정 목록에 추가되며, iChat 창이 하나 더 열립니다. 즉, 멀티 채팅이 가능하다는 것입니다. iChat을 실행할 때 자동으로 로그인 되지 않게할 계정은 iChat이 열리면 자동으로 로그인 옵션을 해제합니다.

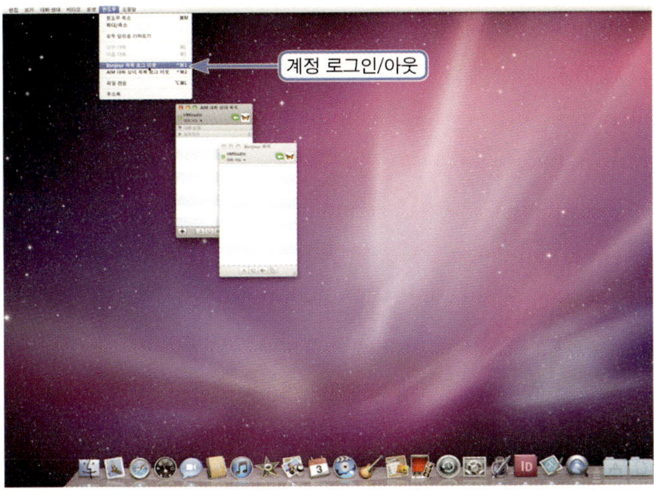

11 윈도우 메뉴에는 사용자가 가지고 있는 계정 목록이 표시되며, 언제든 필요한 계정을 로그인 하거나 로그 아웃 할 수 있습니다.

채팅하기

iChat은 문자 채팅 외에도 음성과 화상 채팅을 즐길 수 있습니다. 그리고 서로의 컴퓨터 화면을 공유할 수 있기 때문에 컴퓨터에 문제가 생겼을 때, 친구나 AS 센터의 도움을 받을 수 있고, 온라인 교육이 필요한 교사도 유용하게 이용할 수 있습니다.

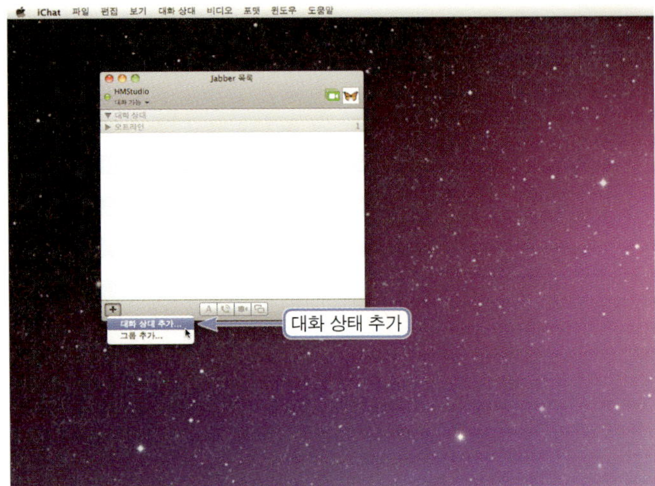

01 대화 상대 추가하기

iChat 사용의 첫 단계는 대화 상대를 추가하는 것입니다. + 기호의 추가 버튼을 클릭하여 메뉴를 열고, 대화 상대 추가를 선택합니다.

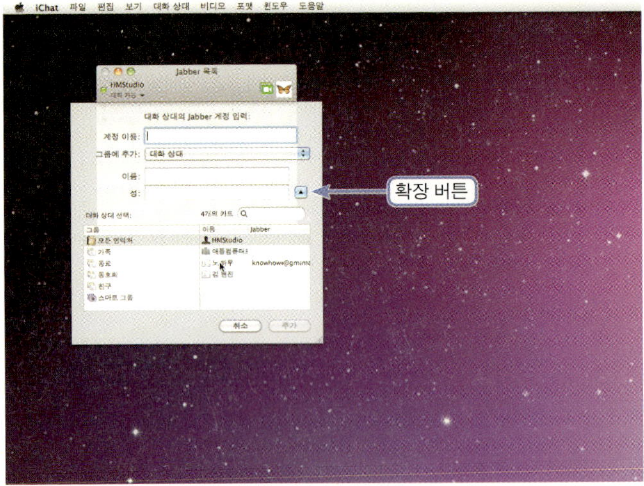

02 친구의 계정과 이름을 입력하고 추가 버튼을 클릭합니다. 주소록에 저장되어 있는 친구라면 확장 버튼을 클릭하여 주소록 목록을 열고, 대화 상대를 선택할 수 있습니다.

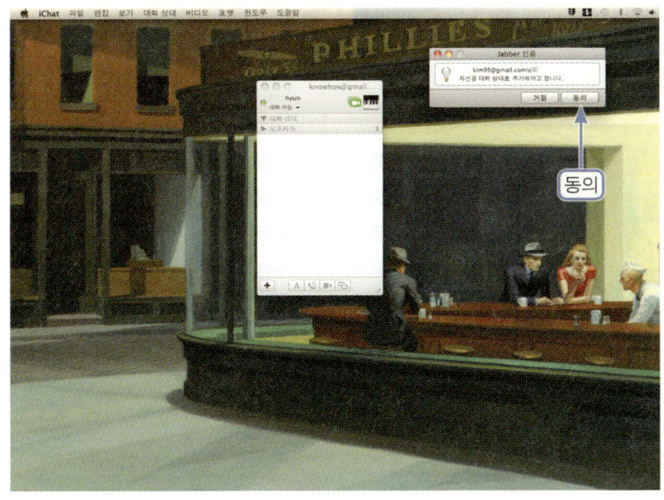

03 상대가 로그인 상태라면, 상대의 컴퓨터에는 대화 상대 추가 요청 창이 열리며, 동의를 해준 경우에만 대화 상태로 추가되어 채팅을 할 수 있습니다. 반대의 경우에도 마찬가지 입니다.

04 문자 채팅

사용자의 요청을 동의한 친구는 대화 상대 목록에 추가됩니다. 추가된 상대방을 더블 클릭하거나 문자 채팅 시작 아이콘을 클릭합니다.

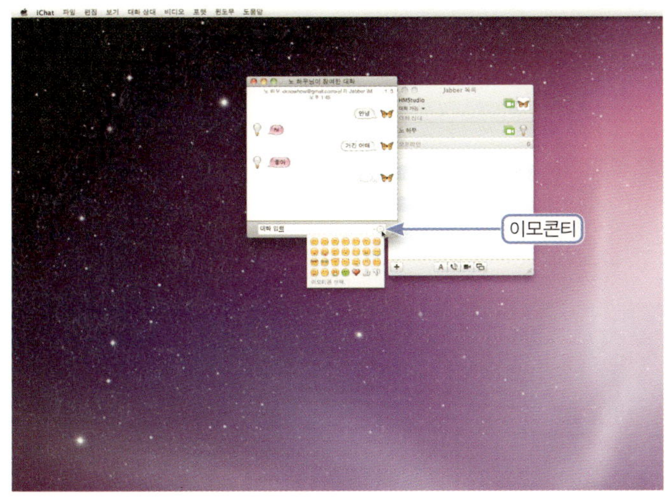

05 문자 대화 창이 열립니다. 아래쪽에 보이는 문자 입력 창에 글을 쓰고 Return 키를 눌러 대화를 나눕니다. 이모콘티를 추가하겠다면 입력 창에 보이는 이모콘티에서 선택합니다.

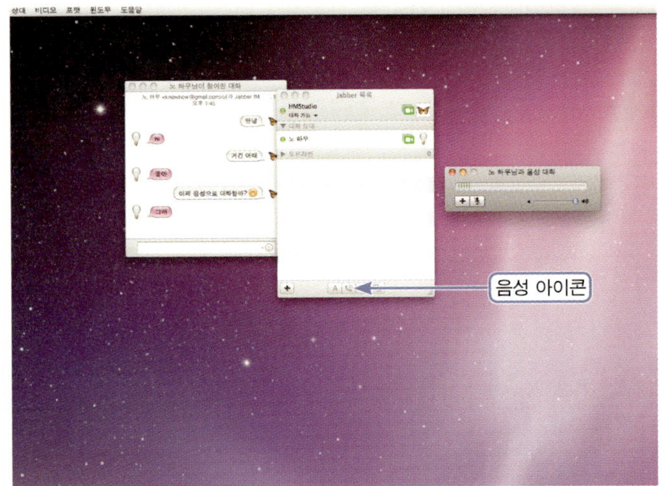

06 음성 채팅

음성으로 채팅을 하겠다면, 계정 목록 창에서 전화 모양으로 되어 있는 음성 아이콘을 클릭합니다. 실제로 상대방에게 전화를 거는 것입니다.

07 상대방 컴퓨터에서는 전화 벨소리와 함께 응답 창이 열립니다. 여기서 창을 선택하고, 동의를 해야만 서로 음성 통화가 가능합니다.

08 화상 채팅

채팅의 꽃은 화상일 것입니다. iChat은 세계 어디든 깨끗한 화질의 화상 채팅이 가능합니다. 화상 채팅을 하기 전에 내 모습을 미리 점검하겠다면 계정 목록 창 상단의 미리보기 아이콘을 클릭합니다.

09 내 모습을 미리 볼 수 있는 창이 열립니다. 외부 카메라 및 마이크 또는 헤드셋을 이용하겠다면 환경 설정 버튼을 클릭하여 열고, 옵션을 설정합니다.

10 자신의 모습을 점검하고, 필요한 하드 웨어 설정이 끝났다면, 대화 상대 목록의 비디오 아이콘을 클릭하거나 창 아래쪽의 화상 통화 아이콘을 클릭합니다.

11 음성 통화와 마찬가지로 상대방은 전화 벨 소리를 들을 수 있으며, 화상 채팅 창에서 동의를 해야만 서로 화상 채팅이 가능합니다.

12 전체 화면이 상대방 모습이며, 오른쪽 하단이 내 모습입니다. 내 모습이 보이는 창은 마우스 드래그로 위치를 변경할 수 있으며, 왼쪽의 효과 버튼을 클릭하면 다양한 효과를 적용한 채팅이 가능합니다.

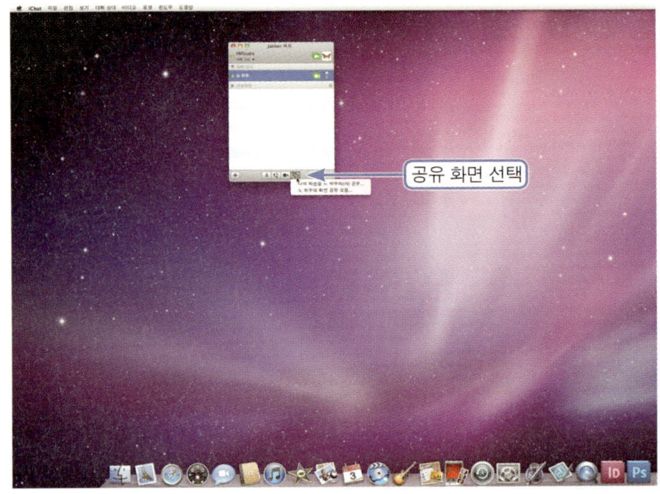

13 화면 공유

화면 공유 아이콘을 클릭하면 내 화면을 상대와 공유할 것인지, 상대 화면을 공유할 것인지를 선택할 수 있는 메뉴가 열립니다. 원하는 공유 방법을 선택합니다.

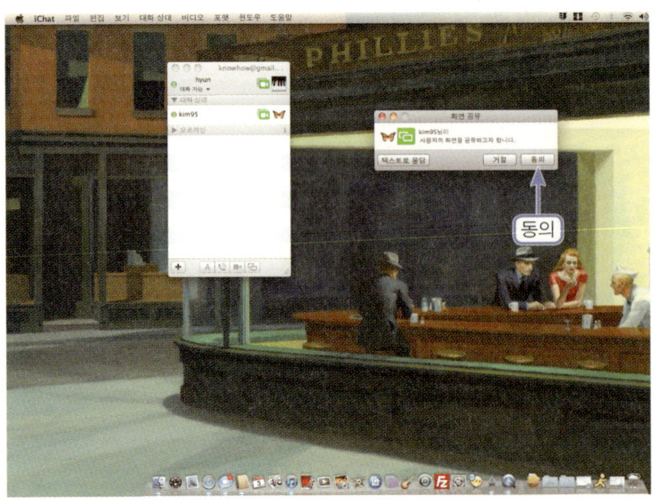

14 음성 및 화상과 동일하게 상대방은 전화 벨 소리를 들을 수 있으며, 공유 요청 창에서 동의를 해야만 화면 공유가 가능합니다.

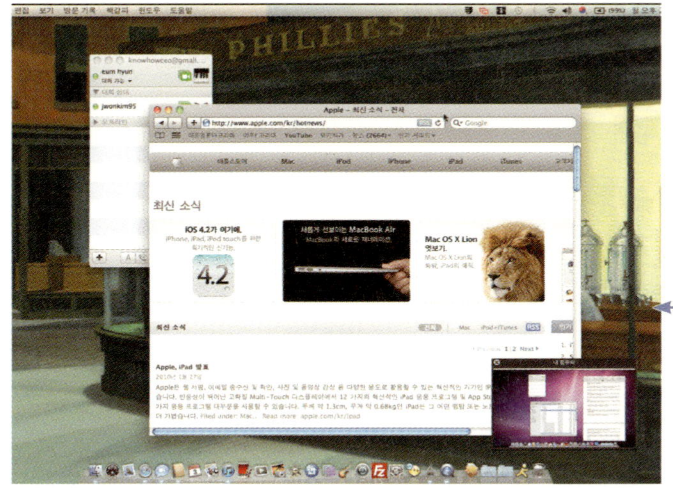

15 화면 공유는 단순히 화면을 보여주는 것이 아니라 상대방 또는 내 컴퓨터를 자유롭게 컨트롤 할 수 있습니다. 친구에게 도움을 청하거나 온라인 교육이 필요한 교사에게 유용한 기능이 될 것입니다.

16 메인 창이 상대방의 화면이라면 오른쪽 하단에 보이는 작은 창이 내 화면이며, 작은 창을 클릭하여 나와 상대방 화면을 전환 시킬 수 있습니다.

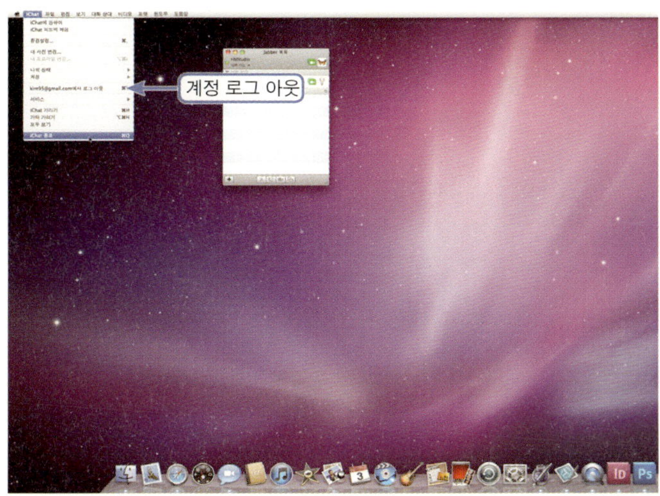

17 문자, 음성, 화상, 화면 공유 등은 해당 창을 닫는 것으로 끝낼 수 있고, iChat 메뉴의 로그 아웃을 선택하여 연결을 끊을 수 있습니다. iChat을 종료할 때는 Command+Q 키를 누릅니다.

iChat Theater로 사진 및 파일 공유하기

iChat은 아이포토 보관함의 사진을 공유할 수 있는 iChat Theater로 iPhoto 공유와 사용자 컴퓨터에
저장되어 있는 파일을 공유할 수 있는 iChat Theater로 파일 공유의 두 가지 메뉴를 제공합니다. 즉, 사
진은 물론이고, 영화와 음악을 함께 감상하거나 문서를 함께 작성할 수 있다는 의미입니다.

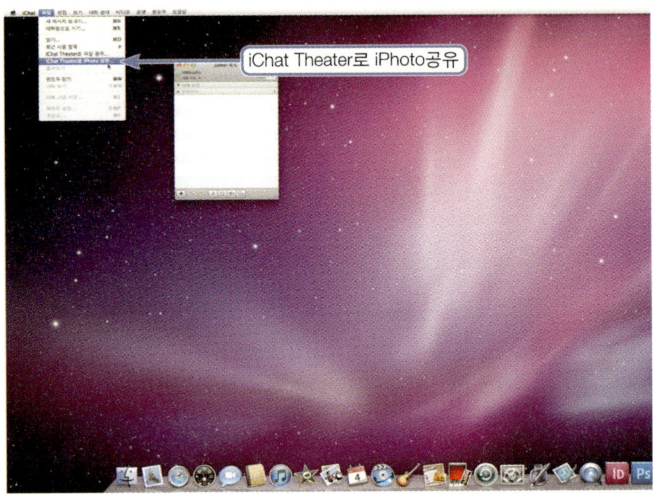

01 아이포토 공유하기

사진 및 파일을 공유하는 방법은 채팅과
비슷합니다. 대상이 사용자 컴퓨터에 저
장되어 있는 사진 및 파일이라는 차이만
있습니다. 파일 메뉴의 iChat Theater로
iPhoto 공유를 선택합니다.

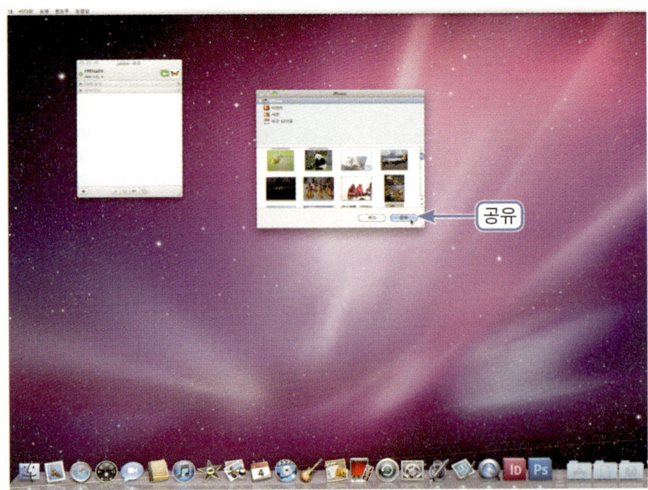

02 iPhoto 보관함에 저장되어 있는 사
진들이 보입니다. 여기서 공유 버튼을 클
릭합니다. iPhoto는 iLife의 패키지 프로
그램이지만, 맥 신형에는 제품에 포함되
어 있습니다. 자세한 내용은 iLife 서적을
참조하기 바랍니다.

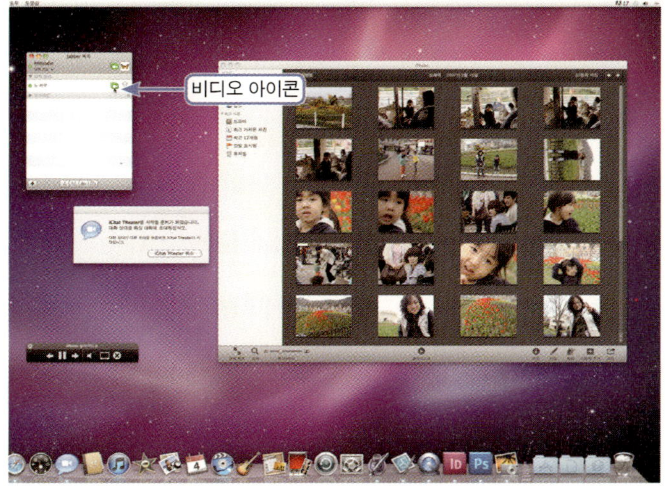

03 iPhoto가 자동 실행됩니다. 대화 상대 목록에서 사진을 공유하고 싶은 상대의 비디오 아이콘을 더블 클릭하거나 화상 채팅 아이콘을 클릭합니다.

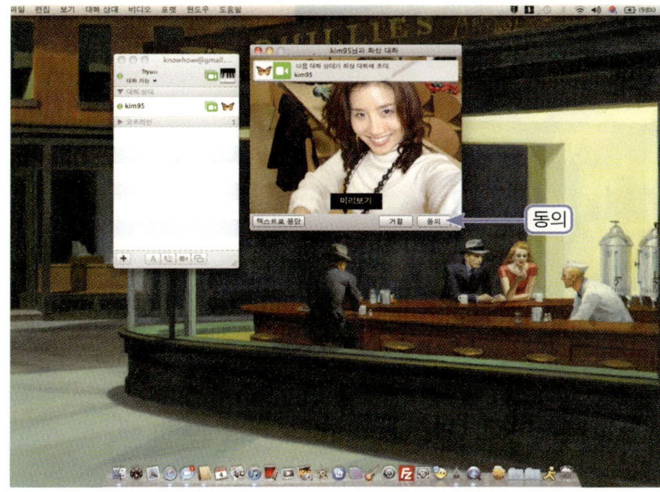

04 상대는 전화벨 소리와 함께 화상 채팅 요청 창이 열립니다. 화상 채팅에서와 마찬가지고 동의 버튼을 클릭하여 수락해야만 공유가 가능합니다.

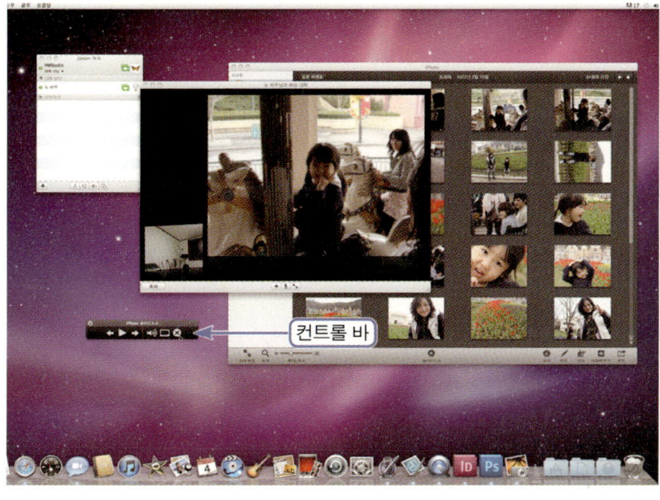

05 iPhoto에 보관되어 있는 사진들이 슬라이드쇼로 진행되며, 상대와 함께 감상할 수 있습니다. 슬라이드쇼 컨트롤 바를 이용하여 이전/다음 사진을 보여주거나 배경 음악을 뮤트 시키는 등의 동작이 가능합니다.

06 슬라이드쇼 컨트롤 바의 종료 버튼을 클릭하여 닫으면, 화상 채팅으로 자동 전환되며, 화상 채팅 창을 닫아 채팅 및 공유를 종료합니다. iPhoto는 iPhoto 메뉴의 종료를 선택하거나 Command+Q 키를 눌러 종료합니다.

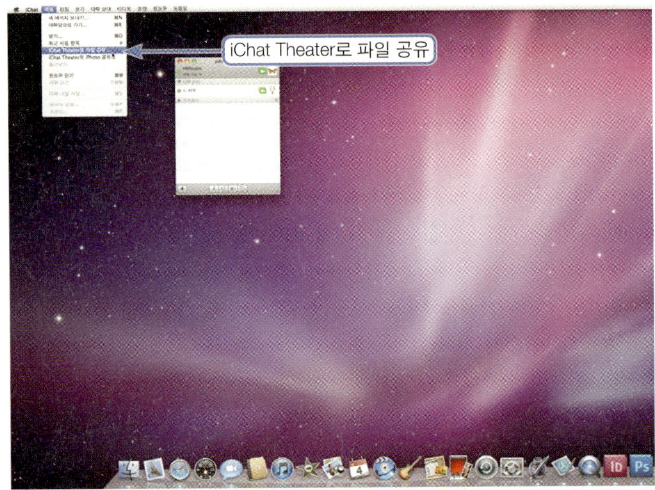

07 파일 공유하기

파일을 공유하는 방법도 아이포토와 비슷합니다. 파일 메뉴의 iChat Theater로 파일 공유를 선택합니다.

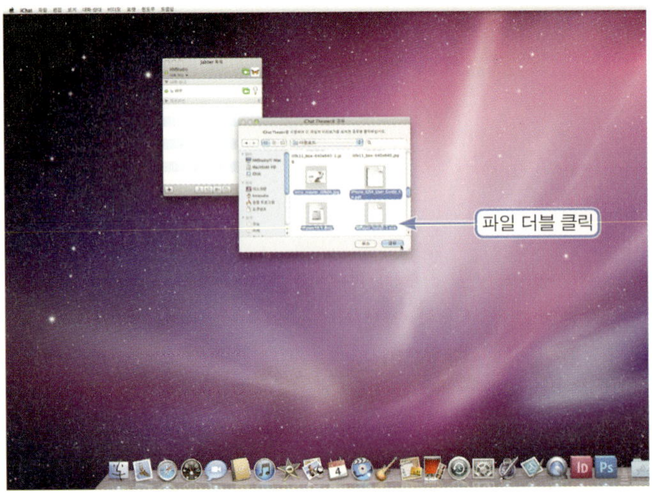

08 공유 파일을 선택할 수 있는 창이 열립니다. 공유할 파일을 찾아 더블 클릭하거나 공유 버튼을 클릭합니다. 파일은 영화나 사진과 같이 함께 감상하거나 문서와 같이 함께 작업할 수 있는 것들을 공유할 수 있습니다.

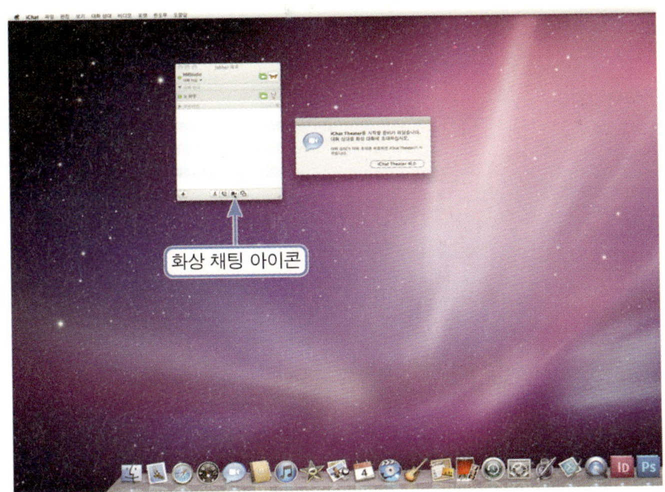

09 대화 상대 목록에서 파일을 공유할 상대의 비디오 아이콘을 더블 클릭하거나 화상 채팅 아이콘을 클릭합니다.

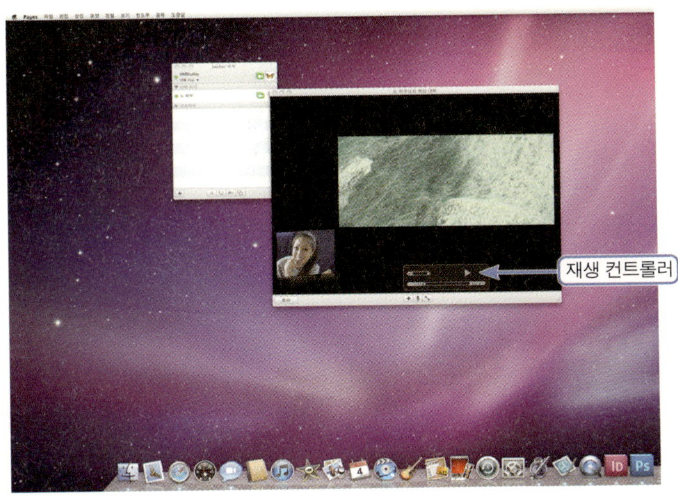

10 문서라면 작업을 함께 할 수 있는 미리 보기 창이 열리고, 영화라면 함께 감상할 수 있는 재생 컨트롤러가 보입니다. 이렇게 파일 형식마다 조금씩 차이는 있지만, 이미 살펴본 내용이므로, 쉽게 이용할 수 있을 것입니다.

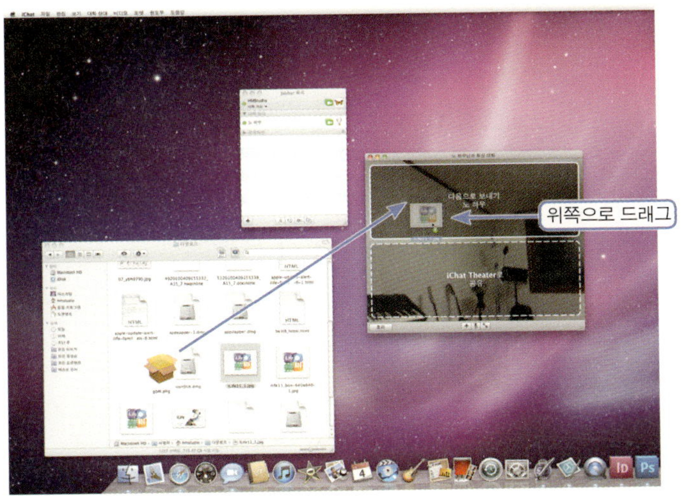

11 문서, 영화, 사진 등을 포함해서 파일을 직접 전송하고 싶은 경우에는 파인더에서 파일을 찾아 화상 채팅 화면 위쪽으로 드래그 합니다. 아래쪽으로 드래그하면 공유입니다.

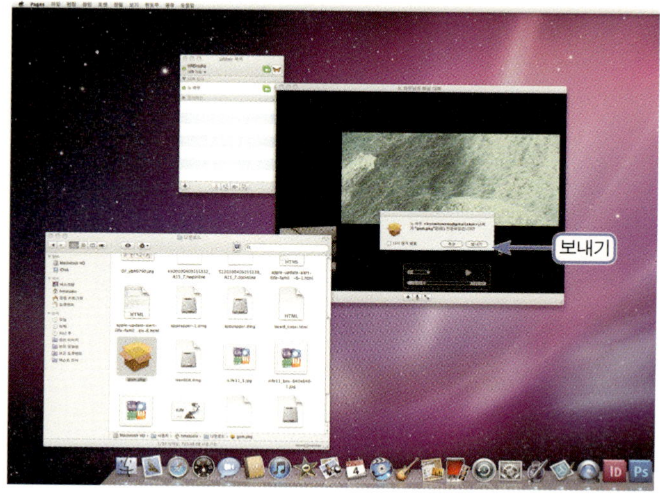

12 파일을 전송할 것인지를 묻는 창이 열립니다. 보내기 버튼을 클릭합니다. 매번 이 창이 열리지 않게 하려면 다시 묻지 않기 옵션을 체크합니다.

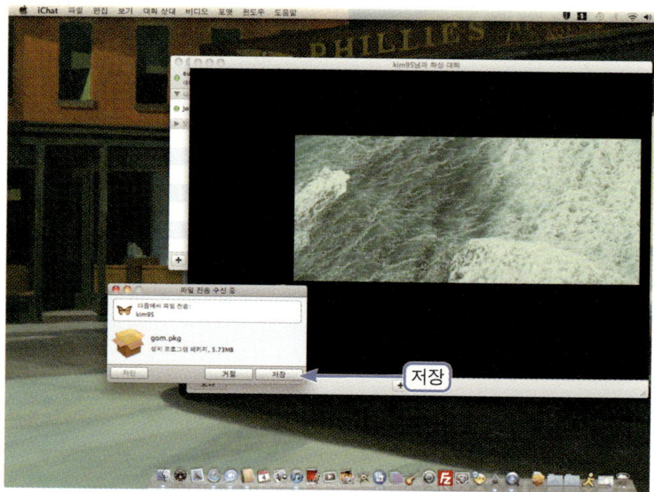

13 상대에게는 전송 요청 창이 열리며, 저장 버튼을 클릭하면 파일을 받을 수 있습니다. 파일이 전송되는 시간은 인터넷 속도에 따라 결정됩니다.

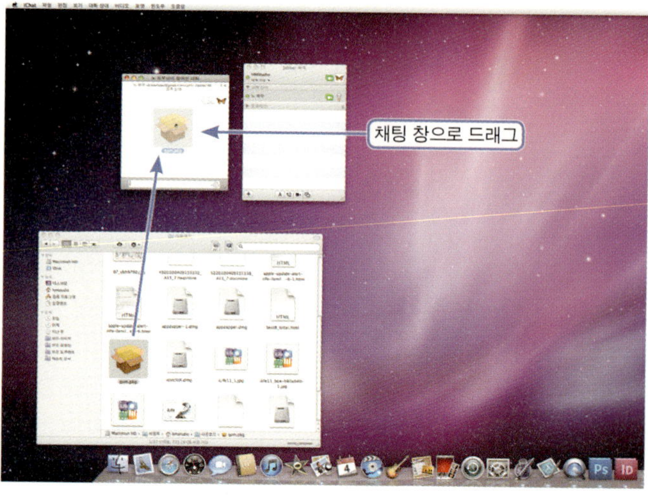

14 파일을 전송하는 작업은 문자, 음성, 화상 채팅 중에도 가능합니다. 전송할 파일을 채팅 창으로 드래그하면 됩니다.

네이트 온 MAC

다양한 기능을 제공하는 iChat의 유일한 단점이라면 맥 사용자만 이용할 수 있다는 것입니다. 그래서인지 국내에서는 네이트 온 사용자가 더 많습니다. 다행인것은 맥용 네이트 온이 출시되어 있기 때문에 운영체제에 상관없이 채팅 및 파일 교환이 가능하다는 것입니다. nateonweb.nate.com을 방문하여 맥 OS X 용을 다운받아 설치합니다.

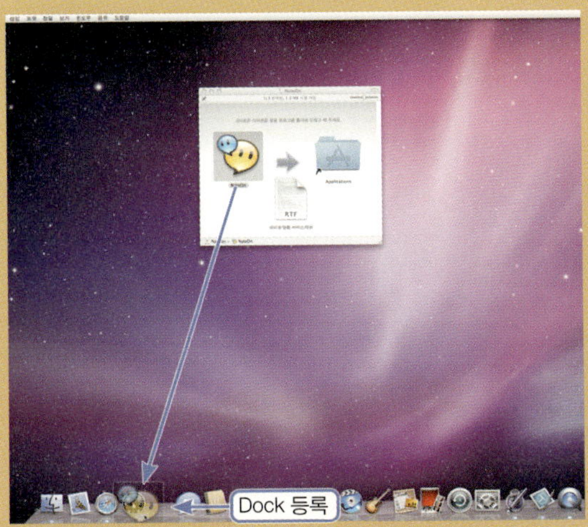

네이트 온은 별다른 설치 과정이 필요 없습니다. 다운로드가 완료되고 폴더가 열리면, NateOn 아이콘을 Dock으로 드래그하여 가져다 놓고 사용합니다.

Dock에 가져다 놓은 아이콘을 클릭하여 실행하고, 아이디 및 비밀번호를 입력합니다. 네이트 온은 너무나 유명한 프로그램이기 때문에 별 다른 설명이 필요 없을 것입니다. 필요하다면 nateonweb.nate.com에서 제공하는 이용 가이드를 읽어봅니다.

ROUND 03

멀티 미디어

07 아이튠즈

윈도우에서는 아이튠즈를 아이폰, 아이팟, 아이패드에 영상과 음악, 그리고 애
플리케이션을 담는 역할로만 사용하지만, 맥에서는 아이폰과의 동기 작업 외에
시스템의 모든 멀티 미디어를 관리하는 통합 프로그램입니다. 특히, 맥의 다양
한 응용 프로그램과 연동되기 때문에 한 차원 높은 미디어 관리가 가능합니다.

아이튠즈 실행하기

맥과 윈도우를 구분하지 않고, 아이폰, 아이팟, 아이패드 사용자들에게 익숙한 것이 아이튠즈입니다.
맥에서는 아이튠즈를 기본적으로 제공하고 있기 때문에 추가 설치가 필요없으며, 단독으로 사용되는
윈도우와는 다르게 다양한 응용 프로그램과 공유된다는 차이가 있습니다.

01 아이튠즈를 처음 실행하는 경우에는 아이튠즈를 구성할 수 있는 질문 창이 몇 가지 열립니다. Dock의 iTunes 아이콘을 클릭하여 실행하고 다음 버튼을 클릭하여 진행합니다.

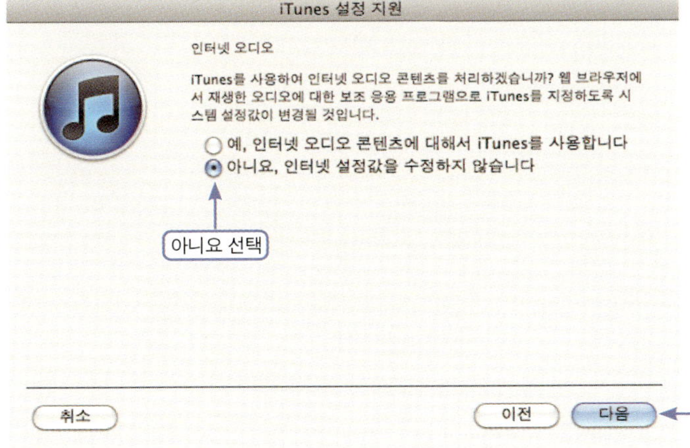

02 인터넷 오디오 재생 프로그램으로 아이튠즈를 사용할 것인지를 묻는 창이 열립니다. 맥에서는 지원되지 않는 곳이 많으므로, 아니오, 인터넷 설정값을 수정하지 않습니다를 선택하고 다음 버튼을 클릭합니다.

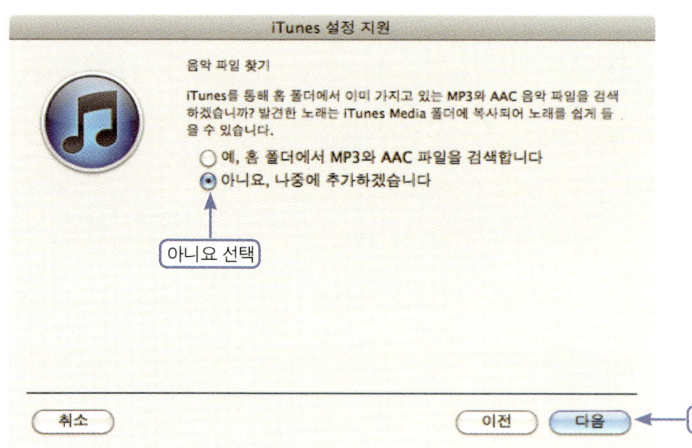

03 사용자 폴더에 있는 MP3와 ACC 음악 파일을 검색할 것인지를 묻는 창이 열립니다. 사용자가 직접 추가하는 것이 편리하므로 아니요, 나중에 추가하겠습니다를 선택하고 다음 버튼을 클릭합니다.

04 아이튠즈의 폴더 구성을 유지할 것인지를 묻는 창이 열립니다. 이것도 직접 변경하는 것이 편리하므로 아니요, 파일과 폴더의 이름을 직접 변경하겠습니다를 선택하고 다음 버튼을 클릭합니다.

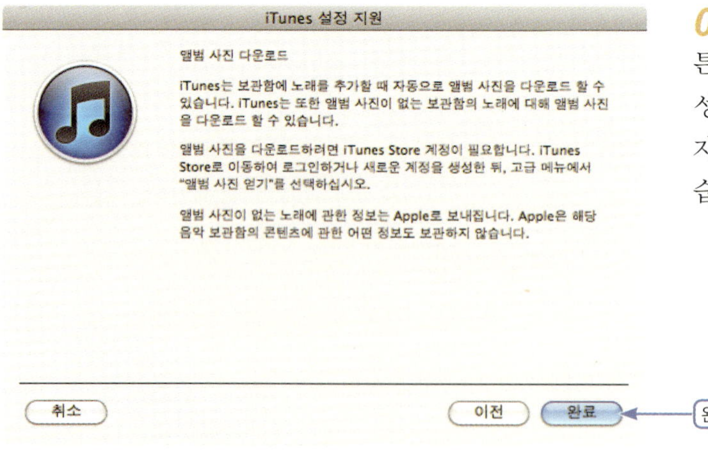

05 구성 완료 창이 열립니다. 완료 버튼을 클릭하여 닫습니다. 지금까지의 구성을 꼭 일치시킬 필요는 없습니다. 사용자마다 자신의 취향대로 선택을 해도 좋습니다.

06 아이튠즈의 기본 사용법을 동영상으로 익힐 수 있는 튜토리얼 창이 열립니다. 영어로 되어 있지만, 잠시 시간을 내어 보는 것이 좋습니다. 창을 닫은 경우에는 도움말 메뉴의 iTunes 튜토리얼을 선택하여 엽니다.

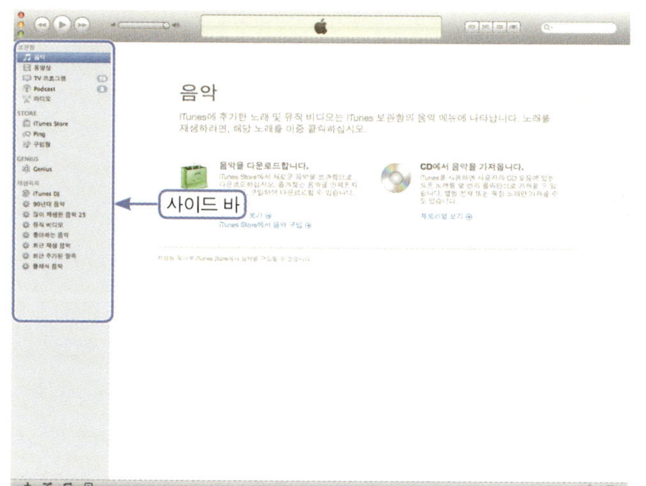

07 아이튠즈의 사이드 바에는 보관함, Store, Genius, 재생 목록 등의 카테고리로 구성되어 있으며, 아이폰 및 아이팟을 연결하거나 벨소리 제작 작업을 진행하면 해당 소스를 관리할 수 있는 카테고리가 자동으로 생성됩니다.

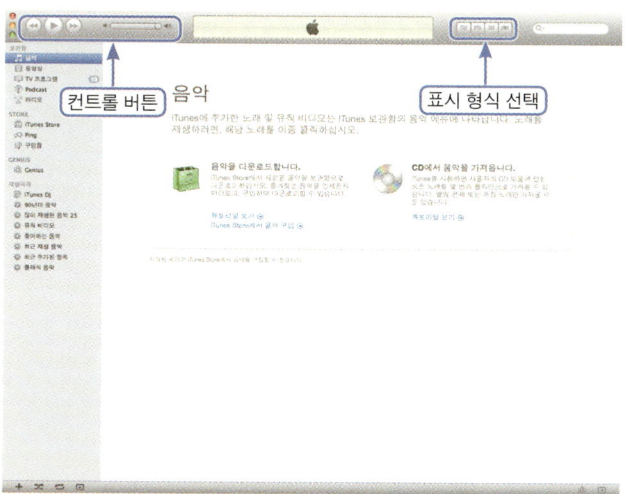

08 상단에는 보관함의 음악 및 영상을 재생할 수 있는 컨트롤 버튼과 보관함의 표시 형식을 선택할 수 있는 버튼이 있습니다. 아이튠즈를 처음 실행할 때, 자동 검색을 선택하지 않은 경우에는 보관함이 비어있으므로, 도구들은 모두 비활성화 상태입니다.

미디어의 보관과 재생

음악 및 동영상 파일이나 오디오 CD를 아이튠즈에 보관해 놓으면, 뒤에서 살펴볼 프론트 로우(Front Row)와 연동되어 언제든 보고, 들을 수 있는 미디어 갤러리를 구축할 수 있으며, 아이폰,아이팟, 아이패드와 같은 제품에 음악과 동영상을 담을 수 있습니다.

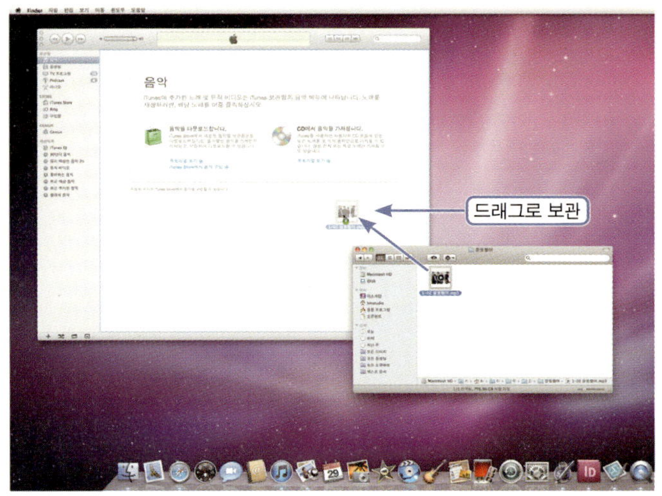

01 음악과 동영상을 아이튠즈에 보관하는 방법은 간단합니다. Command+N 키를 눌러 파인더를 열고, 음악 및 동영상 파일을 아이튠즈의 보관함으로 드래그하여 가져다 놓으면 됩니다.

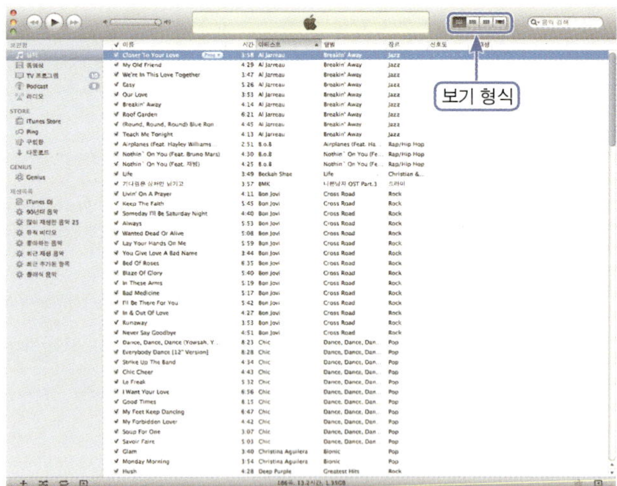

02 iTunes에 보관된 미디어는 목록, 앨범, 격자, Cover Flow의 4가지 형식으로 표시할 수 있으며, 형식은 보기 버튼을 클릭하여 선택합니다. 그림은 목록 보기 버튼을 클릭한 경우입니다.

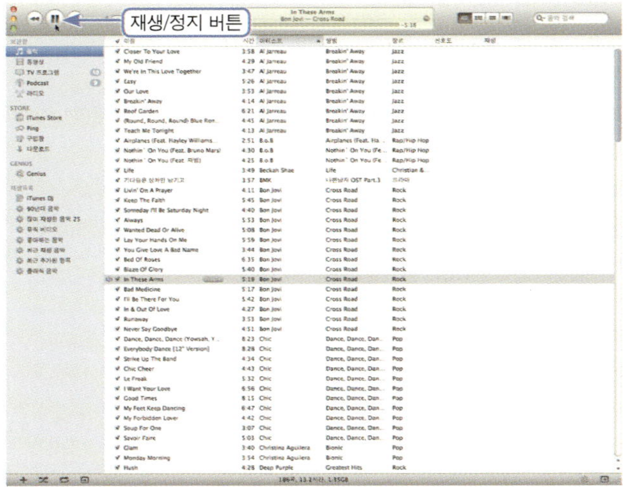

03 음악 및 영상을 재생할 때는 목록을 더블 클릭하거나 재생 버튼을 클릭해도 좋고, 스페이스 키를 눌러도 좋습니다. 이때 재생 버튼은 일시 정지 버튼으로 바뀌며, 재생 중인 음악 및 영상을 정지시키는 역할을 합니다.

04 Rewind 또는 Fast Forward 버튼을 클릭하면 이전 또는 다음 목록으로 이동하며, 버튼을 누르고 있으면, 미디어를 앞뒤로 빠르게 탐색합니다. 영상을 재생할 때는 화면에 표시되는 컨트롤 버튼을 이용해도 좋습니다.

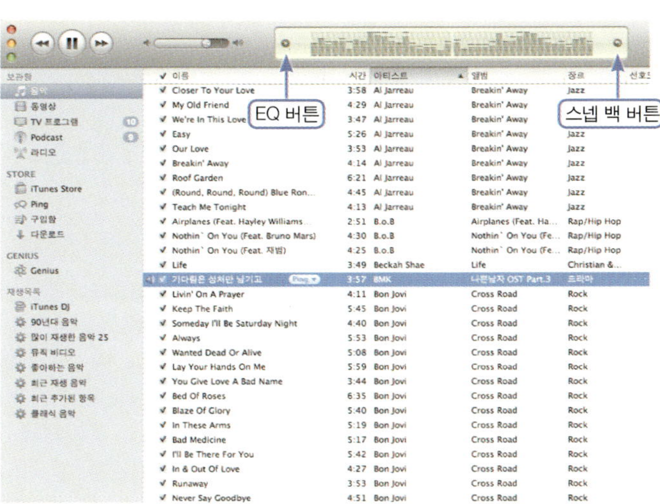

05 미디어 제목을 표시하는 창 왼쪽에는 사운드의 주파수 레벨을 표시하는 EQ 버튼이 있고, 오른쪽에는 미디어를 재생하면서 다른 목록을 편집하고 있을 때, 재생하고 있는 미디어로 이동하는 스냅 백 버튼이 있습니다.

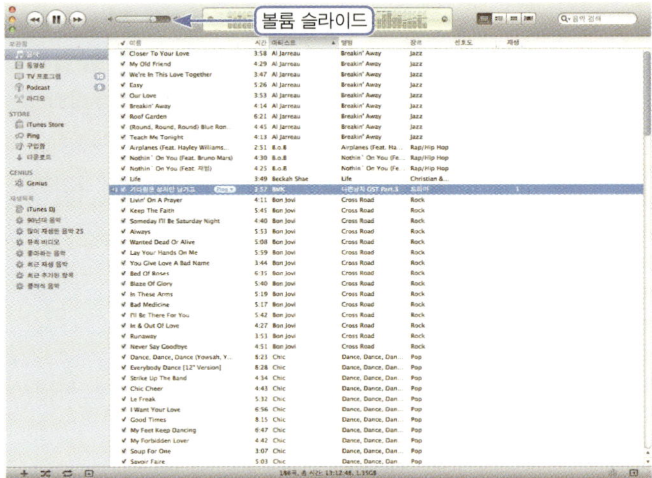

06 재생하고 있는 미디어의 볼륨은 볼륨 슬라이드를 드래그하거나 Command 키를 누른 상태에서 위/아래 방향키를 눌러 조정합니다. 이때의 볼륨은 맥 볼륨을 최대값으로 하는 상대 볼륨입니다.

07 작업 표시 줄 왼쪽에 4개의 기능 버튼 중에서 2번째 랜덤 버튼은 곡의 재생 순서를 iTunes가 무작위로 결정하게 하며, 3번째 루프 버튼은 음악 보관함의 모든 곡을 반복 재생합니다. 루프 버튼을 한 번 더 클릭하면 1이라는 숫자가 표시되며, 선택한 곡만 반복합니다.

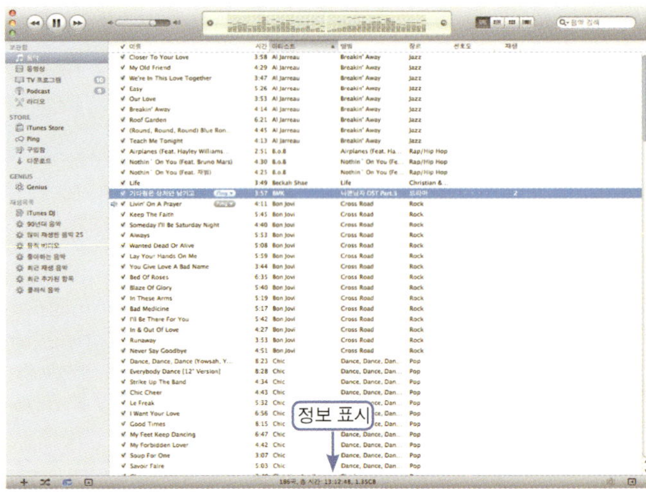

08 iTunes의 작업 표시 줄에는 선택한 보관함의 미디어 수, 재생 시간, 용량 정보가 표시되며, 마우스 클릭으로 좀 더 자세한 정보가 표시되게 할 수 있습니다.

앱 스토어 계정 만들기

아이튠즈를 미디어 재생 및 관리 도구로 사용할 때는 특별한 계정이 필요없지만, 아이폰 및 아이팟과 동기시켜 애플리케이션을 다운 받아 설치하기 위해서는 앱 스토어 계정이 필요합니다. 앱 스토어는 국가별로 서비스 되고 있으며, 국내 사용자는 한국과 미국의 두 가지 계정이 모두 필요합니다.

01 한국 계정 만들기

사이드 바의 iTunes Store를 선택하여 앱 스코어에 접속합니다. 앱 스토어에 처음 접속하는 경우라면 한국 스토어가 보입니다. 무료 Apps 목록에서 적당한 애플리케이션의 무료 버튼을 클릭합니다.

02 로그인 창이 열립니다. 새로운 계정 생성 버튼을 클릭하고, 인사말이 보이는 창에서 계속 버튼을 클릭합니다.

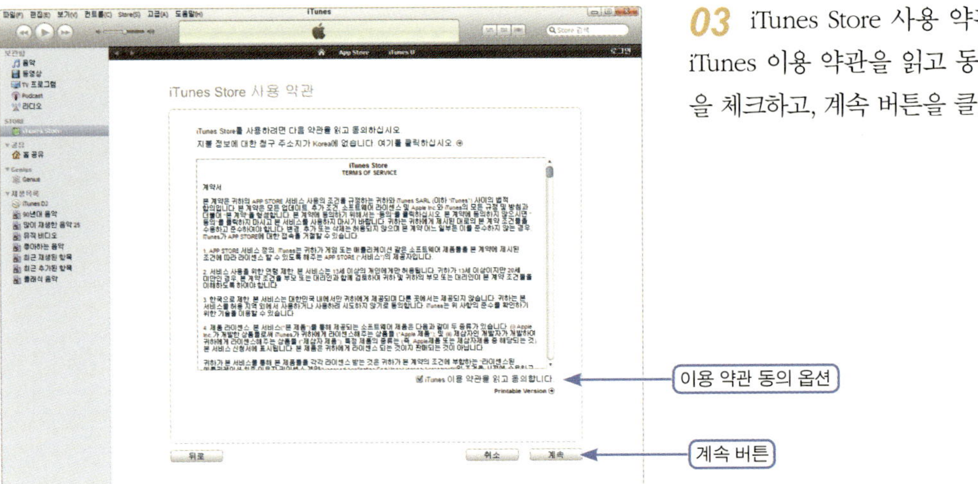

03 iTunes Store 사용 약관이 보입니다. iTunes 이용 약관을 읽고 동의합니다 옵션을 체크하고, 계속 버튼을 클릭합니다.

04 사용자 정보를 입력하는 창이 열립니다. 이메일과 패스워드를 정확히 입력하고, [계속] 버튼을 클릭합니다. 질문(Question), 정답(Answer), 생일(day, Month, Year)은 적당히 입력해도 좋지만, 비밀 번호는 잊어버릴 경우를 대비해서 정확히 입력해두는 것이 좋습니다.

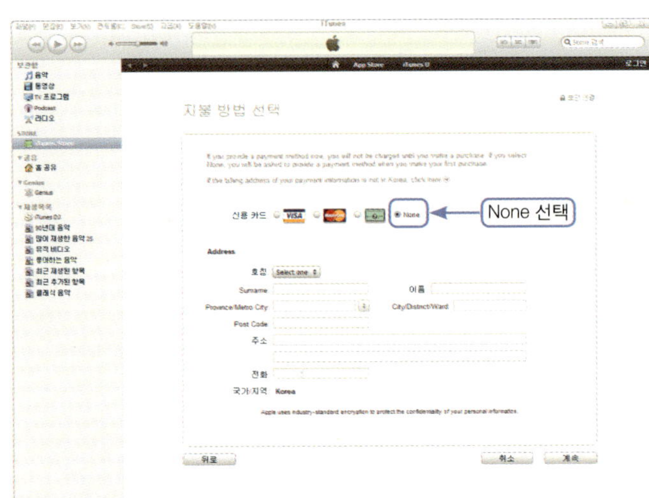

05 지불 방법 선택 창이 열립니다. 유로 애플리케이션을 다운 받겠다면, 독자가 사용하고 있는 카드를 선택하고, 카드 번호 및 유효 기간 등의 정보를 입력합니다. 무료 애플리케이션만 다운 받아 사용해보겠다면, None을 선택하고, 사용자 이름과 주소를 입력합니다. 앞에서 무료를 선택한 이유는 None을 사용하기 위한 것입니다.

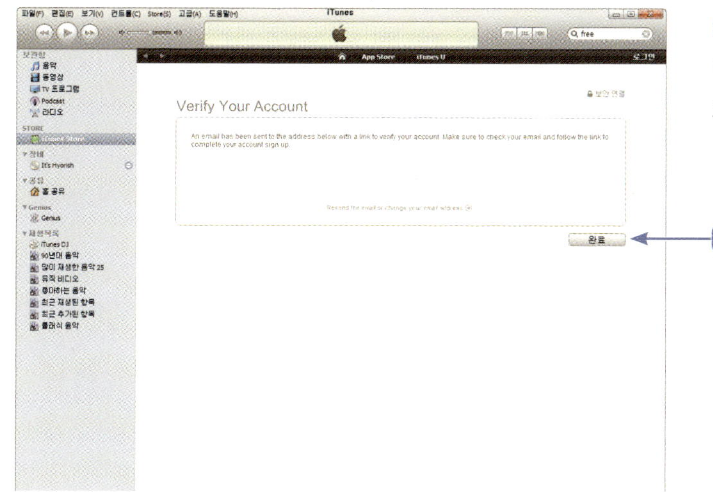

06 사용자 정보 입력 창에서 등록한 이메일 주소가 보이는 완료 창이 열립니다. 완료 버튼을 클릭합니다.

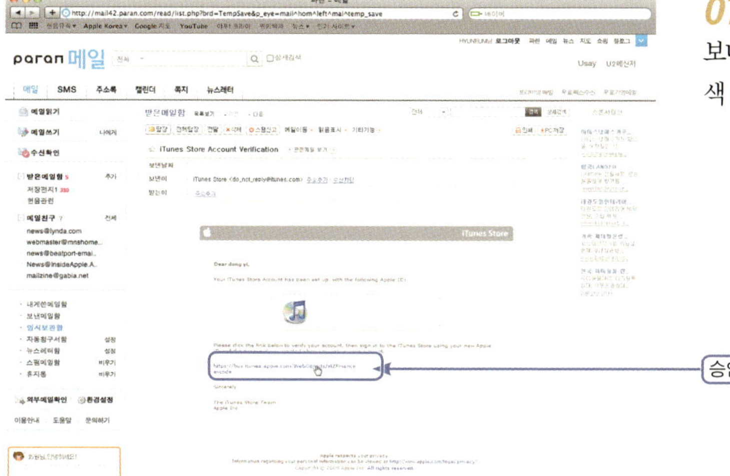

07 사파리를 실행하여 iTunes Store에서 보내준 이메일을 확인합니다. 그리고 파란색 글씨의 승인 코드를 클릭합니다.

08 로그인 창이 열립니다. 등록했던 이메일 주소와 암호를 입력하고, 로그인 버튼을 클릭하여 접속합니다. 한국 앱 스토어에 접속할 때는 지금 만든 계정을 이용하는 것입니다.

09 로그인 화면을 볼 수 있으며, 국내 iTunes Store의 다양한 애플리케이션을 다운받아 사용할 수 있습니다. 로그 아웃은 사용자 아이디 오른쪽의 작은 삼각형을 클릭하면 열리는 메뉴에서 로그 아웃을 선택하면 됩니다.

10 미국 계정 만들기

한국 앱 스토어는 음악과 영화 등의 미디어 콘텐츠를 지원하고 있지 않기 때문에 좀 더 다양한 애플리케이션과 미디어를 사용하기 위해서는 미국 계정이 필요합니다. 화면 오른쪽 하단의 태극기를 클릭합니다.

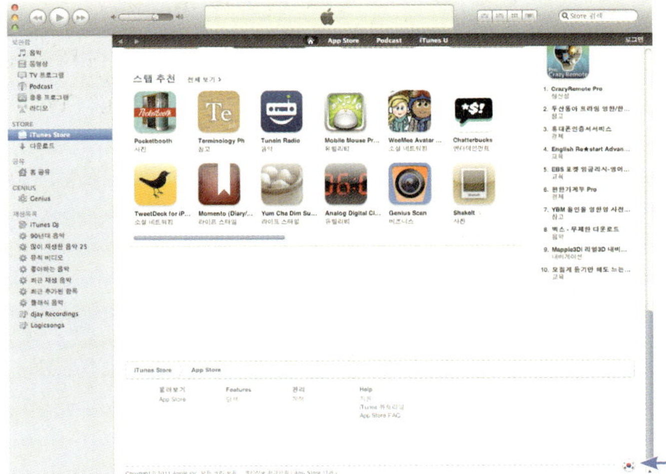

11 United States 국기를 클릭하여 미국으로 바꿉니다. None으로 가입을 하기 위해서는 무료 애플리케이션을 찾아야 하는데, 메인 화면에서는 보이지 않습니다. Store 검색 항목에 free apps를 입력하고, return 키를 누릅니다.

12 다양한 무료 애플리케이션이 검색됩니다. 아무거나 FREE 버튼을 클릭하면 열리는 로그인 창에서 새로운 계정 생성 버튼을 클릭합니다.

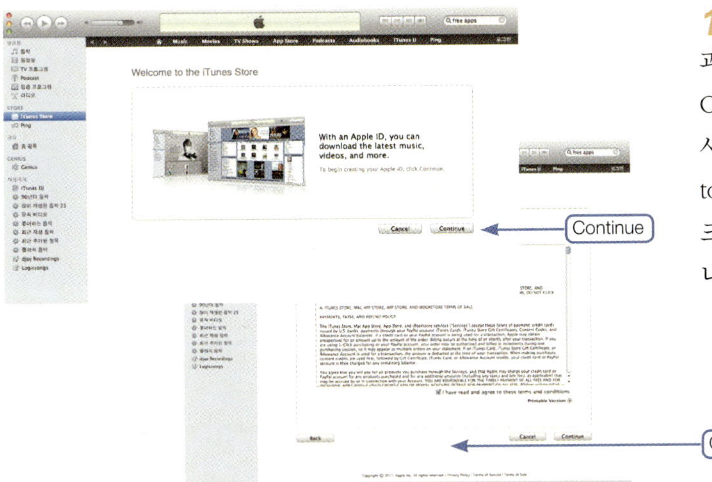

13 이 후 부터는 한국 계정을 만드는 것과 비슷합니다. 인사말이 보이는 창에서 Continue 버튼을 클릭하고, iTunes Store 사용 약관 창에서 I have read and agree to these terms and conditions 옵션을 체크합니다. 그리고 Continue 버튼을 클릭합니다.

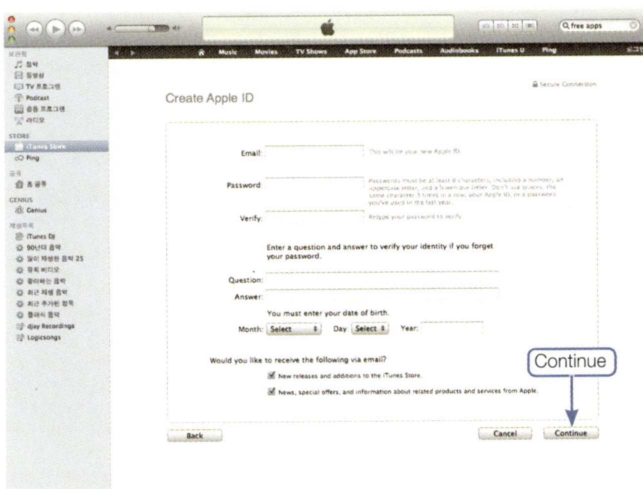

14 사용자 정보를 입력하는 창이 열립니다. 한국 계정을 만들 때 사용했던 이메일은 사용할 수 없으므로, 다른 이메일과 패스워드를 입력하고, Continue 버튼을 클릭합니다. 나머지 항목도 적당히 채웁니다.

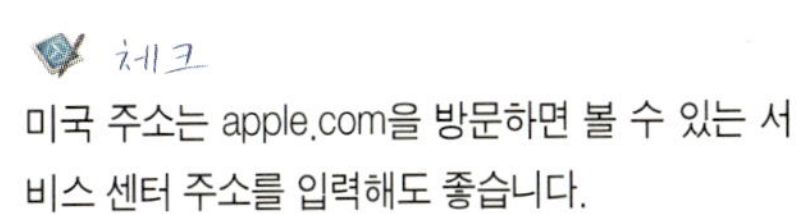

체크

미국 주소는 apple.com을 방문하면 볼 수 있는 서비스 센터 주소를 입력해도 좋습니다.

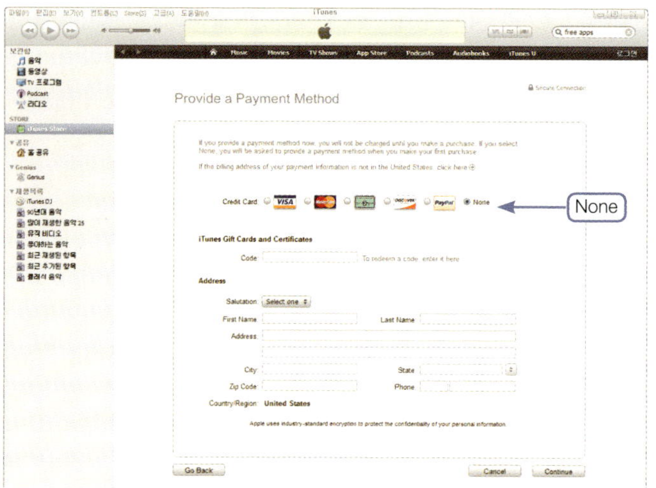

15 지불 방법 선택 창이 열립니다. 일단, 무료 애플리케이션만 다운 받아 사용해보겠다면, None을 선택하고, 사용자 이름과 주소를 입력합니다. 그리고 Continue 버튼을 클릭합니다.

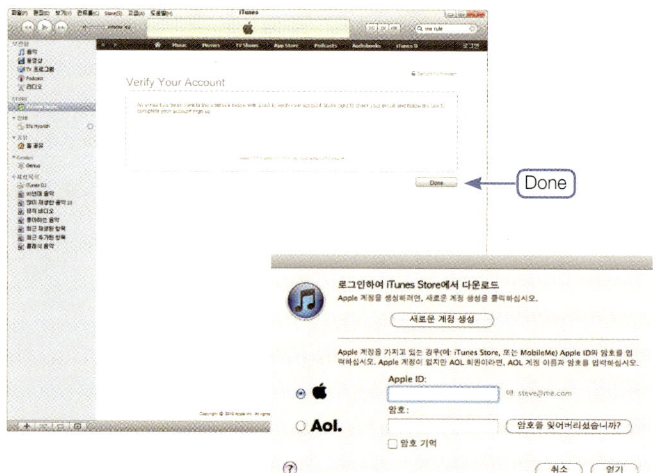

16 등록한 이메일 주소가 보이는 완료 창이 열립니다. Done 버튼을 클릭하고, 한국 계정을 만들 때와 동일하게 사용자 이일로 도착한 승인 코드를 클릭하여 로그인 합니다.

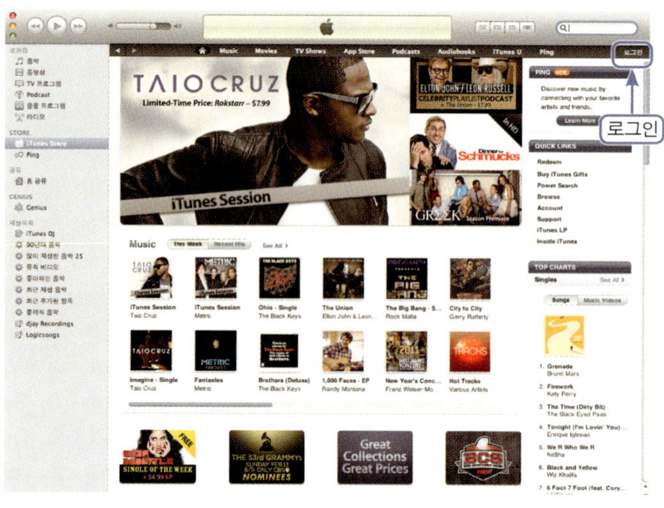

17 로그인 화면을 볼 수 있으며, 미국 앱 스토어의 다양한 애플리케이션을 다운받아 사용할 수 있습니다. 로그인을 클릭하여 창을 열고, 한국 계정을 입력하면 한국 앱 스토어에 접속되고, 미국 계정을 입력하면 미국 앱 스토어에 접속됩니다.

장비의 등록과 인증

앞으로 보관함에 모아놓게 될 음악과 영상을 비롯한 모든 애플리케이션을 아이폰, 아이팟, 아아패드에 담거나 공유하기 위해서는 해당 장비를 iTunes에 등록하고 인증 받는 과정이 필요합니다. 컴퓨터 인증은 동일한 계정으로 총 5대까지 가능합니다.

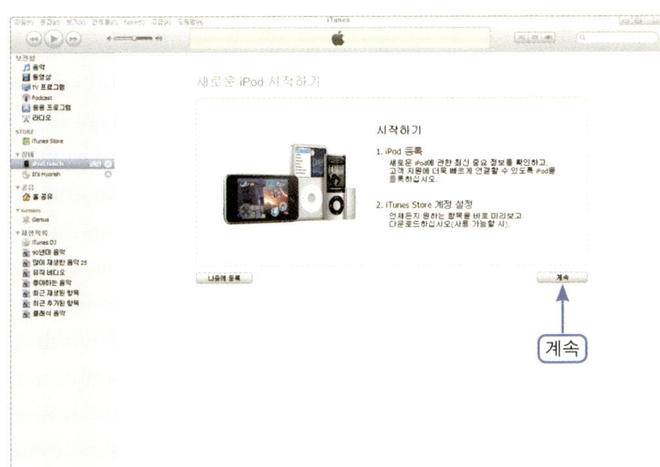

01 장비 등록하기

아이폰, 아이팟, 아이패드에서 제공하는 USB 케이블을 이용하여 컴퓨터에 처음 연결하면, 장비 등록 시작 창이 열립니다. 계속 버튼을 클릭합니다.

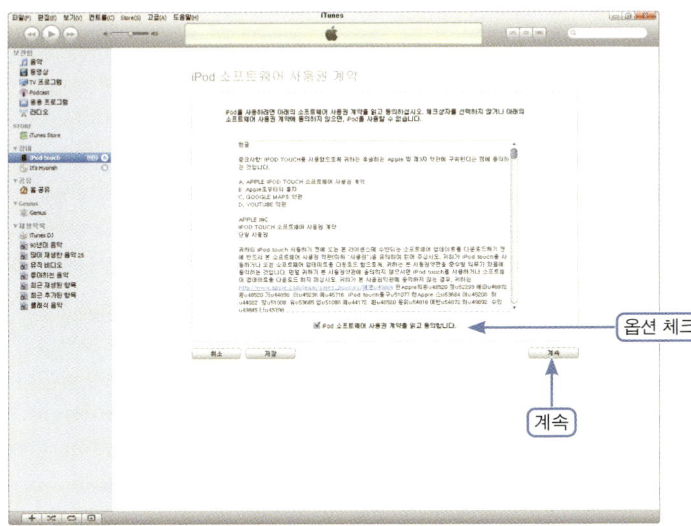

02 소프트웨어 사용권 계약 창이 열립니다. 소프트웨어 사용권 계약을 읽고, 동의합니다 옵션을 체크합니다. 그리고 계속 버튼을 클릭합니다.

03 iTunes 계정 로그인 창이 열립니다. 사용자 이메일과 암호를 입력하고, 계속 버튼을 클릭합니다.

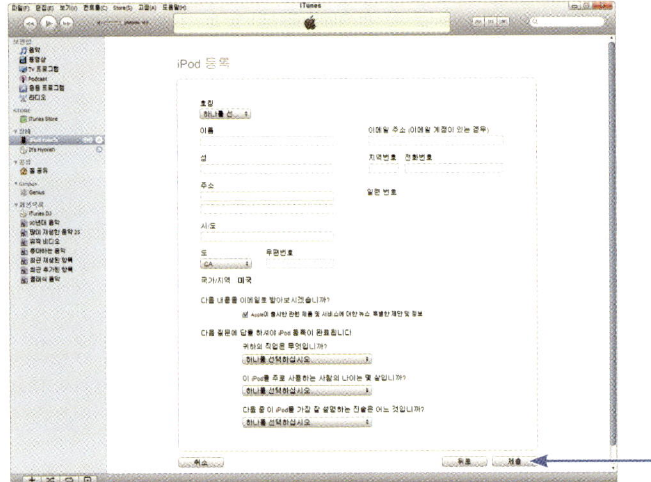

04 계정을 만들 때 입력했던 사용자 정보 창이 열립니다. 직업, 나이, 진술 등의 질문 항목에서 적당한 답을 선택하고, 제출 버튼을 클릭합니다.

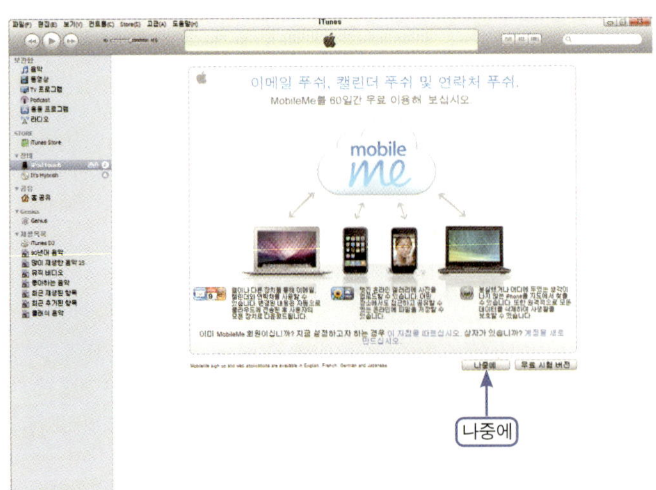

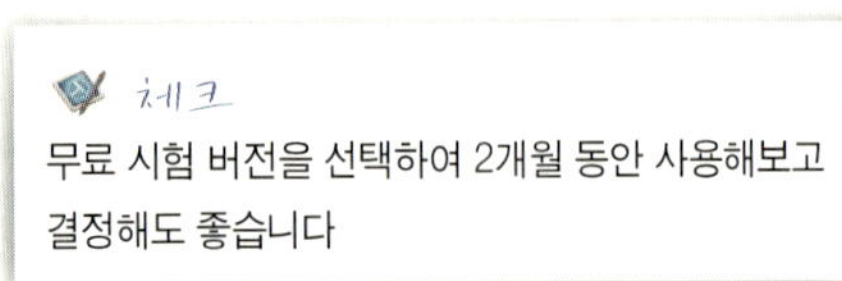

05 mobile me에 대한 광고 창이 열립니다. 아이폰, 아이팟, 아이패드를 이용하여 언제 어디서든 이메일을 확인하고, 웹 하드를 이용할 수 있으며, 분실한 아이폰을 지도로 검색하여 찾을 수 있는 서비스를 제공한다고 되어 있습니다. 단, 유료 서비스입니다. 지금은 나중에 버튼을 클릭하여 장비 등록을 마칩니다.

> 🔖 체크
> 무료 시험 버전을 선택하여 2개월 동안 사용해보고 결정해도 좋습니다

06 음악, 영상, 사진, 응용 프로그램 등, 아이폰, 아이팟, 아이패드를 컴퓨터에 연결했을 때 자동으로 동기시킬 항목을 체크할 수 있는 장비 등록 완료 창이 열립니다. 자신만의 구성을 위해 모든 옵션을 해제하고, 완료 버튼을 클릭합니다.

07 인증 받기

iTunes과 장비를 동기화하고, 컴퓨터를 공유하기 위해서는 해당 컴퓨터 인증 과정이 필요합니다. Store 메뉴의 이 컴퓨터 인증을 선택하여 창을 열고, 로그인 합니다. 인증 수를 표시하는 완료 창이 열립니다.

08 인증은 총 5대까지만 가능합니다. 그러므로, 6번째 인증이 필요하거나 컴퓨터를 포맷할 일이 있을 때는 반드시 Store 메뉴의 이 컴퓨터 인증 해제를 선택하여 인증을 해제합니다.

음악 보관하기

아이폰, 아이팟, 아이패드에서 감상할 음악을 iTuens 보관함에 담는 과정을 살펴봅니다. 사용자 컴퓨터에 저장되어 있는 미디어 파일은 아이튠즈로 드래그하는 간단한 동작으로 보관할 수 있으므로, 여기서는 오디오 CD의 트랙을 사용자가 원하는 포맷으로 바꾸어 보관하는 방법을 살펴봅니다.

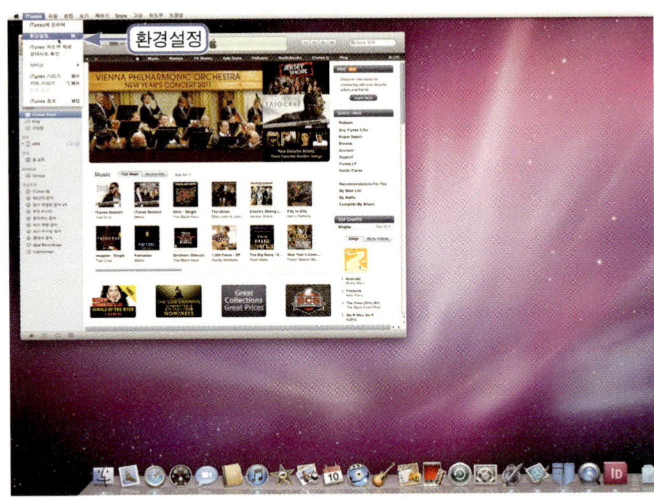

01 가져오기 환경 설정하기

오디오 CD의 음악을 가져오기 전에 어디에 어떤 파일로 저장할 것인지를 설정할 필요가 있습니다. iTunes 메뉴의 환경 설정을 선택합니다.

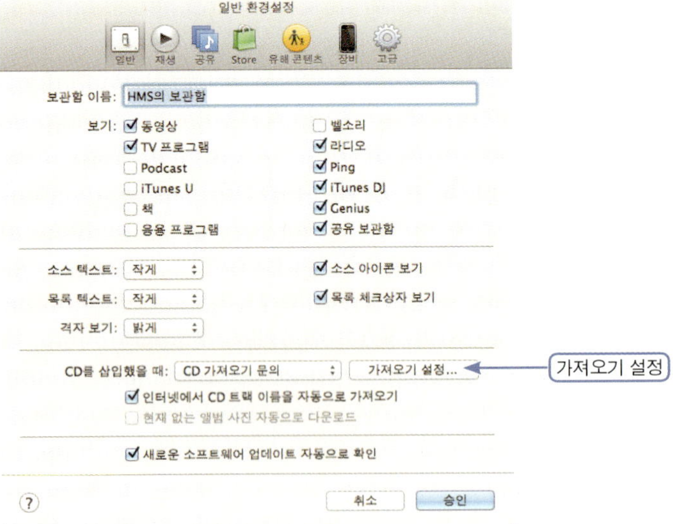

02 일반 탭에서 CD를 삽입했을 때 CD 가져오기 문의가 선택되어 있는지 확인합니다. 그리고 가져오기 설정 버튼을 클릭합니다.

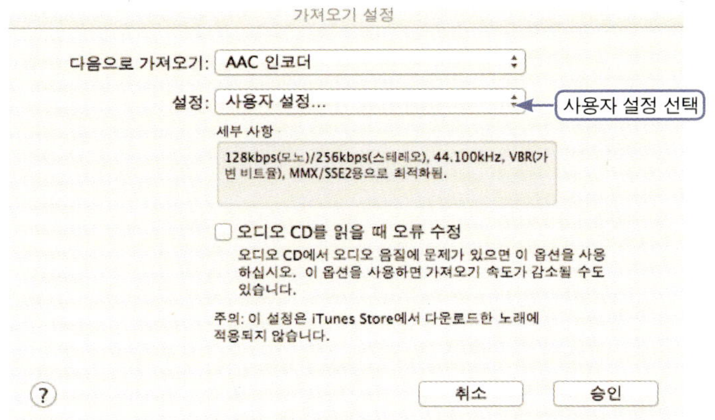

03 다음으로 가져오기에서 호환성이 좋은 MP3 인코더를 선택합니다. 그리고 설정에서 음질을 선택합니다. 최고 음질의 320kbps를 원한다면 사용자 지정을 선택합니다.

04 스테레오 비트율에서 320kbps를 선택하고, 확인 버튼을 클릭합니다. 가져오기 설정 창도 확인 버튼을 클릭하여 닫습니다.

05 음악은 기본적으로 사용자₩음악₩iTunes 폴더에 저장됩니다. 위치를 변경하고자 한다면, 고급 탭을 클릭하여 페이지를 열고, 변경 버튼을 클릭하여 위치를 선택합니다.

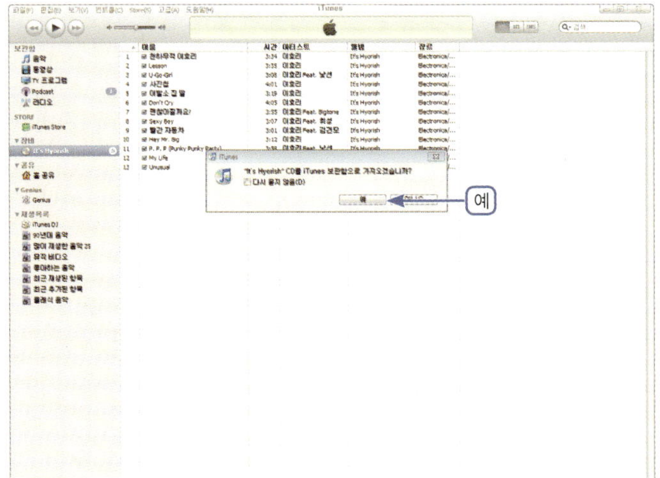

06 오디오 CD 가져오기

오디오 CD를 컴퓨터에 넣으면, CD 정보가
자동으로 검색되며, CD를 iTunes 보관함으
로 가져오겠습니까? 라는 질문의 창이 열립
니다. 예 버튼을 클릭합니다.

07 오디오 CD의 음악을 컴퓨터에 저장
하는 과정이 진행됩니다. 진행 중인 곡은
노란색 물결 무늬의 아이콘으로 표시되고,
완료된 곡은 녹색 아이콘으로 표시됩니다.
모든 트랙이 저장되면 실로폰 소리로 알려
줍니다.

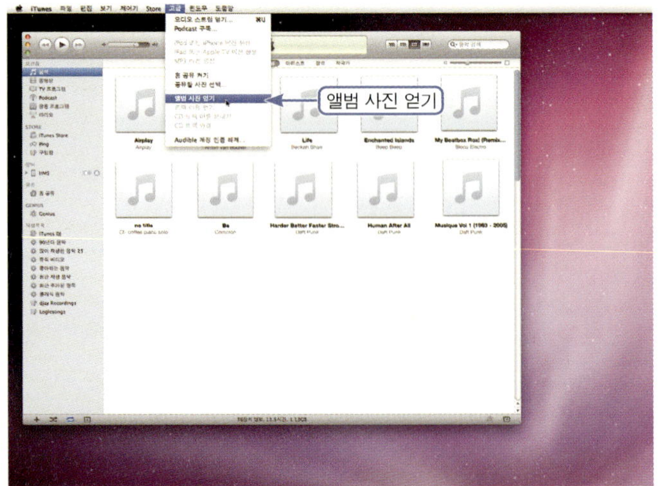

08 계속해서 앨범 사진을 얻겠습니다.
CD는 Eject 키를 눌러 꺼내고, 고급 메뉴의
앨범 사진 얻기를 선택합니다.

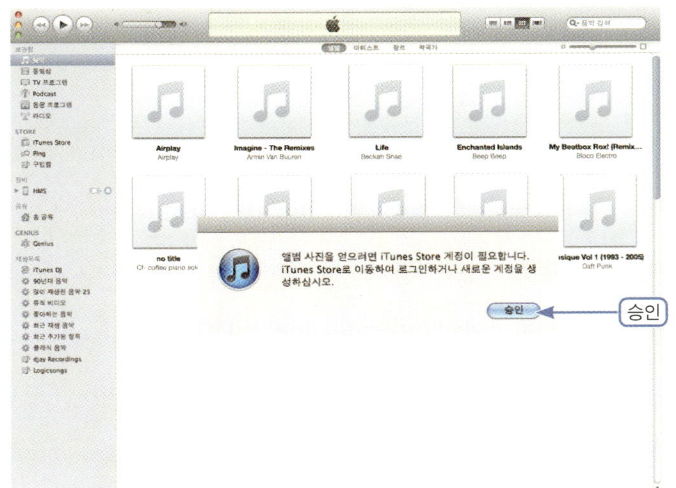

09 앱 스토어에 로그인을 하지 않은 상태라면, 계정이 필요하다는 내용의 창이 열립니다. 확인 버튼을 클릭하여 닫고, 앱 스토어에 미국 계정으로 로그인 합니다. 그리고 앨범 사진 얻기 메뉴를 다시 선택합니다.

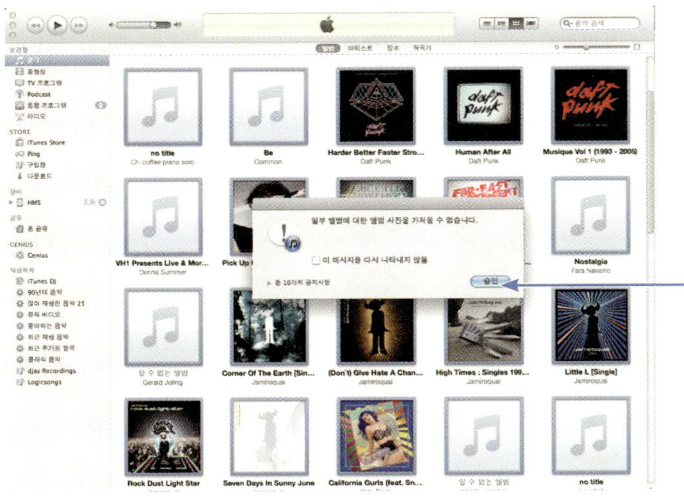

10 국내 가수를 비롯한 일부분은 앨범 정보를 얻지 못하는 경우도 있습니다. 승인 버튼을 클릭하여 닫습니다.

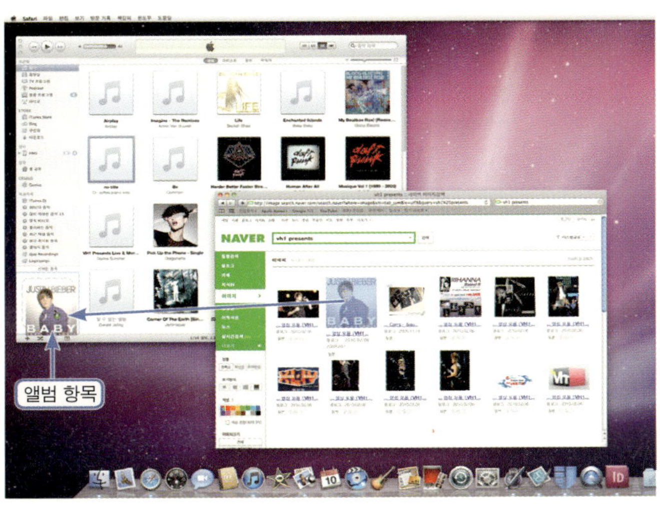

11 앨범 정보를 얻지 못한 경우에는 인터넷에서 사진을 찾아 앨범 항목으로 드래그하여 가져다 놓습니다. 선택 항목은 항목 보기 버튼을 클릭하여 열 수 있습니다.

06 앨범 및 곡의 정보 편집하기

앨범 및 곡에 대한 정보가 없는 음악은 물론이고, 이미 곡의 정보가 수록된 것이라도 좀 더 효율적인 관리를 위해서 곡에 대한 정보를 편집해야 할 필요가 있습니다. 특히, 많은 음악을 담아 놓고 있는 경우에는 그 무엇보다 중요한 것이 정보입니다.

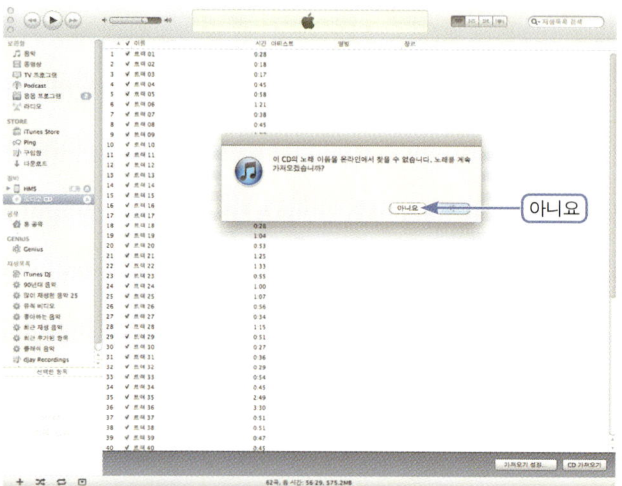

01 CD 정보 입력하기

CD를 삽입하면 트랙에 대한 정보를 자동으로 가져오며, 데이터베이스(CDDB)에 등록되어 있지 않은 경우에는 안내 창이 열립니다. 여기서 아니요 버튼을 클릭하여 곡의 정보를 편집하고 보관하는 실습을 진행하겠습니다.

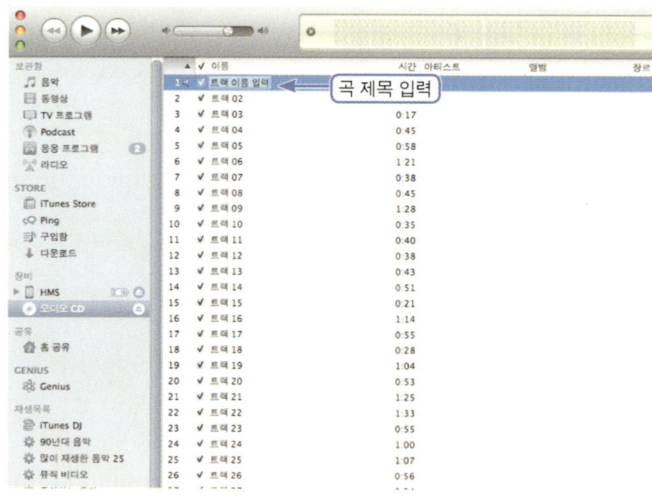

02 트랙 번호와 시간 정보만 표시된 CD의 내용을 볼 수 있습니다. 트랙을 선택하고, Command+Return 키를 눌러 곡의 제목을 입력합니다.

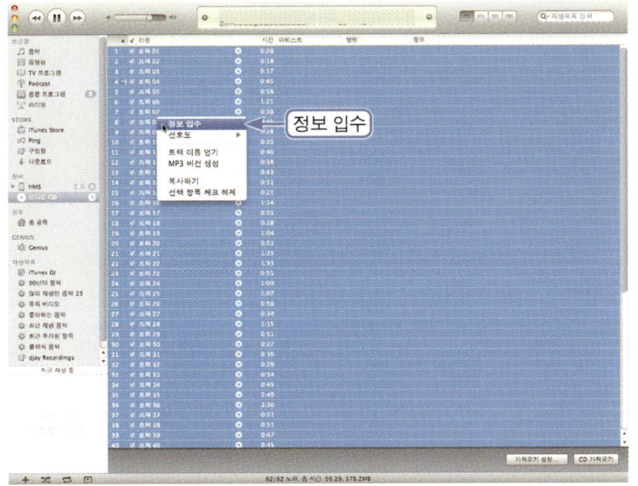

03 아티스트와 앨범 정보는 동일할 것이므로, 한 번에 입력하는 것이 좋겠습니다. 채 Command+A 키를 눌러 모든 트랙을 선택합니다. 그리고 마우스 오른쪽 버튼을 클릭하여 단축 메뉴를 열고, 정보 입수를 선택합니다.

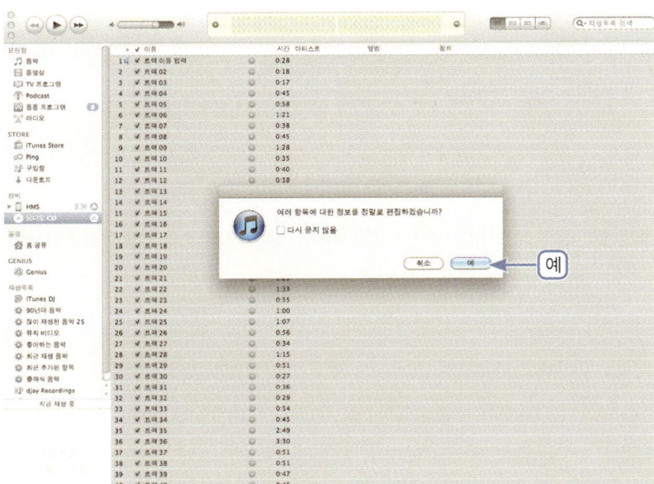

04 여러 항목에 대한 정보를 편집할 것인지를 묻는 창이 열립니다. 예 버튼을 클릭합니다.

05 아티스트 및 앨범 정보 등을 입력합니다. Genius 기능을 이용할 때 필요한 장르 정보와 효율적인 관리를 위한 년도 정보도 입력해두는 것이 좋습니다. 앨범 사진은 인터넷에서 검색한 사진을 드래그하여 가져다 놓을 수 있습니다.

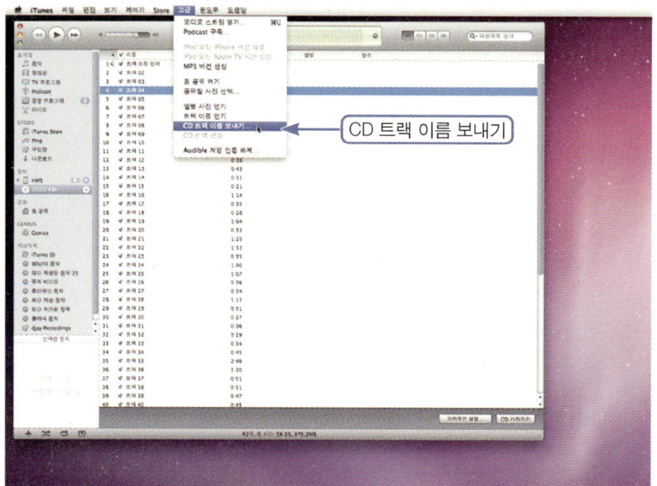

06 정보가 없는 CD에 필요한 정보를 입력했다고 가정합니다. 이렇게 만들어 놓은 앨범 정보를 아이폰, 아이팟, 아이패드를 이용하는 전 세계 모든 사용자들이 이용할 수 있게 하려면 고급 메뉴의 CD 트랙 이름 보내기를 선택합니다.

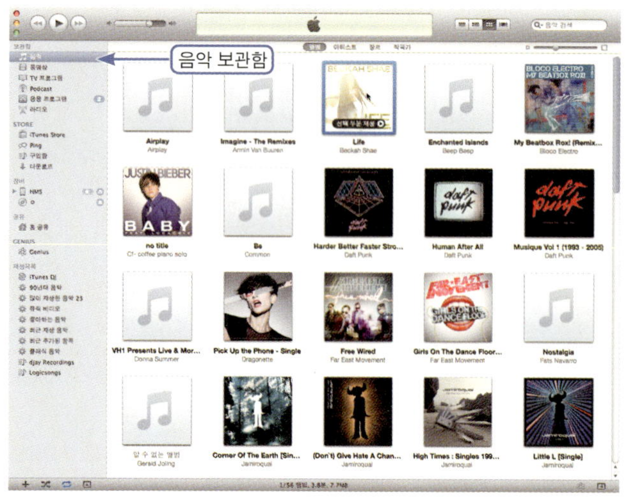

07 앨범 정보가 보입니다. 수정할 것이 있다면 수정을 하고, 승인 버튼을 클릭합니다. 독자가 만든 CD 정보가 Geacenote CDDB 서비스로 전송됩니다. 누군가가 독자와 동일한 CD를 가지고 있는 사람이 독자가 만든 CD 정보를 얻게 되는 것입니다.

08 가사 입력하기

대부분의 MP3 파일에는 가사가 등록되어 있지만, 그렇지 않은 경우도 많습니다. 특히, 오디오 CD에서 추출한 경우라면 사용자가 직접 가사를 등록해야 합니다. 음악 보관함에서 가사를 입력할 앨범을 더블 클릭하여 트랙을 엽니다.

09 선택한 앨범의 트랙 정보를 볼 수 있으며, 가사를 입력할 곡을 마우스 오른쪽 버튼으로 클릭하여 단축 메뉴를 열고, 정보 입수를 선택합니다.

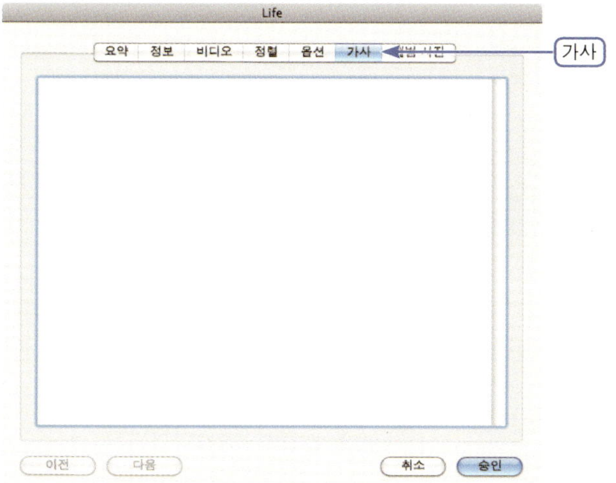

10 곡의 정보를 입력할 수 있는 창이 열립니다. 가사 탭을 클릭하여 열어 가사를 입력하면 아이폰, 아이팟, 아이패드에서 음악을 감상할 때, 가사를 함께 볼 수 있습니다.

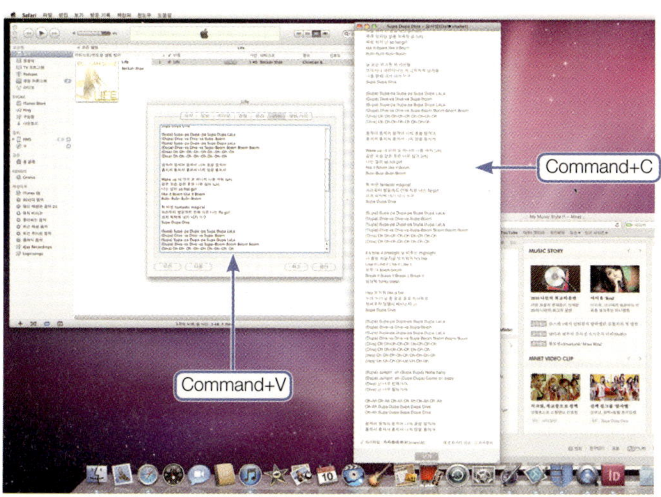

11 대부분의 가사는 인터넷에서 쉽게 구할 수 있으므로, 직접 입력할 필요는 없습니다. 즐겨 찾는 음악 사이트에서 가사를 찾아 마우스 드래그로 선택하고, Command+C 키를 눌러 복사합니다. 그리고 가사 입력 항목에서 Command+V 키를 눌러 붙이는 방법으로 완성합니다.

동영상 보관하기

아이폰, 아이팟, 아이패드에서 감상할 영상을 보관함에 담는 과정을 살펴보겠습니다. 컴퓨터에서만 재생을 할 것이라면 별다른 문제가 없지만, 아이폰 및 아이팟과 같은 장비에서 재생할 것이라면 m4v, mov, 3gp와 같은 포맷으로 바꿔주는 작업이 필요합니다.

01 인코딩 작업

자세한 내용은 뒤에서 살펴보겠지만, 맥에서 기본적으로 제공하는 퀵타임 플레이어는 컴퓨터에서 사용되고 있는 대부분의 영상을 재생하거나 편집할 수 있으며, 아이폰에서 재생 가능한 포맷으로 바꿔주는 iTunes로 보내기 기능을 제공합니다.

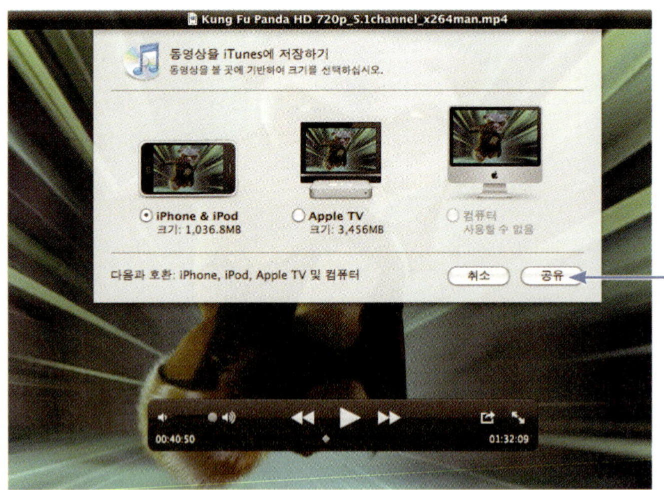

02

퀵타임 플레이어에서 iTunes을 선택하면 저장 타입을 선택할 수 있는 창이 열리며, 목적에 맞는 것을 선택하고 공유 버튼을 클릭하면, 자동으로 아이튠즈에 보관됩니다.

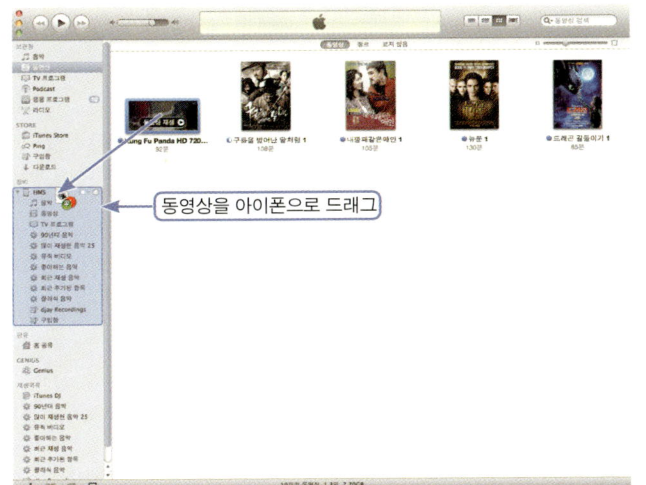

03 아이튠즈 동영상 카테고리에 보관된 영상은 동기화 작업을 진행하거나 장비 카테고리에 연결된 아이폰 및 아이팟으로 드래그하여 가져다 놓으면 됩니다.

04 문제는 자막 파일(*.smi)이 있는 동영상입니다. 자막이 있는 동영상을 아이폰에서 재생할 수 있게 하려면 별도의 프로그램이 필요한데, 국내에서는 개인이 제작한 팟벗이라는 프로그램을 많이 이용합니다. 인터넷에서 팟벗을 검색하여 다운받습니다.

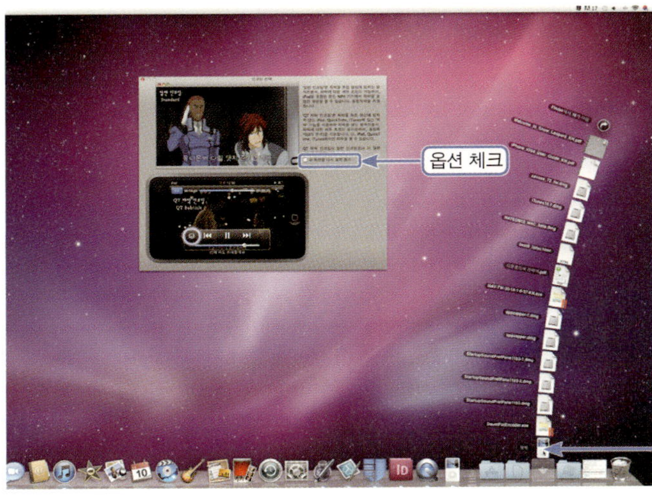

05 다운로드가 완료되면 스택의 다운로드 폴더를 선택하여 열고 다운 받은 팟벗을 선택하여 실행합니다. 초기 안내 화면은 다시 보지 않기 옵션을 체크하여 다음부터 열리지 않게 합니다.

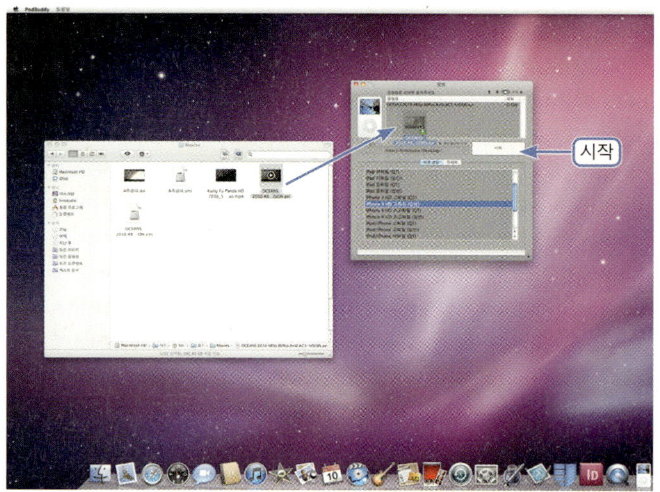

06 팟벗을 이용하는 것은 간단합니다. 같은 이름의 자막이 있는 동영상을 팟벗에 드래그하여 가져다 놓고, 원하는 형식을 선택한 다음에 시작 버튼을 클릭하면 됩니다.

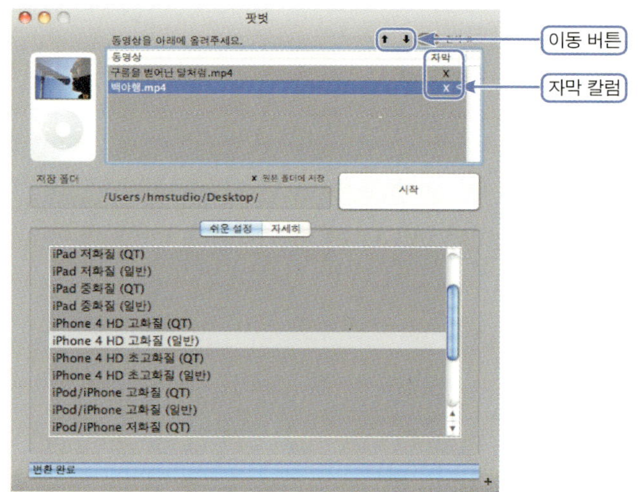

07 팟벗은 동시에 여러개의 영상을 인코딩할 수 있고, 이동 버튼을 클릭하여 순서를 바꿀 수 있습니다. 자막 칼럼에 X 표시는 자막이 없거나 이름이 달라서 찾지 못하는 경우이므로, 작업을 시작하기 전에 확인합니다.

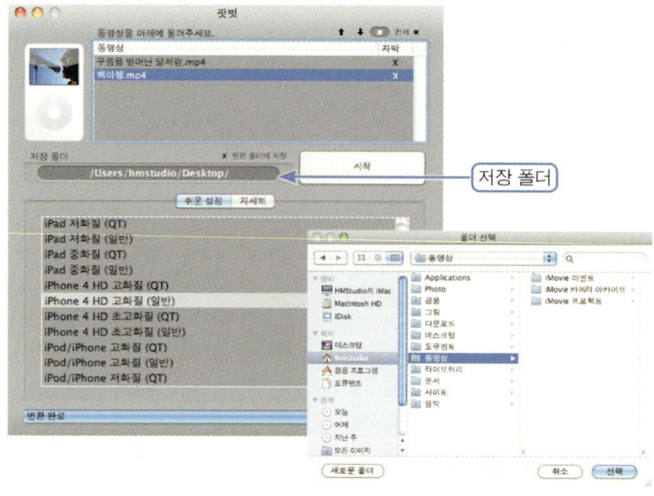

08 변환된 동영상은 기본적으로 데스크탑에 저장됩니다. 위치를 변경하고 싶다면 저장 폴더 항목을 클릭하여 창을 열고, 원하는 위치를 선택합니다.

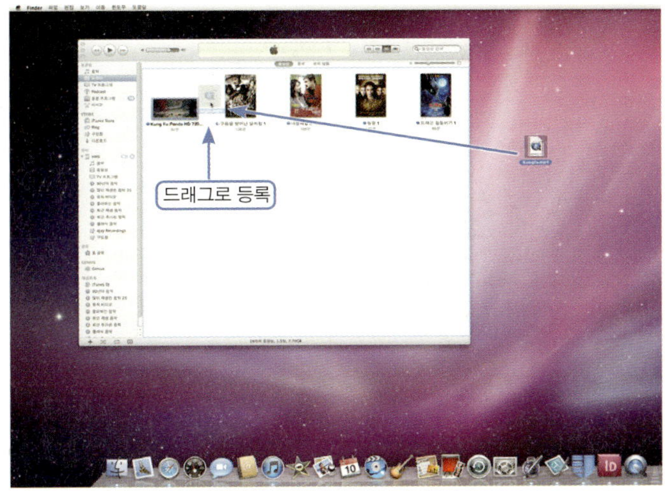

09 변환 시간은 동영상 길이에 따라 차이가 있으며, 완료된 동영상은 아이튠즈로 드래그하여 보관할 수 있습니다.

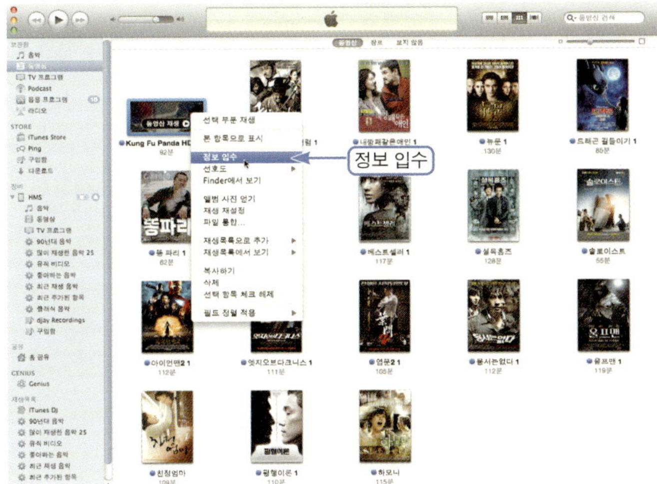

10 　동영상 정보 입력하기

컨버팅 과정을 거쳐서 보관한 영상들은 아무런 정보도 없기 때문에 영화, 뮤직 비디오, TV 프로그램 등의 구분 없이 보관함의 동영상 카테고리에 등록이 됩니다. 동영상 카테고리에 보관한 영상을 마우스 오른쪽 버튼으로 클릭하여 단축 메뉴를 열고, 정보 입수를 선택합니다.

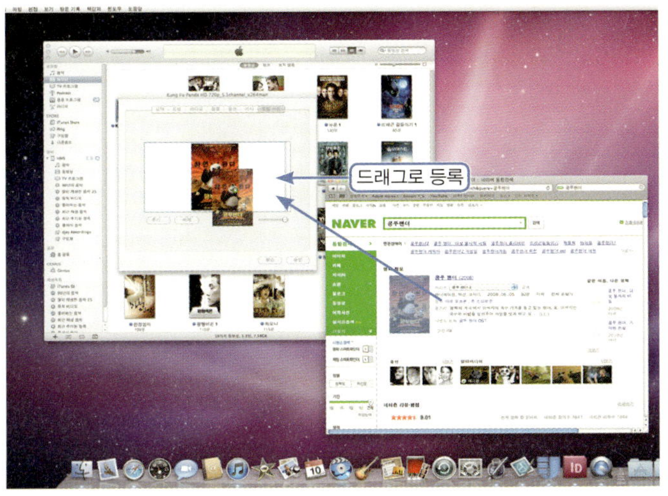

11 앨범 사진은 오디오 CD를 보관할 때와 마찬가지로 인터넷에서 검색을 하고, 검색한 사진을 앨범 사진 탭으로 드래그하여 등록할 수 있습니다.

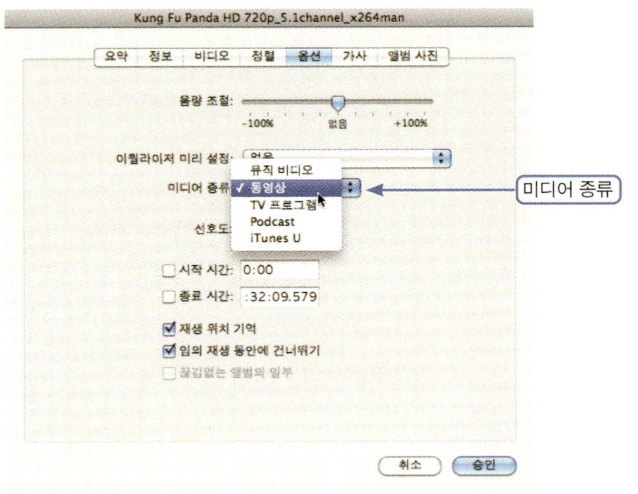

12 옵션 탭을 클릭하여 페이지를 열고, 미디어 종류를 선택합니다. 뮤직 비디오를 선택하면 해당 영상은 음악 카테고리로 이동하며, TV 프로그램을 선택하면 TV 프로그램 카테고리로 이동하는 것입니다. Podcast와 iTunes U도 각각의 카테고리로 분리됩니다.

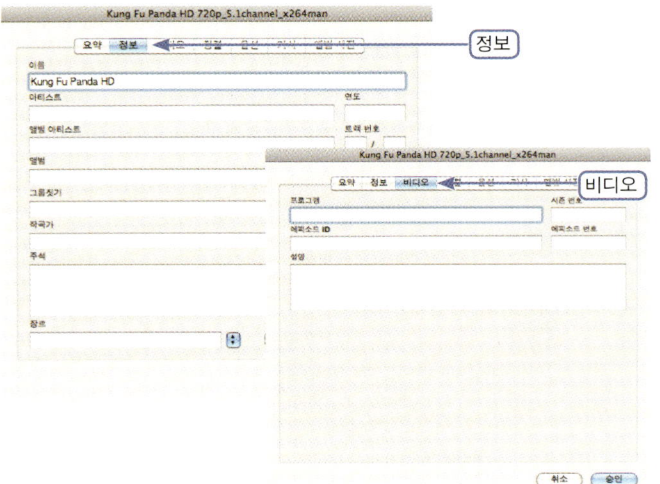

13 영상의 효율적인 관리를 위해서는 음악에서와 마찬가지로 정보 탭에서 장르와 년도를 포함하여 필요한 정보를 꼼꼼히 입력해두는 것이 좋습니다. 특히 TV 프로그램인 경우에는 비디오 탭에서 프로그램의 제목을 꼭 입력해둡니다.

14 TV 프로그램으로 구분한 경우에는 동일한 프로그램을 하나의 앨범으로 담으며, 오른쪽 상단에 해당 앨범에 포함된 프로그램의 수가 표시됩니다. 그리고 앨범을 더블 클릭하면 프로그램 정보를 확인할 수 있습니다. 프로그램 정보 창에서 이전 화면으로 이동할 때는 모든 TV 프로그램 버튼을 클릭합니다.

15 앨범이나 프로그램 제목을 더블 클릭하면, iTunes 창에서 영상이 재생되고, 화면에 마우스를 가져가면 영상을 컨트롤 할 수 있는 컨트롤 패널을 볼 수 있습니다. 이전 화면으로 이동할 때는 닫기 버튼을 클릭합니다.

다음팟 인코더 이용하기

앞에서 살펴본 팟벗은 맥 사용자들에게 매우 고마운 프로그램이지만, 개인이 제작한 프로그램이기 때문에 다양한 코덱을 지원하지 않는 아쉬움을 개선한 업그레이드 버전이 출시될 것인지의 유무를 알 수 없습니다. 하지만, 맥 사용자가 급속도로 늘고 있으므로, 독자가 본서를 읽고 있을 때 쯤엔 다양한 프로그램이 출시되어 있을 수 있습니다. 특히, 국내에서 가장 많이 사용하는 다음팟 인코더가 맥용 출시를 예고하고 있으므로, tvpot.daum.net을 방문하여 확인해 보기 바랍니다. 만일, 본서를 읽고 있을 때에도 맥용이 출시되어 있지 않다면, 맥에 윈도우를 설치해서 사용하는 방법도 있습니다. 맥에 윈도우를 설치해서 사용하는 방법은 뒤에서 살펴보겠습니다.

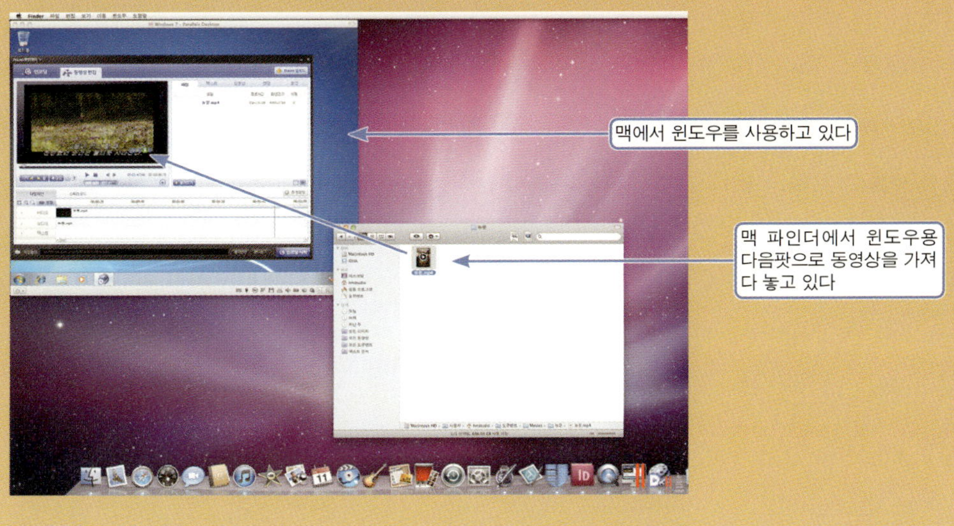

재생 옵션 설정하기

음악과 영상의 재생 옵션을 살펴봅니다. iTunes에서 설정한 옵션은 아이폰, 아이팟, 아이패드에 그대로 적용됩니다. 해당 장치에서 음악과 영상을 즐기는 경우라면, 자신의 취향대로 기본 옵션을 변경할 필요가 있습니다.

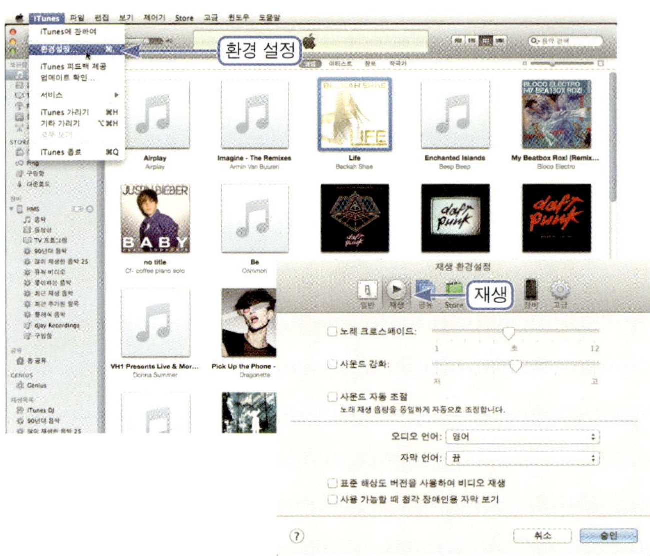

01 전체 옵션

음악 및 동영상을 재생할 때, 전체적으로 적용되는 옵션입니다. iTunes 메뉴의 환경 설정을 선택합니다. 그리고 재생 탭을 클릭하여 페이지를 열면, 노래 크로스페이드, 사운드 강화, 음량 자동 조절의 재생 관련 옵션이 있습니다.

● **노래 크로스페이드** : 현재 재생되고 있는 곡의 볼륨은 점점 낮추고, 다음 곡의 볼륨은 점점 커지면서 자연스럽게 연결되도록 합니다. 옵션을 선택하면 두 곡이 겹치는 시간을 초 단위로 조정할 수 있습니다.

● **사운드 강화** : 전체적인 레벨을 조정합니다.

● **사운드 자동 조절** : 모든 곡의 레벨을 비슷하게 만들어 편안히 감상할 수 있도록 합니다.

● **오디오 언어** : 기본 재생 언어를 선택합니다. 물론 해당 영상에서 지원을 해야 적용됩니다.

● **자막 언어** : 기본 자막 언어를 선택합니다. 역시 해당 영상에서 지원을 해야 합니다.

● **표준 해상도 버전을 사용하여 비디오 재생** : 고 화질의 HD 영상도 표준 영상으로 재생하여 시스템 자원을 절약합니다. 영상을 보면서 다른 작업을 할 때 유용합니다.

● **사용 가능할 때 청각 장애인용 자막 보기** : 의미 그대로 청각 장애인용 자막을 지원하는 동영상에서 자막을 표시하도록 합니다.

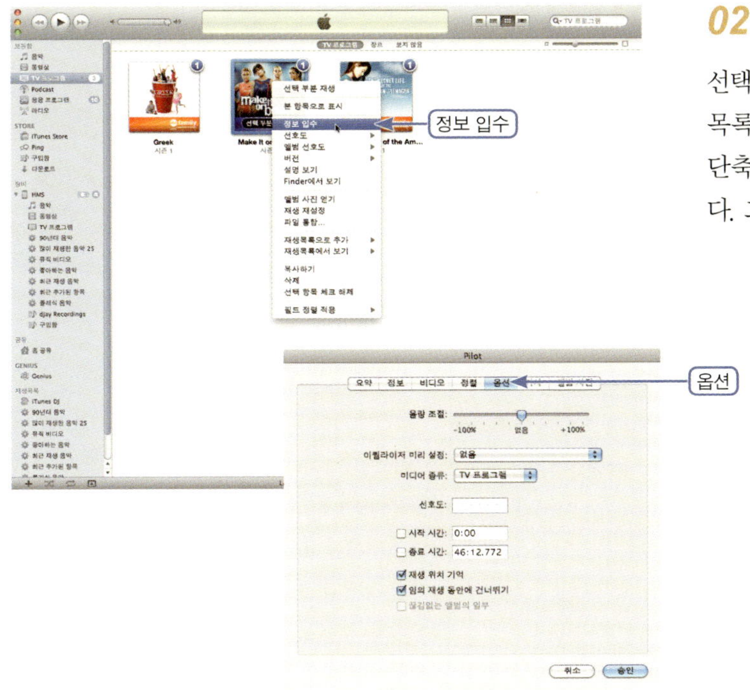

선택한 미디어에만 적용하는 옵션입니다.
목록을 마우스 오른쪽 버튼으로 클릭하여
단축 메뉴를 열고, 정보 입수를 선택합니
다. 그리고 옵션 탭을 클릭합니다.

- **볼륨 조정** : 선택한 곡의 볼륨을 퍼센트 단위로 증/감합니다.

- **이퀄라이저 미리 설정** : Rock, Pop 등으로 프리셋되어 있는 EQ를 적용합니다.

- **미디어 종류** : 선택한 곡을 분리할 카테고리의 종류를 선택합니다.

- **선호도** : 별 점을 표시합니다. 목록 보기의 선호도 칼럼에서도 만들 수 있으며, 자신이 좋아하는 음악 및 영
  화를 분리할 때 이용할 수 있는 정보가 됩니다.

- **시작 및 정지 시간** : 곡이 재생되는 시작 위치와 정지 위치를 임의로 설정합니다.

- **재생 위치 기억** : 곡을 감상하다가 정지했을 때의 위치를 기억시킵니다. 다음에 곡을 선택하면 정지된 위치에
  서부터 재생됩니다.

- **임의 재생 중에 건너뛰기** : 작업 표시줄의 랜덤 버튼을 On으로 하여 무작위로 연주할 때, 옵션이 체크된 곡
  은 제외됩니다.

- **끊김없는 앨범의 일부** : 곡을 논 스톱으로 연결하여 재생합니다.

03 EQ 설정

인터넷에서 다운받는 MP3 및 AAC 포맷의 음악 파일은 청력으로 감지하기 어려운 주파수 대역을 제거하여 용량을 줄이는 방식입니다. 특히, 저음과 고음역의 주파수를 많이 제거합니다. 물론, 음악을 크게 재생하지 않는 가정 집에서는 쉽게 구분할 수 없기 때문에 음악을 감상하는 데는 부족함이 없습니다. 그러나 헤드폰을 즐겨 사용한다거나 음악을 무척 좋아하는 사람들에게는 많이 아쉬운 부분입니다. 이러한 아쉬움을 보충할 수 있는 것이 이퀄라이저(EQ)입니다. 가능한 오디오 CD에 가까운 음질을 구현하고 싶다면, 약간의 시간의 내어 EQ를 조정하는 것이 좋습니다. 그 요령에 관해서 살펴보겠습니다.

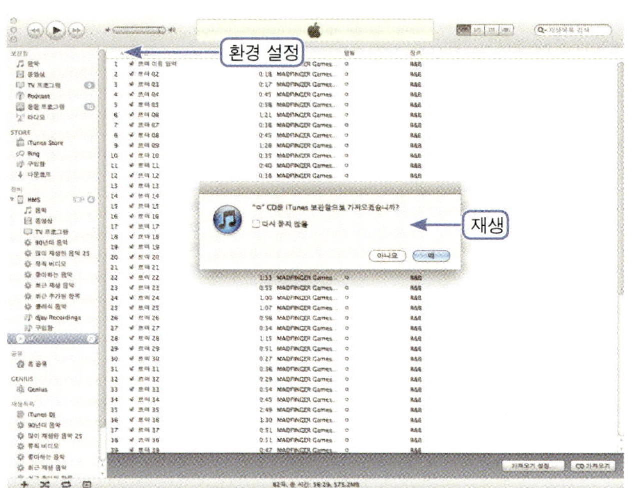

04 보관함에 MP3로 파일로 담을 때 사용했던 오디오 CD 중에서 독자가 좋아하는 곡이 담긴 오디오 CD를 컴퓨터 드라이브에 삽입합니다. 앞에서 이미 보관함에 담았던 CD일 것이므로, 보관함으로 가져올 것인지를 묻는 창은 아니요 버튼을 클릭하여 닫습니다.

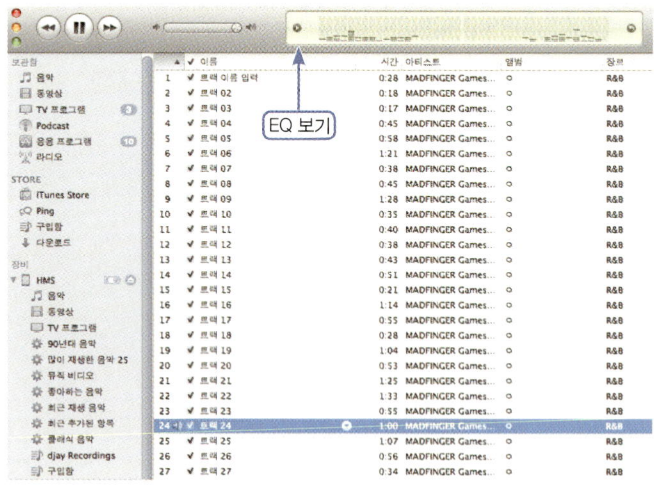

05 오디오 CD 목록에서 독자가 좋아하는 곡의 트랙 번호를 더블 클릭하여 재생합니다. 그리고 컨트롤 패널의 EQ 버튼을 클릭하여 레벨이 보이게 하고 관찰합니다. 화면을 캡처 받아도 좋습니다. 가요나 팝이라면 가수가 노래를 부르는 부분에서 캡처를 받습니다.

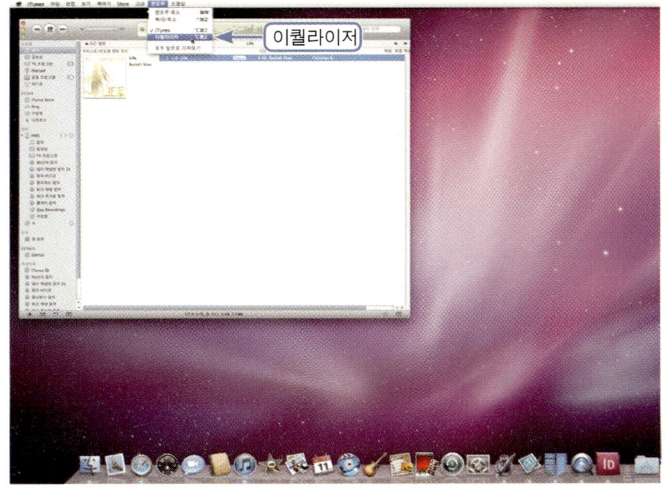

06 이제 보관함에 저장했던 동일한 곡의 MP3 파일을 재생합니다. 전체적으로 레벨이 조금 감소되고, 특히, 저음과 고음역이 많이 감소된다는 것을 확인할 수 있습니다. 윈도우 메뉴의 이퀄라이저를 선택합니다.

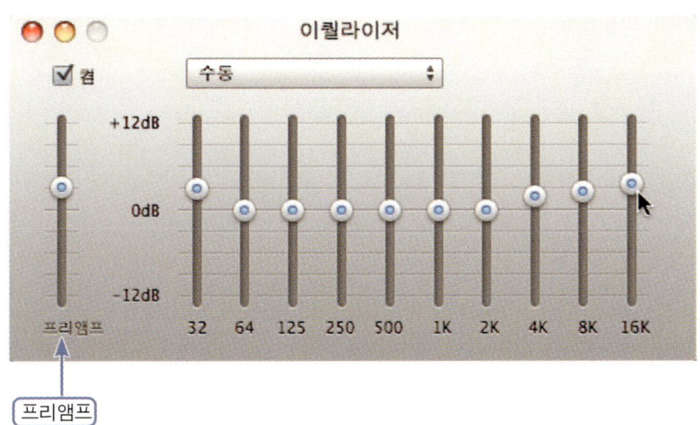

07 주파수 대역을 조정할 수 있는 EQ 패널이 열립니다. 컨트롤 패널의 EQ 레벨을 확인하면서 오디오 CD를 재생했을 때와 비슷하게 조정합니다. 일단, 프리앰프 레벨을 조금 증가 시켜 전체적으로 감소된 레벨을 보충하고, 저음역의 32와 고음역의 16K를 증가시키면 무난합니다.

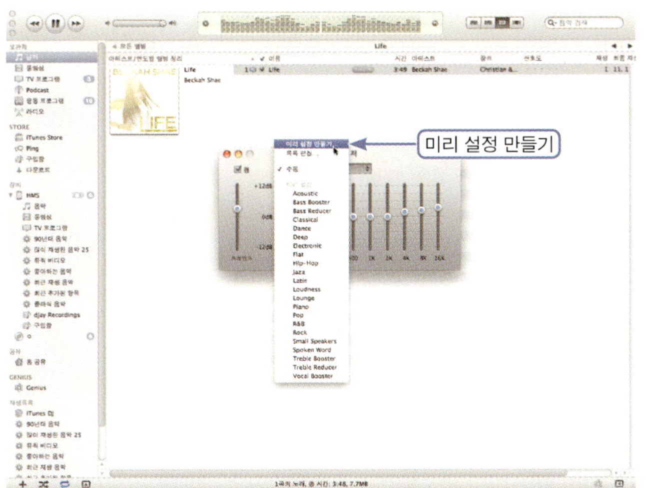

08 완벽할 순 없지만, MP3 음악의 아쉬운 부분을 채울 수 있을 것입니다. 마음에 드는 조정은 저장을 해두는 것이 좋습니다. 프리셋 목록의 미리 설정 만들기를 선택하여 창을 열고, 구분하기 쉬운 이름을 입력합니다. 이렇게 만든 프리셋은 개별 옵션을 설정할 때 살펴보았던 옵션 창에서도 선택이 가능합니다.

재생 목록 관리하기

많은 미디어를 보관하고 있는 경우에는 아티스트나 장르의 구분만으로 한계가 있습니다. 그래서 제공되는 카테고리가 재생 목록인데, 사용자가 원하는 목록을 만들고 관리하는 방법을 살펴보겠습니다. 재생 목록은 표준 목록과 스마트 목록의 두 가지가 있습니다.

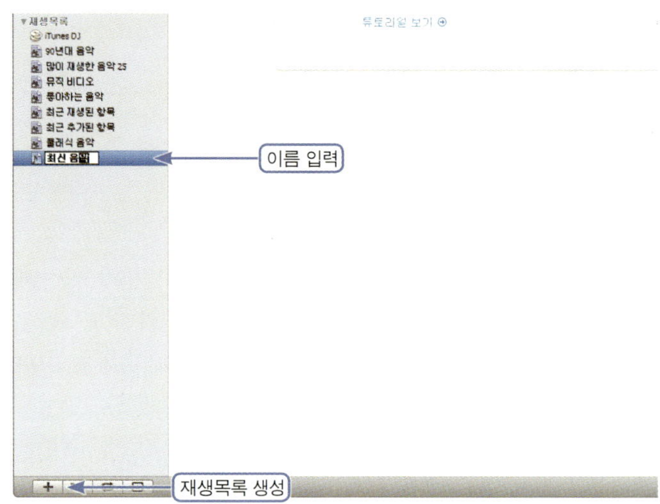

01 표준 목록 만들기

표준 재생 목록은 작업 표시줄의 재생 목록 생성 버튼을 클릭하여 만듭니다. 버튼을 클릭하면 생성되는 무제 재생 목록이라는 이름을 원하는 이름으로 변경합니다.

02 새로 생성한 재생 목록에 음악 및 동영상 등을 마우스 드래그로 담습니다. 목록은 Command 키 및 Shift 키를 이용해서 두 개 이상을 동시에 선택할 수 있습니다.

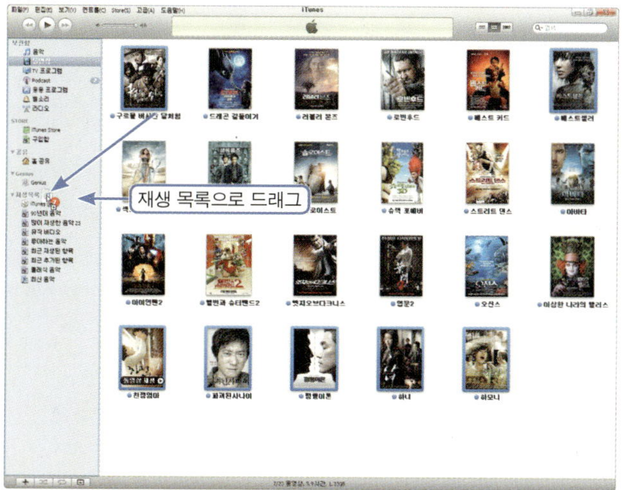

03 재생 목록을 먼저 만들지 않고, 미디어를 담을 때 생성시키는 방법도 있습니다. 미디어를 선택하고, 재생 목록 카테고리 이름으로 드래그하는 것입니다.

04 미디어를 마우스 오른쪽 버튼으로 클릭하여 단축 메뉴를 열고, 재생 목록으로 추가를 보면, 사용자가 만든 재생 목록이 보이며, 해당 목록을 선택하여 담을 수 있습니다.

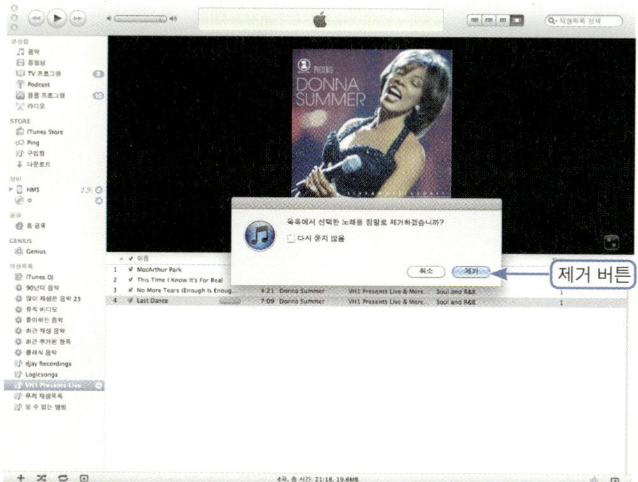

05 사용자가 만든 재생 목록이나 재생 목록에 담긴 미디어를 제거할 때는 Delete 키를 누르고, 확인 창에서 제거 버튼을 클릭합니다. 이것은 재생 목록에서만 제거하는 것이며, 파일이 제거되는 것은 아닙니다.

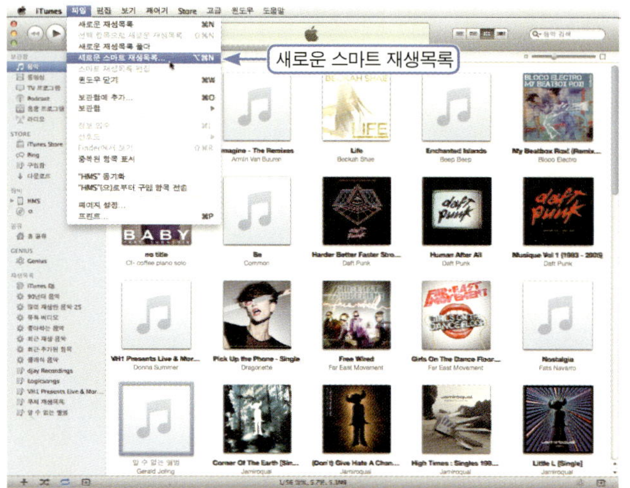

06 스마트 목록 만들기

재생 목록 카테고리에 기본적으로 제공되고 있는 목록은 미디어 칼럼 정보에 의해서 자동으로 구분되는 스마트 재생 목록입니다. 이와 같은 스마트 재생 목록을 만들겠다면, 파일 메뉴의 새로운 스마트 재생목록을 선택합니다.

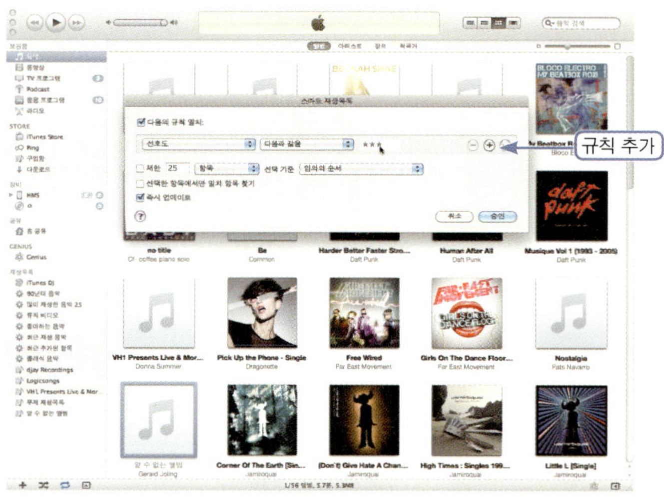

07 어떤 칼럼 정보로 미디어가 보관되게 할 것인지를 설정할 수 있는 창이 열립니다. 예를 들어 별 점이 3개 이상이고, 5회 이상 재생한 미디어를 10G로 제한하여 보관하겠다면, 선호도를 선택하고, 다음과 같음에서 별 점을 3개로 설정합니다. 그리고 + 기호의 규칙 추가 버튼을 클릭합니다.

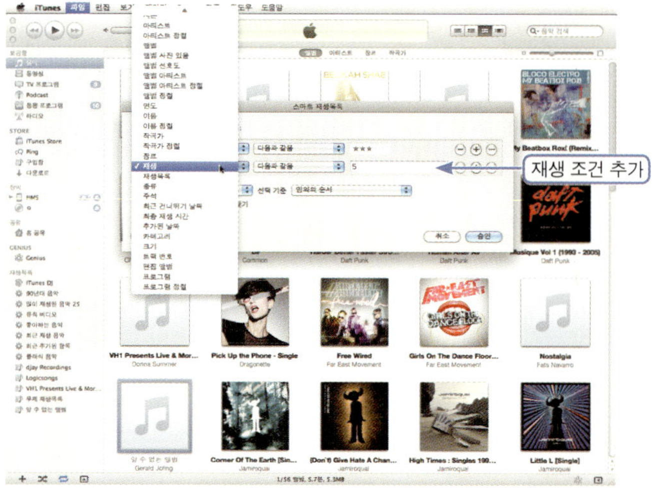

08 5회 이상 재생했던 미디어를 설정할 것이므로, 재생을 선택하고, 다음과 같음을 5로 설정합니다. 다음과 같음은, 다음과 같지 않음, 다음보다 크게, 다음보다 적게, 다음 범위 내로 선택할 수 있으며, 범위를 선택한 경우에는 설정 항목이 두 개로 표시됩니다.

09 용량을 10G로 제한하기로 했으므로, 다음으로 제한 옵션을 체크하고 값을 10으로 입력합니다. 그리고 단위를 GB로 선택합니다. 즉, 별 점 3개 이상의 미디어 중에서 5회 이상 재생했던 것을 10GB로 제한하여 담겠다는 것입니다. 보관함의 변경 사항을 즉시 반영할 수 있게 즉시 업데이트 옵션을 체크하고 승인 버튼을 클릭합니다.

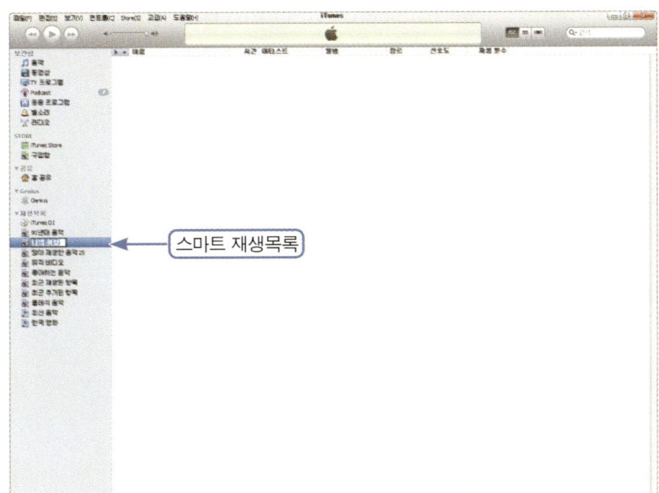

10 무제 재생 목록이라는 이름의 스마트 재생 목록이 생성된 것을 구분하기 쉬운 이름으로 변경합니다. 스마트 목록에는 음악 및 동영상을 5회 이상 재생하거나 별 점 3개 이상의 선호도를 만든 미디어들이 자동으로 추가됩니다.

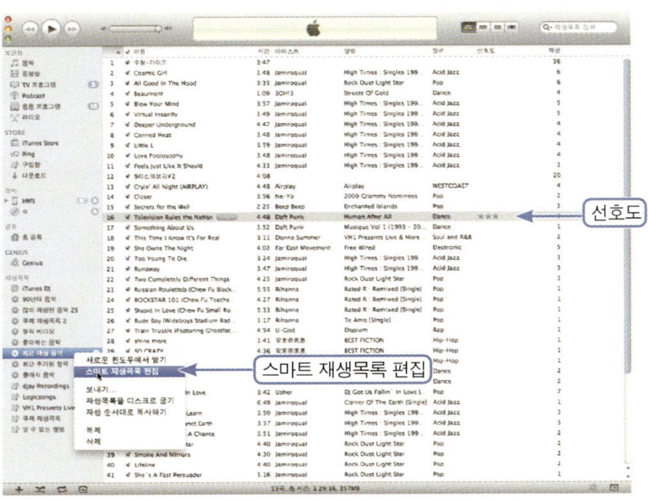

11 재생 횟수는 실제로 미디어를 재생한 경우에 기록되며, 별 점은 선호도 칼럼에서 마우스 드래그로 설정할 수 있습니다. 스마트 재생 목록의 규칙은 마우스 오른쪽 버튼을 클릭하여 단축 메뉴를 열고, 스마트 재생목록 편집을 선택하여 언제든 변경할 수 있습니다.

앱 스토어 이용하기

앱은 애플리케이션의 줄임말입니다. 즉, 앱 스토어는 아이폰, 아이팟, 아이패드 용 애플리케이션을 판매하는 apple사의 홈 페이지이며, 각각의 국가별로 운영되고 있습니다. 일반적으로 한국 실정에 맞는 애플리케이션을 다운 받을 때 외에는 미국 계정을 많이 사용합니다.

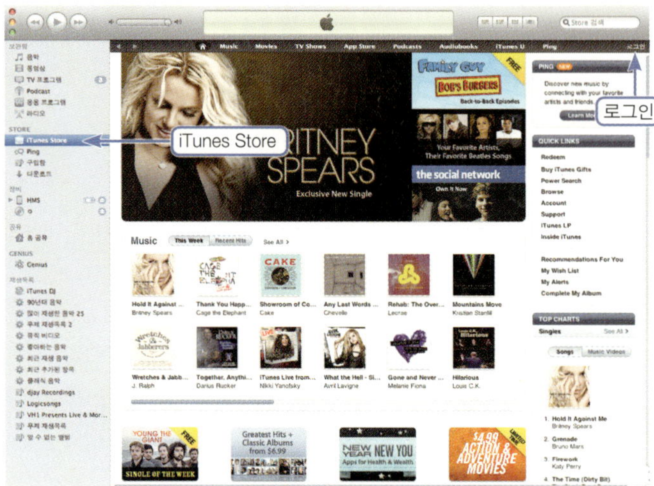

01 앱 스토어는 iTunes Store 카테고리를 선택하여 방문할 수 있으며, 로그인을 클릭하면 열리는 계정 입력 창에서 미국 계정을 입력하면 미국 앱 스토어에 접속되고, 한국 계정을 입력하면 한국 앱 스토어에 접속됩니다.

02 접속을 하면 로그인 문자는 사용자 아이디로 표시되며, 언제든 아이디를 클릭하여 계정 입력 창을 다시 열고, 한국과 미국을 왔다 갔다 할 수 있습니다.

 체크

한국 앱 스토어는 아직까지 음악과 영화와 같은 미디어 서비스를 제공하고 있지 않습니다.

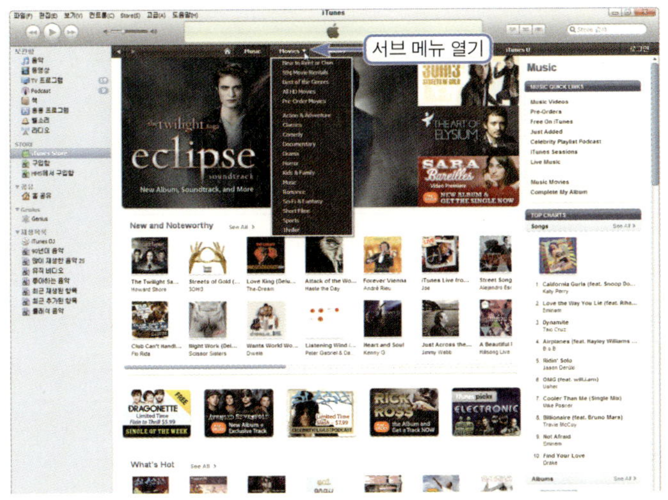

03 앱 스토어는 일반적인 홈 페이지와 동일한 방식으로 이용하면 됩니다. 음악을 좋아하면 Music 메뉴를, 영화를 좋아하면 Movies 메뉴를 클릭하여 이동하고, 좀 더 세부적인 페이지 표시가 필요하다면, 각 메뉴 오른쪽의 작은 삼각형을 클릭하면 열리는 서브 메뉴를 이용해서 이동합니다.

04 사용자가 탐색중인 화면의 경로는 왼쪽 상단에 표시되며, 각각의 경로명을 클릭하여 해당 위치로 바로 이동할 수 있고, 이전 및 다음 버튼을 클릭하여 이전 및 다음 페이지로 이동할 수 있습니다. 그리고 홈 버튼은 클릭하면 어떤 위치에서든 초기 화면으로 이동합니다.

05 음악은 앨범 및 트랙 별로 구입이 가능하며, 구입을 하기 전에 트랙 번호를 클릭하여 조금씩 들어볼 수 있습니다.

06 영화는 소장이 가능한 Buy Movie와 하루만 보는 Rent Movie의 두 가지 구입 방식을 제공하고 있으며, 예고편을 볼 수 있는 View Trailer 버튼을 제공합니다.

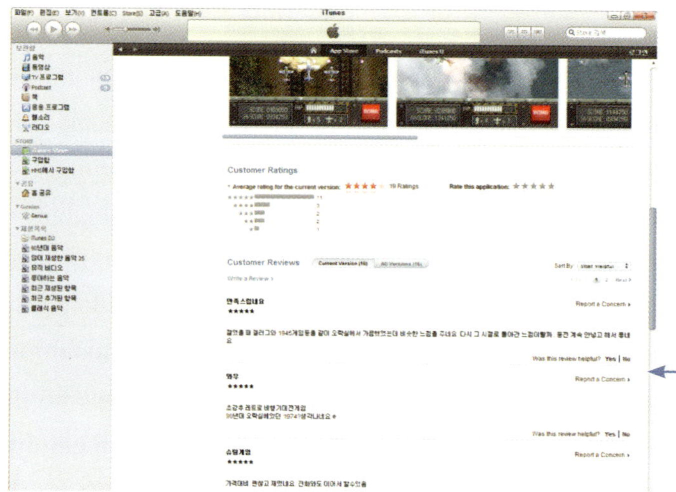

07 앱 스토어를 이용하는 주요 목적인 애플리케이션을 선택해보면, 제작자가 제공하는 사용법 외에도 해당 앱을 사용하고 있는 다른 사용자들의 의견을 볼 수 있습니다. 애플리케이션을 구입할 때, 다른 사용자들의 의견을 참조하는 습관을 갖는 것이 좋습니다.

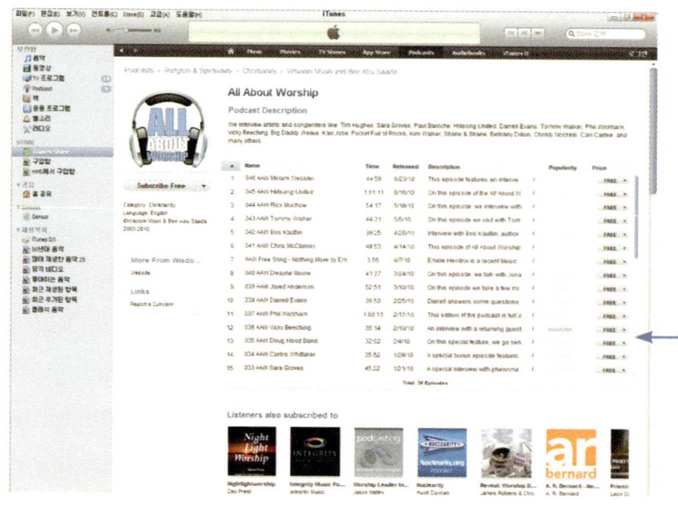

08 그 밖에 TV Show, Podcasts, Audiobooks, iTunes U 등의 서비스를 즐길 수 있습니다. 대부분 무료이기 때문에 영어 공부를 하는 사용자들게에 유익한 서비스가 될 것입니다.

애플리케이션 검색하고 구매하기

아이폰 및 아이팟 애플리케이션이 유행하는 기간은 매우 짧습니다. 길어야 한 두 달, 짧으면 일 주일 만에 사람들 기억 속에서 잊혀지고 있습니다. 결국, 지금 유행하고 있는 애플리케이션을 소개하는 것은 별 의미가 없으므로, 자신에게 적합한 애플리케이션을 찾고, 보관함에 담는 과정만 살펴보겠습니다.

01 애플리케이션을 찾을 때, 가장 현명한 것은 베스트 순위에 있는 것입니다. 앱 스토어에 접속하면, 오른쪽에 유(Paid), 무료(Free) 베스트 순위가 있습니다. 여기서 무료로 다운 받을 수 있는 Free Apps 항목의 See All을 클릭하여 200위 순위에 올라있는 것들을 살펴봅니다.

02 순위는 1~2주 만에 큰 변동이 있기 때문에 독자가 글을 보고 있는 이 순간에는 그림과 다를 것입니다. 아무튼, 애플리케이션의 제목을 보고, 관심이 가는 것을 클릭합니다. 그림에서는 1위를 하고 있는 앱을 클릭하고 있습니다.

03 선택한 애플리케이션의 사용 목적과 사용법을 설명하고 있는 세부 정보를 확인할 수 있습니다. more 문자를 클릭하여 자세히 읽어보고 관심이 있다면, Free App 버튼을 클릭하여 응용 프로그램 카테고리에 저장합니다.

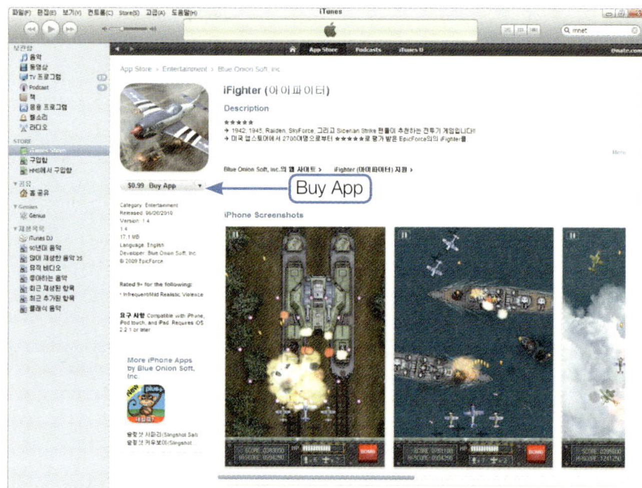

04 유료 애플리케이션인 경우에는 버튼에 금액이 표시되어 있으며, 버튼을 클릭하면, 계정을 만들 때 등록한 카드로 자동 결제가 이루어집니다. 계정을 none으로 만든 경우에는 카드 정보 입력 창이 열립니다.

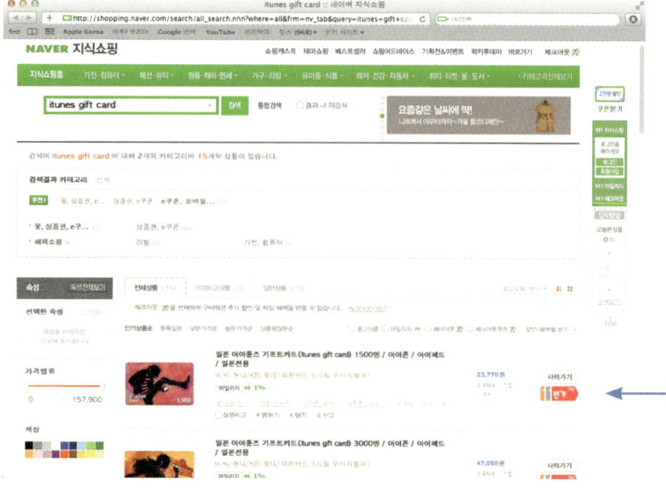

05 미국 앱 스토어인 경우에는 국내에서 발급된 카드로 구매할 수 없으므로, iTunes Gift Cards 결제 방식을 이용합니다. iTunes 기프트 카드는 옥션, G마켓, 11번가 등의 쇼핑몰에서 쉽게 구매할 수 있습니다.

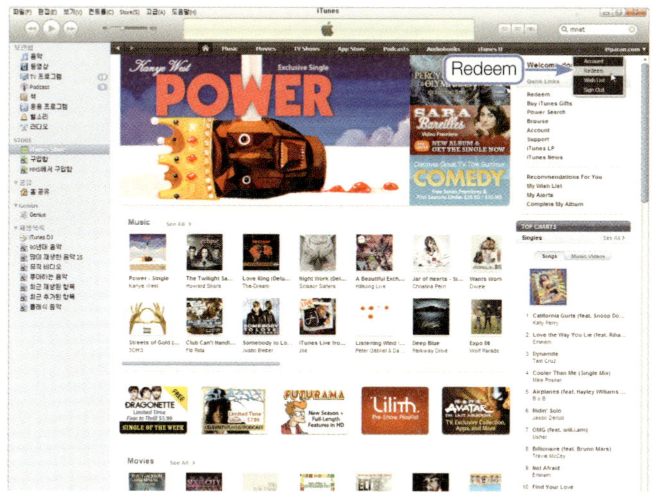

06 판매자에 따라 카드 뒷면의 Redeem Code를 이메일로 보내주는 경우와 카드를 택배로 보내주는 경우가 있습니다. 어떤 경우든 카드를 구매했다면, 미국 계정으로 로그인을 하고, 사용자 아이디 오른쪽의 작은 삼각형을 클릭하면 열리는 메뉴의 Redeem 을 선택합니다.

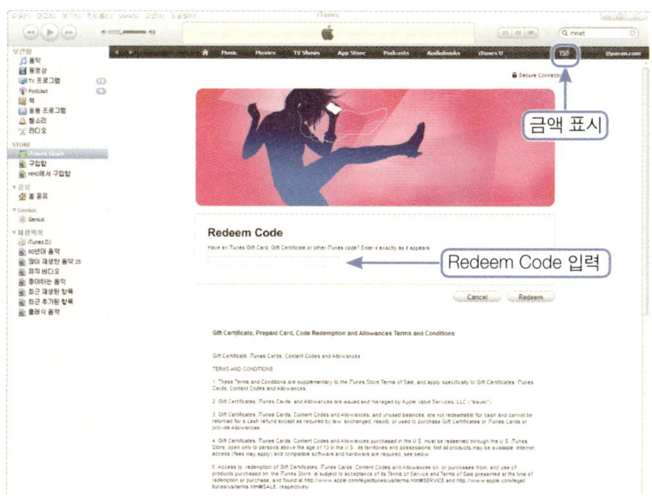

07 판매자가 이메일로 보내준 Redeem Code를 입력하고, Redeem 버튼을 클릭합니다. 그러면 아이디 왼쪽에 구입한 카드의 금액이 표시되며, 앞으로 애플리케이션을 비롯한 영화와 음악 등을 구매하면 자동으로 금액이 차감되는 방식입니다.

파워 검색

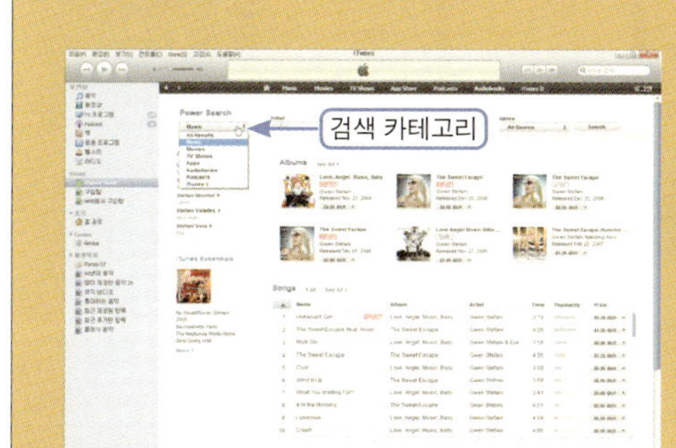

음악, 영화, 애플리케이션 등의 카테고리를 구분해서 검색하고 싶은 경우에는 Store 메뉴의 검색을 선택하여 페이지를 열고, 원하는 카테고리를 선택합니다. 그리고 각 항목에서 원하는 검색어를 입력하면, 비슷한 이름으로 인해서 많은 양이 검색되는 것을 방지할 수 있고, 보다 정확한 검색이 가능합니다.

동기화 작업

12

iTunes에 보관되어 있는 음악, 영상, 애플리케이션 등을 아이폰, 아이팟, 아이패드에 담는 과정을 동기화라고 합니다. 일반적인 파일 이동과 차이가 있으므로, 아이폰 및 아이팟 사용자는 정확한 개념을 이해할 필요가 있습니다.

01 동기화의 이해

iTunes에 보관되어 있는 음악, 영상, 애플리케이션 등을 아이폰, 아이팟, 아이패드에 담는 과정을 동기화라고 합니다. 여기서 동기(Sync)는 두 장비를 동일하게 일치시킨다는 의미입니다. 즉, 컴퓨터에 연결되어 있는 아이폰 및 아이팟의 구성과 iTunes 보관함의 구성을 동일하게 만드는 것으로, 일반적인 파일 이동과는 차이가 있습니다. 단계별 상황을 예로 들겠습니다. 앱은 애플리케이션의 줄임말입니다.

● **상황 A** : 비어 있는 아이폰에 앱을 담는 경우

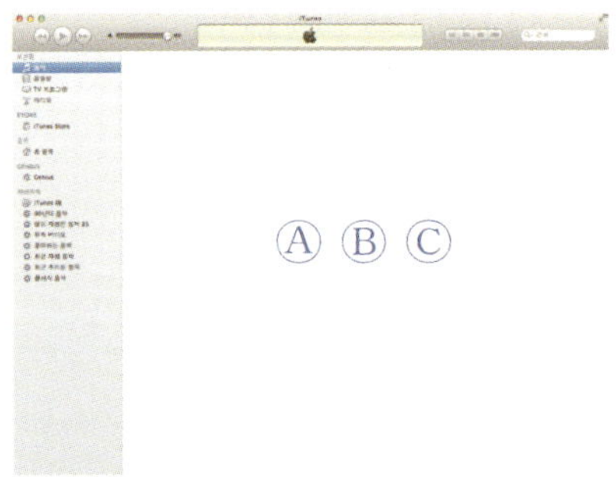

▲ iTunes에서 A, B, C의 3가지 앱을 구입했다

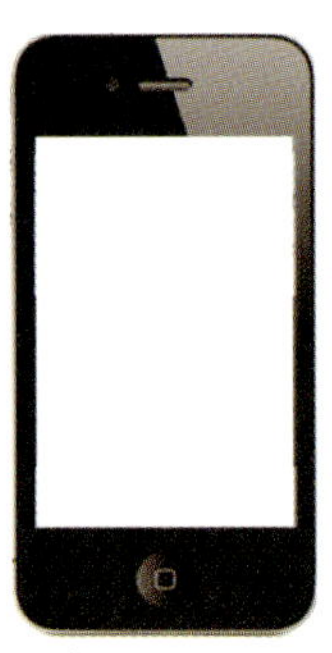

▲ iPhone은 비어있다

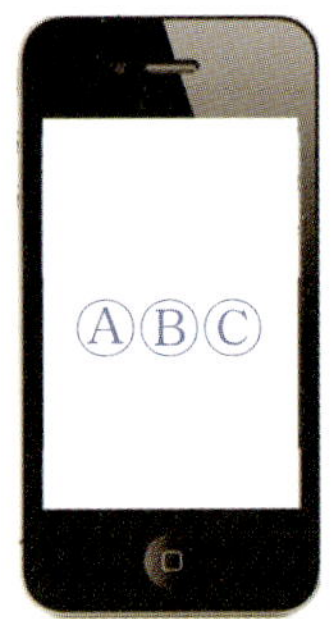

▲ 동기하면 iPhone에 A, B, C의 3가지 앱이 설치된다

● **상황 B** : 아이튠즈에서 앱을 삭제한 경우

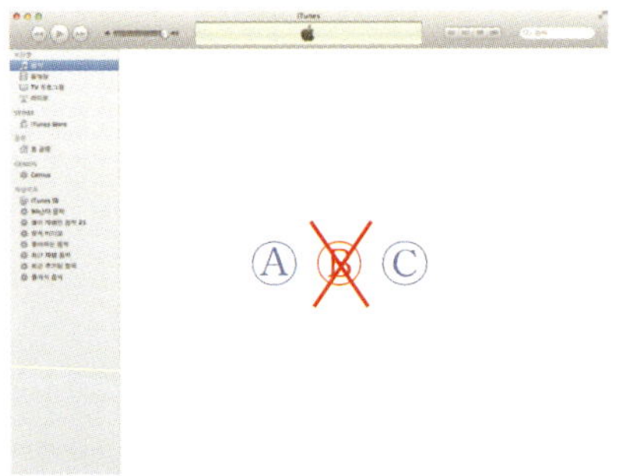

▲ iTunes에서 B를 삭제했다

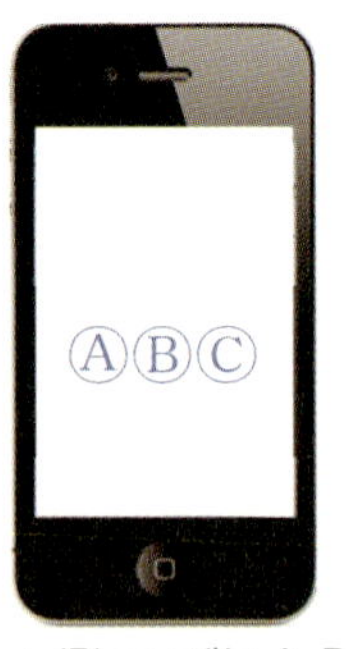

▲ iPhone에는 A, B, C의 3가지 앱이 있다

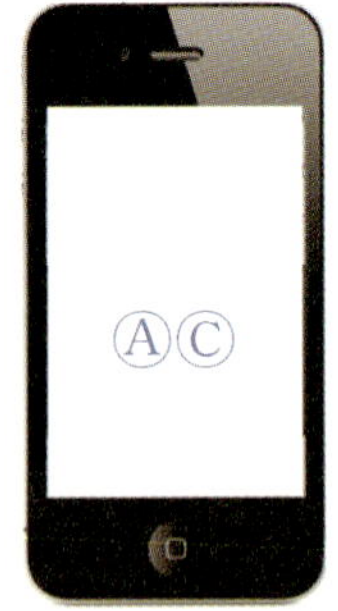

▲ 동기하면 iPhone에서 B 가 삭제된다

● **상황 C** : 아이튠즈에서 앱을 추가 구매한 경우

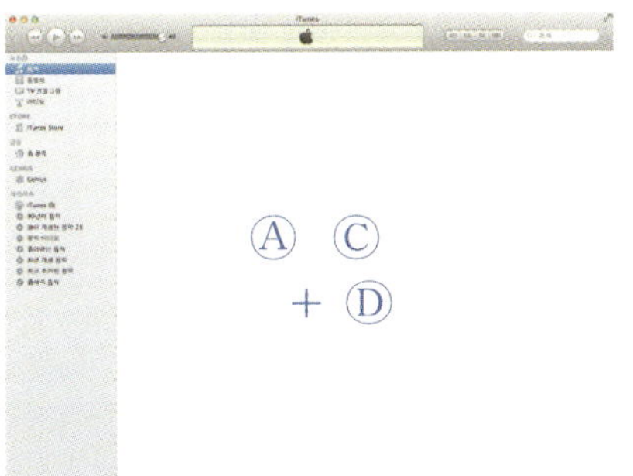

▲ iTunes에서 D를 추가 구매했다

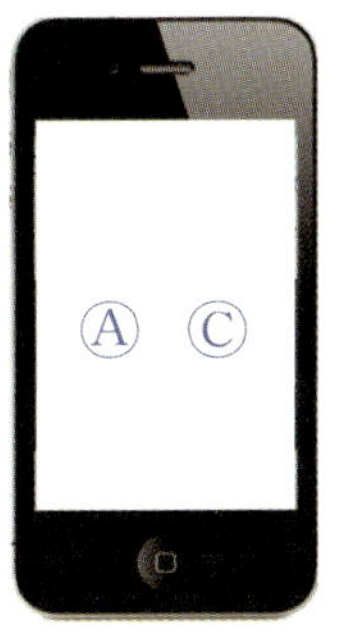

▲ iPhone에는 A, C가 있다

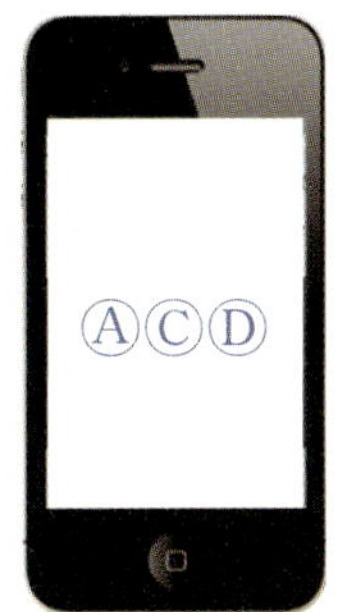

▲ 동기하면 iPhone에 A, C, D의
3가지 앱이 설치된다

● **상황 D** : 아이폰에서 앱을 삭제한 경우

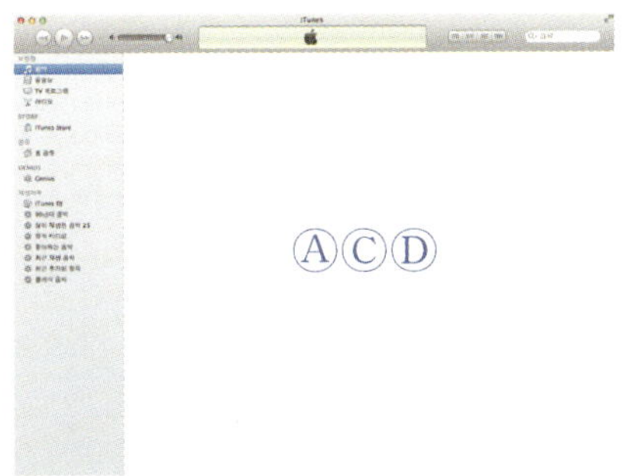

▲ iTunes에 A,C,D의 3가지 앱이 있다

▲ iPhone에서 C를 삭제했다

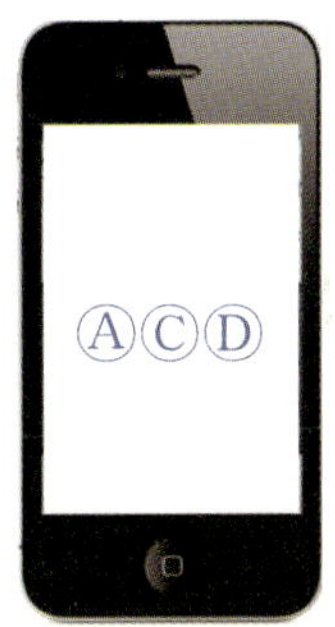

▲ 동기하면 iPhone에 A, C, D의
3가지 앱이 그대로 복구된다

● **상황 E** : 아이폰에서 앱을 구매한 경우

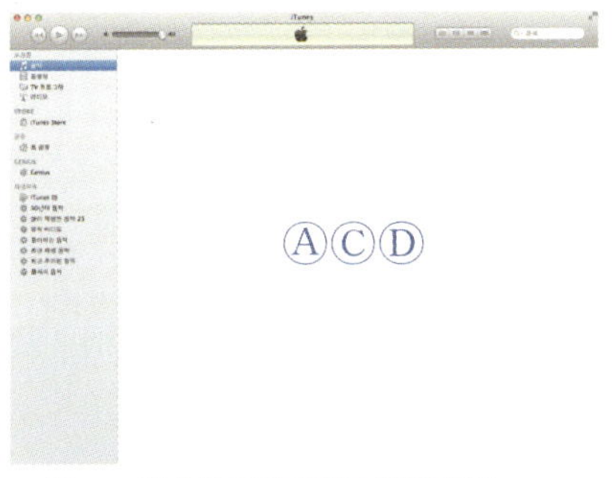

▲ iTunes에 A,C,D의 3가지 앱이 있다

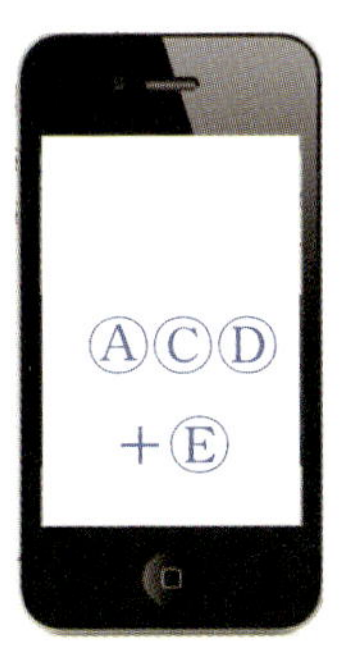

▲ iPhone에서 E를
구매했다

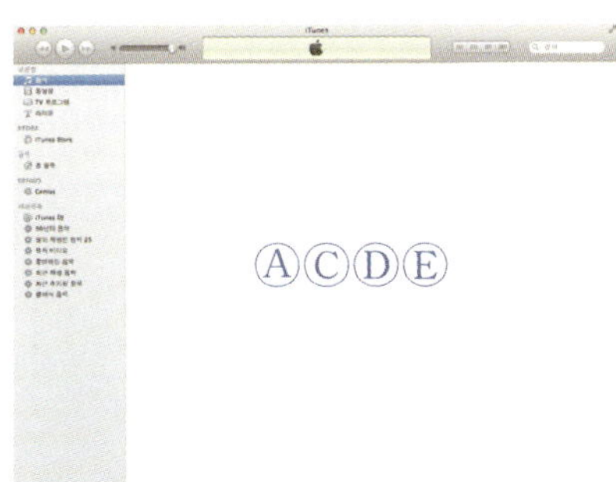

▲ 동기하면 iTunes에도 E가 추가된다

아이폰과 아이튠즈의 동기화 작업을 상황별로 살펴보았습니다. 아이폰과 아이튠즈의 구분없이 처음 앱을 구매한 쪽이 기준이 된다는 것을 알 수 있습니다. 입문자들이 가장 혼동하는 부분이므로, 다양한 실습을 해보면서 이해하기 바랍니다. 참고로 한 번 구매한 앱은 추가 비용을 지불하지 않아도 재 설치가 가능하므로, 삭제에 대한 두려움을 가질 필요는 없습니다.

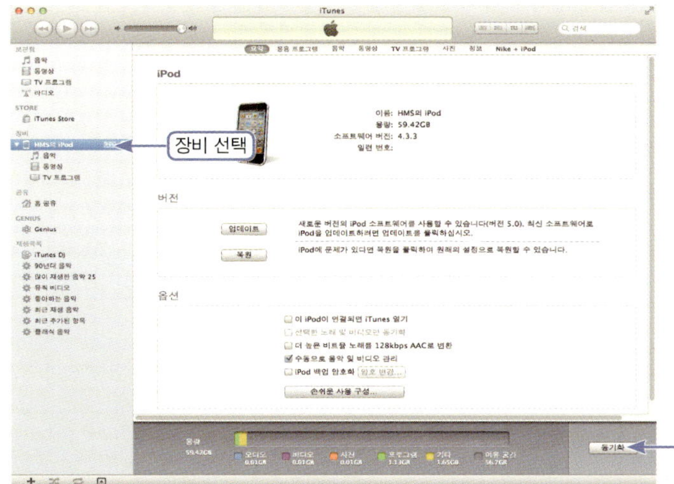

02 음악 동기화

아이폰 및 아이팟을 컴퓨터에 연결하면, 장비 카테고리에 연결 장비의 이름이 표시되며, 이름을 선택하면 장비의 정보와 버전, 그리고 옵션을 설정할 수 있는 요약 탭이 보입니다. 그리고 어떤 탭에서든 보이는 동기화 버튼을 클릭하여 아이튠과 장비를 동기화 시킬 수 있습니다.

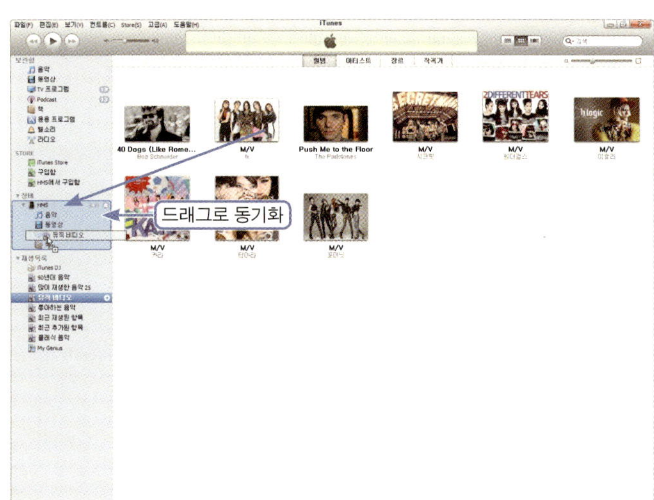

03 요약 탭에서 음악과 비디오를 수동으로 관리 옵션을 체크하면 아이튠즈의 음악과 영상을 아이폰 및 아이팟으로 드래그하여 담을 수 있습니다. 두 곡 이상을 드래그할 때는 Command 또는 Shift 키를 이용합니다.

04 음악 및 영상을 드래그하여 담는 수동 관리는 이미 익숙한 방식이라서 편리하지만, iTunes의 동기화 방식에 익숙해지는 것이 좋습니다. 음악 탭의 음악 동기화 옵션을 체크합니다. 요약 탭의 음악과 비디오를 수동으로 관리 옵션은 자동으로 해제됩니다.

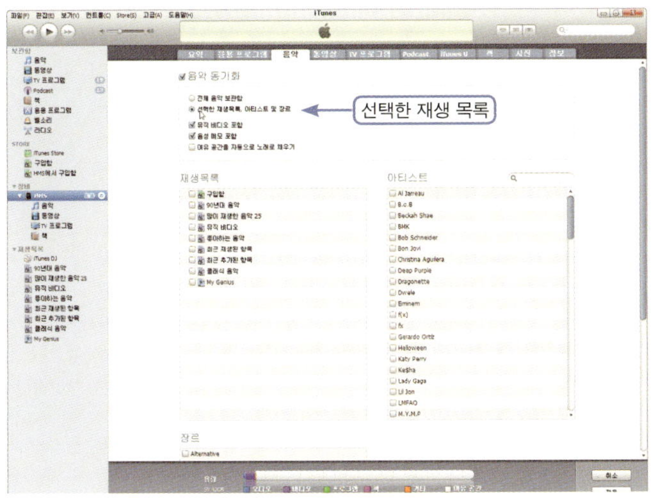

05 보관함의 모든 음악을 담으려면 전체 음악 보관함 옵션이 체크되어 있는 상태에서 적용 버튼을 클릭합니다. 하지만, 아이폰 및 아이팟에서 평소에 듣고 싶은 곡들만 담는 것이 좋을 것이므로, 선택한 재생 목록, 아티스트 및 장르 옵션을 선택합니다.

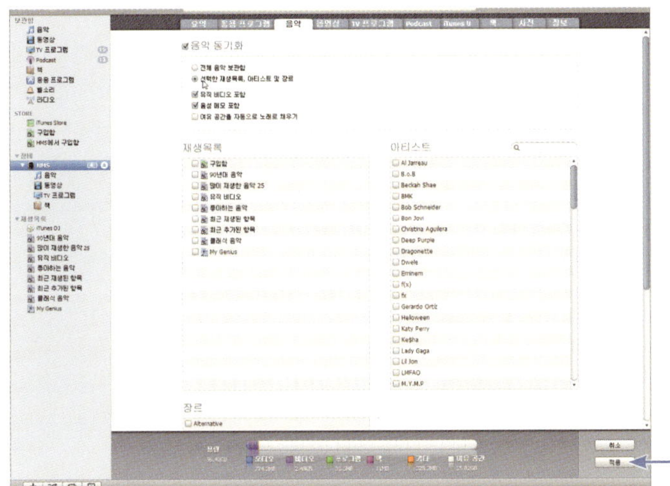

06 재생목록, 아티스트, 장르, 앨범에서 동기시킬 목록을 체크하고, 적용 버튼을 클릭합니다. 여기서 가장 많이 사용하는 것은 재생목록일 것이므로, 평소에 아이폰 및 아이팟에서 듣고자 하는 재생 목록을 따로 만들어 관리하는 것이 효과적입니다. 이때 뮤직 비디오와 음성 메모를 포함할 것인지를 선택할 수 있습니다.

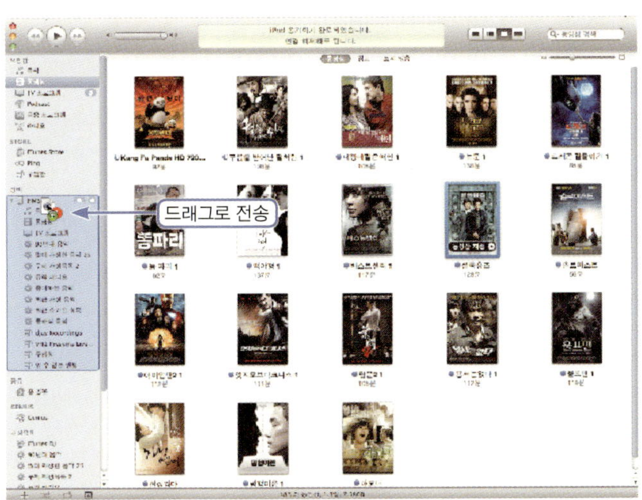

07 동영상 동기화

동영상, TV 프로그램, Podcast, 벨소리 등도 음악과 동일한 방식으로 수동으로 관리하거나 동기화 작업을 할 수 있습니다. 수동으로 관리할 때는 요약 탭의 음악과 비디오를 수동으로 관리 옵션이 체크되어 있어야 합니다.

08 동영상, TV 프로그램 등의 탭에서 동기화 옵션을 체크하면 수동 관리 옵션은 자동으로 해제되며, 다음을 자동으로 포함 옵션을 해제하면 사용자가 원하는 미디어를 체크하여 일괄적으로 동기화 시킬 수 있습니다.

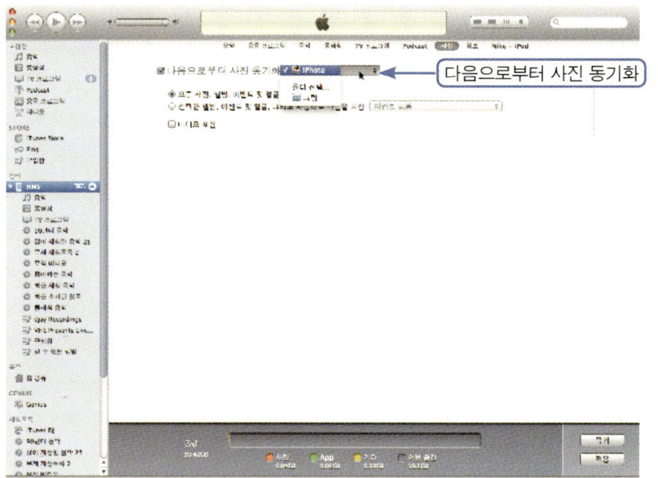

09 사진 동기화

사진의 경우에는 iPhoto 및 폴더를 선택해 줘야 합니다. 사진 탭의 다음으로부터 사진 동기화 옵션을 체크하고, iPhoto 및 폴더 선택 메뉴를 선택하여 동기시킬 대상을 선택해줍니다.

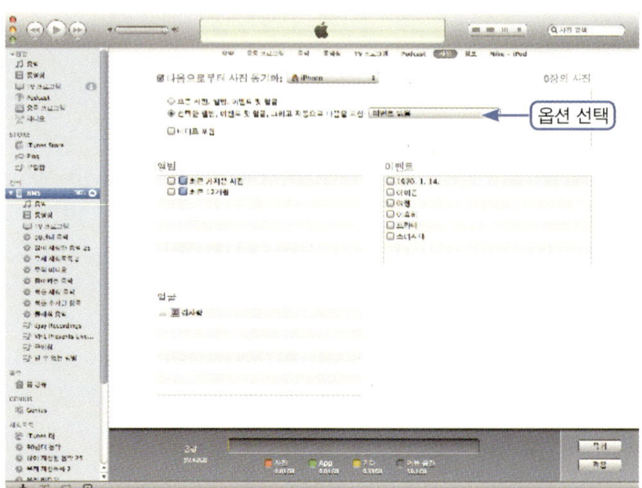

10 선택한 대상의 모든 사진을 동기시키겠다면 모든 사진 옵션을 선택하고, 사용자가 원하는 이벤트 및 폴더만 선택하겠다면 선택한 앨범 및 폴더 옵션을 선택합니다.

11 응용 프로그램 동기화

응용 프로그램 탭은 두 개의 화면으로 구성되어 있으며, 왼쪽에 있는 것이 보관함에 다운 받은 애플리케이션들을 목록이고, 오른쪽에 있는 것이 컴퓨터에 연결한 아이폰 및 아이팟의 모습입니다.

12 응용 프로그램은 왼쪽 목록에서 체크 표시를 선택하여 아이폰에 추가하거나 제거할 수 있습니다. 응용 프로그램을 원하는 위치에 배치하고 싶은 경우에는 마우스 드래그로 가져다 놓습니다.

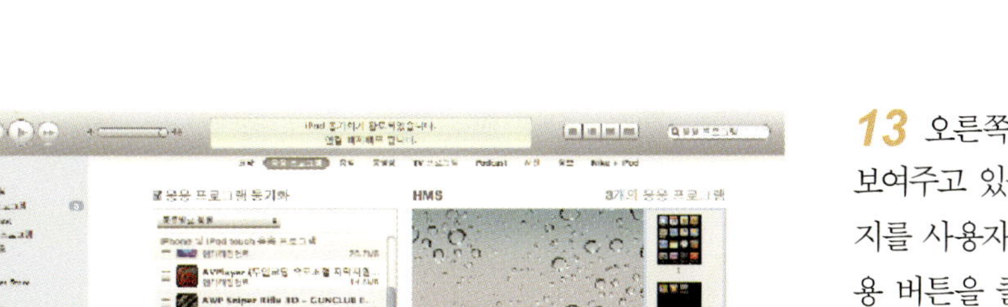

> 체크
>
> 아이폰 화면 아이콘에 표시되는 X 표시를 클릭하여 삭제 가능합니다.

13 오른쪽의 아이폰 화면은 실제 모습을 보여주고 있는 것입니다. 즉, 아이콘과 페이지를 사용자가 원하는 상태로 구성하고, 적용 버튼을 클릭하면, 컴퓨터에 연결되어 있는 아이폰 화면에 그대로 적용됩니다.

맥 앱 스토어 이용하기

아이폰 및 아이패드에서 사용할 응용 프로그램을 구매할 수 있는 아이튠즈의 앱 스토어와 맥에서 사용할 응용 프로그램을 구매할 수 있는 맥 앱 스토어의 사용법은 동일합니다. 단지 맥 전용이라는 차이만 있으며, 계정도 동일한 apple ID를 이용합니다.

01 맥 앱 스토어는 Dock의 App Store 아이콘을 클릭하여 실행합니다. 아이튠즈의 앱 스토어와 크게 다르지 않다는 것을 확인할 수 있습니다.

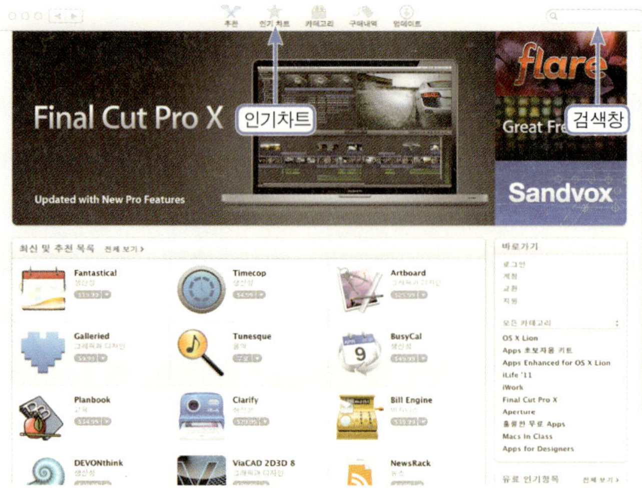

02 특별히 찾는 프로그램이 있다면, 검색창에 찾는 프로그램의 이름을 입력하고, 남들이 많이 사용하는 프로그램을 이용해보고 싶다면, 인기차트를 살펴봅니다.

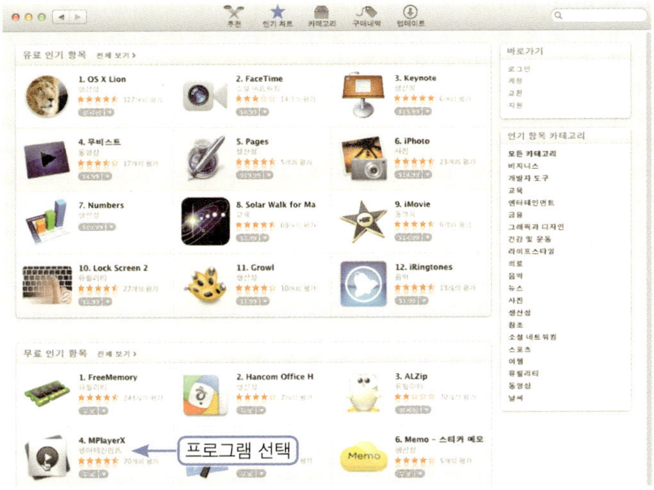

03 카테고리는 유료와 무료 프로그램을 분리되어 있습니다. 무료 프로그램에서 관심이 가는 것을 클릭하여 내용을 살펴봅니다. 그림에서는 동영상 재생 프로그램으로 많이 사용하는 MPlayerX를 선택하고 있습니다.

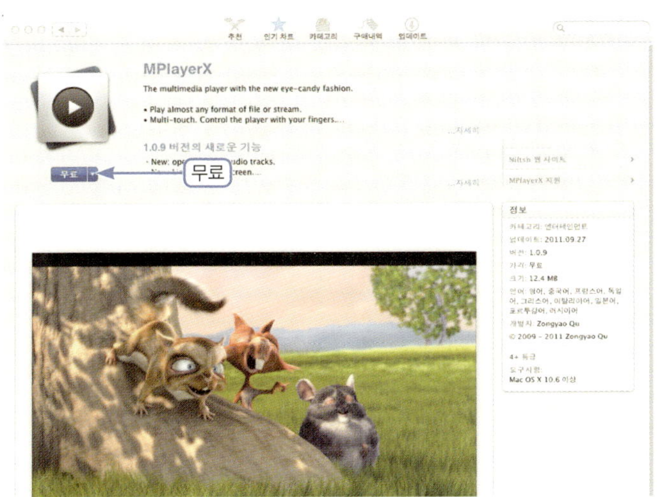

04 프로그램 내용과 사용자들의 평점을 살펴볼 수 있습니다. 사용해보고 싶다면, 무료(App 설치) 버튼을 클릭합니다. 유료인 경우에는 가격이 표시되어 있습니다.

05 로그인을 하지 않았다면, 로그인 창이 열립니다. 아이튠즈에서 사용하던 Apple ID로 로그인을 하면, 다운로드와 설치가 진행되며, 바로 사용할 수 있습니다.

> **체크**
> 구매내역에는 사용자가 설치한 프로그램이 들이 기록되어 있으며, 언제든 다시 설치할 수 있습니다. 유료로 구매한 것을 삭제했더라도 또 다시 비용을 지불하지 않아도 된다는 의미입니다.

08 미디어 즐기기

맥에서 미디어를 관리하는 선두는 아이튠즈입니다. 하지만, 동영상, 사진, DVD 등을 개별적으로 관리할 수 있는 프로그램들을 제공하고 있으며, 각각의 프로그램은 아이튠즈와 연동되어 작동됩니다. 즉, 아이튠즈 외에 미디어를 관리하는 프로그램들을 다룰 수 있어야 아이튠즈를 효과적으로 이용할 수 있습니다.

사진을 관리하는 이미지 캡처

디지털 카메라 및 휴대폰으로 촬영한 사진을 맥으로 가져올 때는 카메라의 메모리 카드를 맥의 메모리 카드 슬롯에 삽입하거나 카메라에서 제공하는 USB 케이블을 맥의 USB 포트에 연결하면 됩니다. 그 외, 사진을 효율적으로 관리할 수 있는 이미지 캡처 프로그램을 살펴보겠습니다.

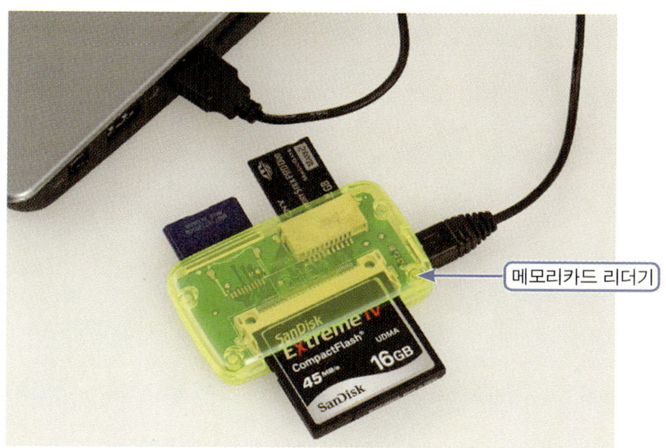

01 파인더 이용하기

맥의 메모리 카드 슬롯은 SD 방식입니다. 카메라가 CF나 XD 방식의 메모리 카드로 되어 있는 경우라면, 카메라에서 제공하는 USB 케이블을 이용하거나 별도의 메모리 카드 리더기를 이용하여 맥의 USB 포트로 연결합니다.

02 데스크탑에 메모리 카드 모양의 장치 아이콘이 생성됩니다. 해당 장치를 더블 클릭하여 파인더를 열고, 사진이 저장되어 있는 DCIM 폴더를 더블 클릭합니다. 폴더의 이름은 제품마다 차이가 있을 수 있습니다.

03 카메라에 저장되어 있는 사진들을 볼 수 있습니다. 이것을 맥으로 가져올 때는 Command+N 키를 눌러 새로운 파인더를 열고, 사진을 저장할 폴더를 엽니다. 그리고 카메라의 사진을 열어놓은 폴더로 드래그하여 가져다 놓으면 됩니다.

04 이미지캡처 이용하기

맥은 디지털 카메라의 사진을 보다 효율적으로 관리할 수 있는 이미지캡처라는 프로그램을 제공합니다. 카메라를 맥에 연결하고 스택의 응용 프로그램 폴더에서 이미지 캡처를 선택하여 실행합니다.

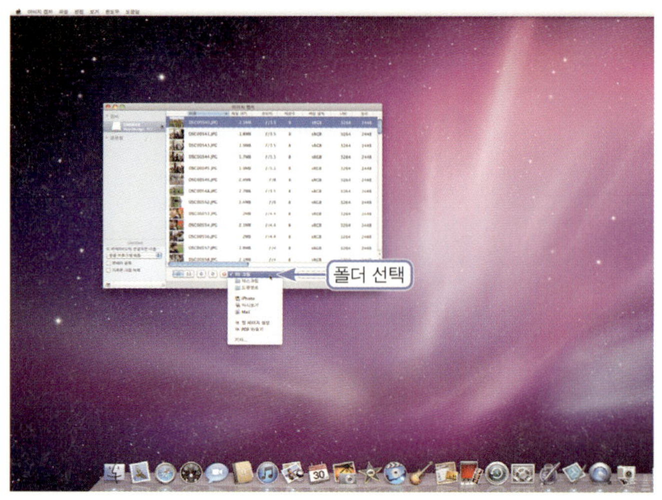

05 장비 카테고리에 디지털 카메라가 생성되며, 카메라에 저장되어 있는 사진들이 보입니다. 가져오기 메뉴에서 사진이 저장될 폴더를 선택합니다. 별도의 폴더를 만들어 관리하고 있다면, 기타를 선택하여 해당 폴더를 선택합니다.

06 아이콘 보기 버튼을 클릭하여 사진을 미리 볼 수 있게 하고, 가로로 찍힌 것이 있다면 회전 버튼을 클릭하여 수정할 수 있습니다. 아이콘의 크기는 슬라이드 바를 드래그하여 조정합니다.

07 카메라에 저장되어 있는 모든 사진을 가져오겠다면 모두 가져오기 버튼을 클릭하고, 일부만 가져오겠다면 Command 키를 누른 상태로 원하는 사진들을 선택하고 가져오기 버튼을 클릭합니다.

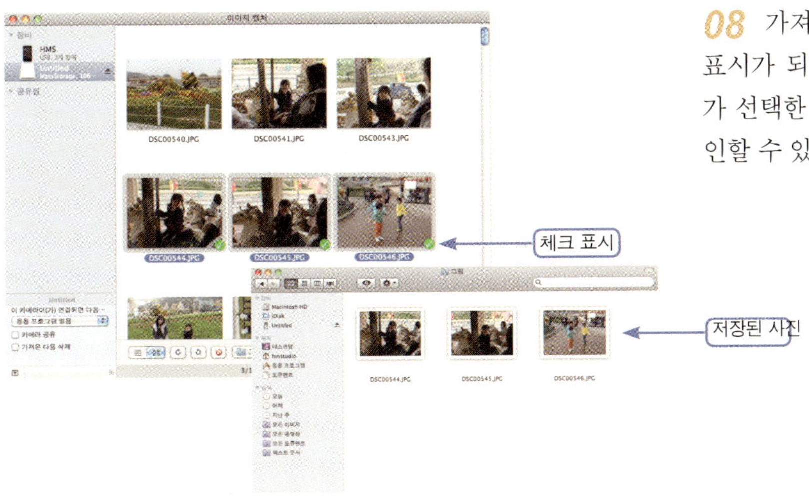

08 가져오기가 완료된 사진들은 체크 표시가 되며, 파인더를 열어보면 사용자가 선택한 폴더에 사진이 저장된 것을 확인할 수 있습니다.

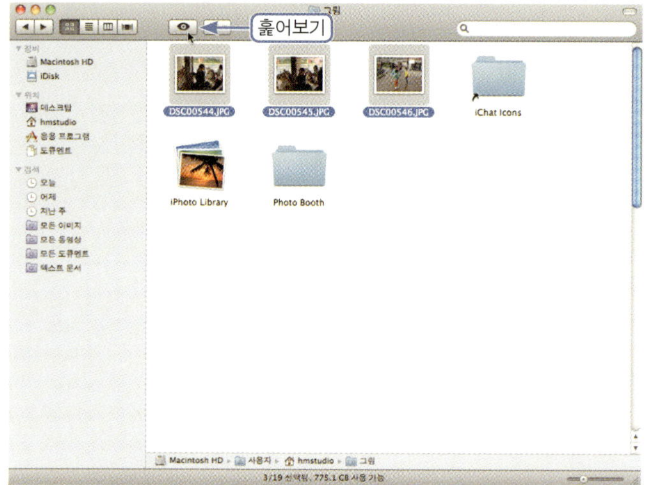

09 슬라이드 쇼 감상하기

사진이 저장된 폴더에서 Command+A 키를 눌러 모든 사진을 선택합니다. 그리고 Option 키를 누른 상태에서 훑어보기 버튼을 클릭합니다

10 Command+A 키로 선택한 모든 사진들을 슬라이드 쇼로 감상할 수 있습니다. 슬라이드 쇼 시작 및 정지는 스페이스 키이며, 종료는 esc 키입니다. 화면 아래쪽에 보이는 컨트롤 버튼을 이용해도 좋습니다.

Photo Booth로 셀카 찍기

아이맥 및 노트북에 내장되어 있는 iSight 카메라를 이용해서 재미있는 사진과 동영상을 촬영할 수 있는 포토 부스(Photo Booth)에 관해서 살펴봅니다. 포토 부스로 촬영한 사진과 동영상은 이메일로 친구에게 보내거나, 아이쳇(iChat) 및 계정 그림으로 사용하거나, 아이포토(iPhoto)에서 정리하고 편집하는 등의 연동이 가능합니다.

01 포토 부스 실행하기

Dock의 Photo Booth 아이콘을 클릭하거나 스택의 응용 프로그램 폴더에서 Photo Booth를 선택하여 실행합니다. Finder의 응용 프로그램 폴더에서 Photo Booth를 더블 클릭해도 좋습니다.

02 카메라가 있는 모니터 상단 중앙에 녹색불이 켜지면서 자신의 모습이 포토 부스에 보이는 것을 확인할 수 있습니다. 모니터의 위치를 조정하면서 마음에 드는 구도를 잡습니다.

03 스틸 사진 찍기

스틸 사진 찍기 아이콘을 선택하고, 카메라 버튼을 클릭하거나 Return 키를 누릅니다. 3, 2, 1, 찰칵의 카운트가 진행되고, 플래시가 터지면서 사진이 촬영됩니다.

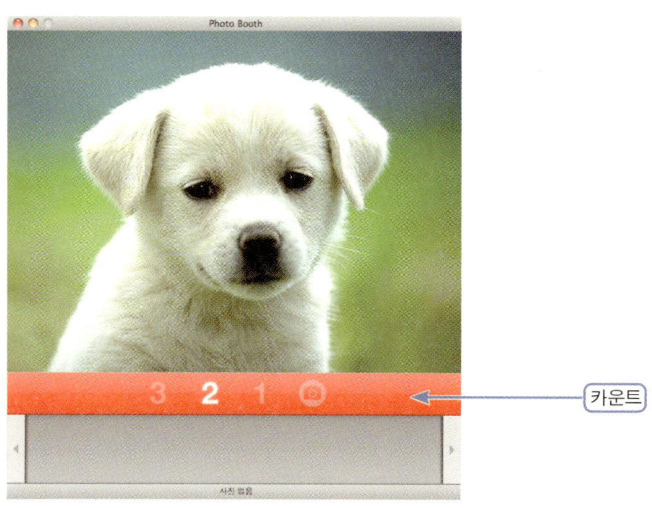

04 카운트가 진행되는 동안 취소를 하겠다면 esc 키를 누르고, 카운트 없이 촬영 하겠다면 Option 키를 누른 상태에서 Return 키를 누릅니다. 그리고 플래시를 끄고 촬영을 하겠다면 Shift 키를 누른 상태에서 Return 키를 누릅니다.

05 촬영한 사진은 리스트에 등록되며, 마우스 선택으로 확인할 수 있습니다. 사진이 마음에 들지 않는다면, X 버튼을 클릭하여 삭제합니다. 셀카를 좋아하는 독자에게는 최적의 카메라가 될 것입니다.

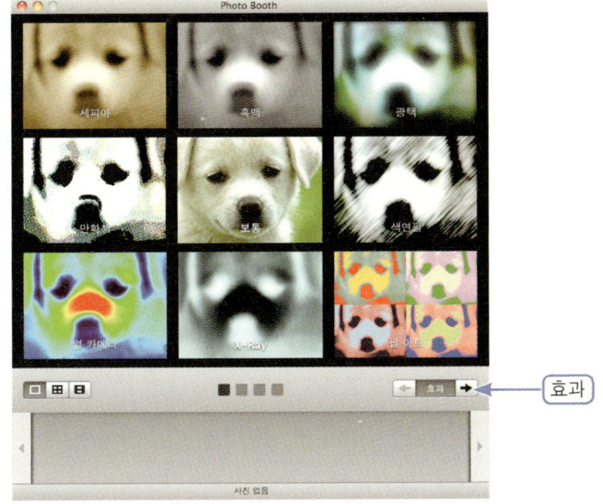

06 효과 적용하기

포토 부스는 4개의 효과 패널을 제공하며, 각 패널마다 8개의 효과를 선택할 수 있습니다. 효과 버튼을 클릭하고, 이동 또는 패널 선택 버튼을 클릭하여 결과를 확인합니다. 그리고 마음에 드는 것을 선택하면, 해당 효과가 적용된 사진을 촬영할 수 있습니다.

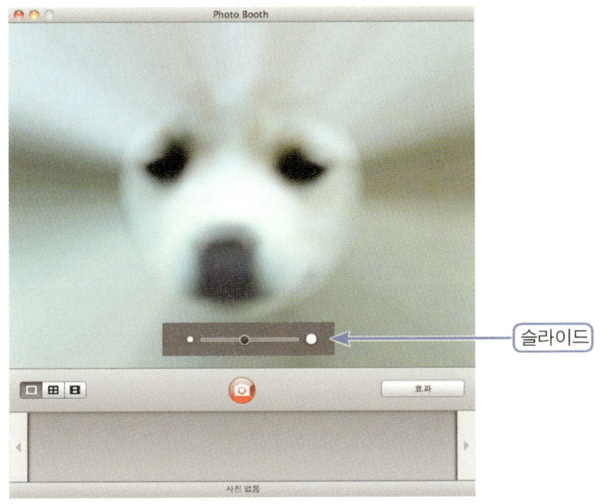

07 볼록, 오목, 소용돌이 등, 이미지를 왜곡 시키는 두 번째 패널의 효과를 선택한 경우에는 왜곡 정도를 조정할 수 있는 슬라이드 바를 제공합니다.

08 세 번째 패널은 배경을 바꾸는 효과를 제공합니다. 원하는 배경을 선택하면 프레임 밖으로 비켜서 달라는 메시지가 열립니다. 잠시 카메라 밖으로 벗어나 움직임이 없는 실내가 배경으로 처리될 수 있도록 합니다. 단색의 벽일 경우에 효과가 좋습니다.

09 네 번째 패널도 배경을 바꾸는 효과입니다. 단, 사용자가 원하는 배경을 넣을 수 있다는 차이가 있습니다. Finder 또는 iPhoto에서 배경으로 사용할 그림을 드래그하여 가져다 놓으면 됩니다. 적용한 효과를 취소할 때는 가운데 보통을 선택하고, 효과 버튼을 Off 합니다.

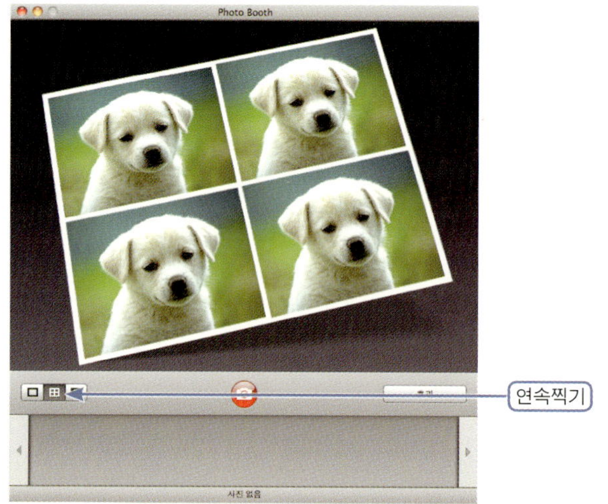

10 연속 촬영 및 동영상 촬영

연속으로 찍기 아이콘을 선택하고, 촬영 버튼을 클릭하면, 1초 간격으로 셔터 사운드를 내면서 4장의 사진을 연속으로 촬영할 수 있습니다. 그 밖의 옵션은 앞에서 살펴본 내용과 동일하며, 효과는 4장에 동일하게 적용됩니다.

11 동영상으로 찍기 아이콘을 선택하면, 촬영 버튼이 캠코더 모양으로 변경되며, 캠코더 모양의 버튼을 클릭하면 하드디스크의 여유 공간 만큼 동영상을 촬영할 수 있습니다.

12 동영상 촬영이 진행되는 동안에는 시, 분, 초 단위의 시간이 표시되고, 정지 버튼을 눌러 촬영을 정지할 수 있습니다. 그 밖의 옵션이나 효과 적용 방법은 앞에서와 동일합니다.

13 프로그램 연동

포토 부스에서 촬영한 사진과 동영상을 이메일에 첨부한다거나, iPhoto의 이벤트로 가져가 편집을 한다거나, 계정 및 iChat 그림으로 바로 이용할 수 있습니다. 촬영한 리스트에서 사용할 것을 선택하고, 실행할 프로그램의 아이콘을 클릭하면 됩니다.

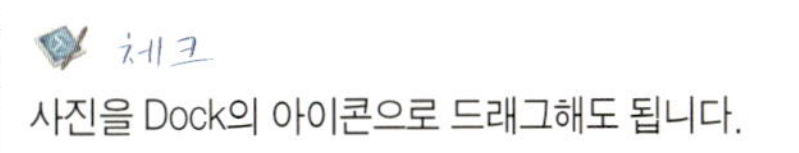

> 체크
> 사진을 Dock의 아이콘으로 드래그해도 됩니다.

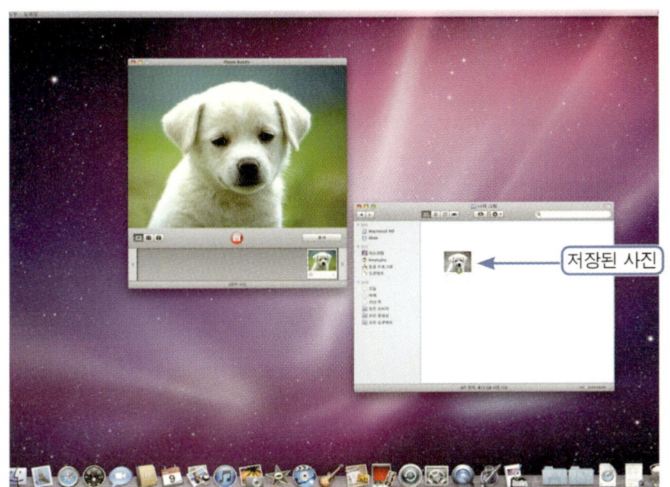

14 포토 부스에서 촬영한 사진과 동영상은 사용자₩그림₩Photo Booth 폴더에 사진은 JPG 포맷, 동영상은 MOV 포맷으로 저장됩니다. 해당 폴더는 파일 메뉴의 Finder에서 보기를 선택하거나 Command+R 키를 눌러 바로 열 수 있습니다.

DVD 플레이어

맥은 별도의 프로그램을 설치하지 않아도 DVD 타이틀을 재생할 수 있는 DVD 플레이어를 제공합니다. 물론, 요즘에 DVD로 영화를 보는 사람은 드물겠지만, 소장하고 있던 DVD를 볼 일이 있거나 영상 편집 툴을 공부하는 이들에게는 유용한 프로그램이 될 것입니다.

01 DVD 플레이어 실행하기

DVD 플레이어는 DVD를 삽입하면 자동으로 실행됩니다. 이미 DVD를 삽입한 경우라면 응용 프로그램 폴더의 DVD 플레이어를 선택하여 수동으로 실행합니다.

02 DVD 플레이어를 처음 실행할 때는 지역 번호를 선택해줘야 합니다. 국내에서 출시되는 DVD는 3번이며, 다른 국가에서 구입한 DVD를 넣으면, 지역 코드 설정 화면이 다시 열립니다. 단 5회로 한정 되어 있습니다.

03 화면 크기 조정

DVD 플레이어는 기본적으로 실행과 동시에 전체 화면으로 재생이 됩니다. 화면을 축소시킬 일이 있다면 보기 메뉴에서 원하는 크기를 선택하거나 esc 키를 누릅니다. Command+F 또는 Command+1 키를 눌러 실제 크기로 조정해도 좋습니다.

> **체크**
> 전체 화면에서 메뉴는 마우스를 위로 가져가면 볼 수 있습니다.

04 축소된 화면은 오른쪽 하단 모서리를 드래그하여 사용자가 원하는 크기로 수정이 가능하며, 보기 메뉴의 다른 응용 프로그램 위에서 화면 보기를 선택하여 다른 프로그램에 가려지지 않게 할 수 있습니다.

05 컨트롤러

DVD 재생에 관한 컨트롤러는 전체 화면으로 시청할 때, 마우스를 화면 아래쪽으로 내리거나 Command+Option+C 키를 눌러 볼 수 있습니다. Apple Remote가 있다면, 리모컨으로 조정해도 됩니다.

06 컨트롤러의 구성과 역할은 다음과 같습니다. 단, DVD 타이틀에 따라 허용되지 않는 것이 있을 수 있습니다.

● Enter : 위/아래, 좌/우 버튼을 이용해서 DVD 타이틀의 메뉴를 선택하고, Enter 버튼을 눌러 선택한 메뉴를 실행합니다. 선택한 메뉴가 서브 메뉴를 가지고 있다면, 해당 메뉴로 이동하고, 선택한 메뉴가 영상과 연결되어 있다면, 해당 영상이 재생됩니다.

● Time Display : 재생 시간이 표시됩니다. Title을 선택한 경우에는 메뉴 전체의 재생 시간이 표시되며, Chapter를 선택한 경우에는 선택한 장의 재생 시간이 표시됩니다.

● Control : 이전 챕터로 이동, 재생, 정지, 다음 챕터로 이동의 4가지 컨트롤 버튼을 제공합니다. 키보드의 F7, F8, F9 키를 이용해도 좋습니다.

● Menu/Title : DVD 메뉴(Menu) 및 메인(Title) 화면으로 이동합니다. 싱글 DVD이거나 메뉴를 제공하는 않는 경우에는 허용되지 않습니다.

● Eject : DVD 타이틀을 꺼냅니다. 키보드의 Eject 키를 이용해도 좋습니다.

● Volume : 볼륨을 조정합니다. F11 및 F12 키로 조정된 맥의 메인 볼륨을 최대값으로 하는 상대 볼륨입니다.

● Drawer : 마우스 더블 클릭으로 조정 서랍을 열거나 닫습니다. 조정 서랍에는 슬로모션, 스텝 프레임, 돌아가기, 자막, 오디오, 앵글의 6가지 버튼을 제공합니다.

07 책갈피

영화를 보다가 책갈피를 끼워놓고, 다음에 해당 위치에서부터 계속 볼 수 있게하는 기능입니다. 영화를 일시정지 시키고, 마우스 오른쪽 버튼을 클릭하여 단축 메뉴를 엽니다. 그리고 추가의 책갈피를 선택합니다. 단축키는 Command+= 키 입니다.

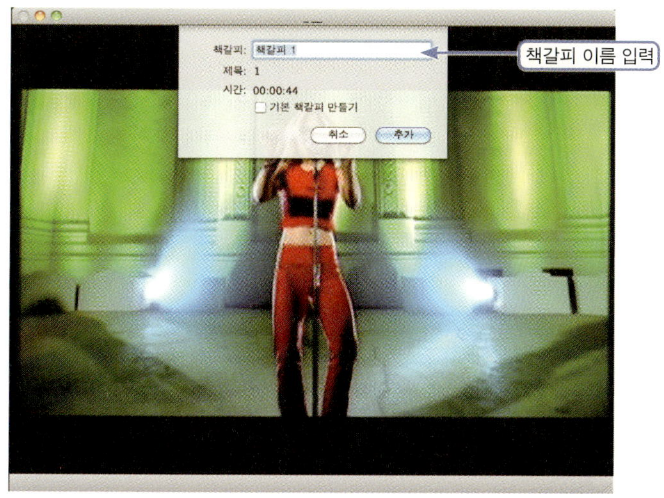

08 책갈피 이름을 입력할 수 있는 창이 열립니다. 많은 책갈피를 만드는 경우라면 구분하기 쉬운 이름을 입력하고 추가 버튼을 클릭합니다. 다음에 DVD를 삽입했을 때 책갈피 위치에서 재생되도록 하려면 기본 책갈피 만들기 옵션을 체크합니다.

09 책갈피 위치에서부터 영상을 재생하려면 마우스 오른쪽 버튼을 클릭하여 단축 메뉴를 열고, 책갈피 메뉴에서 사용자가 만든 책갈피를 선택합니다.

10 많은 책갈피를 만든 경우라면 윈도우 메뉴의 책갈피를 선택하여 책갈피 위치의 장면을 클립 모양으로 확인할 수 있는 창을 엽니다. 책갈피 목록에서 클립을 더블 클릭하면 해당 위치에서부터 재생됩니다.

11 책갈피 창의 + 및 - 버튼을 클릭하여 책갈피를 추가하거나 삭제할 수 있고, 톱니 모양의 버튼을 클릭하면 책갈피를 편집할 수 있는 메뉴를 볼 수 있습니다.

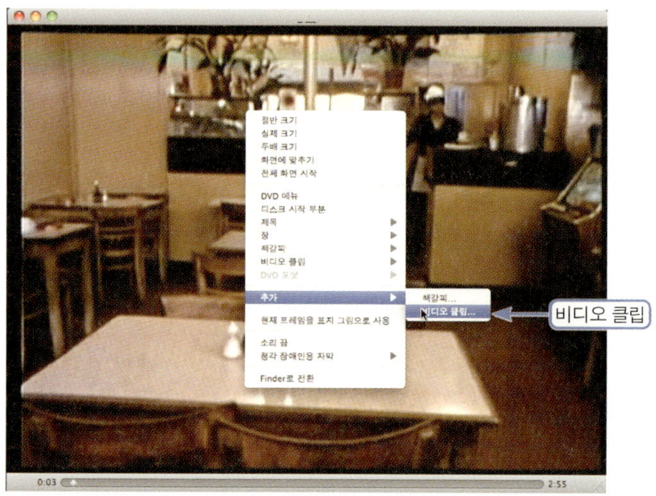

12 비디오 클립

영화의 특정 장면을 하나의 클립으로 만들어 놓고, 반복해서 볼 수 있는 기능입니다. 영어 학습자에게 유용할 것입니다. 마우스 오른쪽 버튼을 클릭하여 단축 메뉴를 열고, 추가의 비디오 클립을 선택합니다. 단축키는 Command+- 키 입니다.

13 클립 편집 창이 열립니다. 클립의 시작 위치를 변경하겠다면 위치를 찾고 위쪽의 설정 버튼을 클릭합니다. 그리고 종료 위치를 찾고 아래쪽의 종료 버튼을 클릭합니다.

14 클립의 이름을 입력하고 저장 버튼을 클릭합니다. 같은 방법으로 사용자가 원하는 장면들을 클립으로 만들어 둘 수 있습니다.

15 단축 메뉴에서 비디오 클립을 선택해도 좋고, 윈도우 메뉴에서 비디오 클립을 선택하여 창을 열어도 좋습니다. 재생 및 편집은 책갈피와 동일합니다.

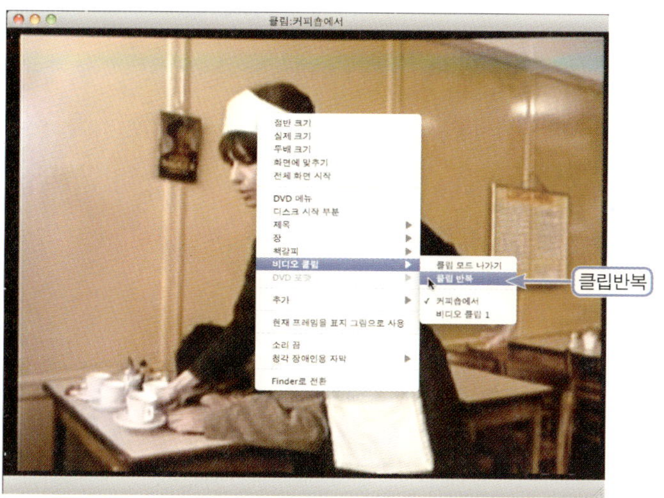

16 클립을 반복해서 재생하겠다면 마우스 오른쪽 버튼을 클릭하여 단축 메뉴를 열고, 비디오 클립에서 클립 반복을 선택합니다. 클립 모드 나가기를 선택하면 클립 재생이 종료되고, 해당 위치에서 DVD가 재생됩니다.

QuickTime Player X

04

맥의 표준 동영상 포맷인 MOV는 플래시 무비와 더불어 웹 표준으로 자리잡고 있으며, 이를 재생하기 위해서는 QuickTime이 꼭 필요하기 때문에 윈도우에서도 많이 사용합니다. 여기서 살펴볼 QuickTime X(10)는 맥의 신 버전에서 제공되는 것으로 윈도우에서 사용하던 버전과 다소 차이가 있습니다.

01 QuickTime 플레이어 실행하기

QuickTime 플레이어는 Finder에서 동영상 파일을 더블 클릭하면 자동으로 실행됩니다. 수동으로 실행할 때는 Dock 또는 응용 프로그램 폴더에서 QuickTime 플레이어를 선택합니다.

02 QuickTime에서 지원하지 않는 포맷의 동영상 파일이라면, 추가 소프트웨어 설치를 요구하는 창이 열립니다. 추가 정보 버튼을 클릭하여 웹 페이지를 열고, 코덱을 다운 받아 설치합니다.

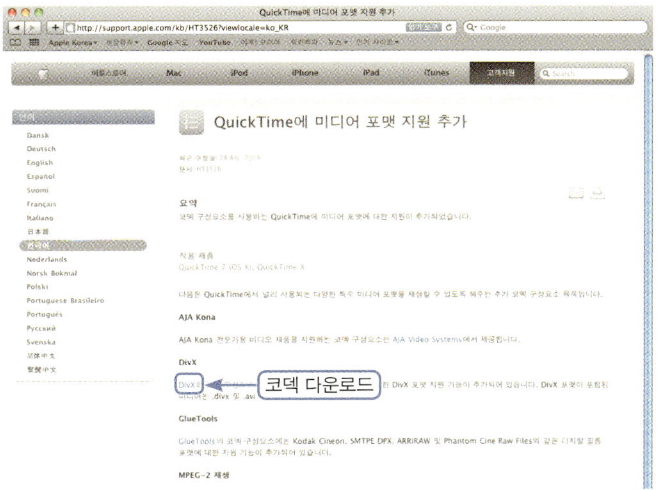

03 DivX, MPEG-2, Windows Media 등의 일반 코덱은 물론이고, AJA Kona, GlueTools, RED-CODE RAW 등의 하드 웨어 코덱까지 제공되고 있기 때문에 컴퓨터에서 사용되는 대부분의 동영상을 재생할 수 있습니다.

04 컨트롤 패널

QuickTime이 실행되면 스페이스 바 키를 눌러 재생/정지합니다. 그 밖의 컨트롤 버튼 역시 패널에 보이는 것 보다는 단축키를 외워두는 것이 좋습니다. 컨트롤 패널의 위치는 마우스 드래그로 조정할 수 있으며, 마우스를 영상 밖에 위치하면 자동으로 사라집니다.

05 뒤로/앞으로 버튼은 동영상을 2배, 4배, 8배속으로 빠르게 탐색하는 역할하며, 단축키는 Command 키를 누른 상태에서 좌/우 방향키입니다. Command 키를 누르지 않으면 프레임 단위로 탐색할 수 있으며, 재생 위치 및 시간을 표시하는 슬라이드 바를 드래그하여 빠른 탐색도 가능합니다.

05 동영상의 볼륨을 조정하는 슬라이드는 위/아래 방향키를 이용합니다. QuickTime의 볼륨은 맥 시스템을 기준으로 하는 상대 볼륨 값입니다. 즉, F11과 F12 키로 맥 시스템의 볼륨을 50%로 조정했다면, QuickTime 볼륨을 최대로 했을 때, 50%가 되는 것입니다.

06 동영상을 전체화면으로 표시하는 전체 화면 버튼은 Command+F 입니다. 그 외, 동영상의 크기를 조정하는 단축키들은 보기 메뉴에서 확인할 수 있으며, 필요한 것들은 외워두기 바랍니다.

07 녹화 및 캡처

QuickTime은 영상과 데스크탑 화면을 녹화할 수 있는 기능을 제공합니다. 파일 메뉴의 새로운 동영상 녹화를 선택하여 새로운 창을 엽니다.

08 기본적으로 맥에 내장된 iSight 카메라로 촬영됩니다. 외부 카메라를 연결한 경우라면 메뉴 버튼을 클릭하여 연결한 카메라 및 마이크를 선택합니다. 그 밖에 녹화 품질 및 저장 위치를 변경할 수 있습니다. 기본 위치는 동영상 폴더입니다.

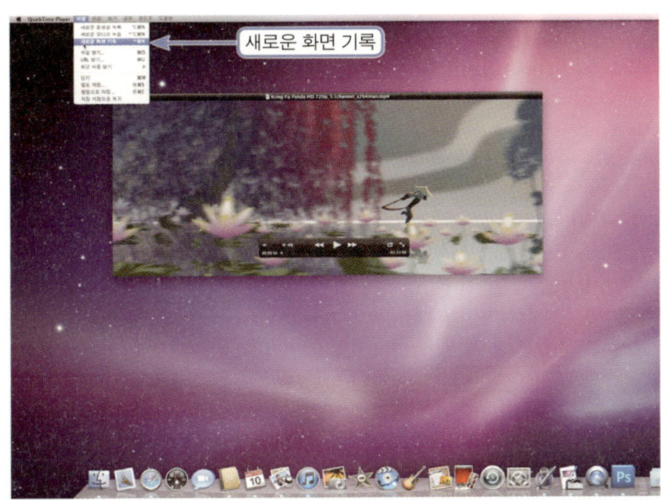

09 QuickTime은 전문 프로그램의 도움없이 데스크탑의 화면을 녹화할 수 있는 캡처 기능을 제공합니다. 파일 메뉴의 새로운 화면 기록을 선택합니다.

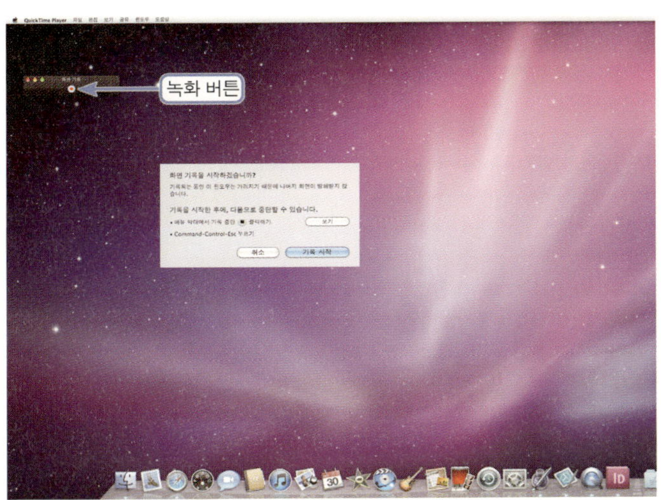

10 필요하다면 메뉴 버튼을 클릭하여 맥에 연결한 마이크를 선택하고, 녹화 버튼을 클릭합니다. 정지 방법에 대한 안내 창이 열리면, 기록 시작 버튼을 클릭하여 화면을 녹화합니다.

11 데스크탑 화면의 모든 움직임이 녹화됩니다. 동영상 강좌를 준비하는 분들에게는 최고의 도구가 될 것입니다. 알림 영역의 기록 중단 버튼을 클릭하거나 Command+Control+esc 키를 눌러 정지합니다.

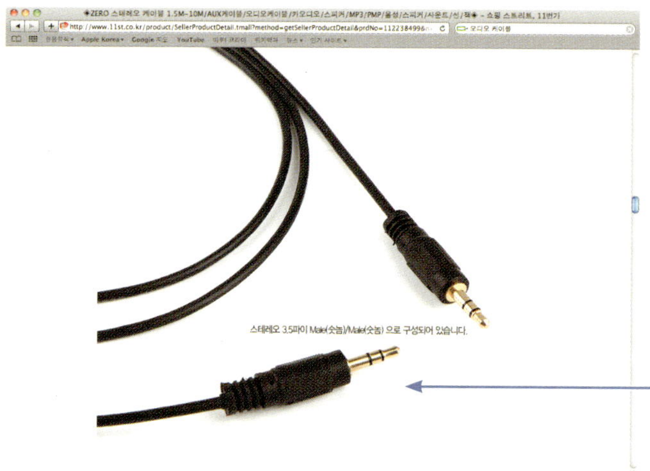

12 인터넷 음악 녹음하기

QuickTime의 오디오 녹음 기능에 약간의 아이디어를 더하면 인터넷에서 재생되는 음악을 녹음할 수 있습니다. 인터넷 쇼핑몰에서 오디오 케이블을 검색하여 양쪽이 모두 폰 잭으로 되어 있는 것을 구입합니다.

13 구입한 케이블을 맥의 헤드폰 출력 단자에서 오디오 입력 단자로 연결합니다. 컴퓨터에서 재생되는 사운드를 다시 컴퓨터로 녹음하는 것입니다.

14 맥의 기본 입력은 내장 마이크로 설정되어 있습니다. 이것을 케이블이 연결된 입력 포트로 설정해줘야 합니다. 알림 영역에서 스피커 모양의 아이콘을 Option 키를 누른 상태로 클릭하여 메뉴를 열고, 라인 입력을 선택합니다.

15 컴퓨터에서 재생되는 사운드를 녹음할 준비가 완료되었습니다. 파일 메뉴의 새로운 오디오 녹음을 선택하여 창을 엽니다.

16 사용자가 즐겨 찾는 음악 사이트를 방문하여 재생할 곡을 찾습니다. 몇 몇 사이트의 경우에는 맥에서 재생되지 않는 경우도 있으므로, 녹음을 진행하기 전에 정상적으로 재생되는지의 여부를 확인합니다.

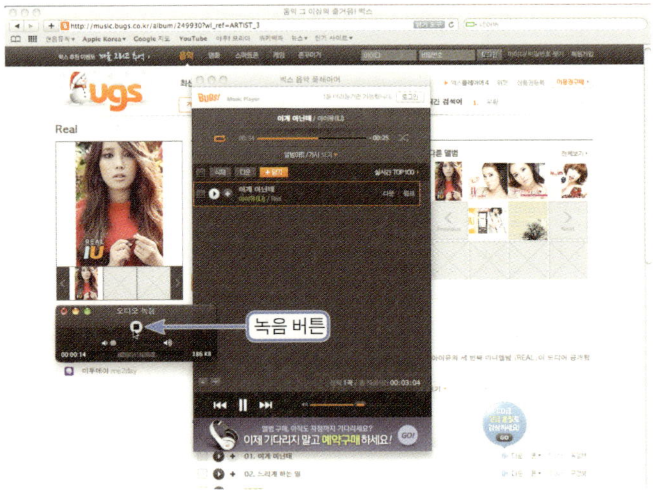

17 정상적으로 재생되는 것을 확인했다면 재생 중인 곡을 멈추고, 오디오 녹음 패널의 녹음 버튼을 클릭합니다. 그리고 인터넷의 음악을 재생하여 녹음되게 합니다.

18 곡 재생이 완료되면 인터넷 음악을 먼저 정지시키고, 녹음을 정지합니다. 인터넷 음악을 들어면서 녹음하려면 맥의 헤드폰 단자를 스피커에 연결하고, 스피커의 아웃을 맥의 입력 단자로 연결합니다. 스피커의 아웃 단자 지원 여부와 케이블 타입은 구매 전에 확인합니다.

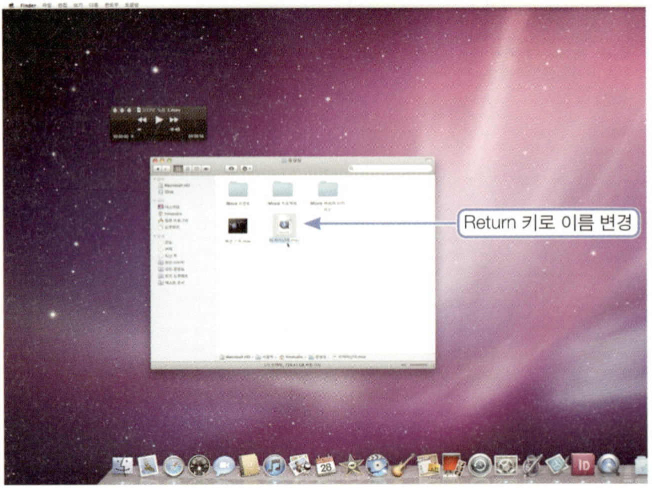

19 녹음한 음악은 사용자 폴더에 오디오 녹음이라는 이름으로 저장됩니다. 필요하다면 Return 키를 눌러 파일 이름을 곡 제목으로 변경합니다.

20 아이폰이나 아이팟 등의 제품을 사용하고 있다면 아이튠즈를 실행하여 음악 보관함에 드래그하여 담고, 아이폰 및 아이팟과 동기화시켜 감상할 수 있습니다.

21 다듬기

QuickTime Player는 인터넷에서 녹음한 사운드의 시작과 끝 부분에 발생한 공백을 제거한다거나 영상의 일부분을 잘라내는 등의 다듬기 기능을 제공합니다. 편집 메뉴의 다듬기를 선택합니다.

22 영상의 경우 프레임이 표시되고, 사운드의 경우에는 파형이 표시됩니다. 시작과 끝 지점을 드래그하여 잘라낼 위치를 찾습니다. Shift 키를 누른 상태에서는 정밀한 편집이 가능하고, Option 키를 누른 상태에서는 사운드 파형을 보면서 편집할 수 있습니다.

24 원하는 범위를 설정했다면 다듬기 버튼을 클릭합니다. 노란색 프레임 범위를 제외한 나머지 영상 및 사운드가 제거되는 것입니다.

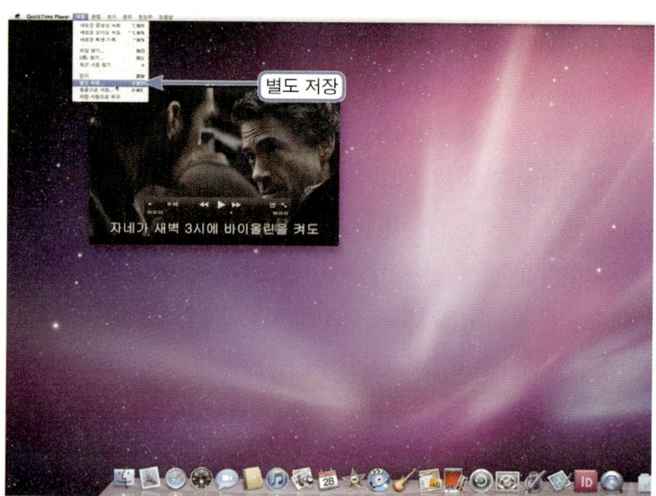

25 편집이 완료되면 파일 메뉴의 별도 저장을 선택하여 저장합니다. 포맷은 동영상(MOV) 외에 iPhone, iPod, Apple TV, HD 480P와 720P를 선택할 수 있습니다.

> 체크
> 저장 포맷의 종류는 영상에 따라 차이가 있습니다.

26 **공유 및 저장**

QuickTime Player에서 편집한 동영상은 아이튠즈, 모바일미, 유투브로 바로 업로드 할 수 있습니다. 컨트롤 패널의 공유 버튼을 클릭하여 업로드할 위치를 선택합니다. 그림에서는 iTunes를 선택하고 있습니다.

27 재생 미디어를 선택할 수 있는 창이 열립니다. 포맷은 모두 M4V이며, 영상의 크기만 차이가 있습니다. 단, 원본 영상 크기에 따라 선택 범위가 제한됩니다.

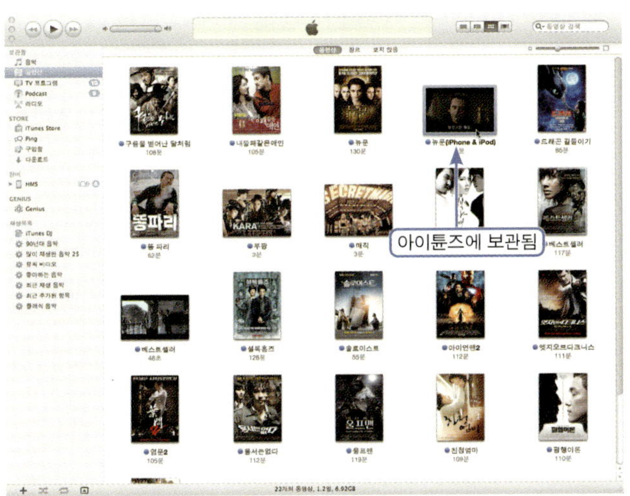

28 공유 버튼을 클릭하면 파일이 전송 작업이 진행되고, 아이튠즈의 동영상 보관함에 자동으로 저장됩니다. 저장된 동영상은 동기화 작업을 통해 아이폰 및 아이팟에 담을 수 있습니다.

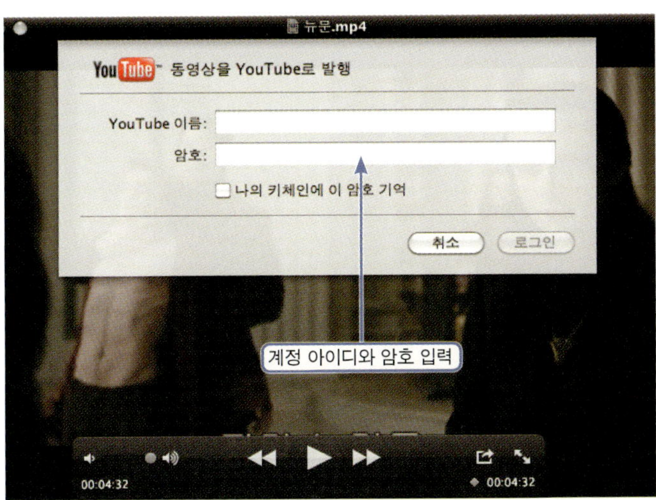

29 MobileMe와 YouTube는 해당 서비스의 계정을 가지고 있어야 하며, 계정 이름과 암호를 입력하면, 자동으로 해당 서비스에 업로드 됩니다. MobileMie는 유료 서비스이기 때문에 사용자가 많지 않겠지만, 유투브 계정은 youtube.com에서 무료로 만들 수 있습니다.

30 그 외, QuickTime Player는 홈페이지 제작자를 위한 동영상이 삽입된 HTML 문서를 자동으로 만들 수 있습니다. 파일 메뉴의 웹용으로 저장을 선택합니다.

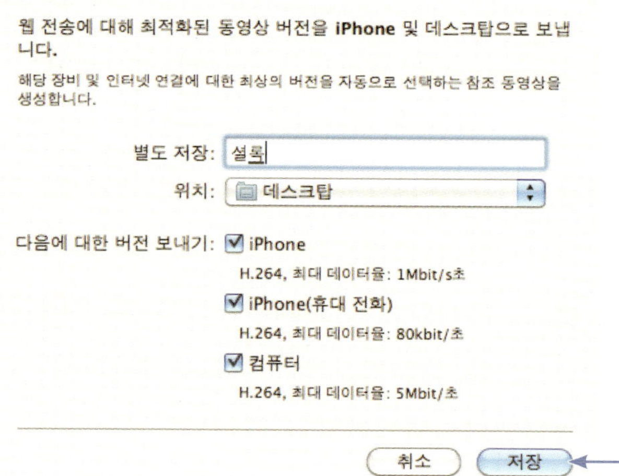

31 문서와 함께 저장될 영상 타입을 선택할 수 있는 창이 열립니다. 저장할 위치와 타입들을 체크하고, 저장 버튼을 클릭합니다.

32 저장 위치를 열어 보면 폴더가 생성되어 있으며, 폴더를 열어보면 옵션에서 체크한 영상들과 HTML 문서가 저장되어 있는 것을 확인할 수 있습니다. HTML 문서를 더블 클릭하면 홈페이지 제작자를 위한 지침을 볼 수 있습니다.

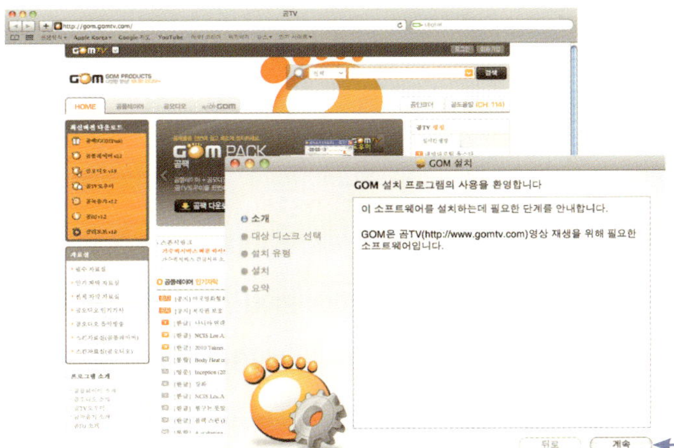

33 자막 영화 보기

자막 파일(*.smi)이 있는 동영상의 경우에는 QuickTime에서 자막을 볼 수 없습니다. 이것은 윈도우에서도 마찬가지이기 때문에 곰 프레이어를 많이 사용합니다. 맥에서도 자막이 있는 영상을 보려면 gom.gomtv.com에서 맥용 곰 플레이어를 다운 받아 설치합니다.

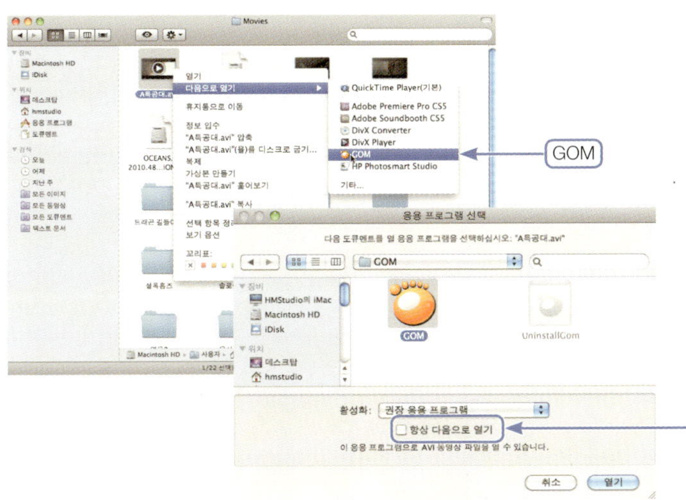

34 설치가 완료되면 자막 파일을 제공하는 동영상 파일을 마우스 오른쪽 버튼으로 선택하고, 다음으로 열기에서 GOM을 선택하여 재생합니다. 기타를 선택하여 GOM을 선택하고, 항상 다음으로 열기 옵션을 체크하여 더블 클릭으로 곰 플레이어가 실행되게 해도 좋습니다.

32 맥에서도 자막이 있는 동영상을 볼 수 있습니다. 메뉴는 재생, 영상, 음성, 자막에 관한 것들을 컨트롤 할 수 있는 것들로 구성되어 있습니다. 워낙 유명하고, 쉬운 프로그램이기 QucikTime Player를 자유롭게 다룰 수 있게 되었다면, 별다른 설명이 필요없을 것입니다.

FINAL ROUND

파워 유틸리티

09 시스템 관리하기

맥은 각각의 응용 프로그램이 독립적으로 작동하기 때문에 전체 시스템에 문제가 발생할 일은 거의 없습니다. 맥을 구입한 후에 사용자가 손볼것이 없다는 의미입니다. 하지만, 새로 추가하는 장비를 관리하고, 시스템을 복원하는 등의 기본적인 지식은 갖추고 있어야 할 것입니다.

사용자 계정 생성하기

맥은 여러 사람이 서로 다른 환경으로 사용할 수 있는 운용체제 이며, 각각의 사용자에게 부여되는 권한을 계정이라고 합니다. 한 대의 맥을 여러 사람이 사용하면서 개개인 마다 서로 다른 환경을 이용할 수 있다는 의미입니다.

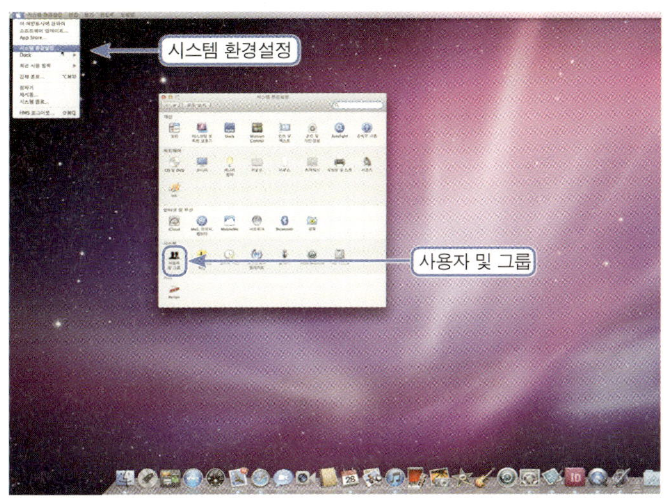

01 맥에서 만들 수 있는 여러가지 유형의 계정 중에서 일반적으로 많이 사용하는 표준 사용자 계정을 만들어 보겠습니다. 애플 메뉴의 시스템 환경설정을 선택하여 창을 열고, 시스템 항목의 사용자 및 그룹을 선택합니다.

02 새로운 계정을 만들거나 수정하는 등의 작업은 관리자만 가능합니다. 자물쇠 모양의 아이콘을 클릭하여 열고, 사용자 암호를 입력하면, 계정을 생성하거나 편집할 수 있습니다.

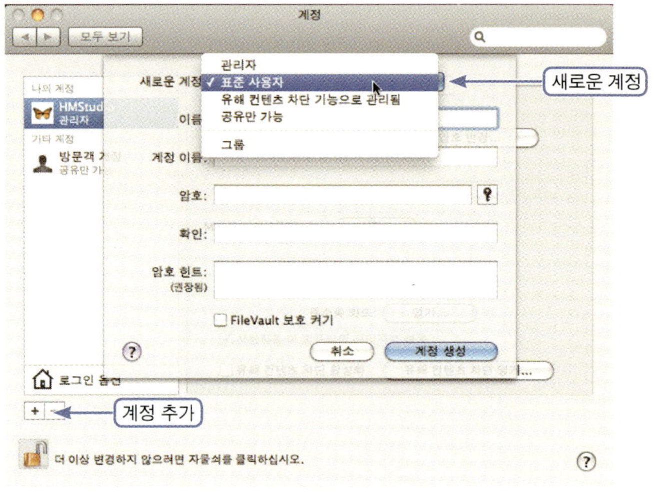

03 + 기호의 계정 추가 버튼을 클릭하면 계정의 유형 및 이름 등을 설정할 수 있는 창이 열립니다. 새로운 계정 항목을 열어보면 표준 사용자 외에 만들 수 있는 계정의 유형을 확인할 수 있습니다.

● **관리자** : 새로운 계정의 생성 및 삭제 또는 수정이 가능한 모든 권한을 가지고 있는 계정입니다. 그러므로 맥의 주인 외에는 관리자 권한을 부여하지 않는 것이 좋습니다.

● **표준 사용자** : 프로그램을 설치하고 계정에 관련된 사항을 변경할 수는 있지만, 다른 사용자 계정을 관리할 수는 없습니다. 새로 추가되는 대부분의 계정이 표준 사용자입니다.

● **유해 컨텐츠 차단 기능으로 관리됨** : 특정 프로그램 및 성인 사이트에 접근할 수 없게 하거나 컴퓨터 사용 시간을 제한할 수 있습니다. 자녀를 위한 계정으로 많이 사용합니다.

● **공유만 가능** : 공유가 가능한 파일에만 접근할 수 있고, 로그인을 한다거나 컴퓨터 설정을 변경하는 등의 행위를 할 수 없습니다.

● **그룹** : 다른 사용자 계정을 포함하여 공유된 파일의 권한 설정으로 사용됩니다.

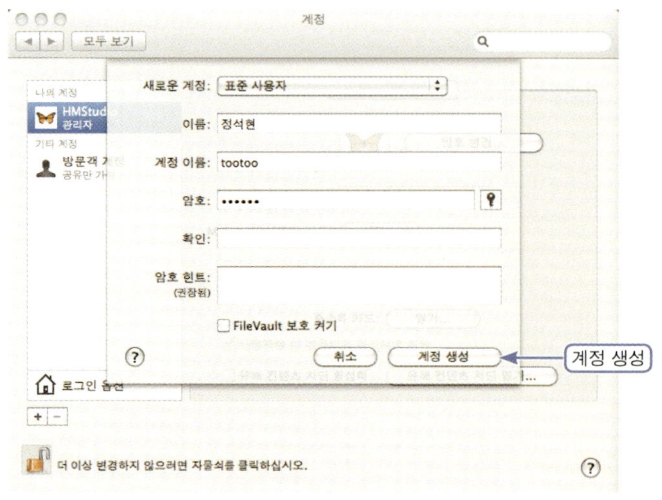

04 표준 사용자가 선택된 상태에서 사용자 이름 및 계정 이름, 그리고 암호를 입력하고 계정 생성 버튼을 클릭합니다. 로그인 및 프로그램을 설치할 때 암호를 묻는 것이 귀찮다면 암호는 입력하지 않습니다.

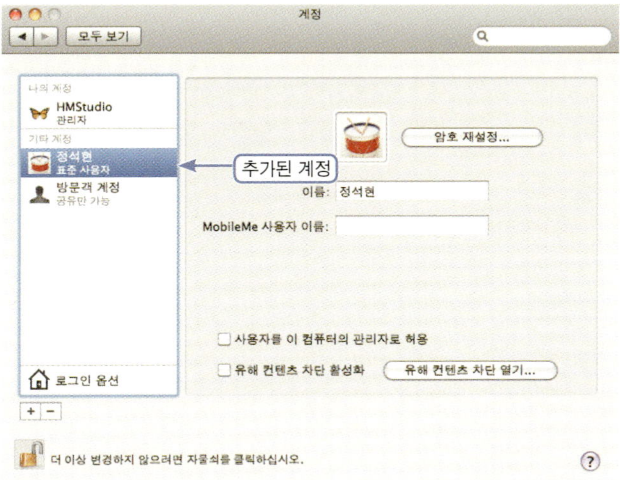

05 표준 사용자 계정이 추가된 것을 확인할 수 있으며, 앞의 과정을 반복하여 가족 구성원별로 계정을 만들 수 있습니다.

06 애플 메뉴에서 재시동, 시스템 종료, 로그 아웃 등을 선택하여 맥을 재시동 시키면 계정을 선택할 수 있는 창이 열리며, 각 계정 마다 서로 다른 환경의 맥을 이용할 수 있습니다.

07 새로 만든 계정으로 로그인을 하면, 맥을 처음 구입했을 때와 똑같은 환경을 갖게 되는 것이며, 시스템 설정 및 프로그램 설치 등, 해당 계정 사용자만의 환경을 꾸밀 수 있습니다.

로그인 암호 제거하기

새로운 계정을 만들 때 로그인 암호를 입력하지 않았다면, 로그인을 하거나 프로그램을 설치할 때 암호를 묻는 창이 열리지 않습니다. 하지만, 이미 만들어둔 계정의 경우에는 추가로 암호를 제거해야만 암호 없이 로그인을 하거나 프로그램을 설치할 수 있습니다.

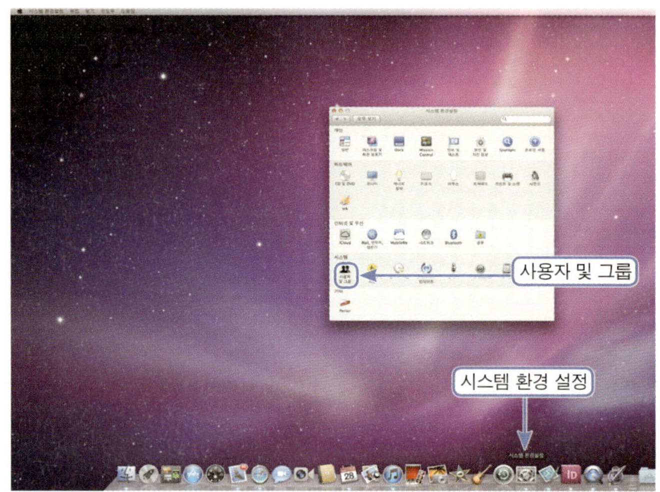

01 계정을 관리하는 과정은 모두 동일합니다. Dock의 시스템 환경설정 아이콘을 클릭하여 창을 열고, 시스템 항목의 사용자 및 그룹을 선택합니다.

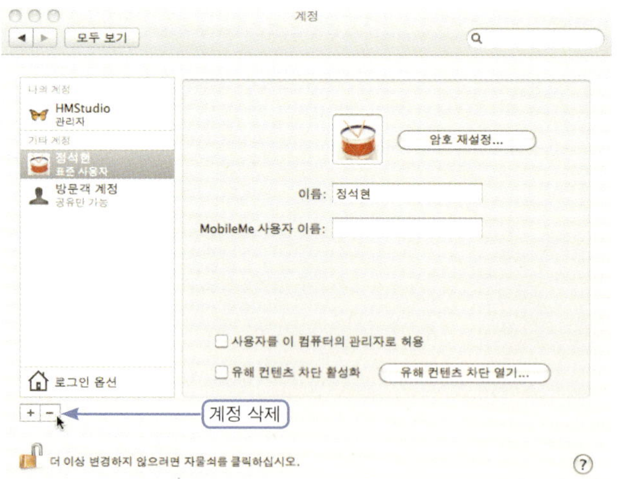

02 관리자는 계정의 추가는 물론 삭제도 가능합니다. 자물쇠 모양의 아이콘을 클릭하여 열고, 삭제할 계정을 선택합니다. 그리고 - 기호의 계정 삭제 버튼을 클릭합니다.

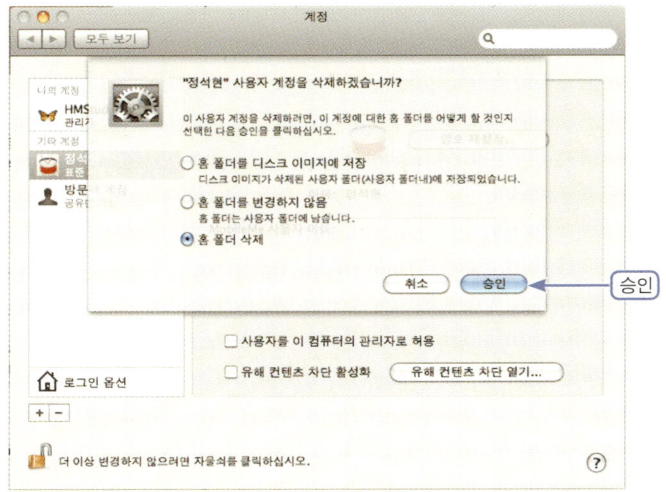

승인

03 삭제할 계정의 홈 폴더를 어떻게 처리할 것인지를 묻습니다. 이미지 저장, 변경하지 않음, 삭제 중에서 원하는 것을 선택하고 승인 버튼을 클릭합니다.

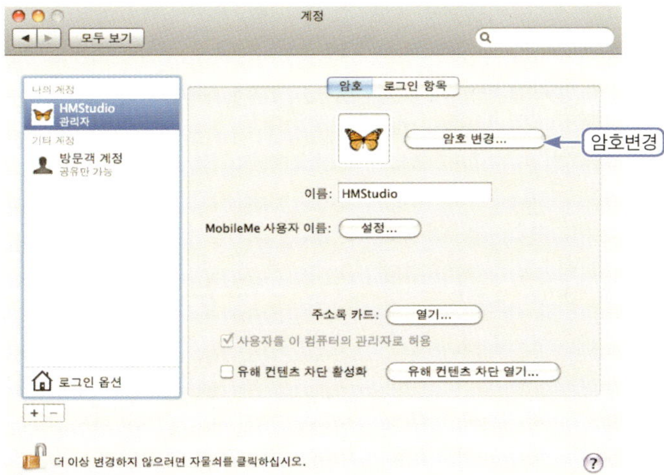

암호변경

04 로그인 및 프로그램을 설치할 때 암호를 묻지 않게 하려면 기존의 암호를 제거하면 됩니다. 암호를 제거할 계정을 선택하고 암호 변경 버튼을 클릭합니다.

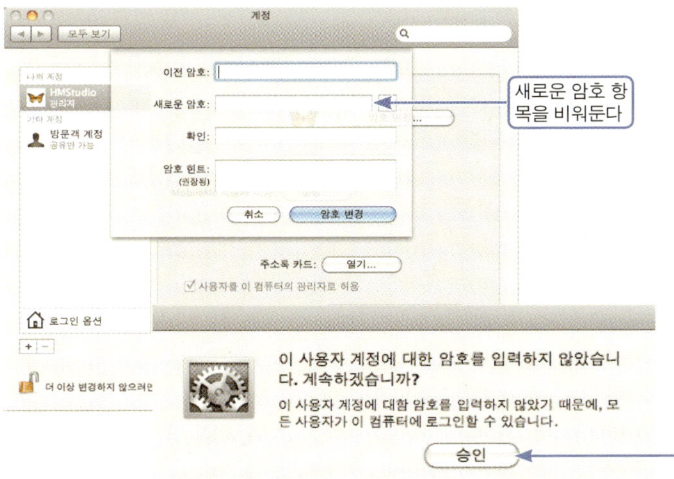

새로운 암호 항목을 비워둔다

승인

05 이전 암호 항목에 암호를 입력하고, 새로운 암호 항목은 비워둡니다. 그리고 암호 변경 버튼을 클릭하면 다음부터 로그인 및 프로그램을 설치할 때 암호를 묻는 창이 열리지 않습니다. 확인 창은 승인 버튼을 클릭하여 닫습니다.

계정 사진을 가족 얼굴로 만들기

계정의 사진을 사용자 컴퓨터에 저장되어 있는 그림이나 맥에 내장되어 있는 iSight 카메라를 이용해서 촬영한 즉석 사진으로 변경할 수 있습니다. 가족 구성원마다 각각의 사진을 계정 그림으로 설정해 놓으면 보다 효율적인 컴퓨터 사용이 가능해질 것입니다.

01 계정 사진을 등록하는 방법에는 여러가지가 있지만, 모든 계정을 관리할 때는 시스템 설정이 편리합니다. 애플 메뉴의 시스템 환경설정을 선택하여 창을 열고, 시스템 항목의 사용자 및 그룹을 선택합니다.

02 사진을 변경할 계정을 선택하고, 계정 그림을 선택하여 목록을 엽니다. 기본 목록 외의 사진을 이용하겠다면 사진 편집을 선택합니다.

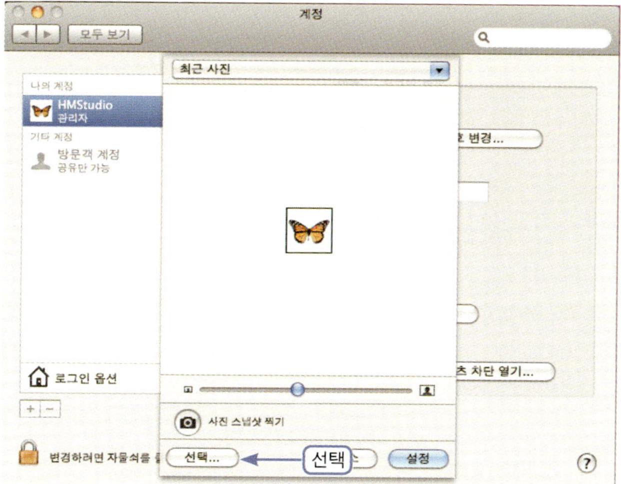

03 맥에 내장되어 있는 iSight 카메라를 이용해서 즉석 사진을 촬영하거나 컴퓨터에 저장되어 있는 사진을 불러올 수 있는 창이 열립니다. 컴퓨터에 저장되어 있는 사진을 불러오겠다면 선택 버튼을 클릭하여 파인더를 엽니다.

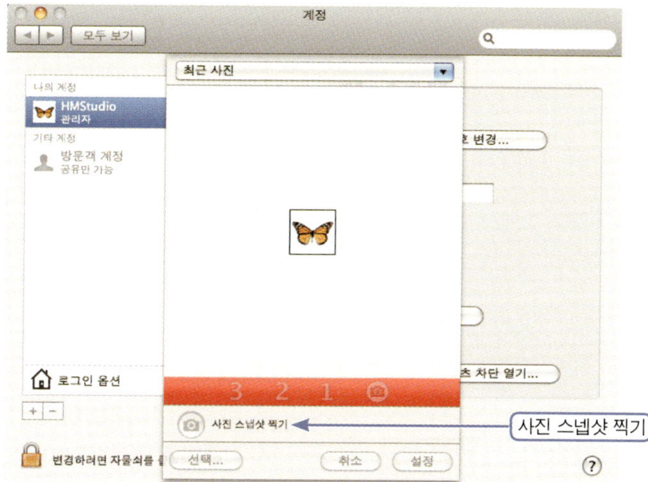

04 자신의 얼굴을 계정 사진으로 등록하겠다면 사진 스냅샷 찍기 버튼을 클릭합니다. 4초의 카운터가 진행되고 사진이 찍힙니다.

05 사진이 마음에 들지 않으면 사진 스냅샷 찍기 버튼을 클릭하여 다시 진행하고, 마음에 든다면 슬라이드 바를 드래그하여 크기를 조정하고, 설정 버튼을 클릭하여 등록합니다. 각 계정마다 같은 동작을 반복하여 사진을 등록할 수 있습니다.

06 맥에서 기본적으로 제공하는 Photo Booth를 이용해서 계정 사진을 만들 수 있습니다. 스택의 응용 프로그램 폴더를 클릭하여 열고, PhotoBooth를 선택하여 실행합니다.

07 포토부스를 이용하면 사진을 촬영하기 전에 마음에 드는 포즈를 미리 취하거나 다양한 이펙트 효과를 첨부할 수 있습니다. 포즈를 취하고, 사진기 모양의 아이콘을 클릭하여 촬영합니다.

> 체크
> 이펙트 적용은 PhotoBooth 학습편을 참조합니다.

08 촬영한 사진을 선택하면 이메일, 아이챗 등으로 전송할 수 있는 메뉴가 보입니다. 여기서 계정 그림을 선택하면 현재 로그인 되어 있는 계정 사진이 바로 바뀝니다.

계정 옵션 설정하기

관리자 계정의 경우에는 암호를 지워도 암호 입력 창이 열리며, Return 키를 눌러 닫아야 합니다. 이것도 귀찮다면 자동 로그인으로 설정하여 로그인 암호 창이 열리지 않게 할 수 있습니다. 그 밖에 계정 이름, 유형, 유해 컨텐츠 차단 옵션에 관해서 살펴보겠습니다.

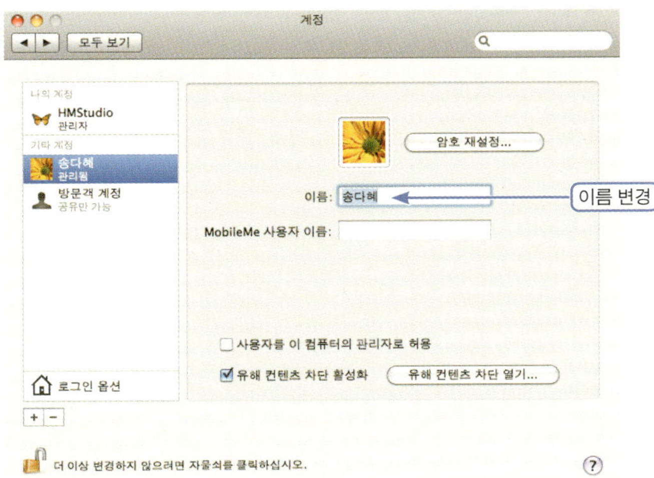

01 이름 변경하기

계정 이름을 변경하는 것은 간단하지만, 다른 사람의 계정 이름은 관리자만 변경할 수 있습니다. 자물쇠 모양의 아이콘을 클릭하여 해제하면 모든 사용자 계정의 이름을 변경할 수 있습니다.

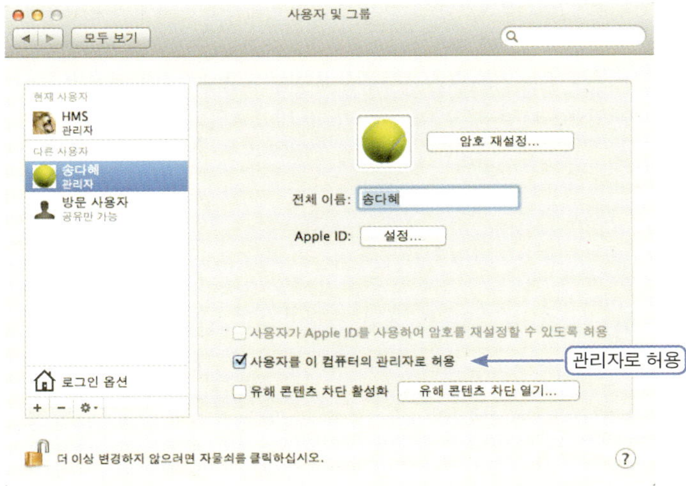

02 관리자로 허용하기

관리자 계정은 다른 사용자 계정까지 마음대로 바꿀 수 있기 때문에 주인만 가지고 있는 것이 좋습니다. 만일, 특별한 사용자에게 관리자 권한을 부여하겠다면, 사용자를 이 컴퓨터의 관리자로 허용 옵션을 체크합니다.

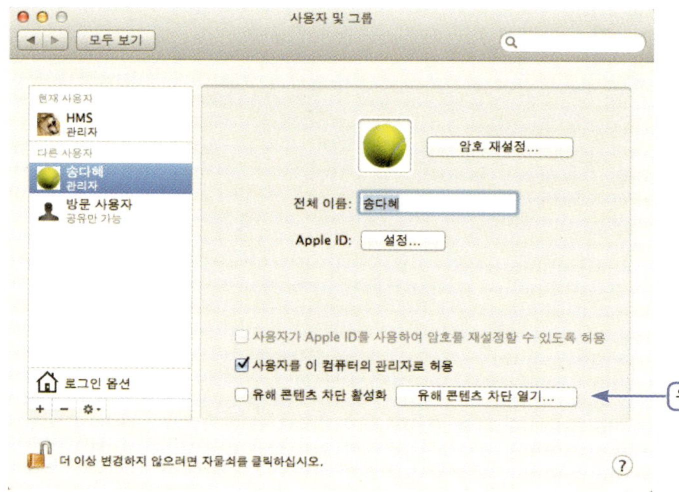

03 유해 컨텐츠 차단 활성화

유해 컨텐츠 차단 활성화 옵션을 체크하면, 자녀의 컴퓨터 사용 시간이나 유해 컨텐츠 접근을 차단할 수 있습니다. 좀 더 세부적인 설정이 필요하다면 유해 컨텐츠 차단 열기 버튼을 클릭합니다.

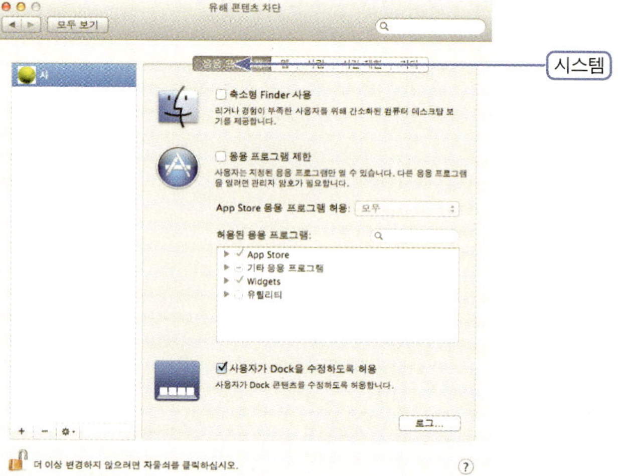

04 시스템

파일 및 응용 프로그램에 대한 접근을 제한합니다. 축소형 Finder 옵션을 체크하면 파일을 삭제하거나 수정할 수 없게 하고, 응용 프로그램만 제한 옵션을 체크하면 목록에서 체크한 프로그램만 이용할 수 있게 제한합니다. 그 밖에 프린터 관리, 암호 변경, CD 및 DVD굽기, Dock수정 제한의 4가지 옵션을 제공합니다.

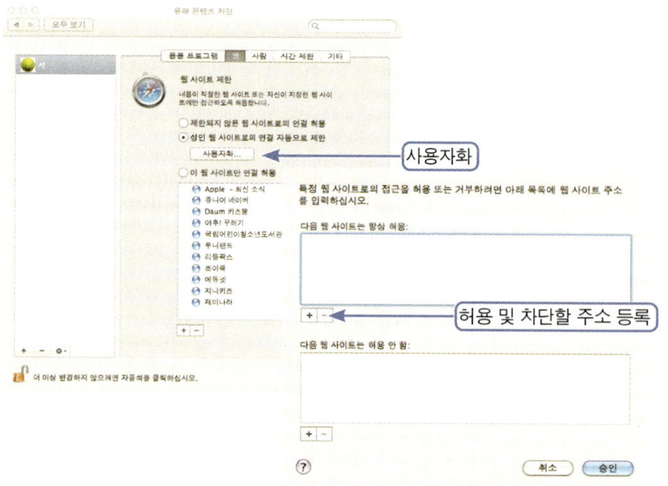

05 웹

웹 사이트를 제한할 수 있는 옵션을 제공합니다. 사용자화 버튼을 클릭하면 웹 사이트를 일일이 제한할 수 있는 창이 열립니다.

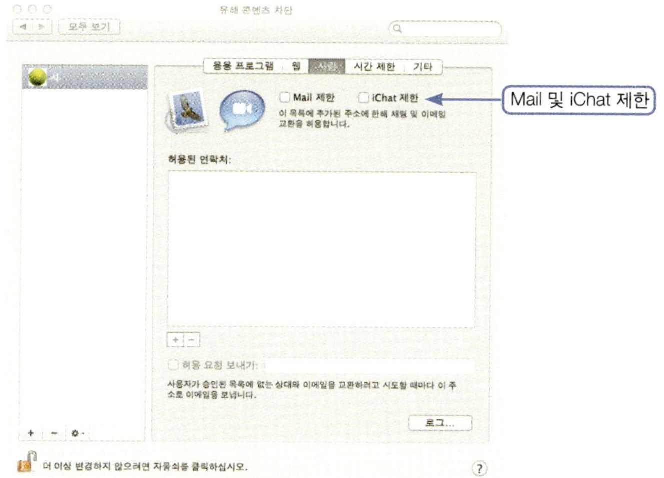

06 사람

Mail 제한 및 iChat 제한 옵션을 체크하면 + 기호를 추가 버튼을 클릭하여 등록한 메일 주소 및 친구에게만 메일과 채팅이 가능하도록 제한할 수 있습니다.

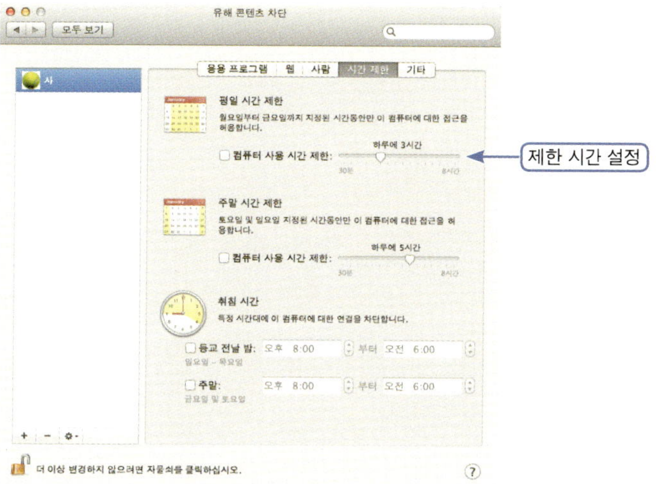

07 시간 제한

평일, 주말, 취침 시간으로 구분하여 컴퓨터 사용 시간을 제한할 수 있습니다. 각각의 제한 옵션은 반드시 자물쇠 모양의 아이콘을 클릭하여 잠궈야만 자녀가 수정할 수 없습니다.

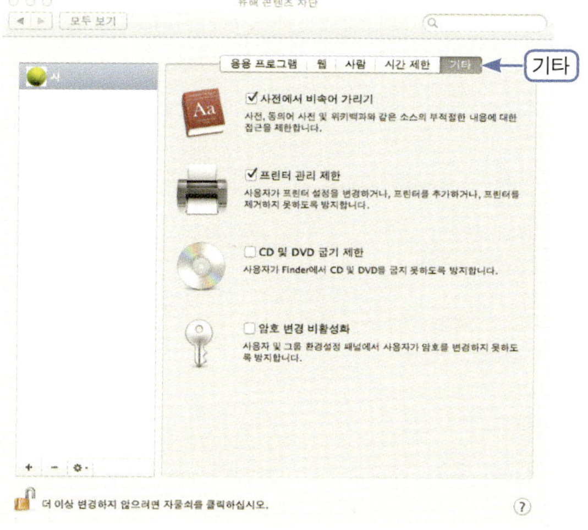

08 기타

인터넷을 이용할 때 비속어가 보이지 않게 하는 사전에서 비속어 가리기, 프린터 관리, CD 및 DVD 굽기, 암호 변경을 제한할 수 있습니다.

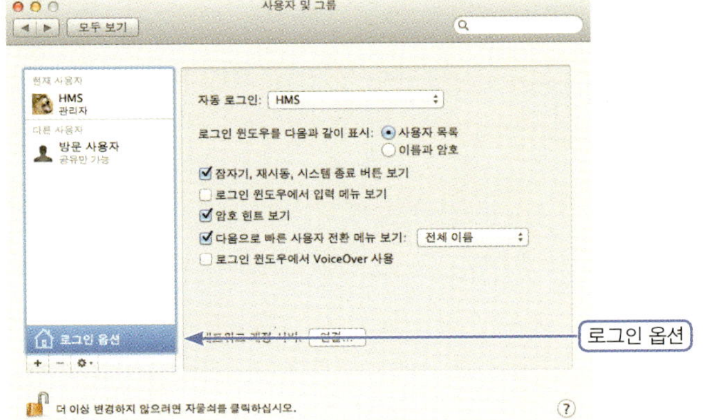

09 로그인 옵션

계정 목록 아래쪽의 로그인 옵션을 선택하면 계정 로그인에 관한 옵션을 설정할 수 있는 목록이 보입니다.

● **자동 로그인** : 컴퓨터를 켜면 로그인 선택 창 없이 여기서 선택한 계정으로 자동 로그인 됩니다. 관리자를 선택하면 암호 입력 창이 열리지 않습니다. 단, 누구나 접근이 가능하기 때문에 혼자 사용하는 컴퓨터가 아니라면 권장하지 않습니다.

● **로그인 윈도우를 다음과 같이 표시** : 로그인을 할 때 사용자를 선택할 수 있게 하려면 사용자 목록을 선택하고, 이름과 암호 입력창이 열리게 하려면 이름과 암호를 선택합니다.

● **잠자기, 재시동, 시스템 종료 버튼 보기** : 로그인 창에 재시도, 잠자기 및 시스템 종료 단추를 표시합니다. 기본적으로 체크되어 있습니다.

● **로그인 윈도우에서 입력 메뉴 보기** : 로그인 창에서 언어 입력 방식을 선택할 수 있게 합니다. 사용자 계정 중에 다른 언어를 이용하는 사용자가 있을 때 유용한 옵션입니다.

● **암호 힌트 보기** : 암호를 연속으로 3번 틀렸을 때, 암호 힌트가 보이도록 합니다. 계정을 만들 때 입력했던 힌트가 표시됩니다.

● **로그인 윈도우에서 VoiceOver 사용** : 로그인 창에서 계정을 음성으로 선택할 수 있게 합니다. 단, 한글의 경우에는 인식이 잘 되지 않습니다.

● **다음으로 빠른 사용자 전환 메뉴 보기** : 알림 영역에 계정 이름을 표시하여 빠른 전환이 가능하도록 합니다. 표시 방법은 이름, ID 이름, 아이콘 중에서 선택할 수 있습니다.

● **로그인 윈도우의 VoiceOver 사용** : 로그인 할 때 VoiceOver가 사용되도록 합니다.

● **네트워크 계정 서버** : 연결 버튼을 클릭하여 네트워크 계정 서버에 접속하거나 디렉토리 유틸리티 열기 버튼을 클릭하여 파일 시스템을 전반적으로 읽고 쓰는 권한을 가질 수 있는 Root 사용자로 활성화 시킬 수 있습니다. 하지만, 컴퓨터의 보안과 안전을 위해서 비활성화를 권장하고 있습니다.

맥을 지키는 방화벽 설정하기

방화벽은 인터넷이나 다른 네트워크로부터 사용자 컴퓨터로 침입할 수 있는 바이러스나 악성 코드를 차단하는 역할을 합니다. 맥은 기본적으로 방화벽이 작동하고 있기 때문에 안심하고 사용할 수 있지만, 필요에 따라서 수동으로 차단하거나 허용할 필요가 있습니다.

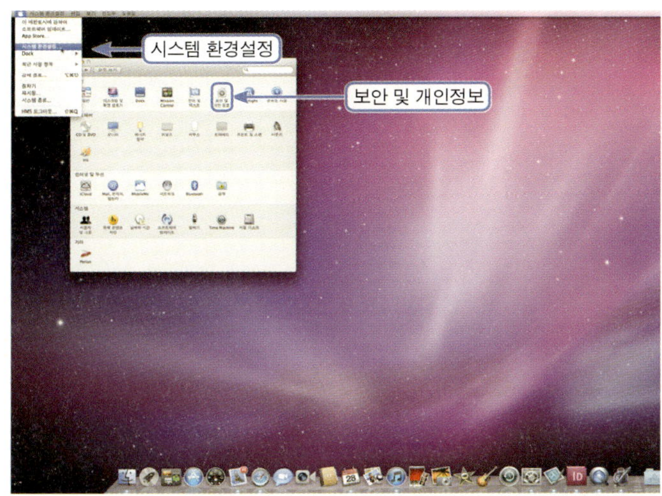

01 애플 메뉴의 시스템 환경 설정을 선택하여 창을 열고, 개인 항목의 보안 및 개인 정보 아이콘을 클릭합니다.

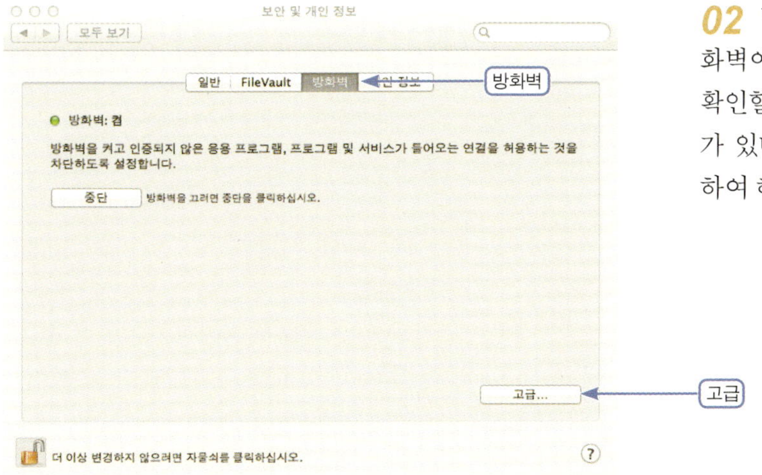

02 방화벽 탭을 클릭하여 창을 열면 방화벽이 켬 상태로 작동되고 있다는 것을 확인할 수 있습니다. 설정을 변경할 필요가 있다면 자물쇠 모양의 아이콘을 클릭하여 해제하고 고급 버튼을 클릭합니다.

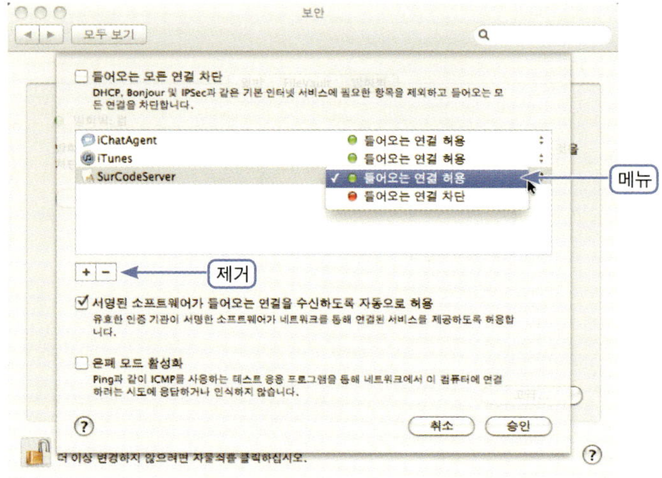

03 들어오는 연결을 허용하고 있는 프로그램 목록을 볼 수 있습니다. 여기서 사용자 의도와 상관없이 허용되고 있는 프로그램이 있다면 - 기호의 버튼을 클릭하여 제거하거나 메뉴에서 들어오는 연결 차단을 선택할 수 있습니다.

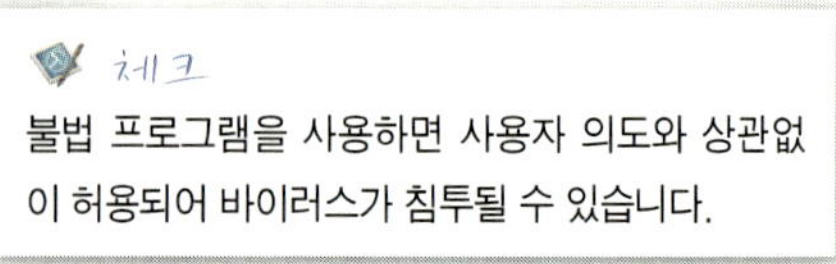

체크

불법 프로그램을 사용하면 사용자 의도와 상관없이 허용되어 바이러스가 침투될 수 있습니다.

04 반대로 iChat, iTunes과 같이 연결을 허용해야만 사용할 수 있는 프로그램들이 있는데, 이를 추가하겠다면 + 기호 버튼을 클릭하여 창을 열고, 응용 프로그램을 선택합니다.

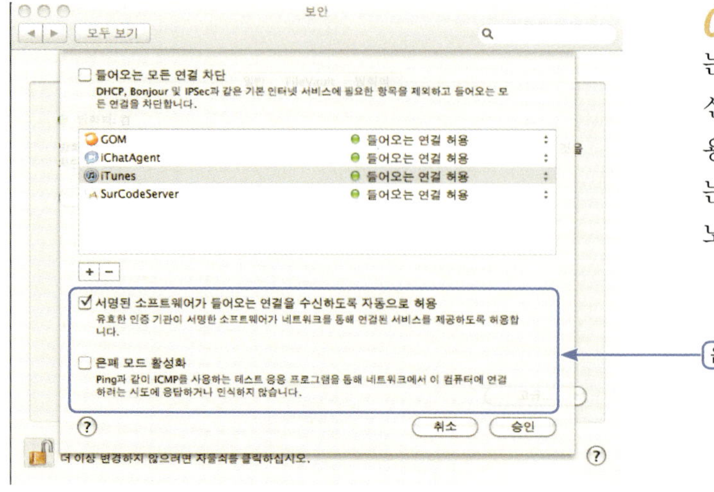

05 그 외, 서명된 소프트웨어가 들어오는 연결을 수신하도록 자동으로 허용은 신뢰할 수 있는 기관에서 서명한 것을 허용하겠다는 옵션이며, 은폐 모드 활성화는 초대받지 않은 트래픽에서 시스템이 노출되지 않게 하는 옵션입니다.

디스크에 암호 걸기

FileVault는 사용자 디스크에 128비트 암호를 걸어 다른 사람이 파일에 접근하는 것을 완벽하게 차단하는 기능입니다. 특히, 분실 위험이 높은 노트북 사용자이거나 중요한 데이터를 보관하는 경우라면 만일의 사태에 대비하여 FileVault 기능을 활성화 시켜놓는 것이 안전합니다.

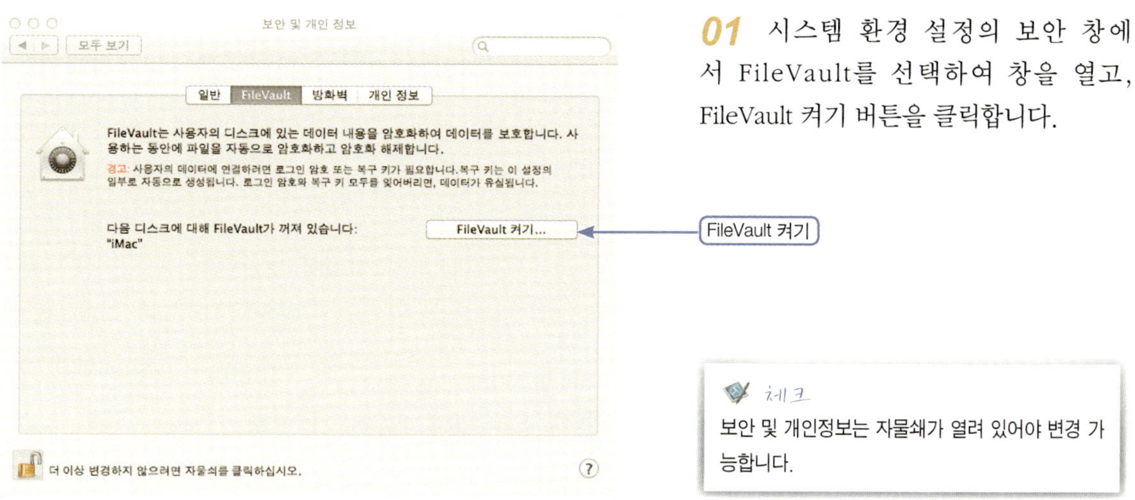

01 시스템 환경 설정의 보안 창에서 FileVault를 선택하여 창을 열고, FileVault 켜기 버튼을 클릭합니다.

> 체크
>
> 보안 및 개인정보는 자물쇠가 열려 있어야 변경 가능합니다.

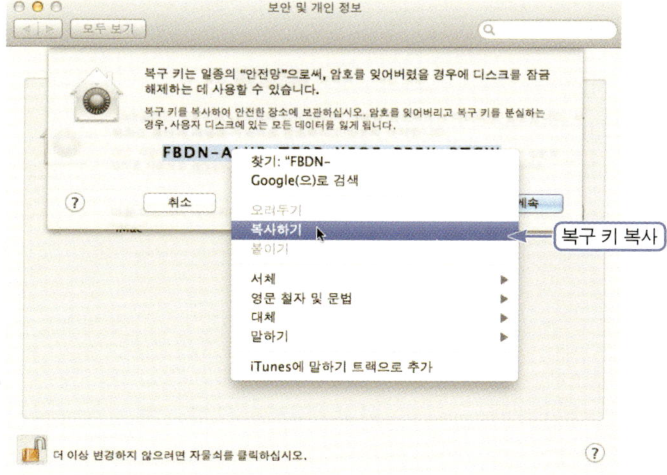

02 암호 해제를 위한 복구 키 화면이 보입니다. 키를 마우스 드래그로 선택하고, 단축 메뉴를 열어 복사합니다. 그리고 텍스트 편집기를 실행하여 Command+V 키를 붙여넣습니다.

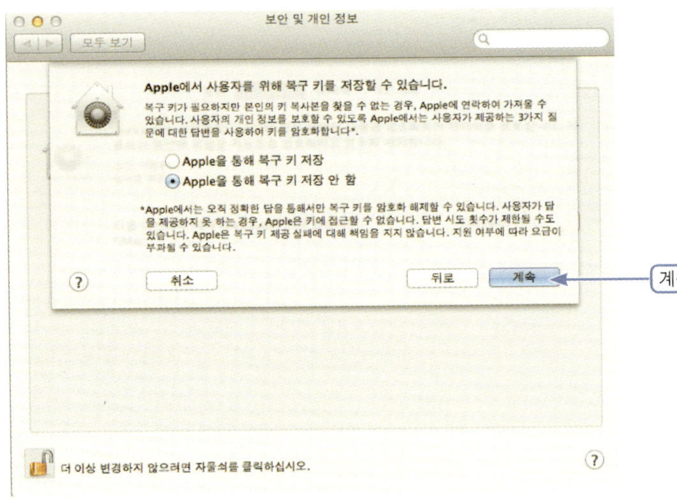

03 Apple ID가 있는 경우에는 Apple을 통해 복구 키를 저장할 수 있습니다. 이때는 3가지 보안 질문 선택이 가능합니다. 하지만, 텍스트로 복사를 했으므로, Apple을 통해 복구 키 저장 안 함을 선택하고, 계속 버튼을 클릭합니다.

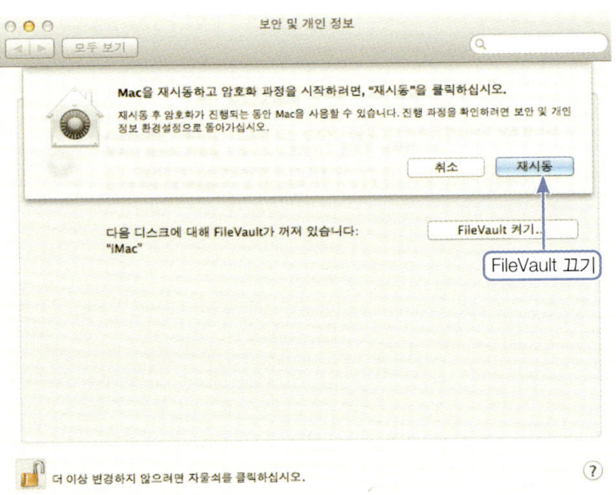

04 재시동 요구 창이 열립니다. 사용 중인 디스크 용량에 따라 꽤 오랜 시간이 걸릴 수 있으므로, 잠시 다른 일을 보아도 좋습니다.

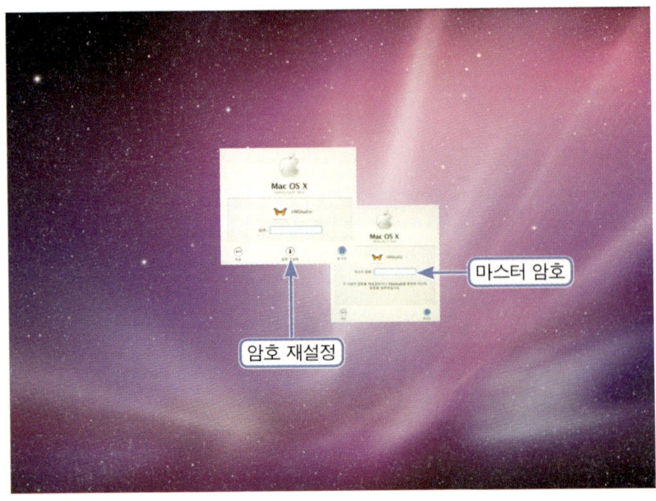

05 FileVault로 암호환된 폴더의 암호를 재 설정 하려면 로그인을 할 때 암호 재설정을 클릭하여 마스터 암호를 입력하고, 새로운 암호를 입력합니다. 사용자 계정 암호를 잊어버려 3회 이상 틀린 경우에도 마스터 암호로 재 설정할 수 있습니다.

화면 보호기에 암호 걸기

방화벽 및 FileVault 사용으로 외부 침투 가능성을 완벽하게 차단했지만, 관리자로 로그인을 하고 컴퓨터를 사용하는 도중에 잠시 자리를 비울때는 누구나 사용자 컴퓨터에 저장된 파일을 열어 볼 수 있습니다. 이것까지 안심이 안 되는 환경이라면 화면 보호기에 암호를 걸어놓는 방법이 있습니다.

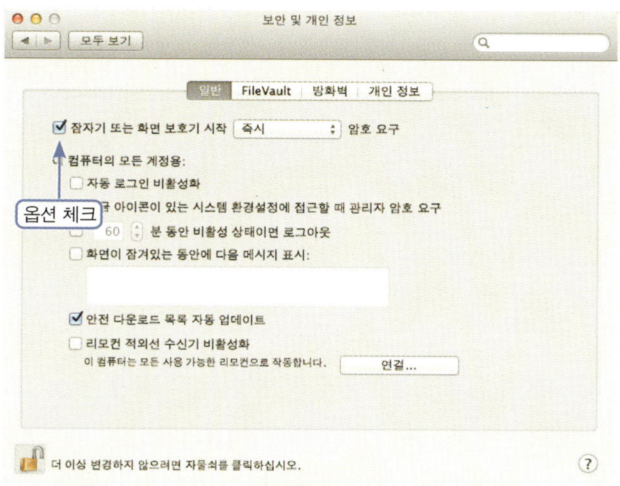

01 시스템 환경설정의 보안 창에서 일반 탭을 클릭하여 열어보면 잠자기 또는 화면 보호기 시작 옵션이 있습니다. 이것을 체크하면 마우스를 움직여 잠자기 또는 화면 보호기를 해제할 때, 계정 암호를 묻는 창이 열립니다.

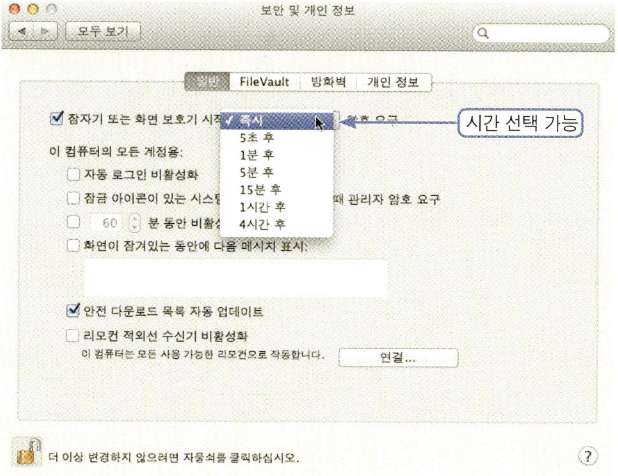

02 잠자기 또는 화면 보호기 시작 옵션의 기본 값은 즉시이며, 시간을 설정하면 해당 시간 동안은 잠자기 또는 화면 보호기를 해제할 때 암호를 묻지 않게 할 수 있습니다.

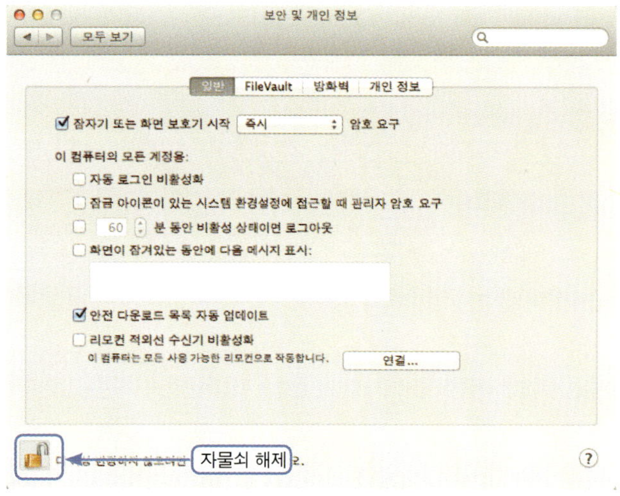

03 그 밖의 옵션을 변경하고 싶다면 자물쇠 모양의 아이콘을 클릭하여 해제합니다.

- **자동 로그인 비활성화** : 계정의 자동 로그인을 사용하지 않습니다. 즉, 컴퓨터를 시동할 때 계정 암호를 묻는 창이 열리게 합니다.

- **잠금 아이콘이 있는 시스템 환경설정에 접근할 때 관리자 암호 요구** : 관리자 암호 없이 시스템을 변경할 수 없게 합니다.

- **분 동안 비활성 상태이면 로그 아웃** : 설정한 시간 동안 컴퓨터가 대기 상태일 때는 자동으로 로그 아웃 합니다.

- **화면이 잠겨있는 동안에 다음 메시지 표시** : 로그인 창에 표시할 메시지를 입력할 수 있습니다.

- **안전 다운로드 목록 자동 업데이트** : 안전하지 않은 악성 코드를 자동으로 업데이트 합니다.

- **리모컨 적외선 수신기 비활성화** : 컴퓨터가 리모컨으로 조정되지 않게 합니다. 컴퓨터가 하나의 리모컨으로만 동작되도록 구성하려면 연결 버튼을 클릭하고, 리모컨의 Menu와 Next 버튼을 동시에 누릅니다.

04 맥은 기본적으로 아무런 동작을 하지 않으면 11분 후에 컴퓨터와 모니터가 잠자기로 들어가고, 13분 후에 화면 보호기가 시작됩니다. 컴퓨터에서 자리를 뜰 때, 화면 보호기가 바로 시작되도록 하려면 시스템 환경 설정을 데스크탑 및 화면 보호기를 선택하여 창을 엽니다.

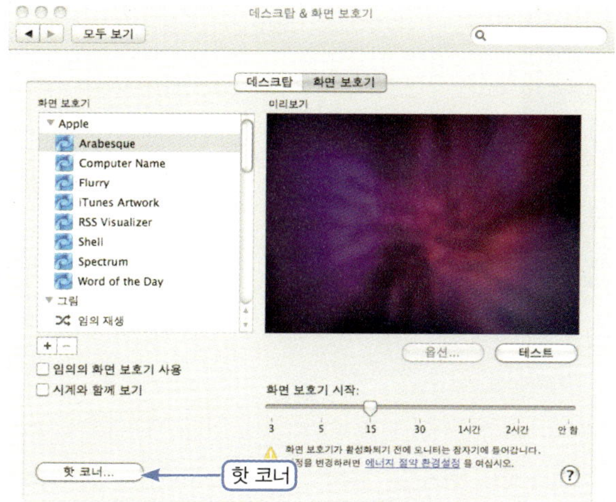

05 데스크탑의 배경 화면과 화면 보호기를 설정할 수 있는 창이 열립니다. 화면 보호기 탭를 선택하여 열고, 핫 코너 버튼을 클릭합니다.

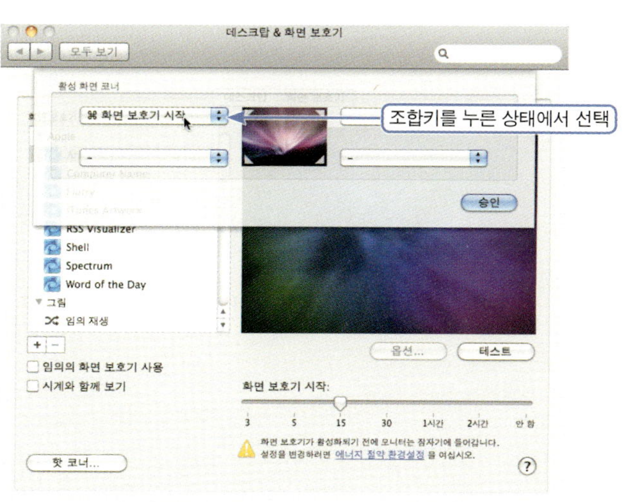

06 활성 화면 코너를 설정할 수 있는 창이 열립니다. 화면 코너에서 원하는 위치의 메뉴를 화면 보호기 시작으로 선택합니다. 이때 Command, Option, Control 등의 키를 누른 상태로 선택해 실수로 화면 보호기가 실행되는 것을 방지할 수 있습니다.

하드 디스크 포맷하기

윈도우 시스템에서 사용하던 NTFS 및 FAT 하드 디스크나 새로 구입한 하드 디스크를 맥에서 사용하기 위해서는 맥 파일 시스템인 HFSJ로 만들어야 합니다. 이것을 흔히 포맷이라고 하며, 새 디스크를 포맷할 때는 초기화한다고 합니다.

01 포맷 확인하기

USB 포트에 외장 하드 디스크를 연결하면 생성되는 배경 화면의 아이콘을 마우스 오른쪽 버튼으로 클릭하여 단축 메뉴를 열고, 정보 가져오기를 선택합니다.

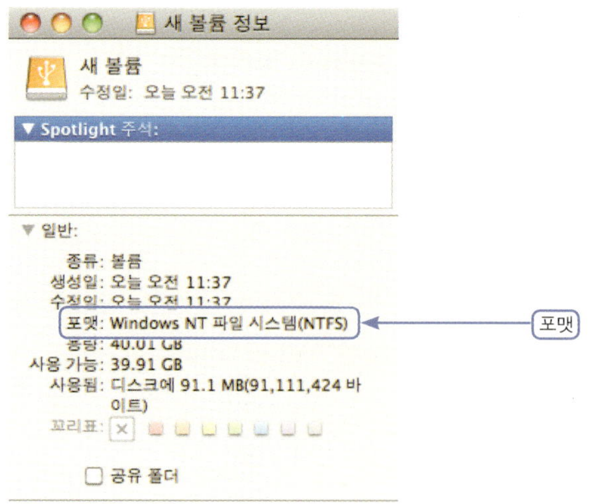

02 선택한 드라이브의 정보를 확인할 수 있는 창이 열립니다. 여기서 일반 항목의 포맷을 보면 해당 드라이브가 어떤 파일 시스템으로 포맷되어 있는지 확인할 수 있습니다.

파일 시스템은 윈도우 시스템에서 사용되는 NTFS와 맥 시스템에서 사용하는 HFSJ로 구분할 수 있으며, 윈
도우와 맥의 구분없이 사용하고 싶은 외장 하드 디스크는 FAT 또는 exFAT으로 포맷합니다.

● NTFS : 윈도우 NT File System을 말하는 것으로 윈도우 운영체제에서 사용되고 있는 포맷입니다. 윈도
우의 기본 포맷이지만, 맥에서도 파일을 읽을 수는 있습니다.

● HFSJ : Mac OS 확장(저널링)으로 불리는 맥의 기본 포맷입니다. 맥 OS X 10.2 이전 버전까지 사용하
던 Mac OS 확장(HFS+) 시스템에서 데이터의 신뢰성을 높이기 위한 기능이 추가된 것으로 현재는 모두
HFSJ 포맷을 사용합니다. 물론, 맥에서만 사용할 수 있습니다.

● FAT : 맥과 윈도우에서 동시에 사용할 수 있는 파일 시스템으로 도스 시절의 기본 포맷입니다. 현재는
2GB 이상의 하드를 지원하는 FAT32 포맷이 주를 이루고 있지만, 32G 이상의 파티션을 만들기 위해서는
별도의 유틸리티가 필요하고, 4GB 이상의 파일을 저장할 수 없다는 단점 때문에 대용량 하드 디스크에
서는 exFAT 포맷을 사용합니다. 즉, 맥과 윈도우에서 동시에 사용하고 싶은 외장 하드 디스크의 용량이
적은 경우에는 FAT으로 포맷하고, 대용량인 경우에는 exFAT으로 포맷합니다.

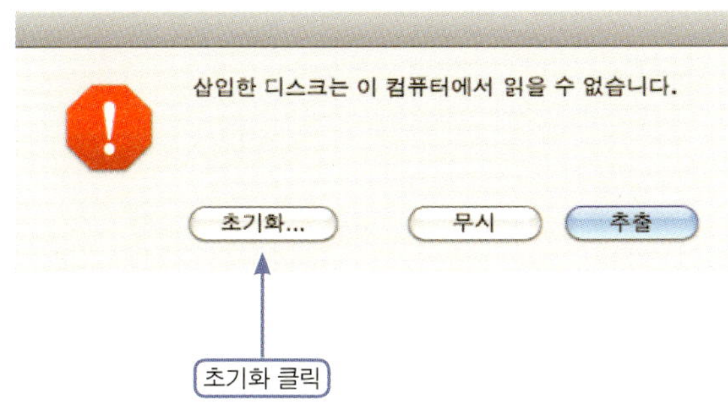

04 포맷하기

맥에서의 포맷은 디스크 유틸리티를 이
용합니다. 새로 구입한 하드 디스크를 연
결하면 초기화가 필요하다는 내용의 창
이 열리며, 초기화 버튼을 클릭하여 디스
크 유틸리티를 실행할 수 있습니다.

05 기존에 사용하던 하드 디스크를 연결한 경우에는 스택의 응용 프로그램 폴더에서 유틸리티 폴더를 선택하여 열고, 디스크 유틸리티를 선택하여 수동으로 실행할 수 있습니다.

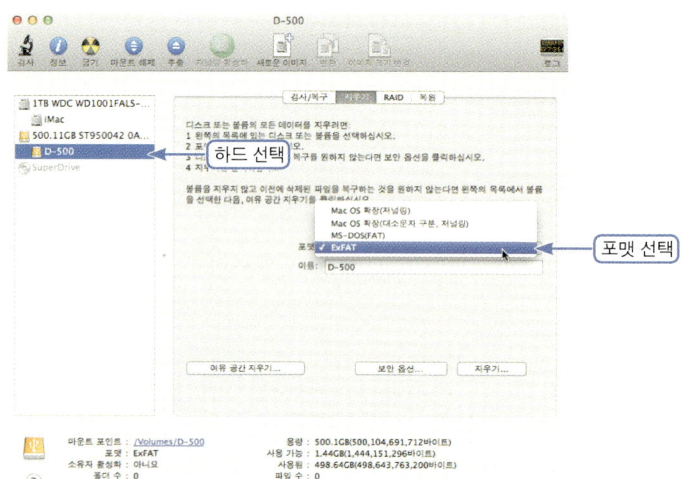

06 디스크 유틸리티 창의 왼쪽 목록에서 USB 포트에 연결한 하드 디스크를 선택하고 지우기 탭을 선택하여 엽니다. 그리고 포맷 항목에서 원하는 시스템을 선택합니다.

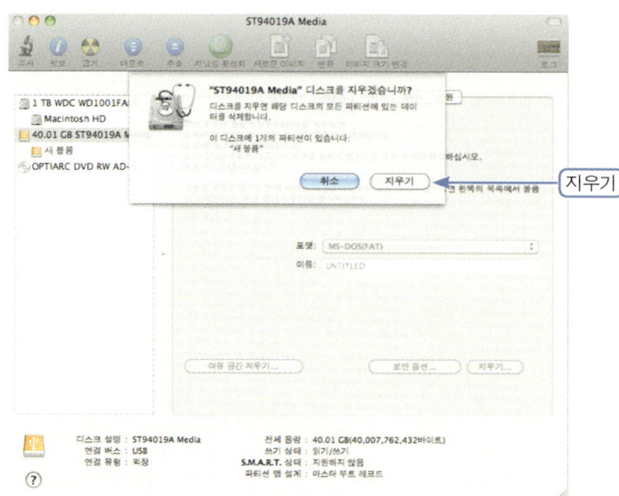

07 지우기 버튼을 클릭하면 해당 디스크의 모든 데이터가 삭제된다는 경고 창이 열립니다. 여기서 지우기 버튼을 클릭하면 앞에서 선택한 파일 시스템으로 포맷되는 것입니다.

윈도우에서 맥 하드 사용하기

맥용으로 사용하던 Mac OS 확장(저널링) 포맷의 하드 디스크를 윈도우에서 사용할 일이 있다면 별도의 프로그램을 윈도우에 설치해야 합니다. 가장 많이 사용하는 것이 맥 드라이브라는 프로그램인데, 이것에 관해서 살펴보겠습니다.

01 맥 드라이브의 단점이라면 유료라는 것입니다. 5일간 트라이얼 버전을 사용해보고 필요하다는 생각이 들면, 구입 여부를 고려해보기 바랍니다. mediafour.com에 방문하여 Free trail 버튼을 클릭하여 다운 받습니다.

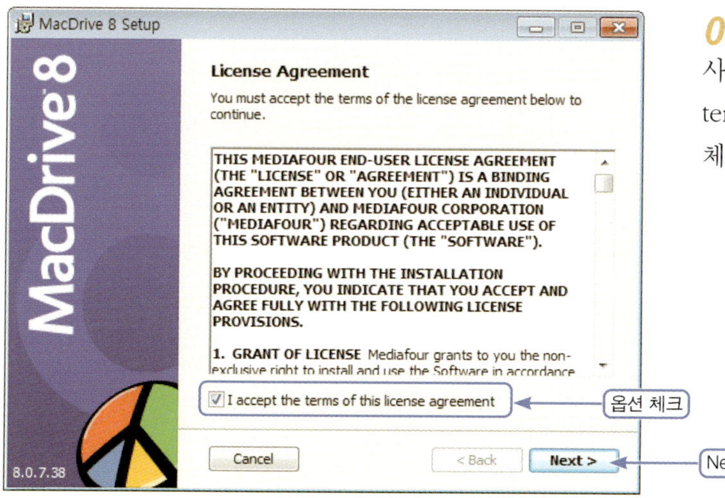

02 다운로드한 파일을 더블 클릭하면 사용자 계약서가 열립니다. I accept the terms of this license agreement 옵션을 체크하고 Next 버튼을 클릭합니다.

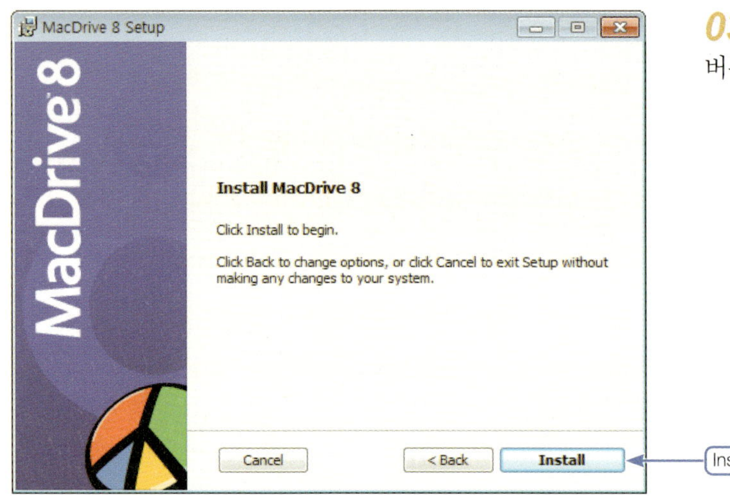

03 설치 시작 화면이 열립니다. Install 버튼을 클릭하여 설치를 시작합니다.

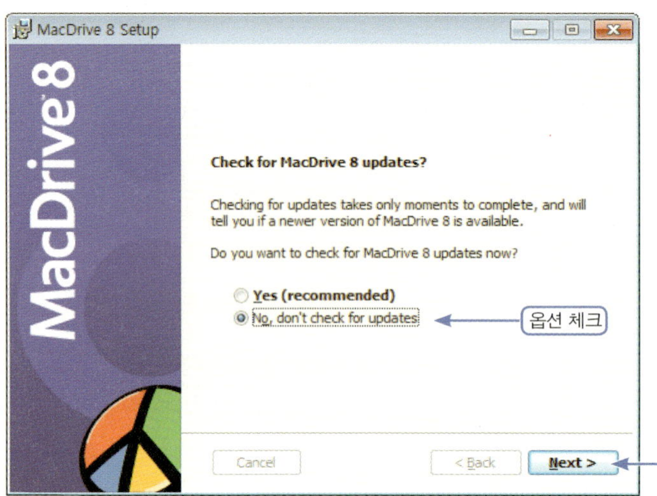

04 업그레이드 검색 창이 열립니다. 홈페이지에서 바로 다운 받은 것이므로, No, dont check for updates 옵션을 체크 하고, Next 버튼을 클릭합니다.

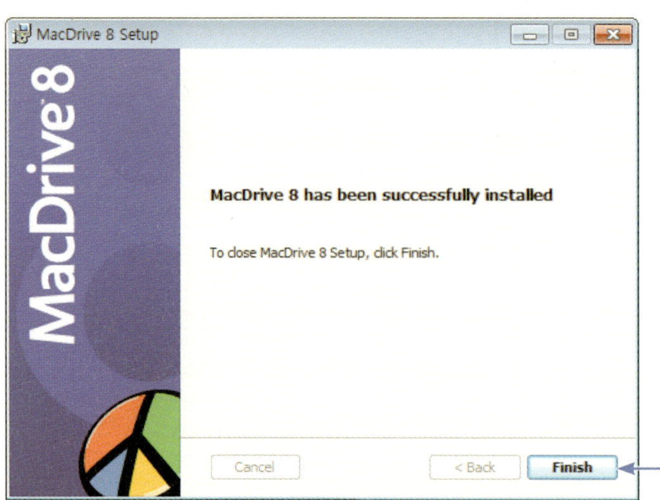

05 설치 진행 과정이 잠시 보이고, 완료 창이 열립니다. Finish 버튼을 클릭하여 설치를 완료합니다.

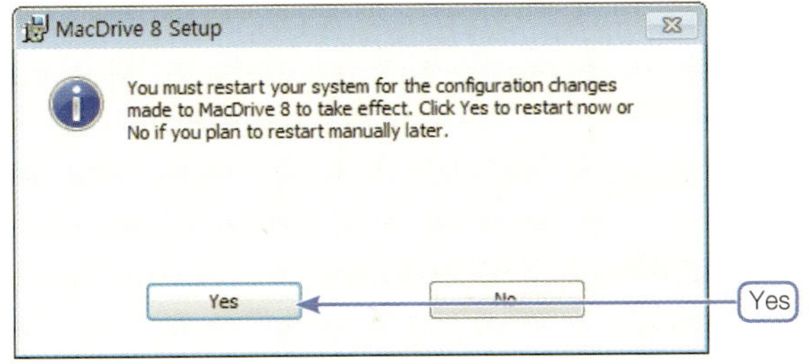

06 시스템을 다시 시작해야 한다는 내용의 안내 창이 열립니다. 맥 드라이브는 시스템이 다시 시작되어야 사용할 수 있으므로, Yes 버튼을 클릭합니다.

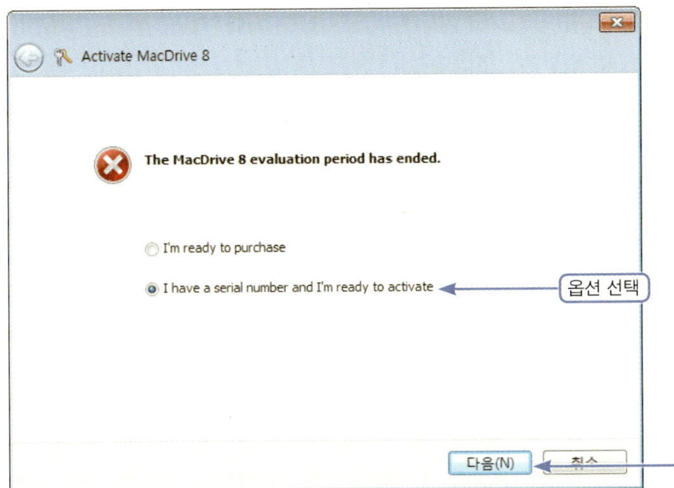

07 컴퓨터가 다시 시작되면 맥 드라이브 사용자 등록 창이 열립니다. 정품 사용자라면 I have a serial number and I'm ready to activate 옵션을 선택하고 다음 버튼을 클릭합니다. 사용해 보고 구매 여부를 결정하겠다면 취소 버튼을 클릭합니다.

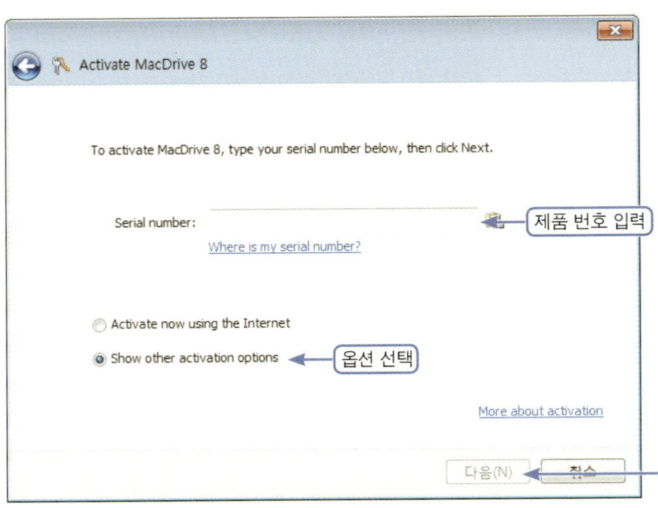

08 앞에서 다음 버튼을 클릭한 경우라면 제품 번호 입력 창이 열립니다. 설치 CD 케이스 뒷면에 있는 제품 번호를 입력하고 Show other activation Option을 선택합니다. 그리고 다음 버튼을 클릭합니다.

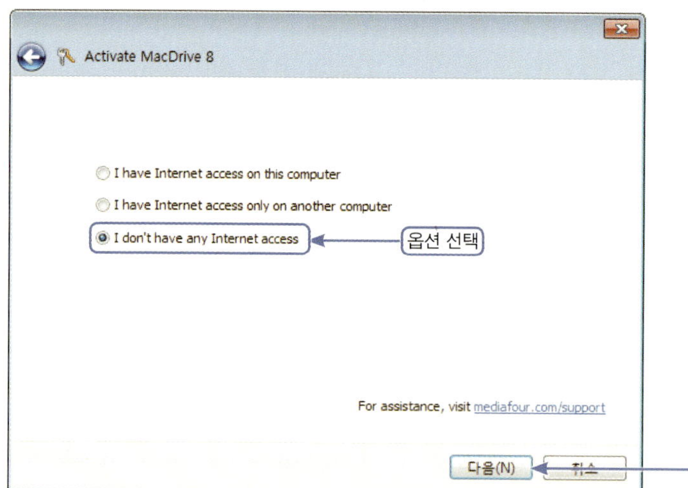

09 사용자 등록 방법을 선택할 수 있는 창이 열립니다. 전화로 등록하겠다면 I don't have any Internet access 옵션을 선택하고, 다음 버튼을 클릭합니다.

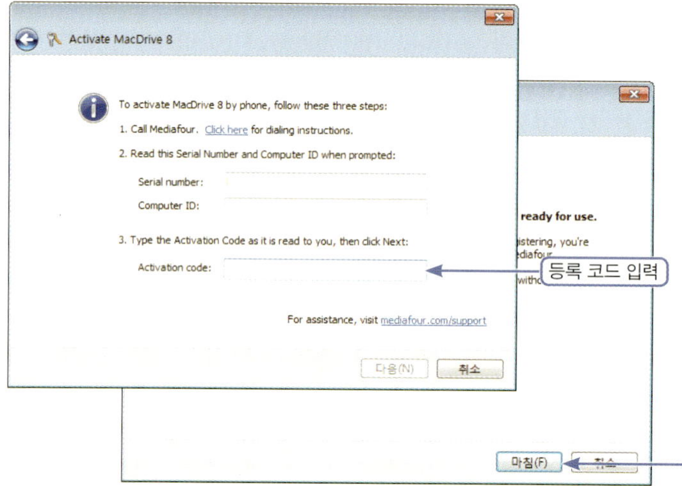

10 제품 구입처에 전화를 걸어 Serial number 와 Computer ID에 표시된 번호를 확인시키면, Activation code를 알려줍니다. 알려준 번호를 입력하고, 다음 버튼을 클릭합니다. 그리고 마침 버튼을 클릭하여 완료 합니다.

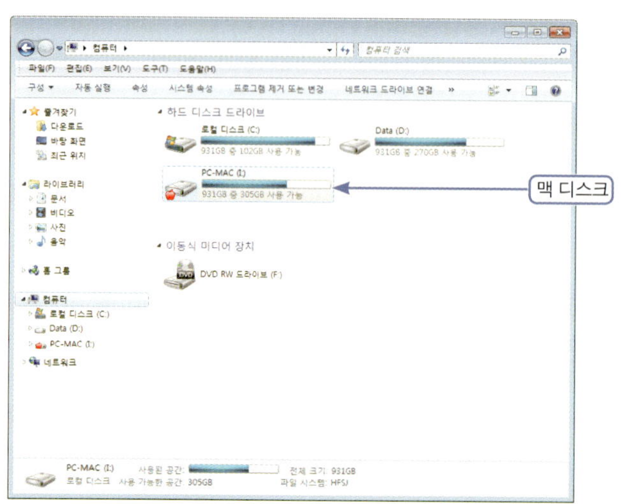

11 모든 설치가 완료되었습니다. 윈도우 탐색기를 열어보면, Mac OS 확장(저널링) 포맷의 디스크에는 사과 모양의 아이콘이 표시되어 있으며, 윈도우용 디스크와 동일하게 읽고, 쓰기가 가능합니다.

윈도우와 맥 공유하기

윈도우 하드를 맥에서 사용하는 방법과 맥 하드를 윈도우에서 사용하는 방법을 살펴보았지만, 집이나 회사와 같은 네트워크 공간에서라면, 좀 더 쉽고 편리한 파일 공유가 가능합니다. 그냥 PC에서 공유 설정만 하면, 맥에서 파일을 읽거나 쓸 수 있습니다.

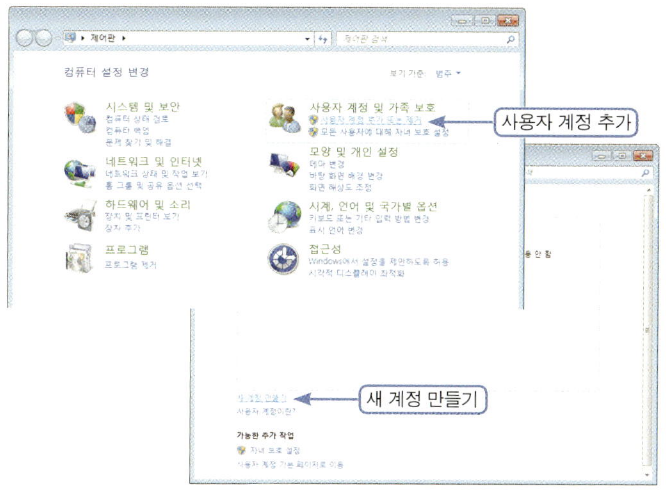

01 윈도우 제어판을 열고, 사용자 계정 추가 또는 제거를 선택합니다. 그리고 새 계정 만들기를 선택합니다. 혼자 사용하는 컴퓨터라면, 그냥 Administrator 계정을 선택해도 좋습니다.

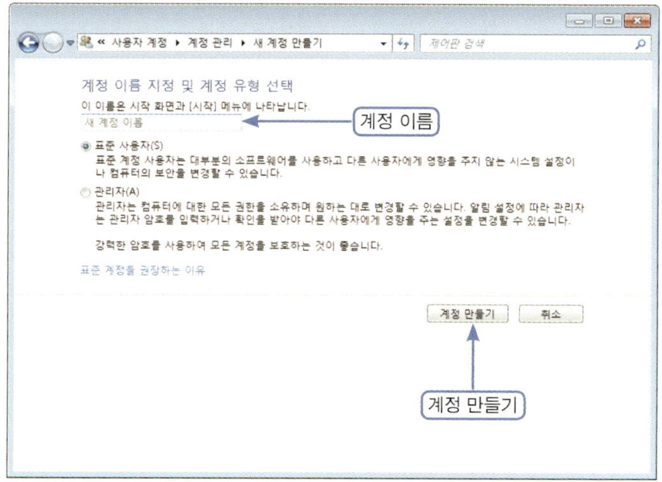

02 계정 이름 및 유형 선택 창이 열립니다. 이름을 입력하고, 표준 사용자가 선택되어 있는 상태에서 계정 만들기 버튼을 클릭합니다. 혼자 사용하는 컴퓨터라면, 계정 이름을 맥과 동일한 것으로 하고, 관리자 유형으로 선택해도 좋습니다.

03 새로 만든 계정을 선택하여 계정 변경 창을 열고, 암호 만들기를 선택합니다. 처음에 Administrator 계정을 선택한 경우라면 이 과정부터 시작하는 것입니다.

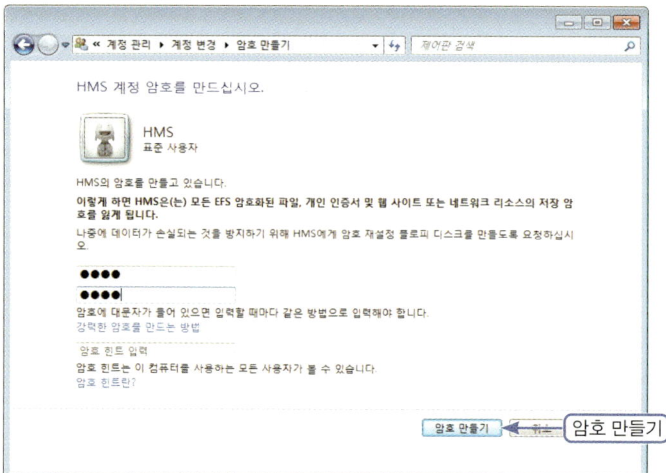

04 계정 암호 만들기 창이 열립니다. 혼자 사용하는 컴퓨터라면, 맥 계정과 동일한 것을 입력해도 좋지만, 친구나 동료와의 공유를 위한 것 자신의 계정과 전혀 상관 없는 것으로 결정합니다.

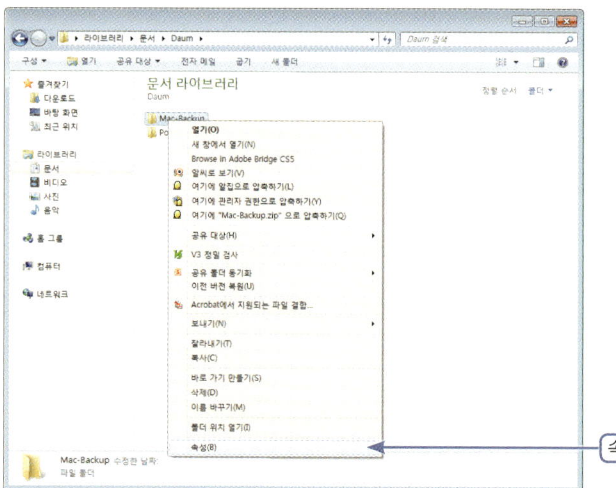

05 마지막으로 맥과 공유할 폴더를 지정하면 됩니다. 공유할 폴더를 마우스 오른쪽 버튼으로 클릭하여 단축 메뉴를 열고, 속성을 선택합니다.

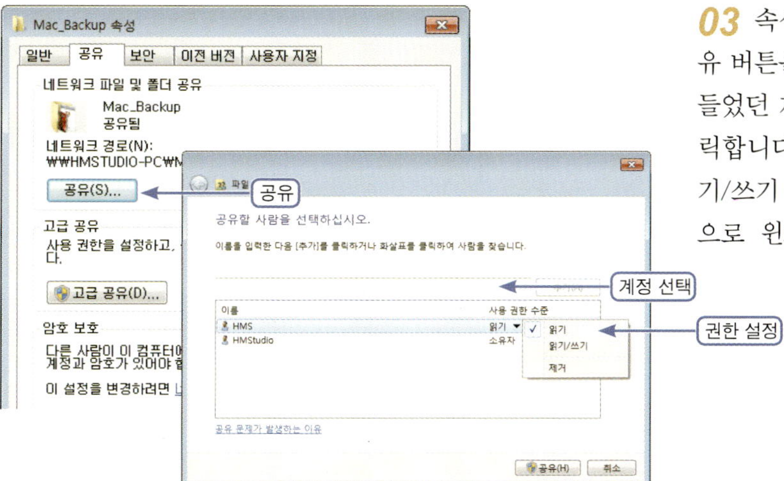

03 속성 창에서 공유 탭을 선택하고, 공유 버튼을 클릭합니다. 그리고 앞에서 만들었던 계정을 선택하고, 추가 버튼을 클릭합니다. 사용자 권한은 읽기 또는 읽기/쓰기 중에서 선택할 수 있습니다. 이것으로 윈도우에서의 설정은 끝입니다.

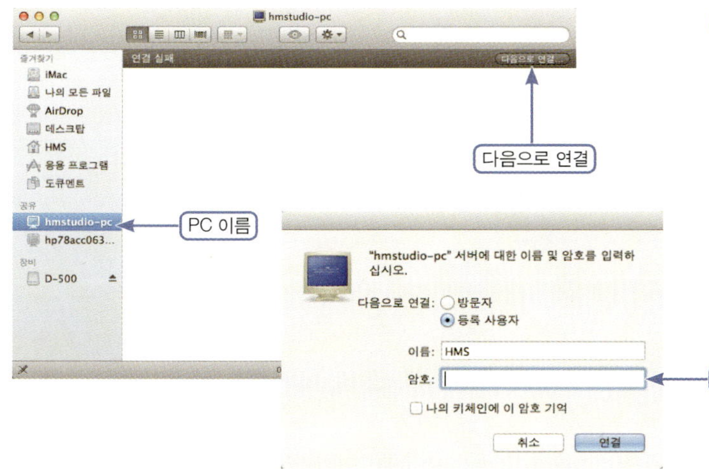

04 맥의 파인더를 열어보면, 공유 카테고리에 PC 이름이 추가된 것을 확인할 수 있습니다. 폴더를 선택하고 다음으로 연결 버튼을 클릭합니다. 연결 창에서는 PC에서 만들어둔 계정 이름과 암호를 입력합니다.

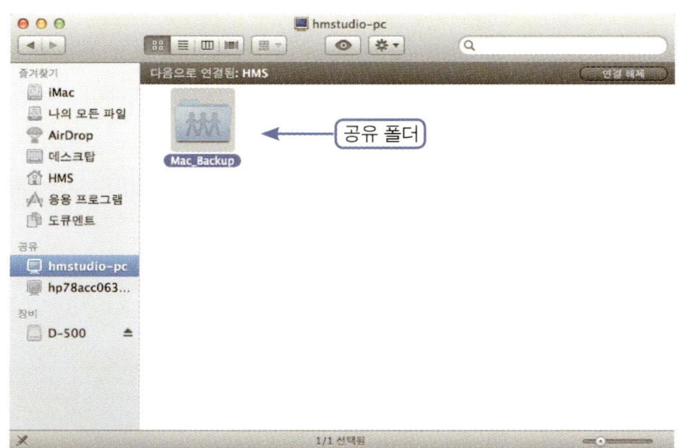

05 PC에서 설정한 공유 폴더를 볼 수 있으며, 사용자 권한 설정에 따라 파일의 내용을 읽기만 하거나 읽고, 편집할 수 있습니다.

디지털 장비의 연결과 분리

맥은 MP3 플레이어, 휴대폰, 하드디스크, DVD-ROM 등의 장비를 연결하기 위해서 별도의 드라이버를 설치할 필요가 없습니다. 그냥 USB 포트에 장비를 연결하면 자동으로 인식됩니다. 다만, 장비를 분리할 때 추출 명령을 이용하는 것이 안전합니다.

01 외장 하드, CD 및 DVD 등을 맥에 연결할 때, 해당 장비의 아이콘을 배경화면에 표시할 것인지의 여부를 선택할 수 있습니다. Finder 메뉴의 환경 설정을 선택합니다.

> **체크**
> 다른 작업을 하고 있는 상태라면 배경 화면을 선택하여 Finder 메뉴를 표시합니다.

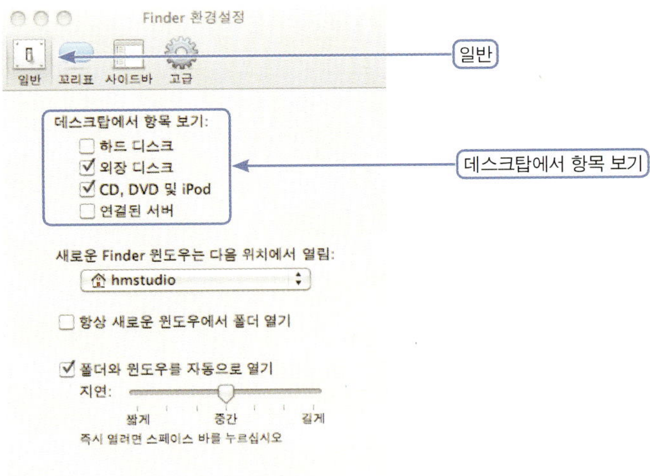

02 일반 탭을 보면 데스크탑에서 항목 보기 목록이 있습니다. 여기서 장비를 연결했을 때, 배경화면에 아이콘으로 표시할 것들을 선택하면 됩니다. 하드 디스크는 맥 시스템 디스크를 의미합니다.

03 맥은 연결된 장비에 따라 자동으로 실행되는 프로그램들이 있으며, 이것을 사용자가 원하는 것들로 변경할 수 있습니다. 애플 메뉴의 시스템 환경설정을 선택합니다.

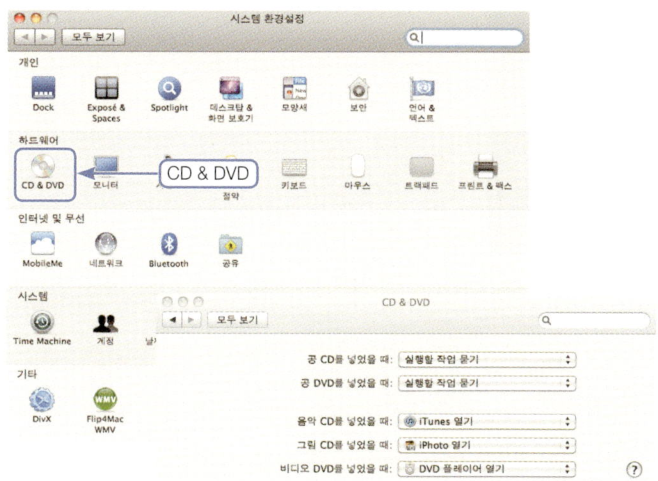

04 하드웨어 목록의 CD & DVD를 선택하면 공 CD와 DVD, 음악 및 그림 CD를 연결했을 때 실행되는 프로그램 목록을 볼 수 있습니다. 여기서 사용자가 원하는 것들로 변경하면 됩니다. 음악, 그림, 비디오는 MP3 플레이어, 디지털 카메라, 캠코더를 포함합니다.

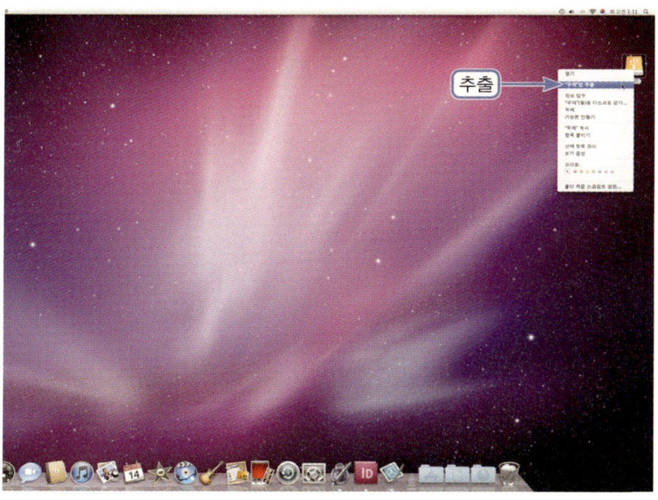

05 맥 USB 포트에 장비를 연결하면 배경 화면에 해당 장비의 아이콘이 생성되고, 실행 프로그램을 선택한 경우에는 해당 프로그램이 실행됩니다. 장비를 분리할 때는 배경 화면에 생성된 아이콘을 마우스 오른쪽 버튼으로 클릭하여 단축 메뉴를 열고, 추출 명령을 선택한 후에 빼는 것이 좋습니다.

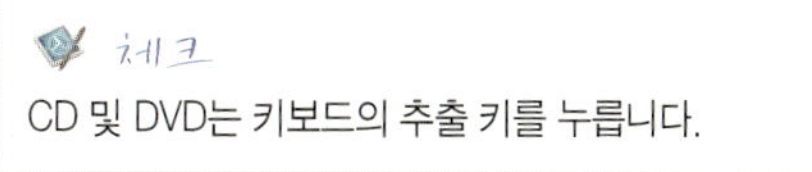
체크
CD 및 DVD는 키보드의 추출 키를 누릅니다.

블루투스 지원 장비 연결하기

블루투스는 케이블 없이 컴퓨터와 장비를 연결하여 데이터를 주고 받을 수 있도록 하는 무선 기술입니다. 맥은 기본적으로 블루투스를 지원하고 있으며, 블루투스를 지원하는 휴대폰, PDA, 헤드셋, 프린터 등의 장비와 무선으로 연결이 가능합니다.

01 블루투스를 지원하는 장비의 연결은 모두 비슷합니다. 알림 영역의 블루투스 아이콘을 클릭하여 메뉴를 열고, Bluetooth 장비 설정을 선택합니다.

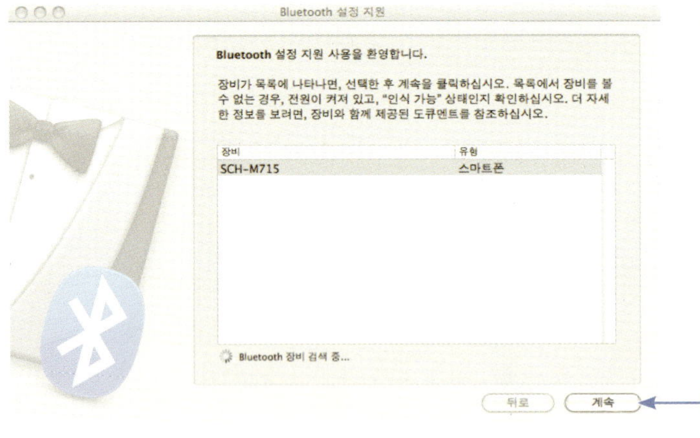

02 Bluetooth 설정 지원 창이 열리며, 10M 이내의 블루투스를 지원하는 장비가 모두 검색됩니다. 연결할 장비를 선택하고, 계속 버튼을 클릭합니다.

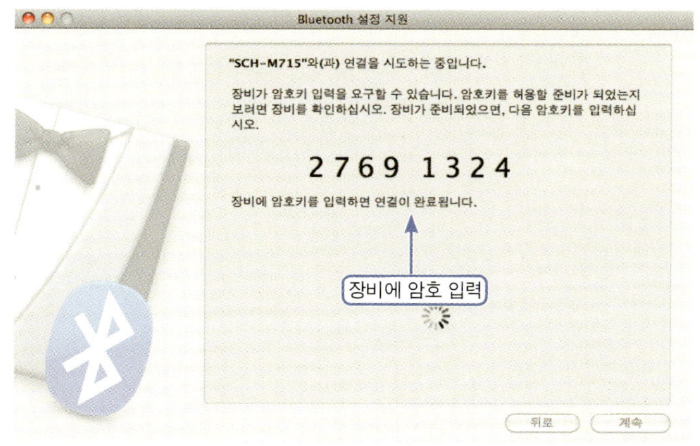

03 장비에 맥 시스템의 연결 요청 메시지가 표시되며, 이를 수락하면 보안 연결을 위한 암호 입력 박스가 열립니다. 인증 창에 표시된 암호를 입력하고, 계속 버튼을 클릭합니다.

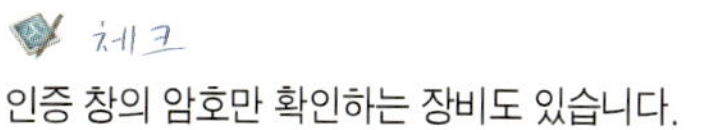

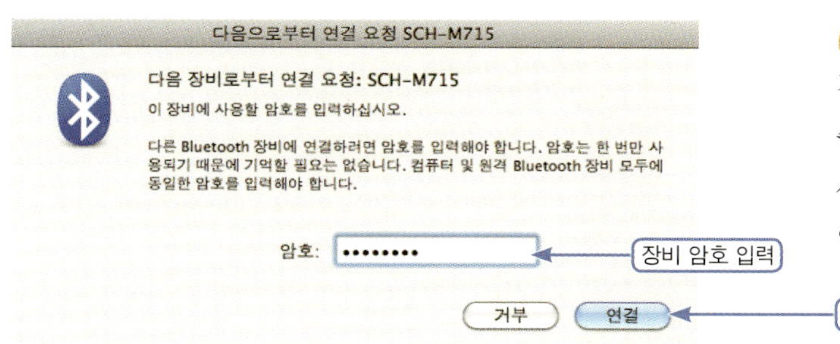

04 블루투스 지원 장비에 따라 처음 연결할 때 연결 암호를 요구하는 경우도 있습니다. 장비에서 암호를 입력하고, 맥에서도 동일한 암호를 입력합니다. 그리고 연결 버튼을 클릭합니다.

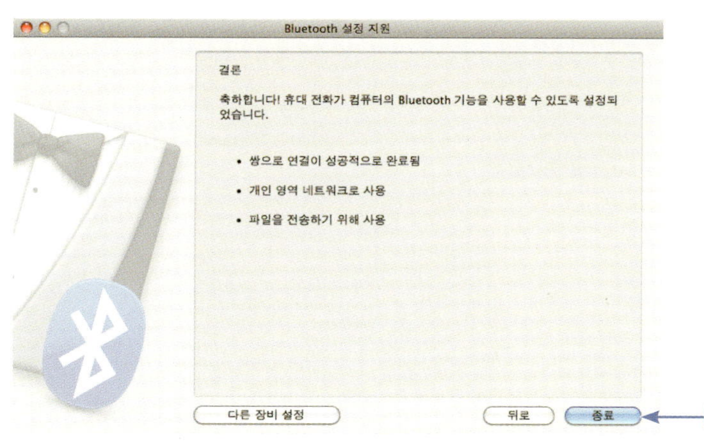

05 블루투스 장비와의 연결 설정이 완료되었습니다. 맥과 장비를 케이블로 연결하지 않아도 데이터를 주고 받을 수 있는 상태가 된 것입니다.

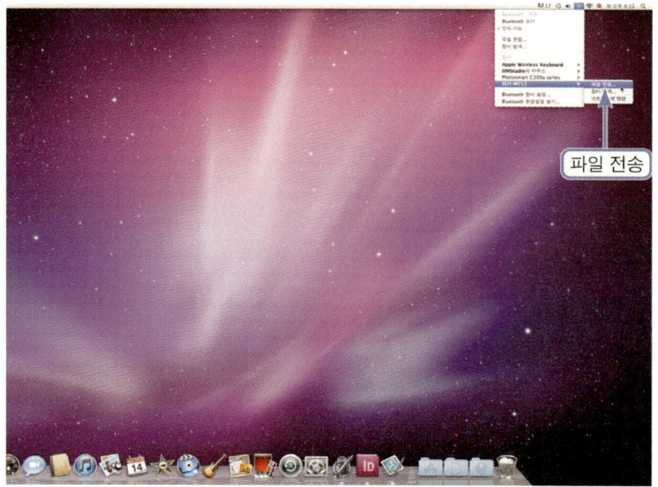

06 알림 영역의 블루투스 아이콘을 클릭하면 맥에 연결된 블루투스 장비의 종류를 확인할 수 있으며, 휴대폰이나 미디어 플레이어 장비라면, 파일 전송 메뉴를 선택하여 사진 및 음악 등을 무선으로 담을 수 있습니다.

07 맥에 연결된 블루투스 장비를 관리하려면, 알림 영역의 블루투스 아이콘을 클릭하면 열리는 메뉴에서 Bluetooth 환경설정 열기를 선택합니다.

08 맥에 연결된 블루투스 장비 목록을 볼 수 있으며, - 버튼을 클릭하여 제거하거나 + 버튼을 클릭하여 추가할 수 있습니다. 장비의 전원이 꺼져 있는 경우에는 연결 안 됨으로 표시되며, 전원을 켜면 자동으로 연결됩니다.

자료를 지키는 타임머신

설마 하는 생각에 작업한 데이터를 백업해 놓지 않으면, 땅을 치며 후회하게 되는 일이 생길 수 있습니다. 외장 하드 디스크를 추가로 구매해야하는 부담이 있지만, 보험이다 생각하고 투자를 하는 것이 좋습니다. 영상이나 음악과 같이 큰 용량을 다루는 미디어 작업자가 아니라면 사용이 간편한 USB 메모리를 이용해도 좋습니다. 자동 백업 기능을 제공하는 타임머신에 관해서 살펴보겠습니다.

01 백업용 디스크 선택하기

Dock에서 Time Machine 아이콘을 클릭하여 타임머신을 실행합니다. 디스크를 선택해야 한다는 안내 창이 열립니다. Time Machine 설정 버튼을 클릭합니다.

02 타임머신 환경 설정 창이 열립니다. 디스크 선택을 위한 백업 디스크 선택 버튼을 클릭합니다.

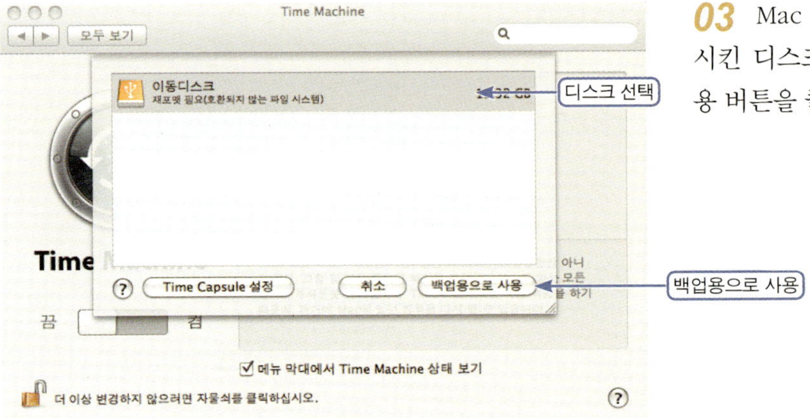

03 Mac OS 확장(저널링)으로 초기화 시킨 디스크를 선택하고, 백업용으로 사용 버튼을 클릭합니다.

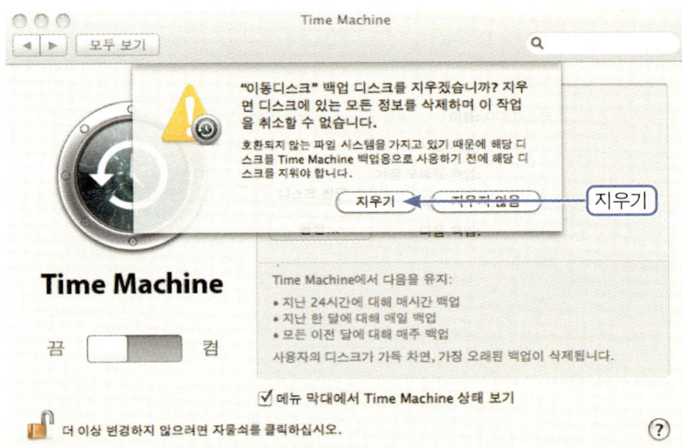

04 윈도우에서 사용하던 디스크라면 맥 포맷으로 바꾸기 위한 데이터 삭제 작업을 요구합니다. 지우기 버튼을 클릭하여 Mac OS 확장(저널링) 포맷으로 바꾸고 디스크를 다시 선택합니다.

05 타임머신 환경 설정 창이 열립니다. 디스크 선택을 위한 백업 디스크 선택 버튼을 클릭합니다.

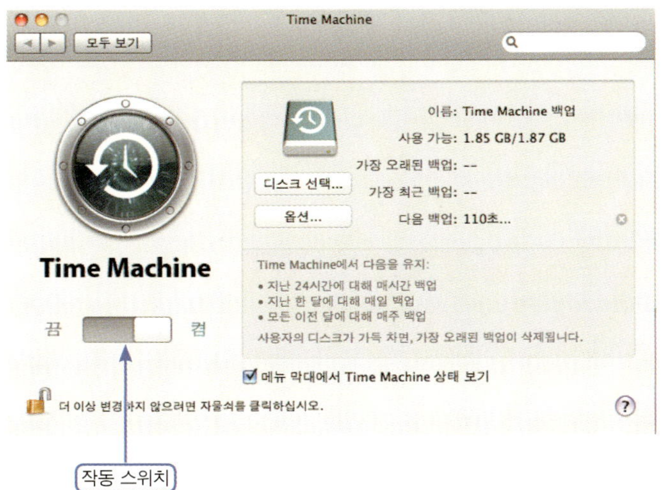

06 타임머신 켬 상태로 전환되며, 백업 과정이 진행됩니다. 이후에는 사용자가 신경을 쓰지 않아도 맥이 알아서 백업을 진행합니다.

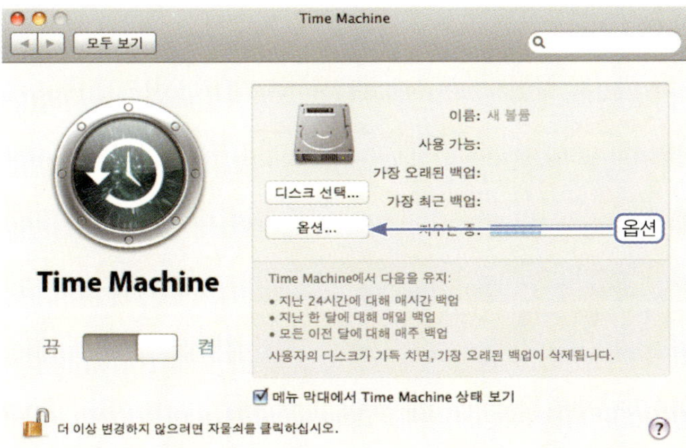

07 옵션 설정

타임머신은 기본적으로 시스템 하드디스크 전체를 백업합니다. 백업할 필요가 없는 폴더와 파일이 있다면 옵션 버튼을 클릭합니다.

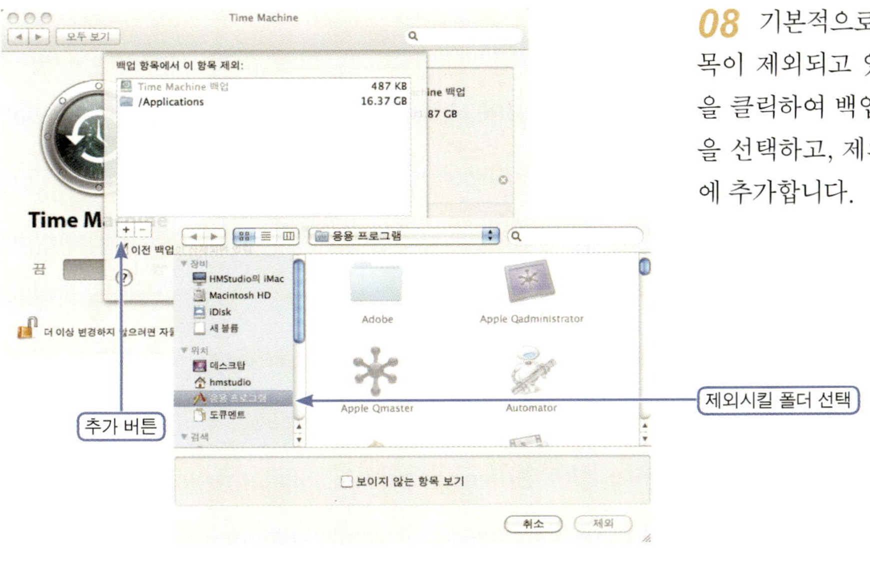

08 기본적으로 Time Machine 백업 항목이 제외되고 있습니다. + 기호의 버튼을 클릭하여 백업하지 않을 폴더 및 파일을 선택하고, 제외 버튼을 클릭하여 목록에 추가합니다.

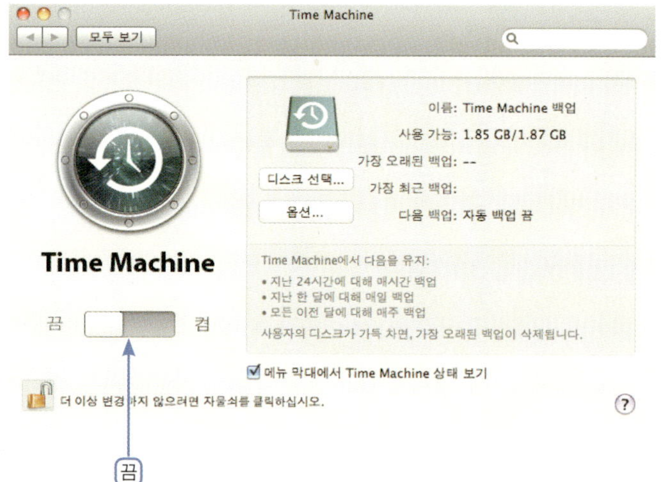

09 수동 백업

사용자가 원할 때만 백업을 하겠다면 타임머신의 스위치를 클릭하여 끕니다. 그리고 메뉴 막대에서 Time Machine 상태 보기 옵션이 체크되어 있는 것을 확인하고, Command+Q 키를 눌러 타임머신을 종료합니다.

10 Dock의 Time Machine 아이콘을 마우스 오른쪽으로 클릭하면 열리는 단축 메뉴 또는 알림 영역의 Time Machine 아이콘을 클릭하면 열리는 메뉴에서 지금 시작을 선택하면 백업이 진행됩니다.

> **체크**
>
> 배경화면의 Time Machine 백업 디스크에서도 마우스 오른쪽을 클릭하여 단축 메뉴를 열고, 지금 시작을 선택할 수 있습니다.

11 시스템 복구하기

타임머신을 이용하여 백업용 디스크를 만들어 두었다면, 시스템에 문제가 생겼거나 실수로 중요한 데이터를 삭제했더라도 안심할 수 있습니다. 예를 들어 파일을 삭제하고 휴지통을 비워버렸다고 가정합니다.

12 언제든 독자가 원하는 과거로 되돌릴 수 있는 타임머신(Time Machine)의 위력을 경험해보겠습니다. Dock 에서 Time Machine 아이콘을 클릭하여 실행합니다.

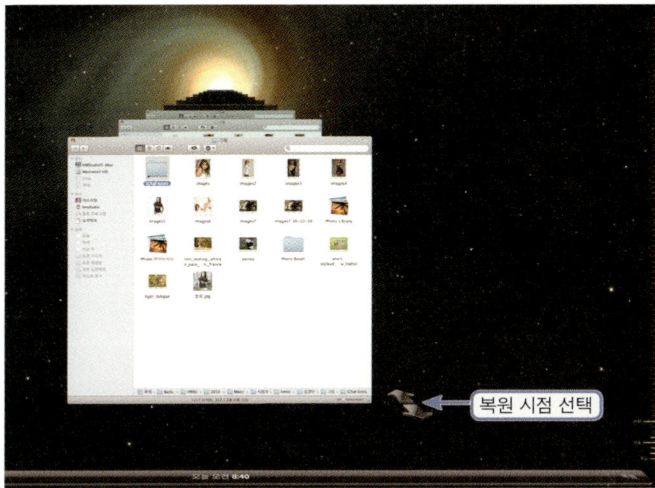

13 먼 과거에서부터 지금까지의 기록이 모두 남았는 타임머신 창을 볼 수 있습니다. 화살표 버튼을 클릭하여 되돌아 가고 싶은 시간을 선택합니다. 조금 먼 시간이라면 오른쪽의 시간 바에서 선택해도 좋습니다.

14 복원 버튼을 클릭하면 사용자가 선택한 시간으로 되돌아 갑니다. 실습에서와 같이 지워진 파일을 정확히 알고 있다면, 복원할 파일만 선택하고 복원하는 것도 시간을 단축시킬 수 있는 요령입니다. 선택한 파일이 복원되는 것을 확인할 수 있습니다.

15 파일을 선택하지 않은 경우에는 시스템 전체를 복원하므로, 중복되는 파일의 처리 여부를 묻습니다. 기억나지 않는 파일을 복원하는 것이 목적이라면 원본 유지를 선택하고, 시스템 문제로 복원하는 것이라면 대치를 클릭합니다. 이때, 창이 매번 열지이 않게 모두 적용 옵션을 체크합니다.

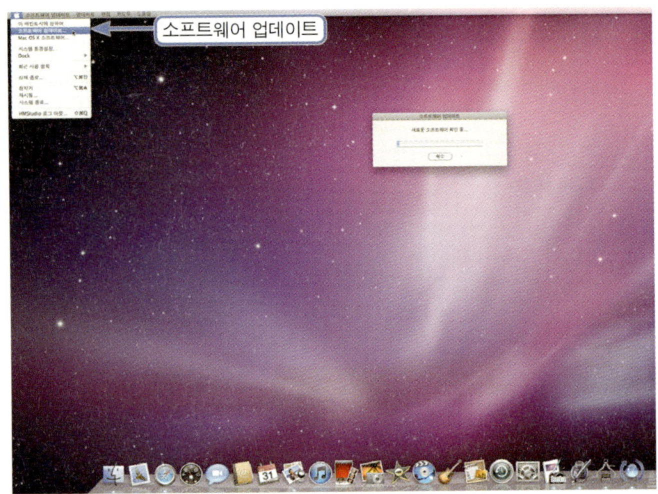

16 소프트웨어 업데이트

맥의 응용 프로그램들은 항상 최신 상태로 유지할 수 있습니다. 애플 메뉴에서 소프트웨어 업데이트를 선택하면 시스템을 검색하여 업그레이드가 가능한 프로그램들을 찾습니다.

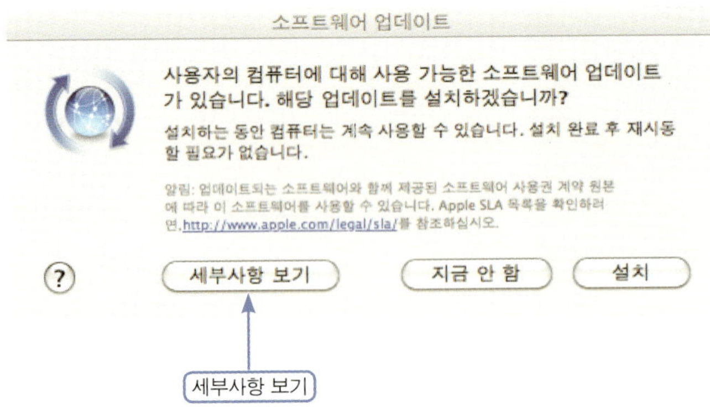

17 업그레이드가 가능한 프로그램이 있다면 설치 여부를 묻는 창이 열립니다. 세부사항 보기 버튼을 클릭하여 어떤 프로그램들이 업그레이드 될 것인지를 확인할 수 있으며, 사용자가 원하는 프로그램만 선택할 수 있습니다.

맥용 백신 프로그램

맥이 뛰어난 보안 기능을 자랑하고 있기 때문인지, 그 동안 별다른 백신 프로그램은 출시되지 않았습니다. 그러나 최근에는 아이폰 및 아이팟 사용자들의 급증으로 맥의 관심도가 높아지면 맥을 겨냥한 바이러스들이 나타나기 시작 했고, 그에 대응하는 백신 들도 하나 둘 씩 출시되고 있습니다. 특별히 불법 프로그램을 사용하지 않는 사용자라도 만일을 대비해서 맥용 백신 프로그램을 설치해 두는 것이 좋겠습니다. sophos.com을 방문하여 무료로 제공되고 있는 백식 프로그램을 다운 받고, Sophos Anti-Virus Home Edition.mpkg 아이콘을 더블 클릭하여 설치합니다.

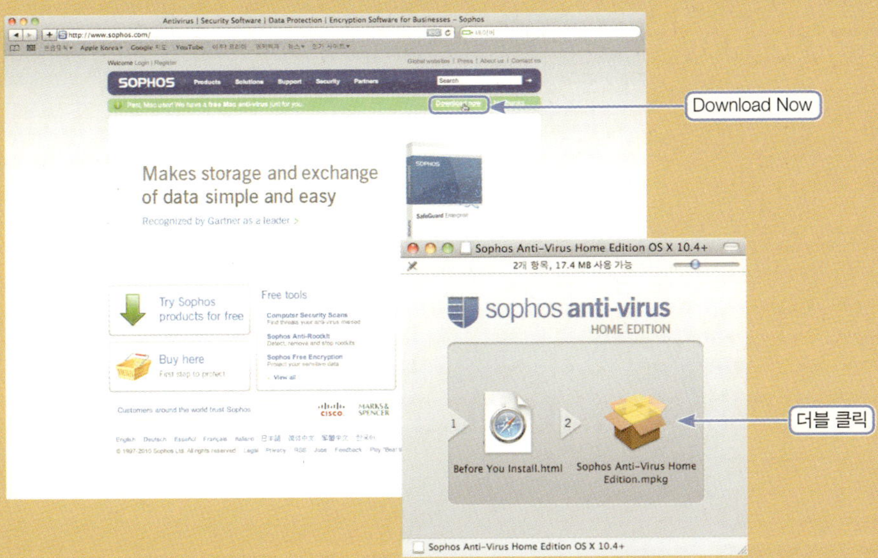

설치된 백신 프로그램은 맥을 시동할 때 자동으로 실행되도록 사용자 계정의 로그인 항목에 등록이 됩니다. 하지만, 설치를 하고 난 후에는 응용 프로그램 폴더의 Sophos Anti-Virus를 선택하여 열고, 시작 버튼을 클릭하여 사용자 시스템을 한 번쯤 검색해보는 것이 좋습니다.

10 맥에서 윈도우 사용하기

맥에 윈도우를 설치해서 사용하는 방법에는 두 가지가 있습니다. 하나는 멀티 시동 방식이고, 다른 하나는 응용 프로그램처럼 이용할 수 있는 창 방식입니다. 사실 윈도우와 맥용 컴퓨터를 구분해서 사용하는 것이 가장 좋지만, 개개인 마다 작업 환경이 다를 것이므로, 두 가지 방식을 모두 살펴보겠습니다.

부트 캠프를 이용한 멀티 시동 방식

멀티 시동은 기본적으로 제공하는 부트 캠프를 이용해서 하드를 둘로 나누어 설치하는 방식입니다. 컴퓨터를 켤때 맥과 윈도우 중에서 선택할 수 있으며, 윈도우로 시동하면 PC와 동일한 환경이 됩니다. 맥에서 실행할 수 없는 게임 및 프로그램을 이용하는 사용자들이 선호하는 방식입니다.

01 스택의 응용 프로그램에서 유틸리티를 선택하여 폴더를 열고, Boot Camp 지원을 선택합니다. 파인더의 응용 프로그램 폴더에서 유틸리티를 찾아 실행해도 좋습니다.

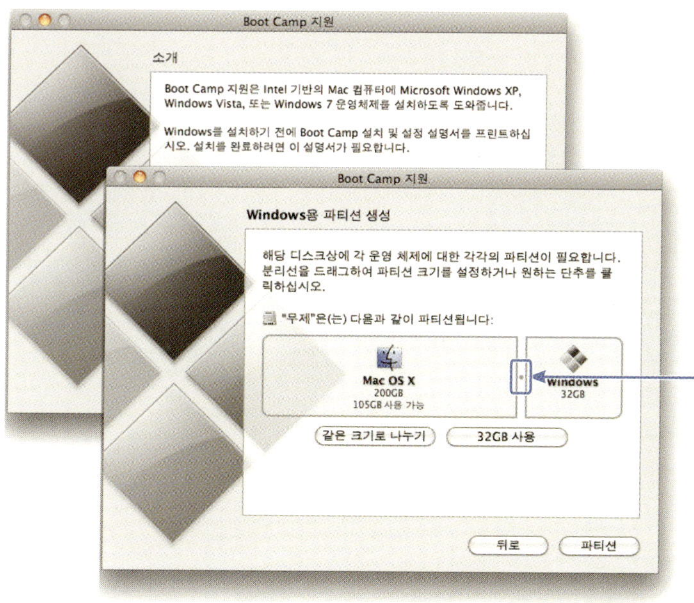

02 Boot Camp 지원 창이 열립니다. 계속 버튼을 클릭하면 윈도우 설치를 위한 하드 용량 선택 창이 열립니다. 경계선을 드래그하여 윈도우로 사용할 하드 공간을 설정하고, 파티션 버튼을 클릭합니다.

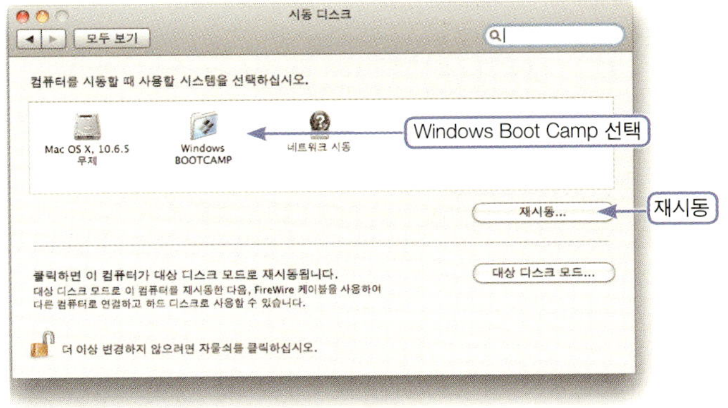

03 디스크 파티션 작업이 진행되고, 컴퓨터를 시동할 때 사용할 디스크 선택 창이 열립니다. Windows Boot Camp를 선택하고, 재시동 버튼을 클릭합니다.

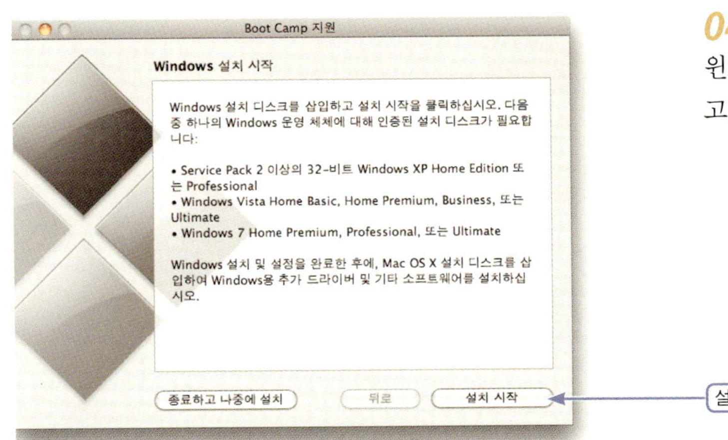

설치 시작

04 윈도우 설치 시작 창이 열립니다. 윈도우 설치 DVD를 드라이브에 삽입하고, 설치 시작 버튼을 클릭합니다.

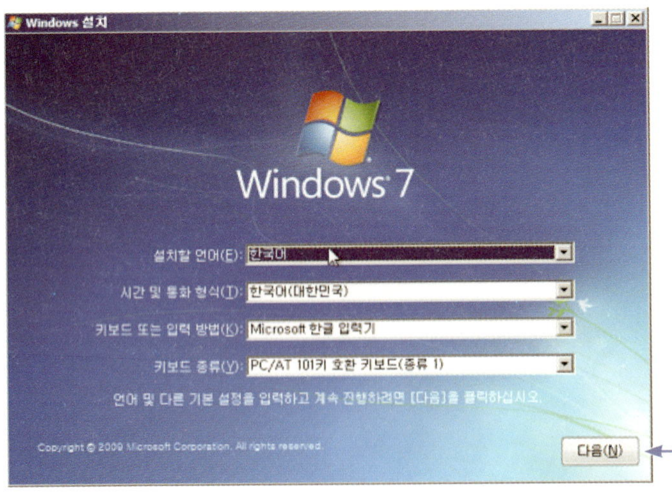

다음

05 컴퓨터가 재시동 되고, 잠시 기다리면, 윈도우 설치 언어를 선택할 수 있는 창이 열립니다. 한국어가 선택되어 있는 기본값 그대로 다음 버튼을 클릭합니다.

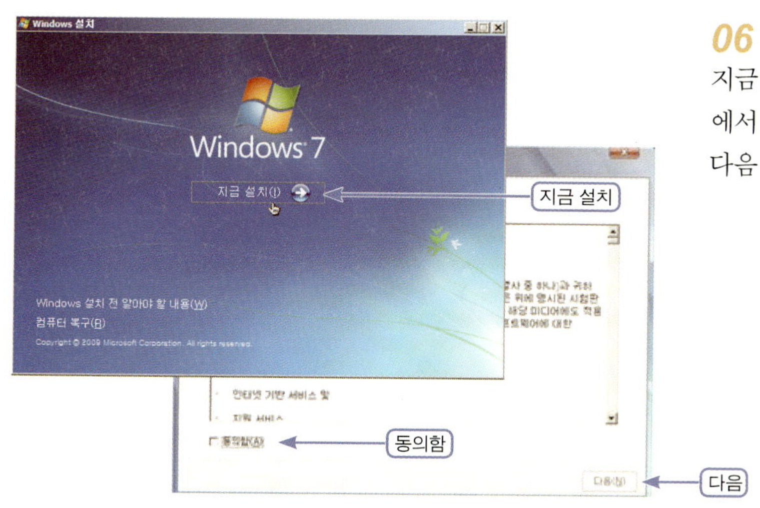

06 윈도우 설치 시작 창이 열립니다. 지금 설치 버튼을 클릭하고, 사용 조건 창에서 동의함 옵션을 체크합니다. 그리고 다음 버튼을 클릭합니다.

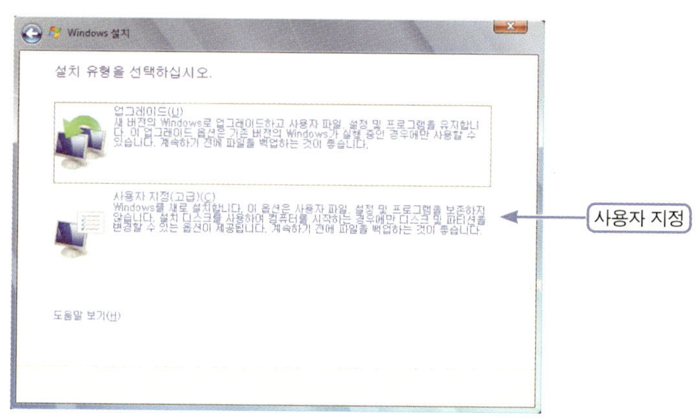

07 설치 유형을 선택할 수 있는 창이 열립니다. 부트캠프를 이용한 설치에서는 업그레이드 검색을 할 수 없으므로, 사용자 지정을 선택합니다.

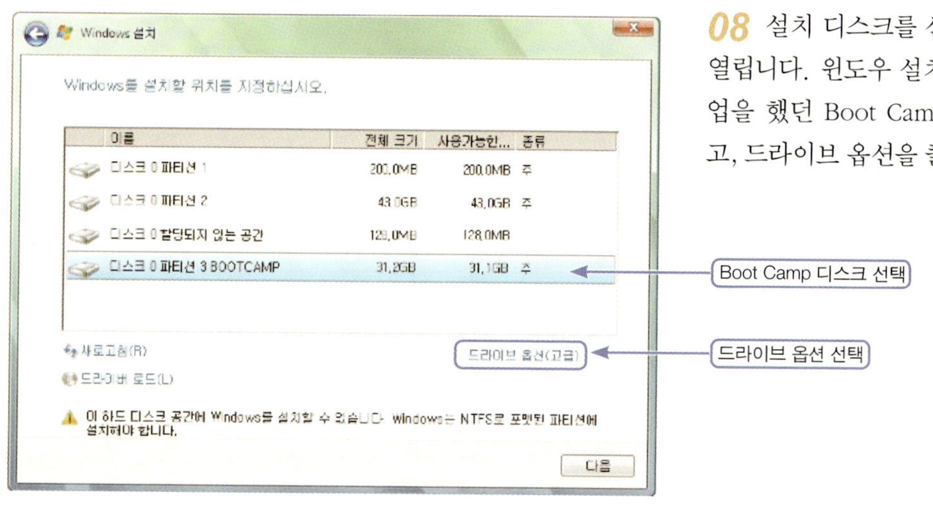

08 설치 디스크를 선택할 수 있는 창이 열립니다. 윈도우 설치를 위해 파티션 작업을 했던 Boot Camp 디스크를 선택하고, 드라이브 옵션을 클릭합니다.

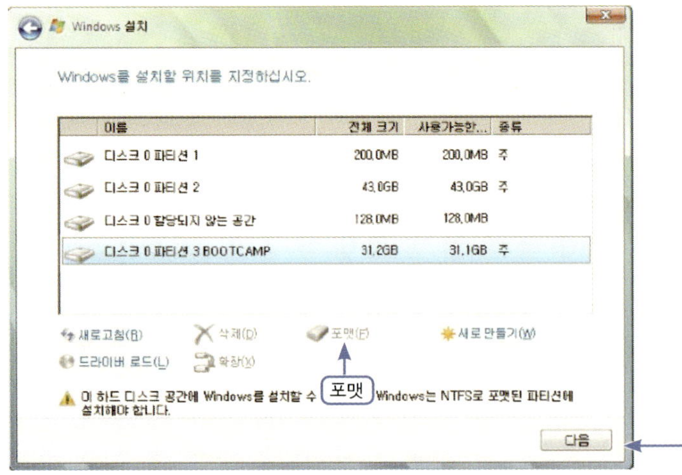

09 Boot Camp 디스크는 윈도우 NT 파일 시스템(NTFS)으로 포맷을 해야 합니다. 포맷 문자를 클릭화여 디스크를 포맷합니다. 포맷이 완료되면 다음 버튼을 클릭합니다.

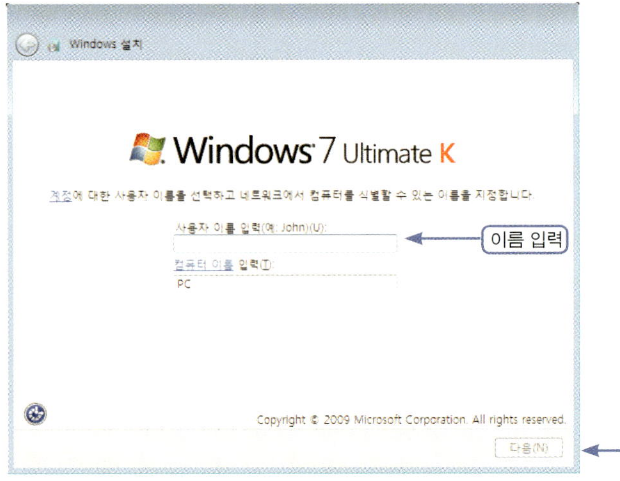

10 윈도우 설치 과정이 진행됩니다. 설치가 완료될 때까지 잠시 기다립니다. 설치가 끝나면 사용자 이름을 입력하는 창이 열립니다. 이름을 입력하고 다음 버튼을 클릭합니다.

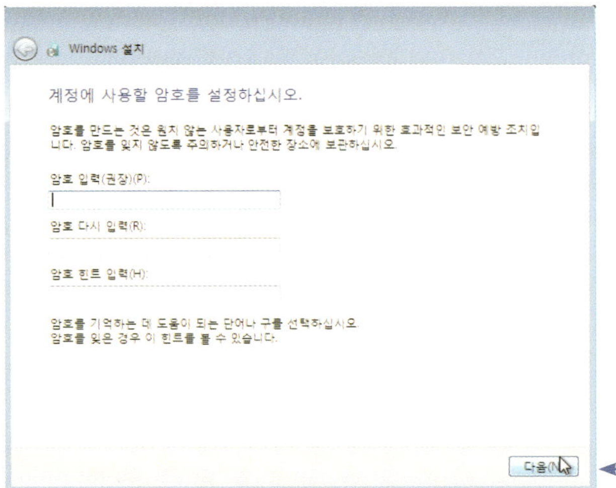

11 암호 입력 창이 열립니다. 윈도우로 시동할 때 암호가 필요하도록 하겠다면 암호를 입력하고, 그렇지 않다면 비워둔 상태로 다음 버튼을 클릭합니다.

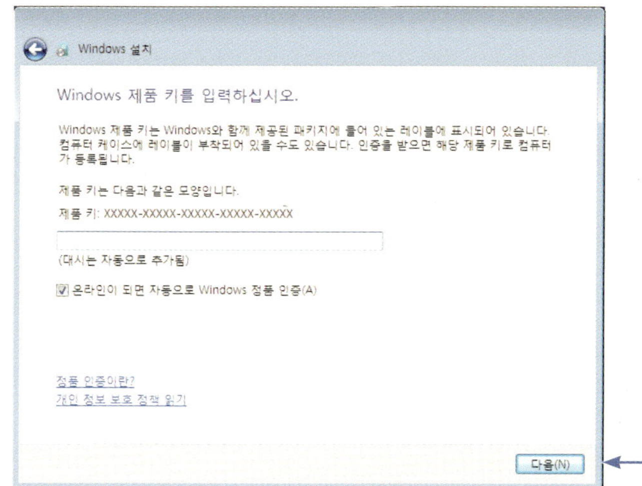

12 윈도우 제품 키를 입력하는 창이 열립니다. 설치 DVD 케이스 뒷면에 표시되어 있는 제품 번호를 입력하고 다음 버튼을 클릭합니다. 비워둔 상태로 진행하고, 완료 후에 입력해도 좋습니다.

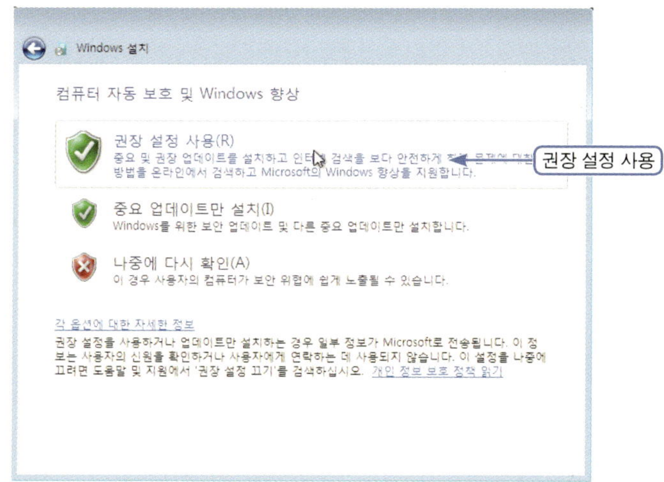

13 업데이트 설정 창이 열립니다. 윈도우는 맥 보다 보안에 취약점이 많으므로, 권장 설정 사용을 선택하여 항상 최신 버전으로 유지할 수 있도록 하는 것이 좋습니다.

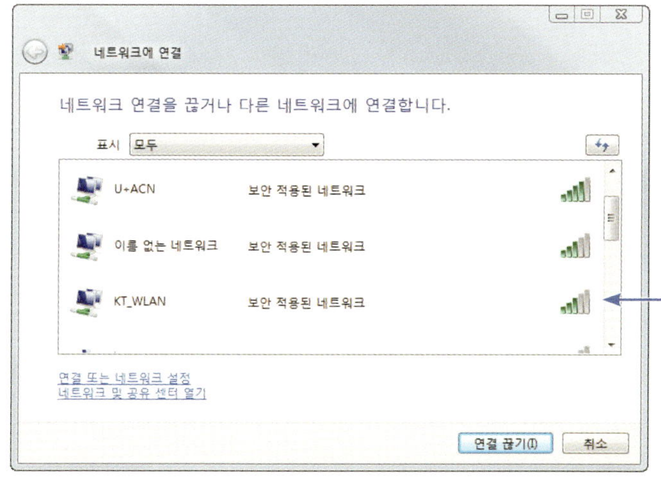

14 무선 네트워크를 선택하는 창이 열립니다. 가정에 설치되어 있는 무선 인터넷 또는 공유기를 선택하고 다음을 클릭합니다. 건너뛰기를 클릭하여 나중에 설정해도 좋습니다.

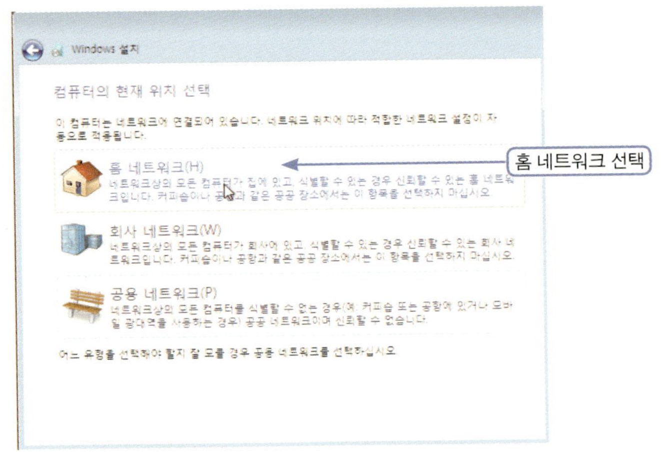

15 컴퓨터의 현재 위치를 선택할 수 있는 창이 열립니다. 일반적으로 홈 네트워크를 선택합니다. 보안에 신경써야할 장소라면 회사 및 공용 중에서 적합한 것을 선택해도 좋습니다.

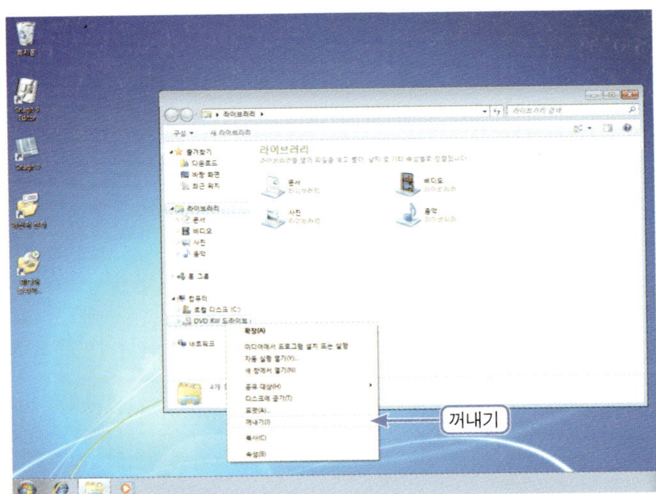

16 설치가 완료되었습니다. 계속해서 하드웨어 드라이버를 설치해야 합니다. 윈도우 탐색기에서 DVD 드라이브를 마우스 오른쪽 버튼으로 클릭하여 단축 메뉴를 열고, 꺼내기를 선택합니다.

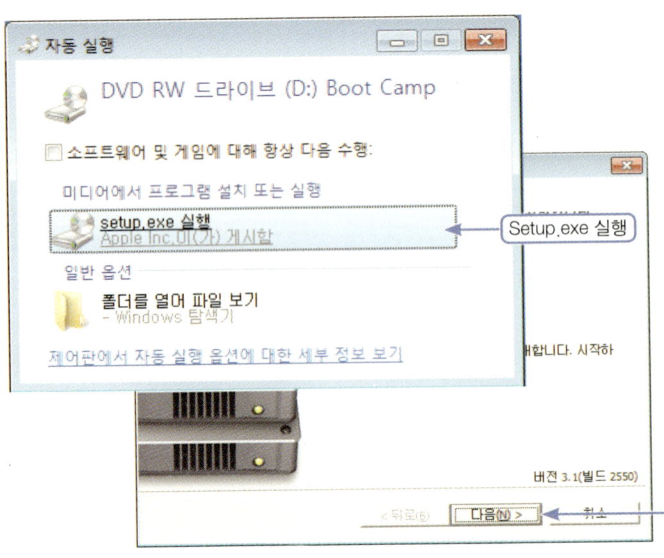

17 맥 설치 DVD를 삽입하면 자동 실행 창이 열립니다. 목록에서 Setup.exe를 선택하여 실행하면, Boot Camp 설치 창이 열립니다. 다음 버튼을 클릭합니다.

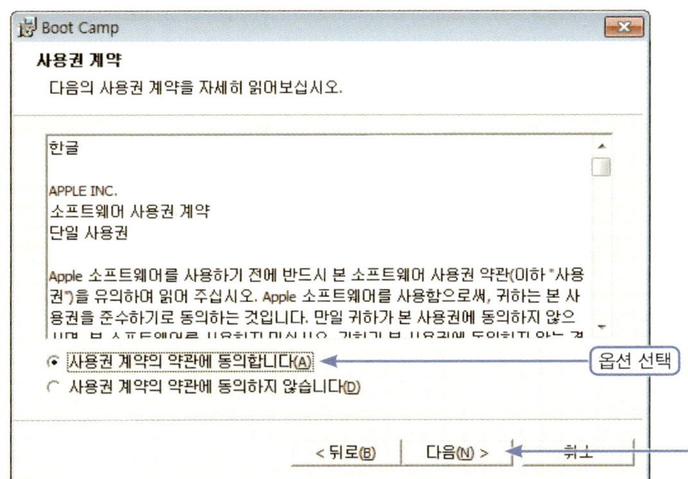

18 사용권 계약 창이 열립니다. 사용권 계약의 약관에 동의합니다. 옵션을 선택하고, 다음 버튼을 클릭합니다.

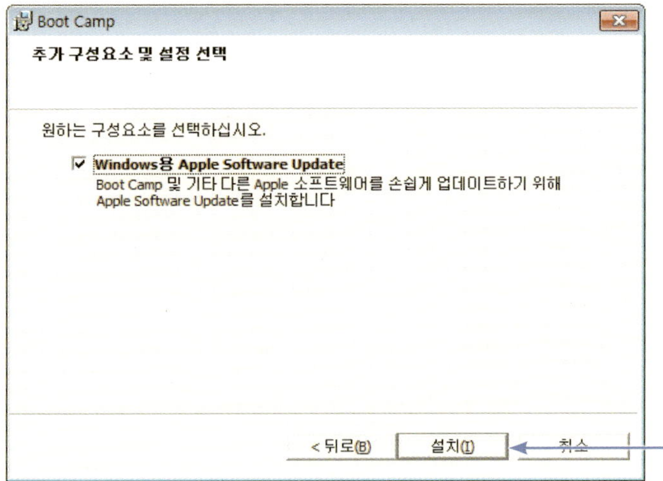

19 원하는 구성 요소를 선택할 수 있는 창이 열립니다. Windows용 Apple Software Update 옵션을 체크하고, 설치 버튼을 클릭합니다.

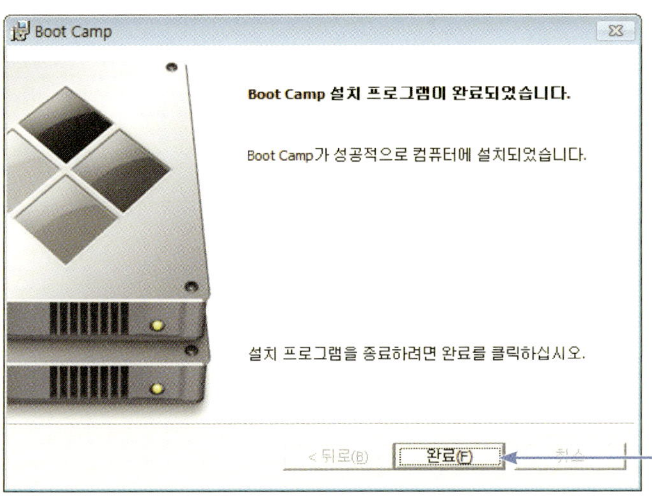

20 설치 과정이 진행되고 완료 창이 열립니다. 완료 버튼을 클릭하여 윈도우와 드라이버 설치를 완료합니다.

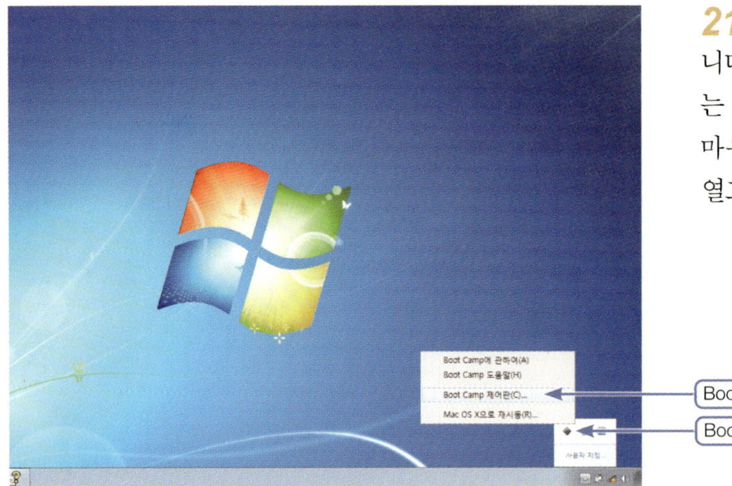

21 윈도우로 시동된 화면을 볼 수 있습니다. 맥으로 다시 부팅하고 싶은 경우에는 알림 영역에서 Boot Camp 아이콘을 마우스 오른쪽 버튼을 클릭하여 메뉴를 열고, Boot Camp 제어판을 선택합니다.

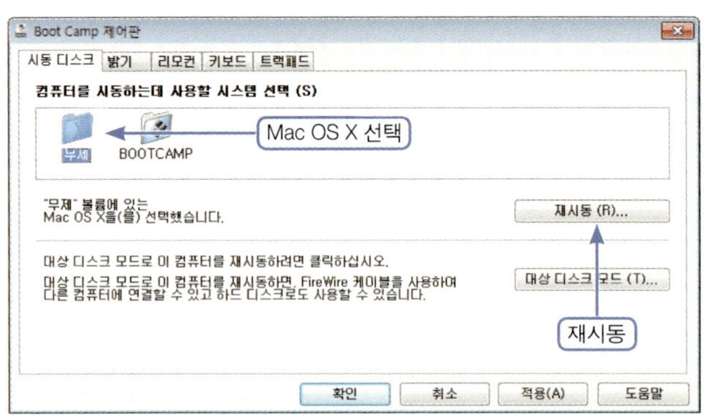

22 컴퓨터를 켤 때 시동될 운영 체제를 선택할 수 있는 Boot Camp 제어판이 열립니다. Max OS X가 설치되어 있는 하드를 선택하고, 재시동 버튼을 클릭합니다.

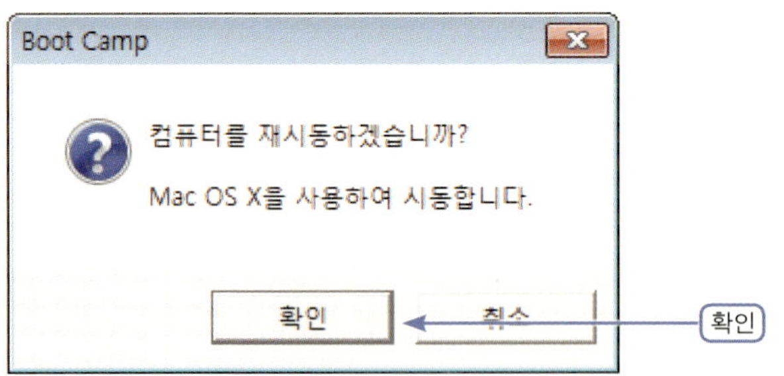

23 컴퓨터를 Mac OS X로 재시동 할 것인지를 확인하는 창이 열립니다. 확인 버튼을 클릭하면 맥으로 시동됩니다.

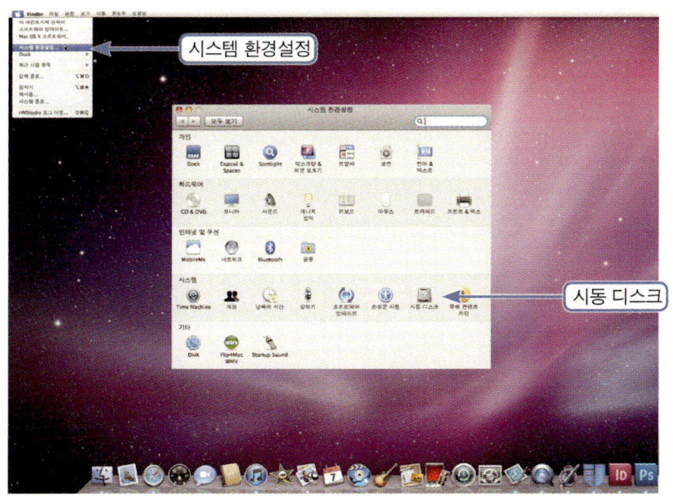

24 맥에서 윈도우로 재시동할 때는 애플 메뉴의 시스템 환경설정을 선택하여 창을 열고, 시동 디스크를 선택합니다.

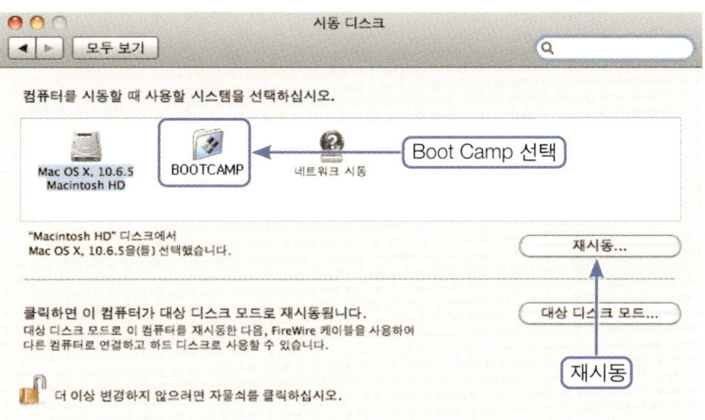

25 윈도우에서와 비슷한 형태의 시동 디스크 선택 창이 열립니다. 윈도우가 설치되어 있는 Boot Camp 드라이브를 선택하고 재시동 버튼을 클릭합니다.

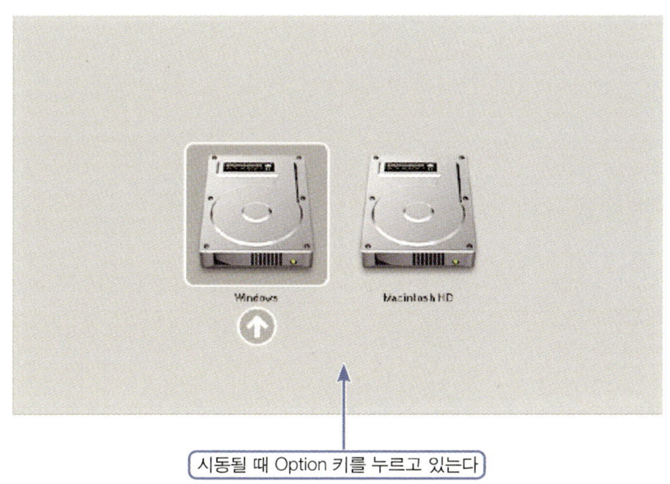

26 부트 캠프는 운영 체제를 바꾸고 싶을 때마다 재시동이 필요하다는 단점이 있지만, 윈도우용 프로그램을 안정적으로 사용할 수 있습니다. 시동을 할 때 운영 체제를 선택하고 싶은 경우에는 Option 키를 누르고 있으면 됩니다.

패럴렐 데스크탑을 이용한 창 방식

맥과 윈도우를 번갈아 가면서 시동하지 않고, 맥에서 윈도우를 하나의 응용 프로그램처럼 창으로 이용할 수 있습니다. 별도의 유료 프로그램이 필요하다는 단점이 있지만, 윈도우 사용 빈도가 많지 않고, 가끔 맥을 지원하지 않는 인터넷 뱅킹 정도만 이용하기에는 좋습니다.

01 맥에서 윈도우를 응용 프로그램처럼 사용할 수 있게 하는 프로그램의 종류에는 다양한 것들이 있습니다. 많이 사용하고 있는 패럴렐 데스크탑을 이용하겠습니다. parallels.com을 방문하여 2주 동안 사용해 볼 수 있는 트라이얼 버전을 다운 받습니다.

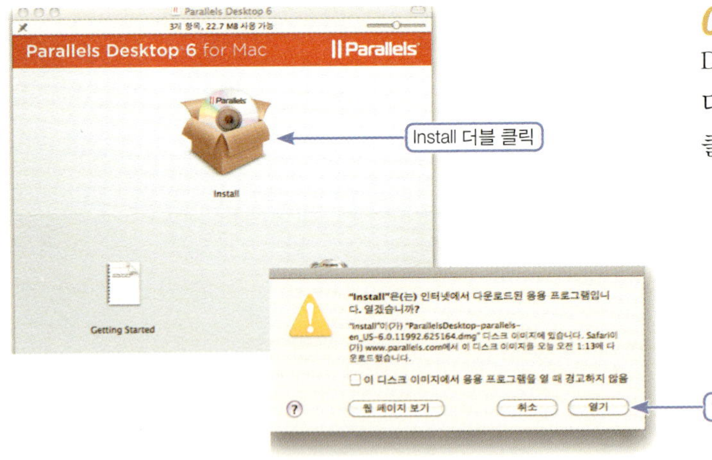

02 다운로드가 완료되고 Parallels Desktop 폴더가 열리면 Install 아이콘을 더블 클릭합니다. 경고 창은 열기 버튼을 클릭합니다.

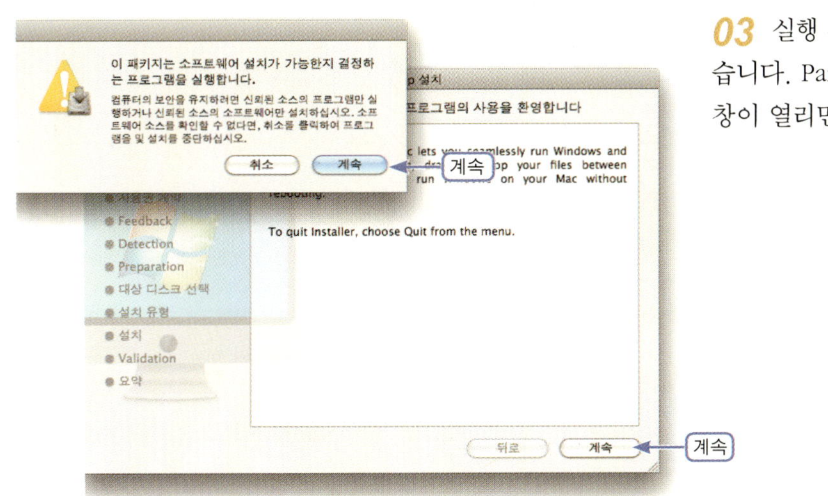

03 실행 창은 계속 버튼을 클릭하여 닫습니다. Parallels Desktop의 환영 메시지 창이 열리면 계속 버튼을 클릭합니다.

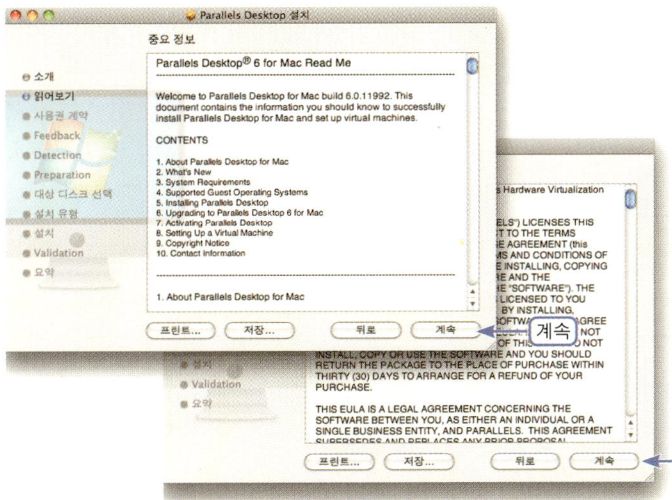

04 중요 정보 창과 사용권 계약 창이 차례로 열립니다. 각각 계속 버튼을 클릭하고, 사용권 계약은 동의 버튼을 클릭하여 닫습니다.

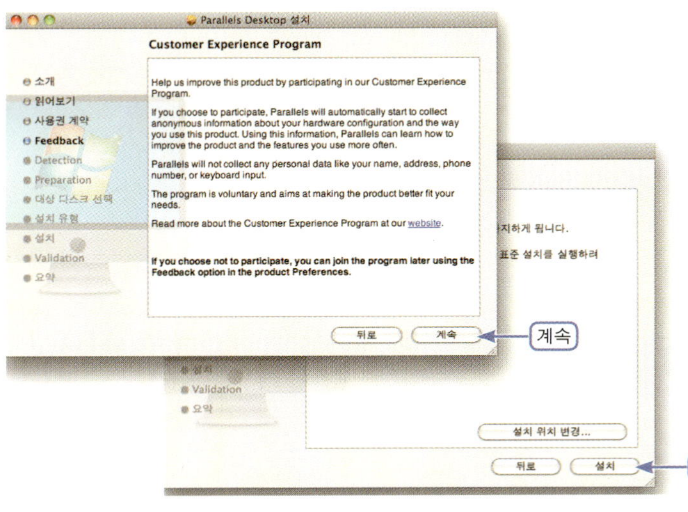

05 설치 안내 창에서 계속 버튼을 클릭하면 열리는 창은 Yes 버튼을 클릭하여 닫습니다. 그리고 설치 시작 창에서 설치 버튼을 클릭합니다.

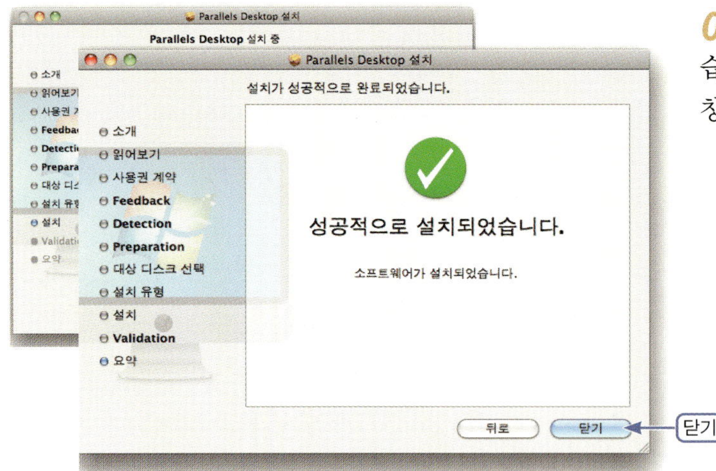

06 실행 창은 계속 버튼을 클릭하여 닫습니다. Parallels Desktop의 환영 메시지 창이 열리면 계속 버튼을 클릭합니다.

07 파인더의 응용 프로그램 폴더가 열립니다. Parallels Desktop을 더블 클릭하여 실행합니다. 첫 실행시 열리는 사용자 등록창에서 Activate Product 버튼을 클릭합니다.

08 정품 및 트라이얼 버전의 제품 번호를 입력하는 창이 열립니다. 정품 사용자라면 제품 번호를 입력하고 Activate 버튼을 클릭하고, 일단 사용해보고 구매 여부를 결정하겠다면 Get Trial 버튼을 클릭하여 제품 번호를 이메일로 받습니다.

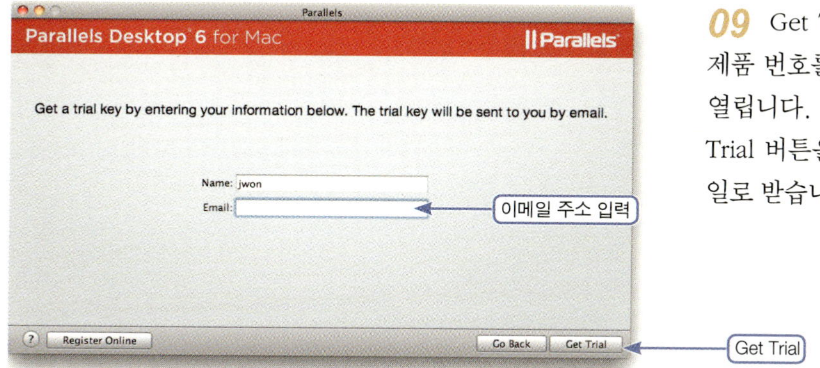

09 Get Trial 버튼을 클릭한 경우에는 제품 번호를 이메일로 받을 수 있는 창이 열립니다. 이메일 주소를 입력하고 Get Trial 버튼을 클릭하여 제품 번호를 이메일로 받습니다.

10 이메일로 수시된 제품 번호를 입력하고 Parallels Desktop을 실행하면 열리는 시작 창에서 New Windows installation을 선택합니다.

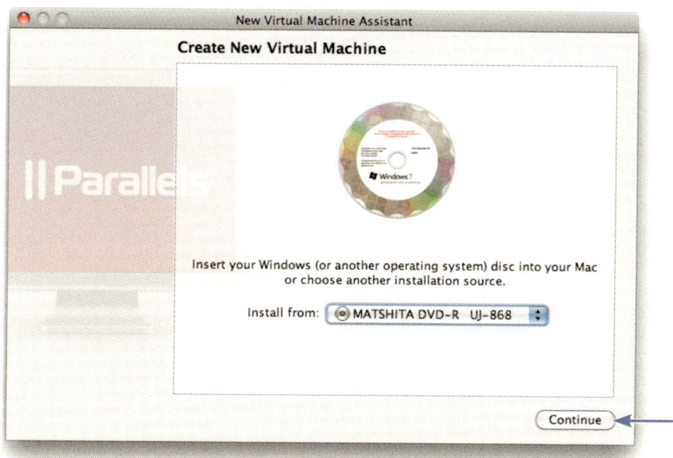

11 본격적인 윈도우 설치 과정이 진행됩니다. 윈도우 설치 DVD를 삽입하고, Continue 버튼을 클릭합니다.

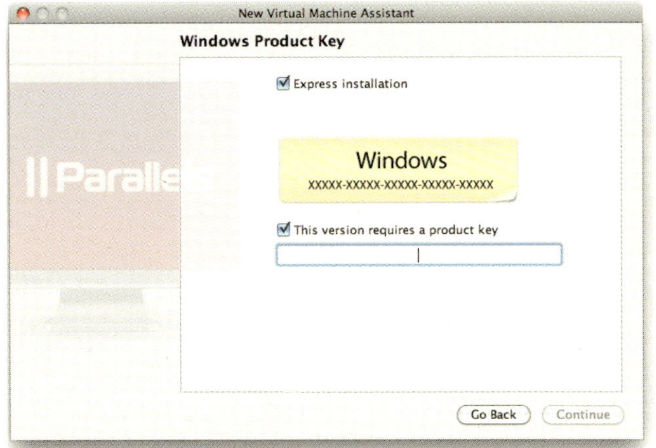

12 제품 번호를 입력하는 창이 열립니다. 제품 번호를 입력하고 Continue 버튼을 클릭합니다. 설치 완료 후에 등록하겠다면 This version requires a product key 옵션을 해제하고 진행합니다.

13 설치 타입을 선택할 수 있는 창이 열립니다. 맥과 통합하는 Like a Mac 타입이 선택되어 있는 상태에서 Continue 버튼을 클릭합니다.

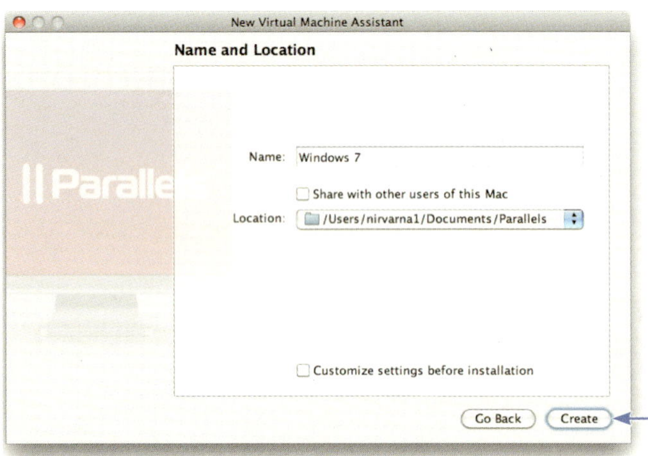

14 이름 및 설치 위치 를 선택할 수 있는 창이 열립니다. 기본값 그대로 두고 Create 버튼을 클릭하여 윈도우 설치를 시작합니다.

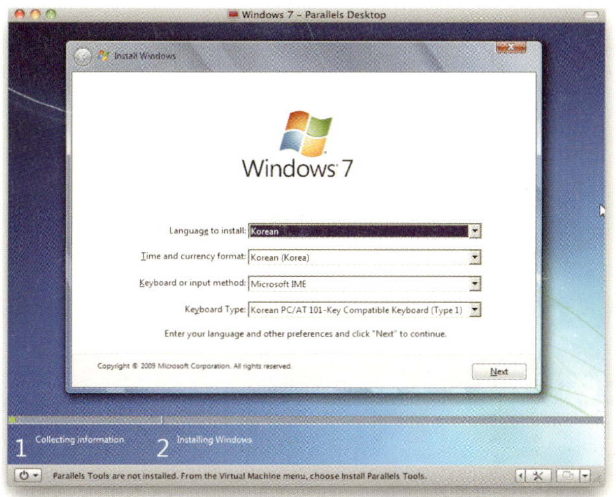

15 윈도우 설치 과정이 진행됩니다. 부트 캠프를 이용한 윈도우 설치 과정과 크게 다르지 않으므로, 이후의 과정은 생략합니다.

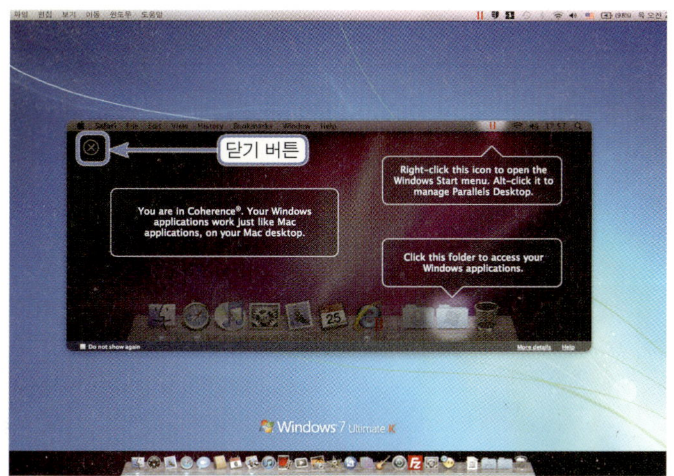

16 메뉴가 맥에 통합되는 Coherence 타입으로 실행된다는 내용과 알림 영역의 아이콘 사용법, 프로그램의 실행 방법 등을 소개하는 안내 창이 열립니다. 닫기 버튼을 클릭하여 닫습니다.

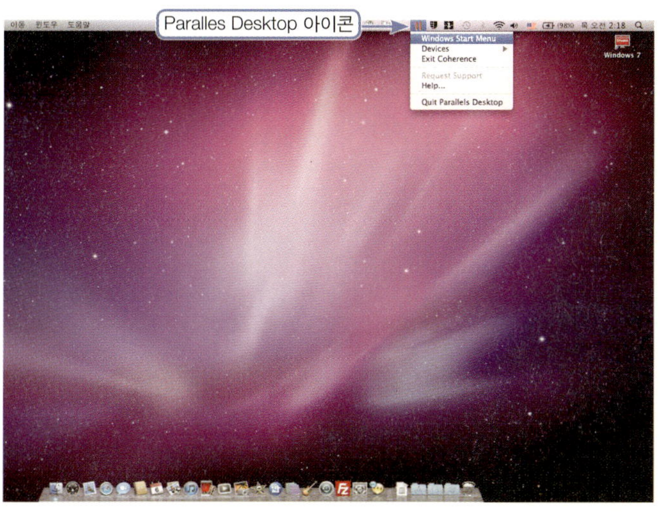

17 알림 영역의 Paralles Desktop 아이콘을 클릭하면, 윈도우 시작 메뉴를 볼 수 있는 Windows Start Menu, 맥과 분리하여 창 타입으로 실행되게 할 수 있는 Exit Coherence 메뉴를 볼 수 있습니다.

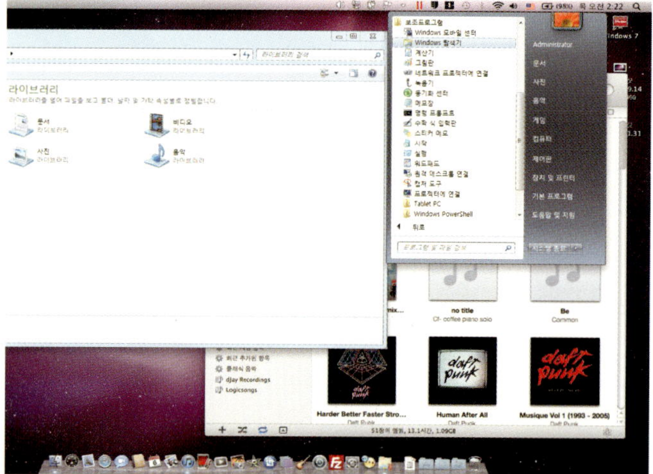

18 메뉴에서 Windows Start Menu를 선택하면 윈도우 시작 메뉴가 열리며, 맥에서 윈도우용 프로그램을 자유롭게 이용할 수 있습니다.

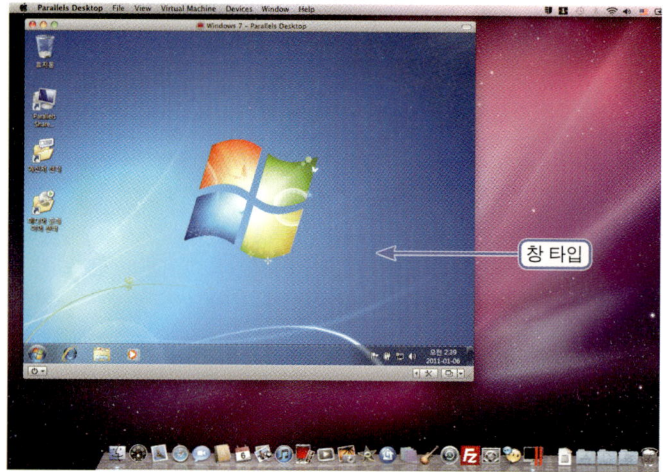

19 메뉴에서 Exit Coherence를 선택하여 맥과 분리하면, 하나의 응용 프로그램을 사용하는 것과 동일하게 창의 형태로 이용할 수 있습니다. 메뉴 역시 Parallels Desktop으로 표시됩니다.

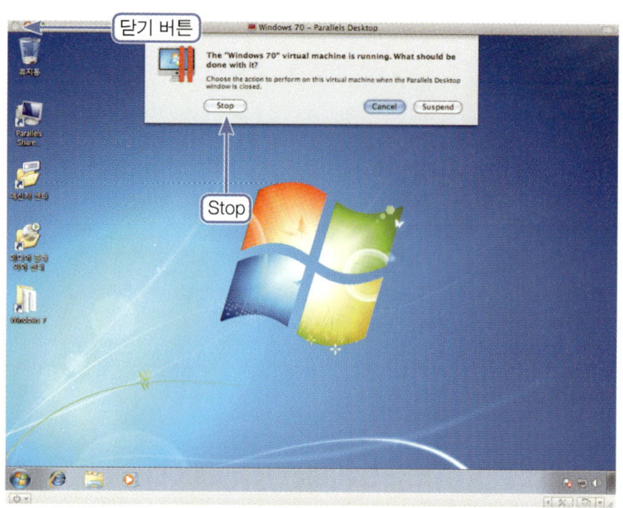

20 Parallels Desktop은 맥의 응용 프로그램과 동일하게 Command+Q 키를 눌러 종료해도 되지만, 윈도우 답게 닫기 버튼을 클릭하여 종료 할 수 있습니다. 이때 종료 여부를 묻는 창에서 Stop을 선택합니다.

> 🖊 체크
> 잠자기 모드의 Suspend를 선택하여 중지시키면 좀 더 빠른 재 실행이 가능합니다.

21 Parallels Desktop은 언제든 배경 화면에 생성된 windows 아이콘을 더블 클릭하여 실행할 수 있지만, 맥을 시동할 때 자동으로 실행되게 하고 싶다면, 애플 메뉴의 시스템 환경 설정을 선택합니다.

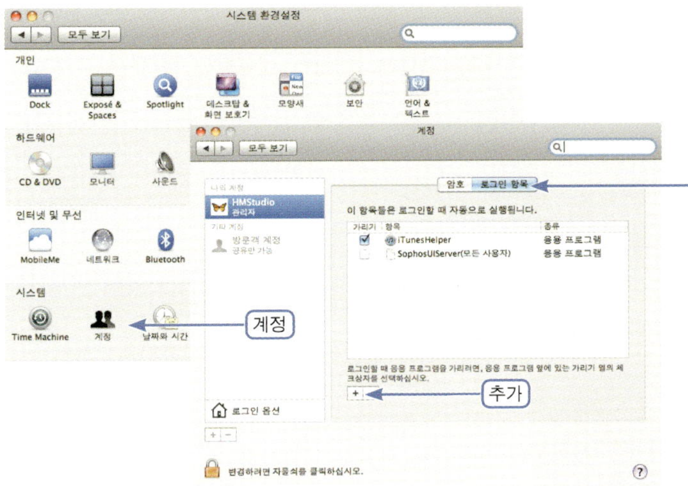

22 시스템 항목의 계정을 선택하여 창을 열고, 로그인 항목에서 + 기호의 추가 버튼을 클릭합니다.

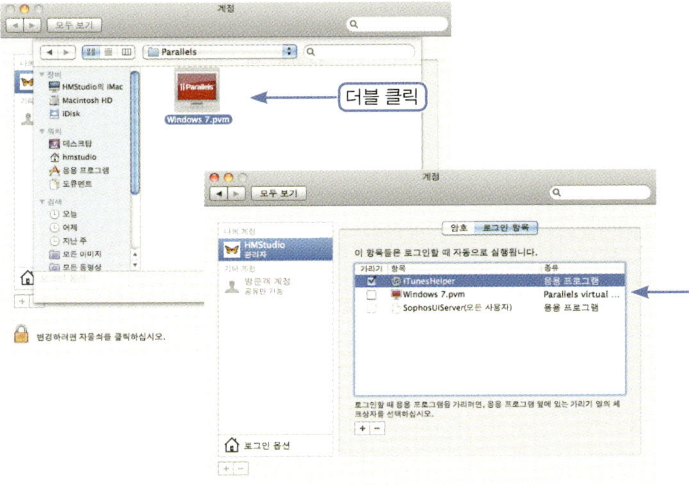

23 Parallels Desktop을 설치하면서 위치를 변경하지 않았다면, 사용자 폴더의 도큐먼트에서 Parallels 폴더를 더블 클릭하여 열고, Windows 아이콘을 더블 클릭하여 추가합니다. 그러면 맥을 시동할 때 윈도우 창도 자동으로 열립니다.

패럴렐 데스크탑의 환경 설정

Parallels Desktop의 기본 설정은 맥에서 윈도우를 운영하는데 필요한 최소한 환경으로 구성됩니다. 인터넷 뱅킹이나 영화를 감상하고, 자료를 공유하는 용도로는 충분합니다. 좀 더 덩치가 큰 윈도우용 프로그램을 운용할 필요가 있다면 환경을 수정해야 하는데, 이것에 관해서 살펴보겠습니다.

01 윈도우가 실행중이면 Parallels Desktop의 환경을 변경할 수 없습니다. 화면 아래쪽의 작업 표시줄에서 전원 버튼을 클릭하여 메뉴를 열고, Shut Down 을 선택하여 윈도우를 종료합니다.

02 작업 표시 줄 오른쪽의 환경 설정 버튼을 클릭하면 General, Options, Hardware 탭으로 구성된 창이 열립니다.

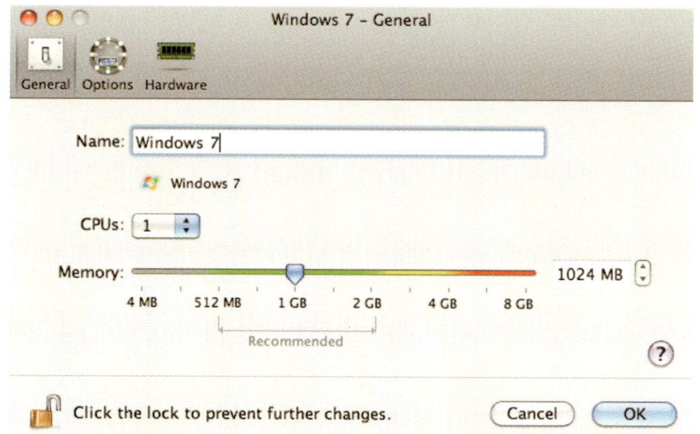

03 General

Parallels Desktop에서 사용할 시스템 크기를 조정합니다. 너무 큰 할당은 맥과 병행 사용이 어려워지므로, 권장하지 않으며, 큰 할당이 필요한 프로그램을 사용할 필요가 있다면, 부트캠프를 이용합니다.

- **Name** : Parallels Desktop은 가상 디스크 이미지를 만들어 OS를 운영하는 방식이며, OS를 설치할 때 만들어진 가상 디스크 이미지 파일의 이름을 의미합니다. OS를 설치할 때 위치를 변경하지 않았다면, Macintosh HD₩사용자₩도큐멘트₩Parallels 폴더에 파일이 만들어지며, 변경 가능합니다.

- **OS** : Parallels Desktop에 구성되는 OS의 프로파일을 선택합니다. 하드웨어 및 소프트 웨어에 적합한 프로파일을 선택하여 보다 안정적인 사용이 가능하도록 합니다.

- **CPU** : Parallels Desktop에서 점유할 CPU의 수를 선택합니다. 맥 제품에 따라 선택할 수 있는 CPU 수에 차이가 있으며, 윈도우에서 사용하는 프로그램에 적합한 수를 선택합니다.

- **Memory** : Parallels Desktop에서 점유할 메모리 크기를 설정합니다. 슬라이드 아래쪽의 Recommended 범위를 벗어나지 않는 것이 좋습니다. 더 많은 메모리 할당이 필요하다면, 실제 메모리의 크기를 늘려야 할 것입니다.

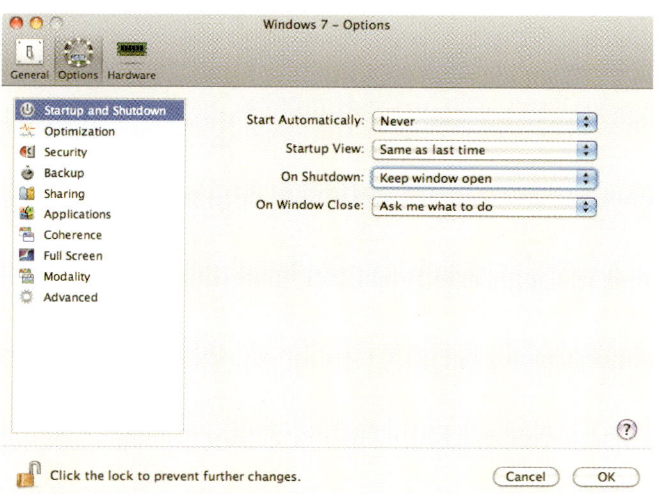

04 Option - Startup and Shutdown

Option 탭에는 Parallels Desktop의 옵션을 설정할 수 있는 카테고리로 구성되어 있습니다. 첫 번째 Startup and Shutdown 카테고리는 프로그램을 실행하고 종료할 때의 옵션을 설정합니다.

● **Start Automatically** : Parallels Desktop을 실행할 때 윈도우가 자동 실행되게 하는 When Parallels Desktop starts와 창을 열 때 실행되게 하는 When window opens을 제공하고 있으며, 기본값은 자동 실행 기능을 사용하지 않는 Never입니다.

● **Startup View** : Parallels Desktop을 실행할 때의 옵션을 선택합니다. 기본 값은 마지막 사용 모드를 유지하는 Same as last time이며, 창 모드로 열리는 Window, 맥 메뉴 바에 통합되는 Coherence, 전체 화면 크기로 표시되는 Full screen, 작은 화면으로 표시되는 Modality를 제공합니다. 어떤 모드를 실행하든지 View 메뉴에서 수시로 변경 가능합니다.

● **On Shutdown** : 윈도우를 종료 했을 때의 옵션을 선택합니다. 기본 값은 창을 유지하는 Keep window open이며, 창을 닫는 Close window와 Parallels Desktop을 종료하는 Quit Parallels Desktop을 제공합니다.

● **On Window Close** : 닫기 버튼을 클릭하여 창을 닫을 때의 옵션을 선택합니다. Ask me what to do의 기본 값은 Stop 및 Suspend를 선택할 수 있는 확인 창을 여는 것이며, Suspend 및 Stop 옵션을 제공합니다.

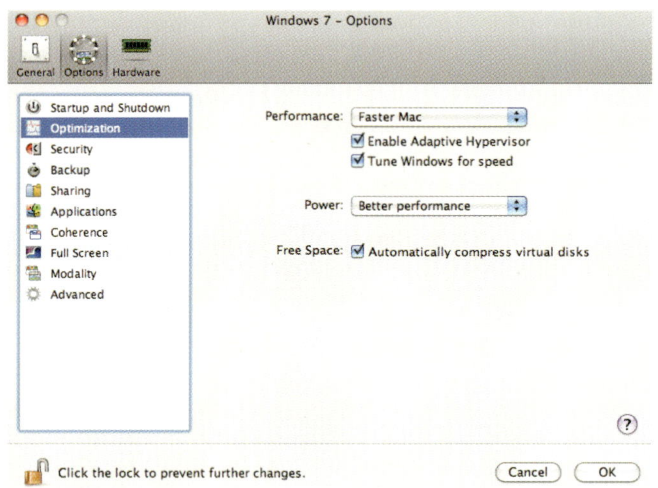

05 Option - Optimization

맥과 Parallels Desktop에서 실행되는 윈도우의 효율적인 사용을 위한 시스템 자원 배분 방법을 선택할 수 있는 옵션으로 구성되어 있습니다. 한 쪽에 우선권을 두면, 다른 쪽은 속도가 느려지므로, 사용 빈에 어울리는 옵션을 선택합니다.

● **Performance** : 윈도우(Fast virtual machine) 또는 맥(Faster Mac) 중에서 메모리 할당의 우선 순위를 선택합니다. 선택한 운영체제는 그 만큼 빨라지고, 나머지는 그 만큼 느려집니다.

● **Enable Adaptive Hypervisor** : 실행하고 있는 프로그램에 CPU 리소스를 할당합니다.

● **Tune Windows for speed** : 윈도우의 속도를 높여줍니다.

● **Power** : 노트북의 배터리 사용량을 선택합니다. Better performance는 속도에 우선 순위를 두고, Longer battery life는 배터리 사용량을 최소화 합니다. 단, 속도는 그 만큼 느려집니다.

● **Free Space** : 가상 디스크의 크기를 사용 용량에 맞추어 자동으로 늘리도록 합니다.

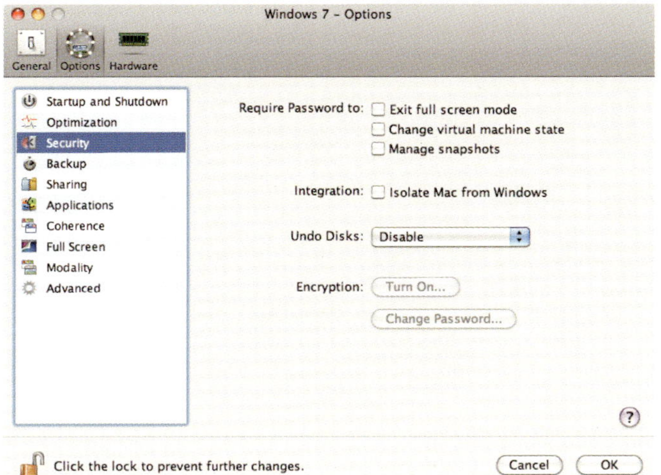

06 Option - Security

Parallels Desktop의 보안 관련 옵션을 제공합니다. 바이러스 및 자료 유출 등의 사고를 방지할 수 있습니다.

● **Require Password to** : 전체 화면 모드를 빠져 나올 때(Exit full screen mode), 전원 메뉴를 변경할 때(Change virtual machine state), 스냅 샷을 관리할 때(Manage snapshots) 암호를 묻는 창이 열리게 할 것인지의 여부를 선택합니다.

● **Integration** : 윈도우를 독립적으로 사용하도록 하여 맥과의 공유시 발생할 수 있는 바이러스 감염을 방지합니다.

● **Undo Disks** : 가상 디스크의 변경 사항을 Parallels Desktop 종료 후에도 유지하게 할 것인지를 선택합니다. 기본 값은 변경하지 않는 Disable이며, Discard changes를 선택하여 변경되게 하거나 Ask me what to do를 선택하여 확인 창이 열리게 할 수 있습니다.

● **Encryption** : 윈도우를 실행할 때 암호 입력이 필요하도록 Turn On 할 수 있으며, Change Password로 암호를 변경할 수 있습니다.

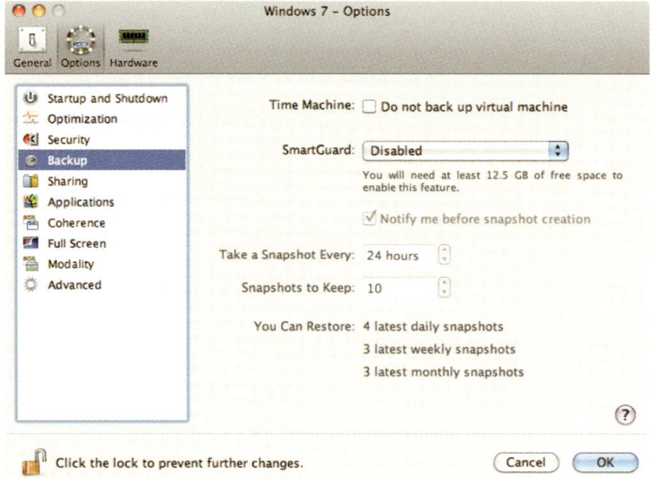

07 Option - Backup

윈도우 및 맥의 백업 관련 옵션을 설정합
니다. 맥의 Time Machine과 가상 디스크
의 스냅 샷은 각각의 OS에서 개별적으로
관리하도록 하는 것이 좋습니다.

- **Time Machine** : 옵션을 체크하면 맥에서 Time Machine을 이용하여 백업을 진행할 때, Parallels Desktop
  은 제외되도록 합니다.

- **SmartGuard** : 가상 디스크의 스냅 샷을 자동으로 만들 것인지의 여부를 선택합니다. Optimize for Time
  Machine을 선택하면 자동으로 스냅 샷이 만들어지며, Custom을 선택하면 Take a snapshot Every에서
  사용자가 원하는 시간 간격을 설정할 수 있고, Snapshot keep에서 생성되는 파일 수를 설정할 수 있습니
  다. 스냅 샷이 만들어질 때 확인 창이 열리도록 하고 싶다면 Notify me before snapshot creation 옵션을
  체크합니다.

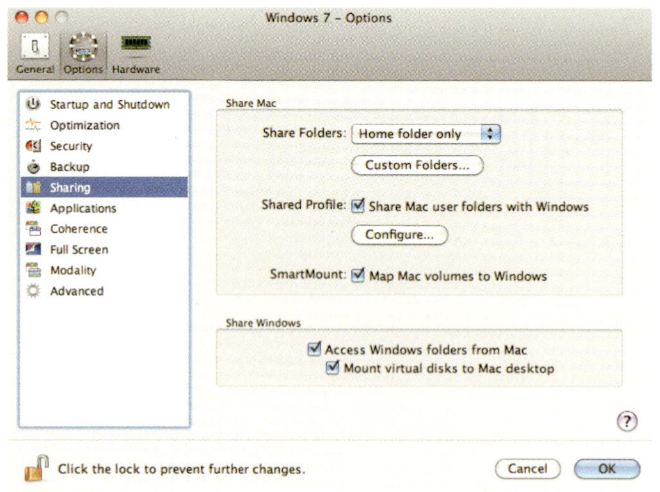

08 Option - Sharing

맥과 윈도우 사이의 폴더 및 디스크 공
유 옵션을 설정합니다. 옵션은 Share Mac
과 Share Windows로 구분하여 설정할
수 있으며, Share Mac에서는 공유할 폴
더를 지정할 수 있는 Custom Folders 및
Configure를 제공합니다.

● Share Mac : 맥에서 공유 옵션을 설정합니다.

▷ Share Folders : 기본 값은 사용자 폴더만 공유할 수 있는 Home foder only이며, None을 선택하여 공유
하지 않거나 All disks를 선택하여 모든 디스크를 공유할 수 있습니다. Custom Folders를 선택하면 공유
할 폴더를 추가하거나 제거할 수 있습니다.

▷ Shared Profile : Desktop, Music, Movies 등, 맥의 프로파일 폴더를 공유할 것인지를 선택합니다.
Configure를 선택하면 공유하고 싶지 않은 폴더를 해제할 수 있습니다.

▷ SmartMount : 맥에서 마운트한 볼륨을 윈도우에서 액세스 할 수 있게 합니다.

● Share Windows : 윈도우에서 공유 옵션을 설정합니다.

▷ Access Windows folders from Mac : 가상 디스크의 폴더를 맥에서 액세스 할 수 있게 합니다.

▷ Mount virtual disks to Mac desktop : 가상 디스크의 볼륨을 맥의 데스크 탑에 마운트 할 수 있게 합니다.

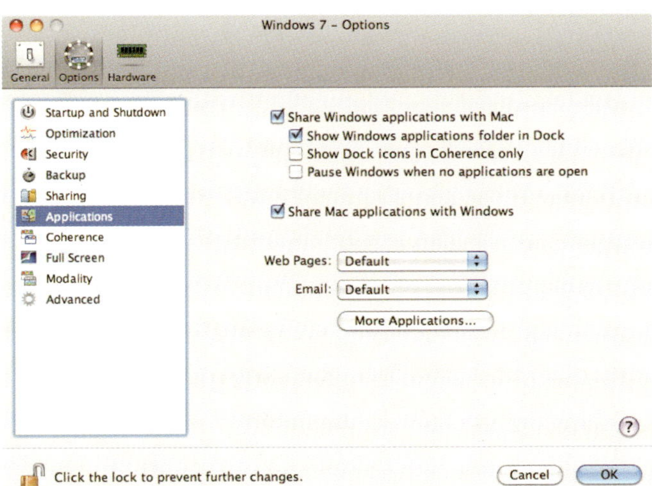

09 Option - Application

맥과 윈도우 응용 프로그램의 공유 여부
를 선택하는 옵션으로 구성되어 있습니
다. 즉, 맥의 응용 프로그램을 윈도우의
시작 메뉴에서 실행하거나 윈도우의 응
용 프로그램을 맥의 파인더에서 실행할
수 있도록 하는 것입니다.

● Share Windows applications with Mac

윈도우 응용 프로그램을 맥에서 실행할 수 있게 하며, 표시 방법은 다음 3가지가 있습니다.

▷ Show Windows applications folder in Dock : 윈도우 응용 프로그램 폴더를 Dock에 표시합니다.

▷ Show Dock icons in Coherence only : Coherence 모드로 사용하고 있을 때, 실행되고 있는 윈도우 프로
그램 아이콘을 Dock에 표시합니다.

▷ Pause Windows when no applications are open : 윈도우에서 프로그램이 실행되고 있지 않을 때,
Parallels Desktop을 일시 정지 모드로 전환합니다.

● Share Mac applications with Windows

맥의 웹 페이지 및 이메일을 윈도우에서 실행할 수 있게 하며, More Applications을 선택하여
Newsgroups, FTP, RSS, Remote Access의 실행 여부를 선택할 수 있습니다.

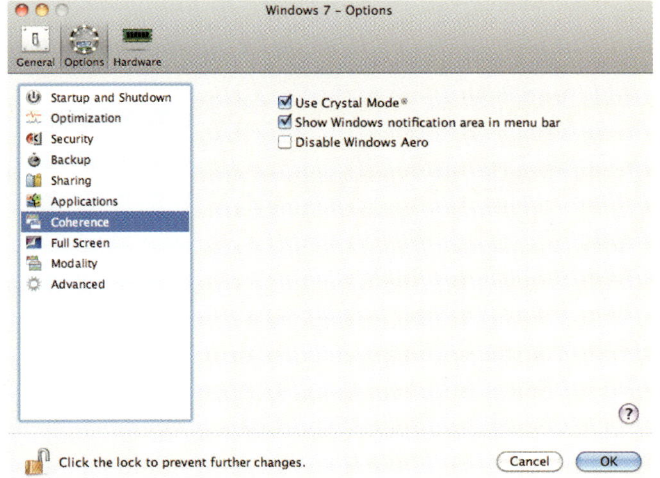

10 Option - Coherence

윈도우를 맥과 통합하는 Coherence 모드
로 사용할 때 적용할 수 있는 옵션을 제공
합니다.

● **Use Crystal Mode** : 이 옵션이 체크되어 있기 때문에 Coherence 모드로 전환할 때 윈도우가 알림 영역
에 통합되는 것입니다. Dock으로 표시하고 싶은 경우에는 옵션을 해제합니다.

● **Show Windows notification area in menu bar** : 윈도우 시스템 아이콘을 맥의 알림 영역에 표시합니다.

● **Disable Widows Aero** : 윈도우에서 제공하는 Aero 기능을 사용하지 않도록 합니다.

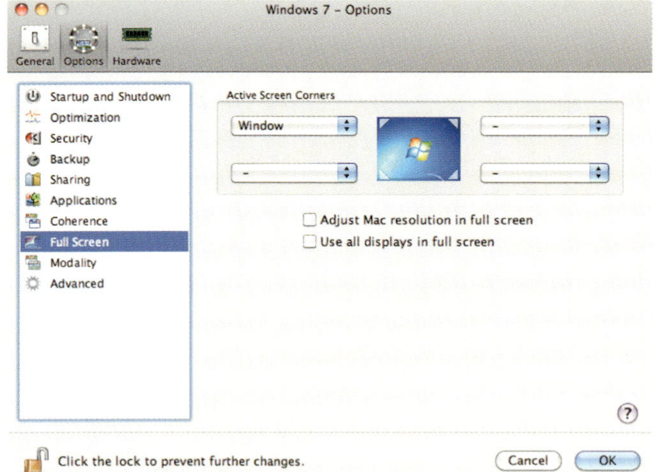

11 Option - Full Screen

맥의 Expose 기능과 비슷한 역할을 윈도
우에서 구현할 수 있게 하는 옵션입니다.
Full Screen 모드에서 화면 모서리로 마우
스를 가져갔을 때 적용되게 할 모드를 선
택합니다.

● **Adjust mac resolution in full screen** : Full screen 모드에서 맥 해상도를 자동으로 조정합니다.

● **Use all displays in full screen** : 맥에 연결된 모든 디스플레이를 Full screen 모드로 사용합니다.

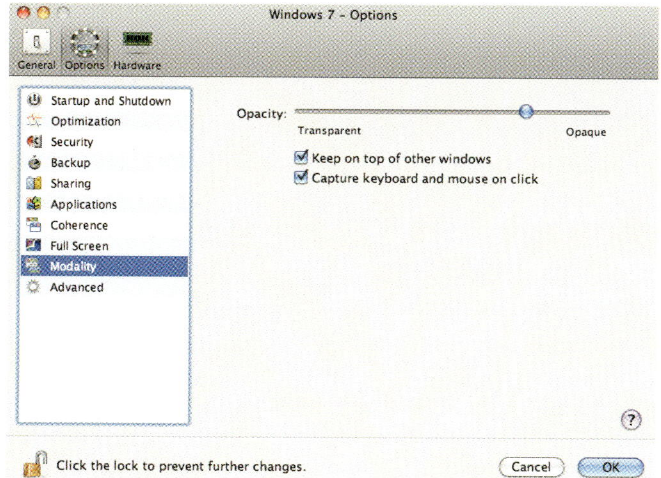

12 Option - Modality

작은 화면으로 실행하는 Modality 모드에서 적용되는 옵션을 제공합니다. 창의 불투명도를 조절하는 Opacity 슬라이드와 창을 항상 전면에 배치하는 Keep on top other windows, 창을 선택했을 때만 마우스의 제어권을 갖게 하는 Capture keyboatd and mouse on click 옵션이 있습니다.

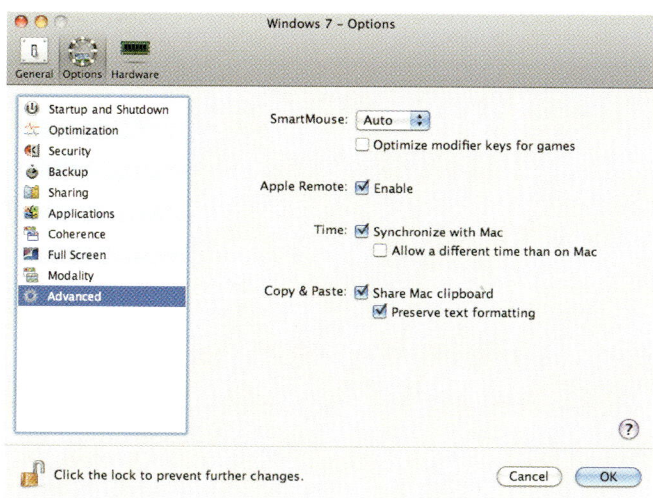

13 Option - Advanced

맥과 윈도우의 마우스 전환, 텍스트 복사 등에 관련된 옵션을 설정합니다.

● **Smart Mouse** : 마우스의 제어권을 선택합니다. Auto는 자동이며, On은 창을 선택했을 때 전환하고, Off 는 윈도우에서 맥으로 전환할 때 Ctrl+Alt 키를 누른 상태에서 클릭하도록 합니다. Optimize modifier keys for games 옵션을 체크하면 게임 조합 키를 최적화 합니다.

● **Apple Remote** : 애플 리모컨의 사용 여부를 선택합니다.

● **Time** : 맥과 윈도우의 시간 설정을 동기화 합니다. 맥과 다른 시간대를 설정한 경우에는 Allow a different time than on Mac 옵션을 체크하여 시간차를 유지시킬 수 있습니다.

● **Copy & Paste** : 맥에서 Command+C 로 복사한 내용을 윈도우에서 붙일 수 있게 합니다. 텍스트 형식을 유지하고 싶은 경우에는 Preserve text formatting 옵션을 체크합니다.

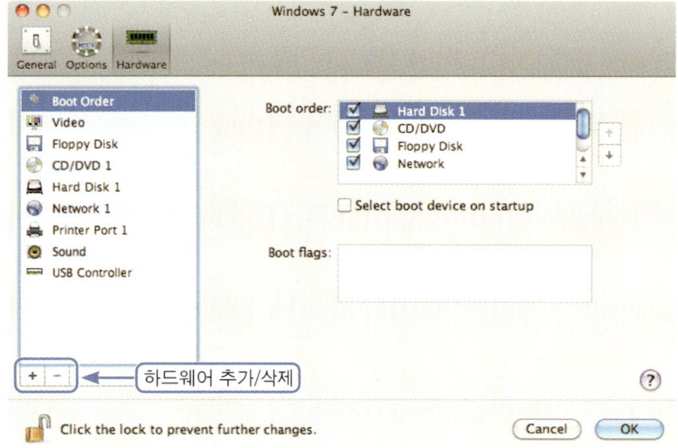

14 Hardware

윈도우에서 사용되는 하드웨어에 관한 옵션을 제공합니다. 목록 아래쪽의 + 기호 버튼을 클릭하여 추가하거나 - 기호 버튼을 클릭하여 삭제할 수 있습니다.

● **Boot Order** : 시동 디스크의 순서를 결정합니다. 목록의 순서를 변경할 때는 오른쪽의 위/아래 방향 버튼을 이용하고, 사용하지 않을 목록은 옵션을 해제합니다.

● **Video** : 비디오 카드의 메모리 크기를 조정합니다. 3D 가속 기능(Enable 3D acceleration)을 사용할 수 있으며, 프레임이 겹치는 오류를 보정하는 Enable vertical synchronization 옵션을 제공합니다. 그 밖에 하드웨어의 사용 여부와 위치를 선택할 수 있는 CD/DVD, Hard Disk, Sound, USB Controller 등의 카테고리를 제공합니다. 각 카테고리는 Devices 메뉴에서 직접 선택할 수 있습니다.

맥에서 TV 보기

국내에서 구매할 수 있는 TV 수신 카드는 윈도우용 뿐이지만, Parallels Desktop을 이용하면 맥에서도 TV를 볼 수 있습니다. 제품에 포함된 드라이버와 프로그램을 설치하고, Devices 메뉴에서 USB 포트에 연결한 TV 드라이버를 선택하여 사용 가능한 하드웨어로 설정하면 됩니다.

01 맥 설정

iCloud는 서비스를 이용할 장치마다 설정을 해둬야 합니다. 맥에서는 시스템 환경 설정의 iCloud 아이콘을 클릭하여 창을 열고, Apple ID로 로그인 합니다.

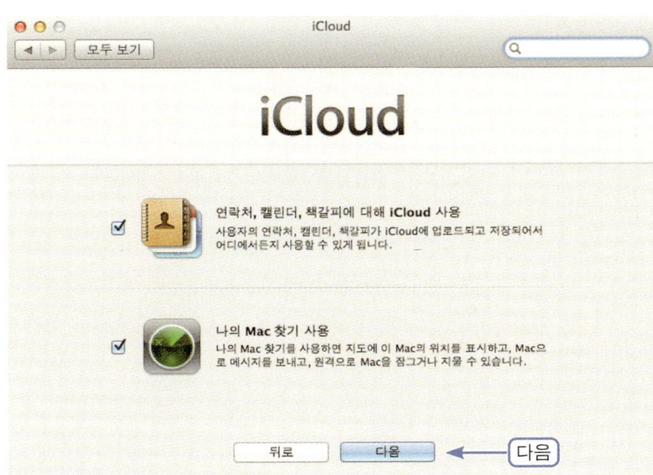

02 서비스 선택 창이 열립니다. 아이폰 및 아이패드를 분실 했을 때, 장치에 비프음을 발생시키거나 메시지를 보낼 수 있는 나의 Mac 찾기 사용 서비스를 이용하겠다면, 옵션이 체크되어 있는 상태에서 다음 버튼을 클릭합니다.

> 🔖 체크
> 장비의 위치를 지도에 표시하는 서비스는 아직까지 지원되고 있지 않습니다.

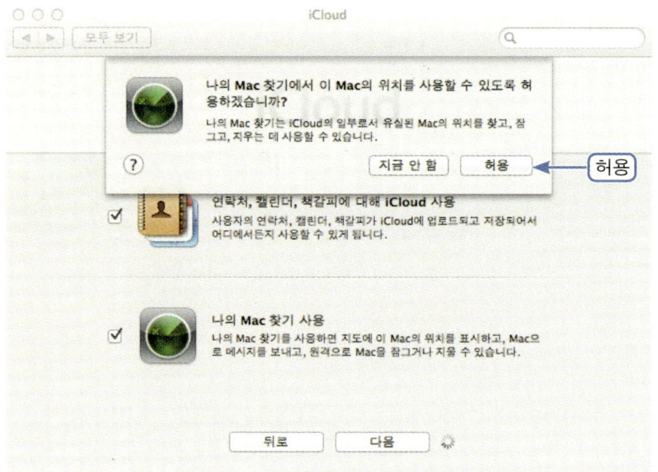

03 나의 Mac 찾기 사용 서비스를 이용하기 위한 위치 정보 전송을 허용할 것인지를 묻는 창이 열립니다. Mac 찾기 서비스를 이용하겠다면 허용 버튼을 클릭합니다.

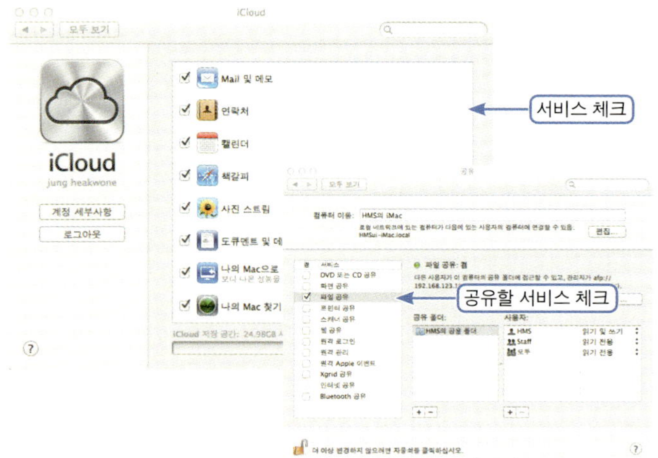

04 아이폰 및 아이패드와 공유할 정보를 체크합니다. 나의 Mac으로 돌아가기 서비스를 이용하려면 기타 버튼을 클릭하여 창을 열고, 공유할 서비스를 체크합니다. 맥에서의 설정은 끝입니다.

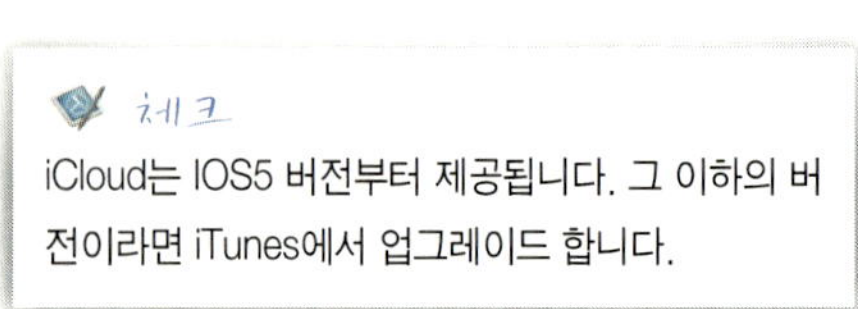

> 체크
>
> 메일 서비스는 apple 계정을 이용합니다.

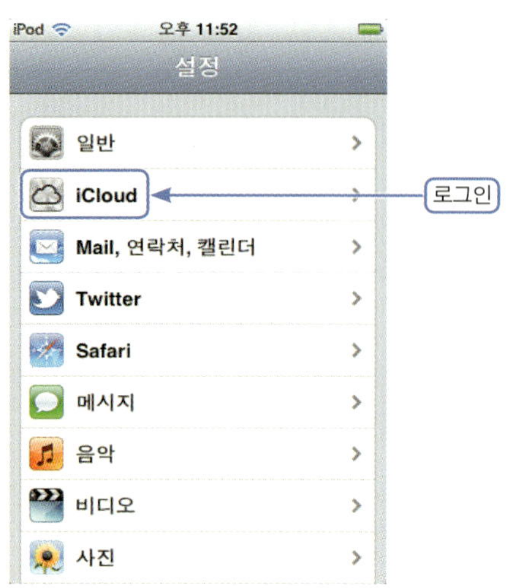

05 아이폰 및 아이패드 설정

아이폰 및 아이패드의 홈에서 설정 아이콘을 탭하여 열고, iCloud로 로그인 합니다. 맥과 동일한 Apple ID 입니다.

> 체크
>
> iCloud는 IOS5 버전부터 제공됩니다. 그 이하의 버전이라면 iTunes에서 업그레이드 합니다.

서비스 선택

06 아이폰 및 아이패드에서 공유할 서비스를 켭니다. 아이폰에서 촬영한 사진을 맥의 아이포토에서 보려면, 사진 스트림 서비스를 켜놓아야 합니다. 설정 버튼을 탭하여 이전 화면으로 이동합니다.

iCloud 사용 켬

07 keynote, pages, numbers 등의 iwork 프로그램을 설치한 경우에는 해당 프로그램의 목록을 볼 수 있으며, 각각을 탭하여 iCloud 사용을 켜야 맥에서 작업한 문서를 볼 수 있습니다. 아이폰 및 아이패드에서의 설정도 끝입니다.

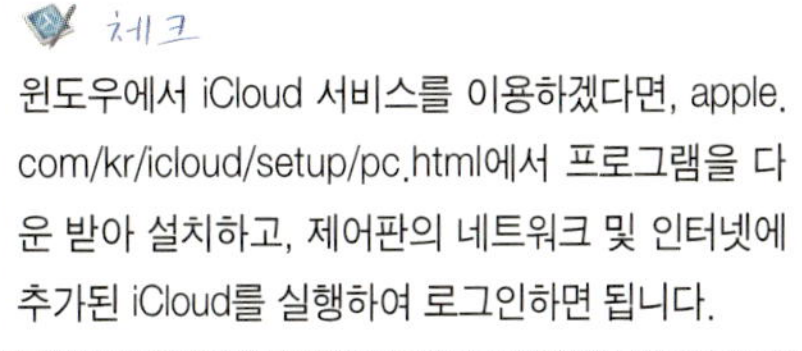

체크

윈도우에서 iCloud 서비스를 이용하겠다면, apple.com/kr/icloud/setup/pc.html에서 프로그램을 다운 받아 설치하고, 제어판의 네트워크 및 인터넷에 추가된 iCloud를 실행하여 로그인하면 됩니다.

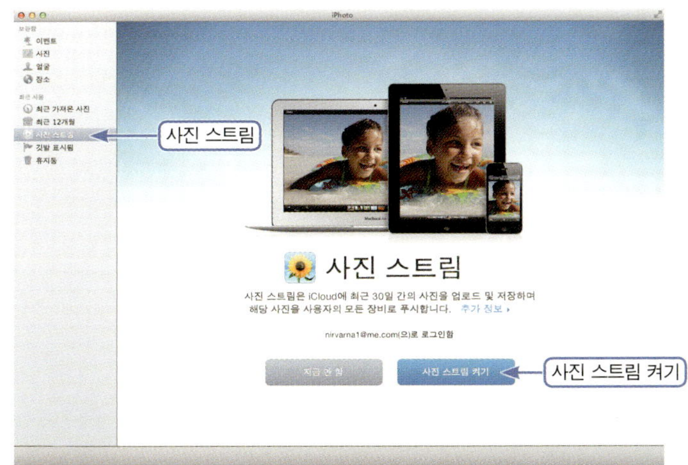

사진 스트림

사진 스트림 켜기

08 아이클라우드의 사용

맥과 아이폰에서의 설정이 끝나면 사용자가 할 일은 없습니다. 그냥 아이폰에서 사진을 찍거나, 연락처를 추가하면, 자동으로 맥에서도 사진을 보고, 연락처를 관리할 수 있습니다. 사진의 경우에는 아이포토의 사진 스트림에서 볼 수 있는데, 처음에는 사진 스트림 켜기 버튼을 클릭하여 활성화 합니다.

09 맥에서 작성한 iWrok 문서를 아이폰 및 아이패드에서 볼 수 있게하려면, Mobile Documents 폴더에 저장을 해야 합니다. Finder의 이동 메뉴를 Option 키를 누른 상태로 선택하여 열고, 라이브러리를 선택하면 파인더에서 Mobile Documents 폴더를 찾을 수 있습니다.

10 파인더에서 찾은 Mobile Documents 폴더를 사이드 바로 드래그하여 가져다 놓습니다. 그리고 iwork에서 작성한 문서를 하위 폴더의 com-apple-keynote, numbers, Pages\Documents에 저장하면, 아이폰 및 아이패드에서 바로 볼 수 있습니다.

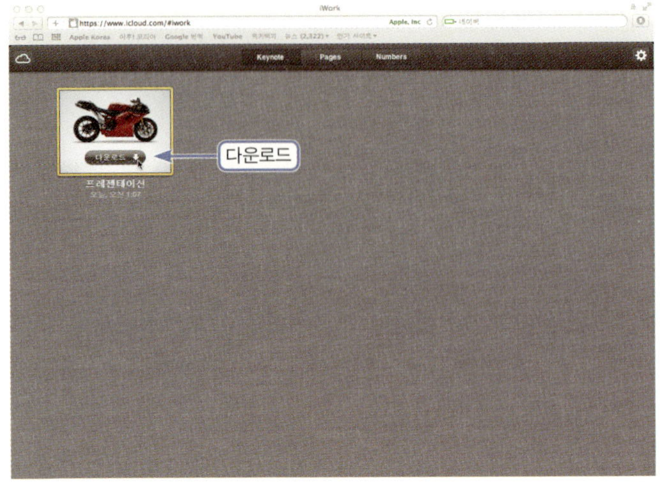
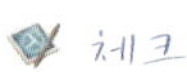

11 iWork 문서는 맥에서 작업을 하고, 아이패드에서 실행하는 것이 일반적이기 때문에 불편한 사항은 아니지만, 아이패드에서 생성한 문서를 맥에서 실행할 일이 있다면, cloud.com에서 접속하여 다운로드 받아야 합니다.

> **체크**
> iCloud는 맥 사용자들의 워크 라이프를 바꿀만한 서비스이므로, 반드시 사용할 것을 권장합니다.